여러분의 합격을 응원하는
해커스군무원의 특별 혜택

FREE 군무원 국어 특강

해커스군무원(army.Hackers.com) 접속 후 로그인 ▶
상단의 [무료특강 → 군무원 무료특강 또는 교재 무료특강] 클릭하여 이용

필수 어휘 암기장 (PDF)

해커스군무원(army.Hackers.com) 접속 후 로그인 ▶ 상단의 [교재·서점 → 무료 학습 자료] 클릭 ▶
본 교재의 [자료받기] 클릭

▲ 바로가기

해커스 매일국어 어플 이용권

RULX3I6TCKDHDD5P

구글 플레이스토어/애플 앱스토어에서 [해커스 매일국어] 검색 ▶ 어플 다운로드 ▶
어플 이용 시 노출되는 쿠폰 입력란 클릭 ▶
쿠폰번호 입력 후 이용

▲ 어플 다운로드

* 등록 후 30일간 사용 가능(ID당 1회에 한해 등록 가능)
* 해당 자료는 [해커스공무원 국어 기본서] 교재 내용으로 제공되는 자료로, 군무원 시험 대비에도 도움이 되는 유용한 자료입니다.

해커스군무원 온라인 단과강의 20% 할인쿠폰

F6E7C232649C7B3N

해커스군무원(army.Hackers.com) 접속 후 로그인 ▶ 상단의 [나의 강의실] 클릭 ▶
[쿠폰/포인트] 클릭 ▶ 위 쿠폰번호 입력 후 이용

* 등록 후 7일간 사용 가능(ID당 1회에 한해 등록 가능)

쿠폰 이용 관련 문의 **1588-4055**

단기 합격을 위한 해커스군무원 커리큘럼

입문
탄탄한 기본기와 핵심 개념 완성!

누구나 이해하기 쉬운 개념 설명과 풍부한 예시로 부담없이 쌩기초 다지기

TIP 베이스가 있다면 **기본 단계**부터!

▼

기본+심화
필수 개념 학습으로 이론 완성!

반드시 알아야 할 기본 개념과 문제풀이 전략을 학습하고
심화 개념 학습으로 고득점을 위한 응용력 다지기

▼

기출+예상 문제풀이
문제풀이로 집중 학습하고 실력 업그레이드!

기출문제의 유형과 출제 의도를 이해하고 최신 출제 경향을 반영한
예상문제를 풀어보며 본인의 취약영역을 파악 및 보완하기

▼

동형문제풀이
동형모의고사로 실전력 강화!

실제 시험과 같은 형태의 실전모의고사를 풀어보며 실전감각 극대화

▼

최종 마무리
시험 직전 실전 시뮬레이션!

각 과목별 시험에 출제되는 내용들을 최종 점검하며 실전 완성

PASS

* 커리큘럼 및 세부 일정은 상이할 수 있으며, 자세한 사항은 해커스군무원 사이트에서 확인하세요.

단계별 교재 확인 및 수강신청은 여기서!

army.Hackers.com

해커스군무원 실전동형모의고사 국어

해커스군무원
army.Hackers.com

"군무원 시험 책을
처음 펼쳤던 날을 기억하시나요?"

군무원 시험 준비를 하면서
때로는 커다란 벽에 부딪혀 앞이 캄캄해졌던 때도 있었을 겁니다.
또 때로는 그 벽 앞에 주저앉아 포기하고 싶었던 때도 있었을 겁니다.

하지만, 기억하시나요?
새로운 도전에 대한 떨림과 각오로 책을 처음 펼쳤던 날.

**이제 그 도전의 결실을 맺을 순간을 앞두고 있습니다.
합격의 길, 마지막까지 해커스가 함께하겠습니다.**

최신 출제 경향을 완벽 반영하여 적중률을 높인 16회분의 모의고사부터
교재에 수록된 필수 어휘와 표현 암기를 위한 <필수 어휘암기장>까지

『해커스군무원 실전동형모의고사 국어』와 함께하세요.

군무원 시험, 합격자는 바로 당신입니다!

: 목차

합격으로 이끄는 이 책의 특징 및 구성   6
영역별 출제 경향과 학습 전략   8
합격을 위한 막판 학습 플랜   10

실전동형모의고사 문제집

01회 ㅣ 실전동형모의고사	14
02회 ㅣ 실전동형모의고사	22
03회 ㅣ 실전동형모의고사	30
04회 ㅣ 실전동형모의고사	38
05회 ㅣ 실전동형모의고사	46
06회 ㅣ 실전동형모의고사	54
07회 ㅣ 실전동형모의고사	62
08회 ㅣ 실전동형모의고사	70
09회 ㅣ 실전동형모의고사	76
10회 ㅣ 실전동형모의고사	84
11회 ㅣ 실전동형모의고사	92
12회 ㅣ 실전동형모의고사	100
13회 ㅣ 실전동형모의고사	106
14회 ㅣ 실전동형모의고사	114
15회 ㅣ 실전동형모의고사	122
16회 ㅣ 실전동형모의고사	130

약점 보완 해설집 [책 속의 책]

01회	실전동형모의고사 정답·해설	2
02회	실전동형모의고사 정답·해설	8
03회	실전동형모의고사 정답·해설	16
04회	실전동형모의고사 정답·해설	23
05회	실전동형모의고사 정답·해설	30
06회	실전동형모의고사 정답·해설	37
07회	실전동형모의고사 정답·해설	43
08회	실전동형모의고사 정답·해설	49
09회	실전동형모의고사 정답·해설	55
10회	실전동형모의고사 정답·해설	62
11회	실전동형모의고사 정답·해설	68
12회	실전동형모의고사 정답·해설	74
13회	실전동형모의고사 정답·해설	80
14회	실전동형모의고사 정답·해설	86
15회	실전동형모의고사 정답·해설	92
16회	실전동형모의고사 정답·해설	98

OMR 답안지 [문제집 내 수록]

필수 어휘암기장 [PDF]
해커스군무원(army.Hackers.com) 접속 후 로그인 ▶
상단의 [교재·서점 → 무료학습자료] 클릭 ▶
본 교재 우측의 [자료받기] 클릭하여 이용

해커스군무원 실전동형모의고사 국어

합격으로 이끄는 이 책의 특징 및 구성

실전을 그대로 보여 주는 동형모의고사로 합격 실력 완성!

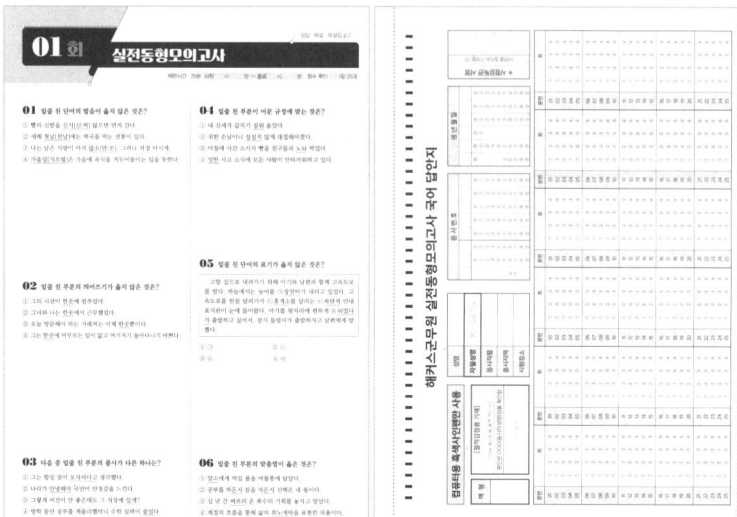

① **실전동형모의고사 16회분**

실제 군무원 국어 시험의 난이도, 영역별 문항 수, 문제 유형을 그대로 구현한 '실전동형모의고사' 16회분으로 실전 감각을 극대화하고 철저히 시험에 대비할 수 있도록 하였습니다.

② **OMR 답안지**

모의고사 1회분의 풀이 제한 시간(25분)을 제시하고, 제한 시간 안에 문제를 풀면서 답안 체크까지 할 수 있도록 OMR 답안지를 제공합니다. 이를 통해 시간 안배 연습을 효율적으로 할 수 있습니다.

취약영역 분석부터 보충·심화 학습까지 가능한 만능 해설!

① **정답표&취약영역 분석표**

문제의 영역이 표시된 정답표를 통해 맞거나 틀린 문제의 정보를 바로 확인할 수 있습니다. 또한 '취약영역 분석표'를 통해 자신의 약점을 스스로 진단하고 취약한 영역을 집중적으로 보완할 수 있습니다.

② **정답 설명·오답 분석**

정답의 근거는 물론 오답의 이유까지 제공하는 상세한 해설을 통해 한 문제를 풀더라도 여러 문제를 푼 것과 같은 효과를 얻을 수 있습니다.

③ **지문 풀이**

고전 문학 작품의 현대어 풀이를 수록하여 지문을 해석하고 이해하는 데 효과적입니다.

④ **이것도 알면 합격!**

문학 작품에 대한 지식이나 시험에 출제될 가능성이 높은 내용을 정리하여, 목표 점수 달성에 필요한 보충·심화 학습을 할 수 있습니다.

어법 개념부터 어휘 암기까지 확실하게 책임지는 학습 구성!

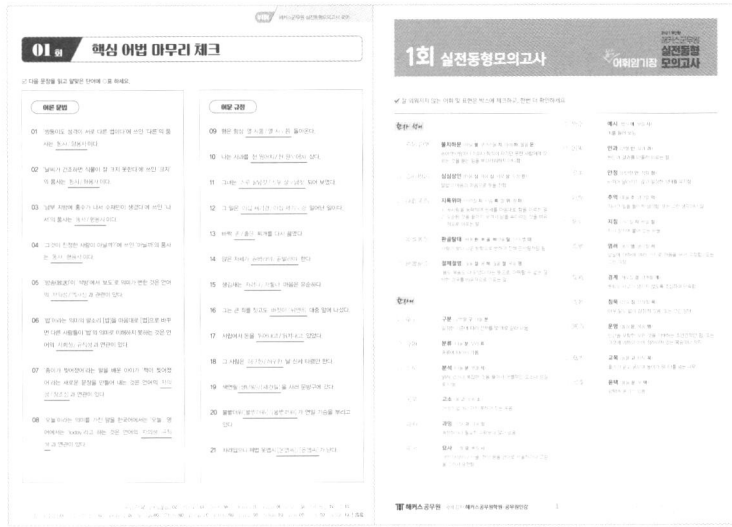

① **핵심 어법 마무리 체크**

시험에 자주 출제되는 어법 개념을 완벽히 이해했는지 선택형 퀴즈를 풀어 보며 스스로 점검할 수 있습니다. 이를 통해 군무원 시험 합격을 위해 꼭 알아 두어야 할 어법 핵심 개념을 복습하고 확실히 암기할 수 있습니다.

② **필수 어휘암기장 (PDF)**

해커스군무원 사이트(army.Hackers.com)에서 교재에 수록된 필수 어휘를 모은 〈필수 어휘암기장〉 PDF를 무료로 제공합니다. 이를 통해 반드시 숙지해야 할 어휘나 표현을 편리하게 복습하고 암기할 수 있습니다.

군무원 시험 목표 점수 달성을 위한 특별한 콘텐츠!

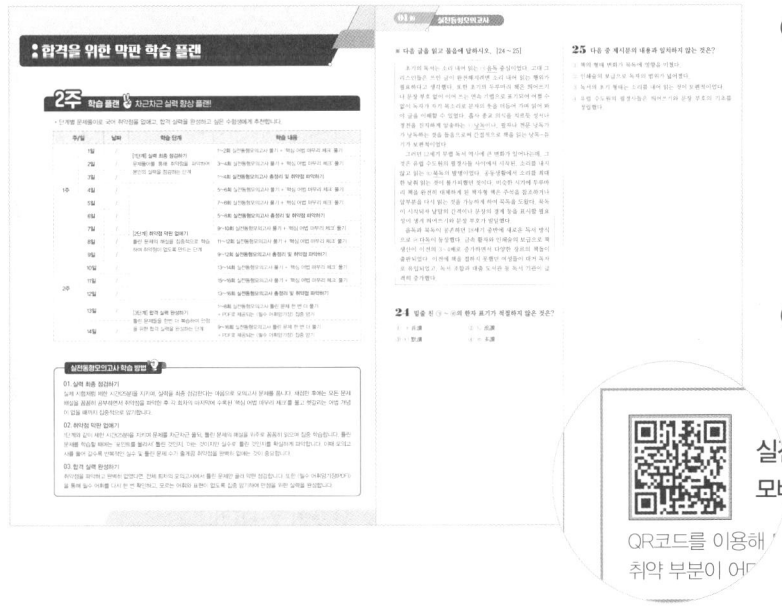

① **합격을 위한 막판 학습 플랜**

단계별 문제풀이로 실력 향상이 가능한 2주 학습 플랜과, 시험 직전 문제풀이에 집중할 수 있는 1주 학습 플랜을 제공하고 있습니다. 이를 통해 단기간에 계획적으로 문제풀이 학습이 가능합니다.

② **모바일 자동 채점+성적 분석 서비스**

각 회차의 모의고사 문제를 푼 후 QR코드로 서비스에 접속하여 손쉽게 채점할 수 있으며, 성적 분석 서비스를 통해 나의 취약 부분과 현재 위치를 점검할 수 있습니다.

영역별 출제 경향과 학습 전략

어법

📁 최신 출제 경향

- 군무원 국어 시험에서 어법 영역의 출제 비중이 가장 높음
- 그중 표준 발음법·한글 맞춤법·표준어 규정·외래어 표기법·로마자 표기법 등을 다루는 어문 규정의 출제 빈도 및 비중이 가장 큰 편임
- 필수 문법에서는 품사의 구분, 단어의 형성에 대해 묻는 형태론 문제들이 자주 출제됨
- 어문 규정에서는 띄어쓰기, 맞춤법에 맞는 표기에 대해 묻는 문제들이 자주 출제됨

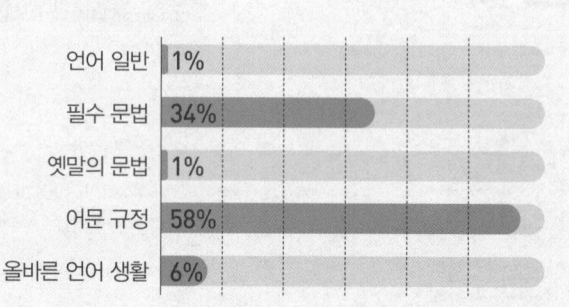

언어 일반	1%
필수 문법	34%
옛말의 문법	1%
어문 규정	58%
올바른 언어 생활	6%

[최근 4개년 어법 문제 유형별 출제 비율]

학습 전략

① 채점 후 모든 문제의 정답 설명과 오답 분석을 읽고 문제에서 묻는 포인트와 맞거나 틀린 이유를 반드시 점검합니다.
② 약점 보완 해설집의 '이것도 알면 합격'에 제시된 어법 포인트를 참고하여, 주요 어법 개념을 정리합니다.
③ 각 회차 마지막에 수록된 '핵심 어법 마무리 체크' 선택형 퀴즈를 풀어 보며 자신의 취약한 부분을 파악하고, 이를 보완하기 위해 반복 학습합니다.

비문학

📁 최신 출제 경향

- 비문학 영역은 제시문의 내용을 바탕으로 추론하여 푸는 문제와 글에 언급된 내용을 정확히 파악하는 문제의 출제 비중이 높음
- 사실적 독해에서는 주제 및 중심 내용을 파악하거나 제시문의 내용과 일치 여부를 확인하는 문제가 주로 출제됨
- 추론 및 비판적 독해에서는 문단이나 문장을 배열하거나 적절한 접속어의 사용을 묻는 등 글의 구조를 파악하는 문제가 자주 출제됨

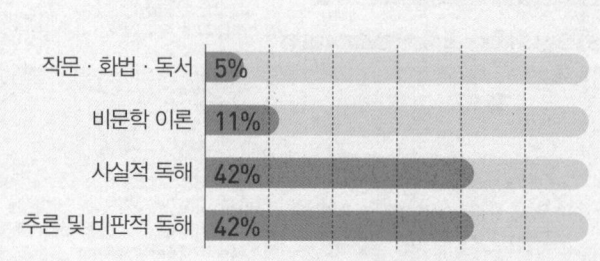

작문·화법·독서	5%
비문학 이론	11%
사실적 독해	42%
추론 및 비판적 독해	42%

[최근 4개년 비문학 문제 유형별 출제 비율]

학습 전략

① 제시문에서 언급된 내용과 선택지 내용의 일치 여부를 빠르게 파악하고 이해할 수 있도록 꾸준히 연습합니다.
② 독해 문제의 비중이 늘어나는 추세이므로, 회차마다 시작 시각과 종료 시각을 기록하여 문제풀이 시간을 단축하는 연습을 합니다.

문학

📁 최신 출제 경향

- 운문 문학에서는 시어의 의미를 묻는 문제가 자주 출제되며, 산문 문학에서는 제시문을 통해 작품의 내용을 파악하거나 추리하는 문제의 비중이 가장 높음
- 최근에는 작품의 갈래에 대한 배경 지식을 묻는 문제보다 작품 자체에 대한 지식을 묻는 문제의 출제 비중이 높아짐
- 작품을 종합적으로 감상하는 능력을 평가하는 문제의 출제 비중이 점차 늘고 있으므로 작품 분석 능력을 길러야 함

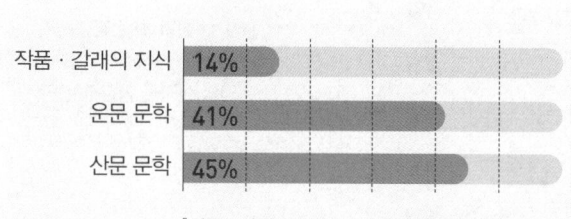

[최근 4개년 문학 문제 유형별 출제 비율]

학습 전략

① 현대 문학의 경우, 낯선 작품이 출제되어도 당황하지 않도록 다양한 작품의 문제를 많이 풀어 보아야 합니다.
② 고전 문학은 작품이 반복 출제되는 경향이 있으므로 기출된 작품은 반드시 학습하여, 작품의 주제 및 내용을 파악해 두어야 합니다.

어휘

📁 최신 출제 경향

- 한자어와 한자 성어 문제의 출제 비중이 가장 높음
- 한자어는 문제의 난도가 높은 편이며, 주로 한자어의 표기·의미·고유어와의 대응 관련 문제가 출제됨
- 한자 성어의 경우 기출 어휘가 반복 출제되기도 하며, 최근에는 독음 없이 출제되는 추세임
- 최근에 문학 작품 또는 비문학 지문과 연계된 어휘 문제가 늘어나고 있음

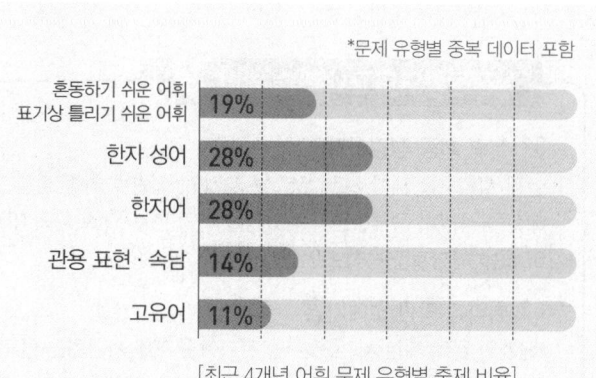

[최근 4개년 어휘 문제 유형별 출제 비율]

학습 전략

① 기출 어휘에서 출제 예상 어휘로 학습 범위를 점차 넓혀 가되, 매일 꾸준히 반복하여 어휘를 암기해야 합니다.
② 해커스군무원 사이트(army.Hackers.com)에서 무료로 제공하는 〈필수 어휘암기장〉 PDF를 활용하여 실전동형모의고사에 출제된 어휘를 반복 학습합니다.

합격을 위한 막판 학습 플랜

2주 학습 플랜 ✌ 차근차근 실력 향상 플랜!

- 단계별 문제풀이로 국어 취약점을 없애고, 합격 실력을 완성하고 싶은 수험생에게 추천합니다.

주/일		날짜	학습 단계	학습 내용
1주	1일	/	[1단계] 실력 최종 점검하기 문제풀이를 통해 취약점을 파악하여 본인의 실력을 점검하는 단계	1~2회 실전동형모의고사 풀기 + '핵심 어법 마무리 체크' 풀기
	2일	/		3~4회 실전동형모의고사 풀기 + '핵심 어법 마무리 체크' 풀기
	3일	/		1~4회 실전동형모의고사 총정리 및 취약점 파악하기
	4일	/	[2단계] 취약점 막판 없애기 틀린 문제의 해설을 집중적으로 학습하여 취약점이 없도록 만드는 단계	5~6회 실전동형모의고사 풀기 + '핵심 어법 마무리 체크' 풀기
	5일	/		7~8회 실전동형모의고사 풀기 + '핵심 어법 마무리 체크' 풀기
	6일	/		5~8회 실전동형모의고사 총정리 및 취약점 파악하기
	7일	/		9~10회 실전동형모의고사 풀기 + '핵심 어법 마무리 체크' 풀기
2주	8일	/		11~12회 실전동형모의고사 풀기 + '핵심 어법 마무리 체크' 풀기
	9일	/		9~12회 실전동형모의고사 총정리 및 취약점 파악하기
	10일	/		13~14회 실전동형모의고사 풀기 + '핵심 어법 마무리 체크' 풀기
	11일	/		15~16회 실전동형모의고사 풀기 + '핵심 어법 마무리 체크' 풀기
	12일	/		13~16회 실전동형모의고사 총정리 및 취약점 파악하기
	13일	/	[3단계] 합격 실력 완성하기 틀린 문제들을 한번 더 복습하여 만점을 위한 합격 실력을 완성하는 단계	1~8회 실전동형모의고사 틀린 문제 한 번 더 풀기 + PDF로 제공되는 〈필수 어휘암기장〉 집중 암기
	14일	/		9~16회 실전동형모의고사 틀린 문제 한 번 더 풀기 + PDF로 제공되는 〈필수 어휘암기장〉 집중 암기

실전동형모의고사 학습 방법

01. 실력 최종 점검하기
실제 시험처럼 제한 시간(25분)을 지키며, 실력을 최종 점검한다는 마음으로 모의고사 문제를 풉니다. 채점한 후에는 모든 문제 해설을 꼼꼼히 공부하면서 취약점을 파악한 후 각 회차의 마지막에 수록된 '핵심 어법 마무리 체크'를 풀고 헷갈리는 어법 개념이 없을 때까지 집중적으로 암기합니다.

02. 취약점 막판 없애기
1단계와 같이 제한 시간(25분)을 지키며 문제를 차근차근 풀되, 틀린 문제의 해설을 위주로 꼼꼼히 읽으며 집중 학습합니다. 틀린 문제를 학습할 때에는 '포인트를 몰라서' 틀린 것인지, '아는 것이지만 실수로' 틀린 것인지를 확실하게 파악합니다. 이때 모의고사를 풀어 갈수록 반복적인 실수 및 틀린 문제 수가 줄게끔 취약점을 완벽히 없애는 것이 중요합니다.

03. 합격 실력 완성하기
취약점을 파악하고 완벽히 없앴다면, 전체 회차의 모의고사에서 틀린 문제만 골라 막판 점검합니다. 또한 〈필수 어휘암기장(PDF)〉을 통해 필수 어휘를 다시 한 번 확인하고, 모르는 어휘와 표현이 없도록 집중 암기하여 만점을 위한 실력을 완성합니다.

1주 학습 플랜 - 단기 실력 완성 플랜!

- 시험 직전 막판 1주 동안 문제풀이에 집중하여, 실전 감각을 극대화하고 싶은 수험생에게 추천합니다.

주/일		날짜	학습 내용
1주	1일	/	1~4회 실전동형모의고사 풀기 ① 모의고사를 풀고 해설을 꼼꼼히 학습하기　② '핵심 어법 마무리 체크' 풀기
	2일	/	5~8회 실전동형모의고사 풀기 ① 모의고사를 풀고 해설을 꼼꼼히 학습하기　② '핵심 어법 마무리 체크' 풀기
	3일	/	1~8회 실전동형모의고사 총정리하기
	4일	/	9~12회 실전동형모의고사 풀기 ① 모의고사를 풀고 해설을 꼼꼼히 학습하기　② '핵심 어법 마무리 체크' 풀기
	5일	/	13~16회 실전동형모의고사 풀기 ① 모의고사를 풀고 해설을 꼼꼼히 학습하기　② '핵심 어법 마무리 체크' 풀기
	6일	/	9~16회분 실전동형모의고사 총정리하기
	7일	/	시험 직전 막판 점검하기 ① 16회분 모의고사 틀린 문제 한 번 더 풀기　② PDF로 제공되는 〈필수 어휘암기장〉 집중 암기

실전동형모의고사 학습 방법

01. 각 회차 모의고사를 풀고 '핵심 어법 마무리 체크' 풀기

(1) 모의고사를 풀고 해설 학습하기
　① 실제 시험저럼 제한 시간(25분)을 지키며 모의고사 문제를 풉니다.
　② 채점 후 틀린 문제를 중심으로 해설을 꼼꼼히 학습합니다. 해설을 학습할 때에는 틀린 문제에 나온 포인트를 정리하고 반복해서 암기함으로써 이후에 동일한 포인트의 문제를 틀리지 않도록 합니다. 또한 '이것도 알면 합격!'에서 제공하는 보충·심화 개념까지 완벽히 암기합니다.

(2) '핵심 어법 마무리 체크'로 어법 개념 점검하기
　① 매회 마지막에 수록된 '핵심 어법 마무리 체크'를 풀고, 헷갈리는 어법 개념이 없을 때까지 집중적으로 암기합니다.
　② 잘 안 외워지는 어법 개념에는 체크를 해 두고, 확실히 암기할 때까지 반복 학습합니다.

02. 모의고사 총정리하기

(1) 틀린 문제를 풀어 보고, 반복해서 틀리는 문제는 해설의 정답 설명, 오답 분석을 다시 한 번 꼼꼼히 읽어 모르는 부분이 없을 때까지 확실히 학습합니다.

(2) '핵심 어법 마무리 체크'에서 체크해 둔 어법 개념이 완벽하게 암기되었는지 최종 점검합니다.

03. 시험 직전 막판 점검하기

시험 전날에는 전체 회차의 모의고사에서 틀린 문제만 골라 최종 점검합니다. 또한 〈필수 어휘암기장(PDF)〉을 통해 필수 어휘를 다시 한 번 확인하고, 모르는 어휘와 표현이 없도록 집중 암기하여 만점을 위한 실력을 완성합니다.

합격으로 이끄는 군무원 국어 학습 전략!

*최근 4개년 군무원 9급 시험 기준, 영역 혼합 문제 포함

어법

어문 규정의 조항과 용례를 확실히 암기해야 한다.

어법 영역은 군무원 국어 시험에서 가장 많이 출제되는 분야입니다. 특히 한글 맞춤법, 표준어 사정 원칙과 같은 어문 규정과 관련된 개념을 묻는 문제는 매년 반드시 출제됩니다. 따라서 어문 규정의 조항이 의미하는 바를 각 조항이 실제 언어 생활에 적용된 사례를 중심으로 확실하게 암기해야 합니다.

비문학·문학

독해 능력을 기르고 문학 작품에 대한 지식을 쌓아야 한다.

비문학 영역은 그동안 글의 주제 또는 세부 내용을 파악하는 사실적 독해 문제가 많이 출제되었으나, 최근에는 내용을 추론하거나 글의 구조를 파악하는 추론 및 비판적 독해 문제의 출제 비중이 늘고 있어 이에 대한 대비가 필요합니다. 또한 문학 영역에서는 작품을 종합적으로 감상하는 능력을 평가하는 문제도 많이 출제되므로 기출문제 풀이를 통해 작품 분석 능력을 길러야 합니다.

어휘

다른 영역과 연계된 문제를 철저히 대비해야 한다.

어휘 영역에는 한자어와 한자 성어가 가장 많이 출제되지만 속담과 고유어를 묻는 문제 또한 높은 출제 비중을 차지하고 있으므로 대비해야 합니다. 특히 한자는 독음 없이 출제되는 경우도 있으므로 음과 뜻까지 모두 정리해야 합니다. 최근에는 비문학·문학 영역과 연계된 문제도 많이 출제되므로, 지문의 내용을 정확히 파악하고 이에 적절한 어휘를 찾는 연습이 필요합니다.

해커스군무원 실전동형모의고사 국어

실전동형
모의고사

: 01~16회

잠깐! 모의고사 전 확인사항

모의고사도 실전처럼 문제를 푸는 연습이 필요합니다.
- ✓ 휴대전화는 전원을 꺼주세요.
- ✓ 연필과 지우개를 준비하세요.
- ✓ 제한시간 25분 내 최대한 많은 문제를 정확하게 풀어보세요.

매회 실전동형모의고사 전, 위 상황을 점검하고 시험에 임하세요.

01회 실전동형모의고사

01 밑줄 친 단어의 발음이 옳지 않은 것은?

① 빨리 신발을 <u>신지</u>[신:찌] 않으면 먼저 간다.
② 새해 <u>첫날</u>[천날]에는 떡국을 먹는 전통이 있다.
③ 나는 남은 식량이 아직 <u>많소</u>[만:쏘]. 그러니 걱정 마시게.
④ <u>가을일</u>[가으릴]은 가을에 곡식을 거두어들이는 일을 뜻한다.

02 밑줄 친 부분의 띄어쓰기가 옳지 않은 것은?

① 그의 시선이 <u>한곳</u>에 멈추었다.
② 그녀와 나는 <u>한곳</u>에서 근무했었다.
③ 오늘 방문해야 하는 거래처는 이제 <u>한곳</u>뿐이다.
④ 그는 <u>한곳</u>에 머무르는 일이 없고 여기저기 돌아다니기 바쁘다.

03 다음 중 밑줄 친 부분의 품사가 다른 하나는?

① 그는 항상 잠이 <u>모자라다</u>고 생각했다.
② 나라가 <u>안녕해야</u> 국민이 안정감을 느낀다.
③ 그렇게 여건이 안 좋은데도 그 직장에 <u>있게</u>?
④ 방학 동안 공부를 게을리했더니 수학 실력이 <u>줄었다</u>.

04 밑줄 친 부분이 어문 규정에 맞는 것은?

① 내 신세가 갑자기 <u>설워</u> 울었다.
② 귀한 손님이니 <u>섭섭치</u> 않게 대접해야겠다.
③ 아침에 사 간 소시지 빵을 친구들과 <u>노놔</u> 먹었다.
④ <u>잇딴</u> 사고 소식에 모든 사람이 안타까워하고 있다.

05 밑줄 친 단어의 표기가 옳지 않은 것은?

> 고향 집으로 내려가기 위해 아기와 남편과 함께 고속도로를 탔다. 하늘에서는 늦여름 ㉠<u>장맛비</u>가 내리고 있었다. 고속도로를 한참 달려가자 ㉡<u>휴게소</u>를 알리는 ㉢<u>파란색</u> 안내 표지판이 눈에 들어왔다. 아기를 뒷자리에 편하게 ㉣<u>뉘였다</u>가 출발하고 싶어서, 잠시 들렀다가 출발하자고 남편에게 말했다.

① ㉠   ② ㉡
③ ㉢   ④ ㉣

06 밑줄 친 부분의 맞춤법이 옳은 것은?

① <u>말소</u>에게 먹일 풀을 여물통에 담았다.
② 공부를 <u>하든지</u> 잠을 <u>자든지</u> 선택은 네 몫이다.
③ 십 년 간 <u>벼르러</u> 온 복수의 기회를 놓치고 말았다.
④ 계절의 흐름을 통해 삶의 <u>희노애락</u>을 표현한 작품이다.

07 밑줄 친 단어가 〈보기〉에서 설명하는 동음어로 묶인 것은?

보기
다의어는 둘 이상의 의미를 갖고 있다. 이 두 개의 의미는 서로 다르면서도 상호 연관성을 지니는데, 이에 반해 동음어는 두 의미가 상호 연관성을 지니지 않는다.

① 친구들은 계곡을 바라고 내려갔다.
　네가 바라는 걸 다 들어줄 수는 없어.
② 압력솥의 뚜껑을 활짝 열어 김을 빼냈다.
　김을 매는 농부의 얼굴에 땀이 비 오듯 쏟아진다.
③ 배고프지 않게 아침을 먹고 학교에 가렴.
　아침마다 닭이 우는 소리에 늦잠을 잘 수가 없다.
④ 지금은 비가 내리지만 곧 그친다고 했어.
　그는 얼굴의 부기가 내리지 않아 몹시 걱정하고 있었다.

08 다음 중 밑줄 친 부분과 가장 비슷한 의미를 지닌 단어는?

영호와 영희는 초등학교 동창이다. 장난이 심한 영호는 학창 시절 영희를 자주 괴롭히곤 했다. 그들은 성인이 된 뒤 다시 만나게 되었고 영호는 영희의 예상과는 달리 아주 멀끔하고 점잖은 신사가 되어 있었다.

① 푼푼하다　　② 깨끔하다
③ 너볏하다　　④ 소쇄하다

09 다음 작품에 대한 설명으로 적절하지 않은 것은?

田園(전원)에 나믄 興(흥)을 전나귀에 모도 싯고
溪山(계산) 니근 길로 흥치며 도라와셔
아히 琴書(금서)를 다스려라 나믄 힉를 보내리라. – 김천택

① '나믄 힉'는 중의적인 표현이다.
② 당대 현실에 대한 체념이 드러난다.
③ 추상적 개념을 구체적으로 형상화했다.
④ 3장 6구 45자의 격식을 갖춘 갈래의 작품이다.

10 ㉠~㉣을 고쳐 쓰기 위한 방안으로 적절하지 않은 것은?

최근 중고생을 대상으로 하는 ㉠장래 진로 교육이 활성화되고 있다. 학교에서 진행되는 진로 교육은 학생들의 성향과 특기를 파악하는 것에서부터 시작한다. 학생들은 ㉡이를 통해 자신의 적성에 잘 맞는 직업군, 자신이 흥미를 가지고 있는 직업군을 파악하고 해당 직업군에 속하는 여러 직업들에 대해 구체적으로, 그리고 심도 있게 파악해 볼 수 있다. ㉢진로 교사는 학생들에게 직업을 정해주는 역할이 아닌, 학생들이 자신에게 맞는 직업을 찾도록 도와주는 역할을 한다. 학생들은 이를 바탕으로 자신의 진학 과정을 보다 쉽게 선택하고 이 과정에서 자신이 선택한 꿈을 ㉣실존하기 위해 더욱 노력하게 된다.

① ㉠: 의미가 중복되므로 '장래 진로'를 '진로'로 수정한다.
② ㉡: 앞뒤 문장이 자연스럽게 연결되도록 '이를 통해'를 '이 때문에'로 수정한다.
③ ㉢: 중심 화제에서 벗어난 문장이므로 삭제한다.
④ ㉣: 문맥에 맞지 않으므로 '실존'을 '실현'으로 바꾼다.

11 다음 글의 ㉠~㉢에 들어갈 말로 적절한 것은?

20세기 초 유럽과 미국을 연결하는 북대서양 항로에선 여러 나라의 선박회사들이 경쟁을 벌였다. 더 많은 승객을 유치하기 위해 더 크고, 더 빠르고, 더 호화로운 배를 건조하고 홍보했다. 타이타닉 호가 선보이기 전까지 가장 크고 빠르고 호화롭다는 영예를 안은 것은 영국의 루시타니아 호였다. (㉠) 이 배가 제1차 세계대전 당시 아일랜드 남쪽 해상에서 독일 잠수함의 어뢰에 맞아 침몰하면서 1,198명이 사망했다.

민간 여객선에 포격을 가한 독일 해군이 국제법을 어겼다는 비난이 끓어오른 것은 당연했다. (㉡) 당시 독일은 북대서양 여객선 사업에서 영국의 최대 경쟁국이었다. (㉢) 독일도 할 말이 있었다. 영국도 여객선에 관한 국제법을 여러 차례 어긴 선례가 있었고, 루시타니아 호에 상당량의 무기가 실려 있었기 때문에 이 배를 해군 함정으로 여길 만했다는 것이다. 미국 주재 독일 대사관에서는 미국인에게 이 배에 타지 말라고 경고하는 광고를 여러 신문에 싣기도 했다.

	㉠	㉡	㉢
①	그런데	오히려	하지만
②	그런데	더구나	그러나
③	그래서	하지만	결국
④	그래서	그러므로	그리고

12 독음이 모두 바른 것은?

① 결국(結局), 멱몰(汨沒), 멸시(蔑視)
② 작열(灼熱), 발휘(發揮), 미주(未足)
③ 주선(周旋), 사치(奢侈), 해이(懈怠)
④ 형극(荊棘), 오한(惡寒), 알현(謁見)

13 다음 글에서 설명하는 것과 가장 관계가 먼 한자 성어는?

> 신라 시대 화랑들은 '세속오계(世俗五戒)'라는 다섯 가지의 계율을 지켰다. 신라의 승려 원광 법사가 알려 준 세속오계의 내용에는 임금을 충성으로 섬길 것, 어버이에게 효도를 다할 것, 벗은 믿음으로써 사귈 것, 싸움에 임할 때는 물러서지 않을 것, 살아 있는 것을 죽일 때는 가려서 할 것이 있다. 이는 후에 화랑도의 신조가 되어 화랑도가 발전하는 데에 크게 기여하였다.

① 事君以忠
② 臨戰無退
③ 殺生有擇
④ 朋友有信

14 다음 중 ㉠ ~ ㉣에 들어갈 말로 가장 옳지 않은 것은?

> 은일가사와 유배가사는 (㉠)을/를 이루었다. 둘 다 시골에서의 생활을 노래했지만 은일가사는 생활기반이 갖추어진 고향에서 마음의 안정을 찾는데 소용되고, 유배가사는 낯설기만 한 곳에 강제로 추방된 고통을 하소연하기 위해서 지어야만 했다. (㉡)은/는 벼슬하면서 부귀를 누릴 때에는 버려두었던 가사를 은일을 택하거나 유배를 당하면 찾았다.
> 유배가사는 유배가 부당하다고 항의하고 복귀를 염원하는 심정을 (㉢) 것을 기본 내용으로 삼아 작자의 일방적인 주장에 치우치는 경향이 있으면서도 사실을 그리는 데 힘써야 했다. 갑작스럽게 뒤바뀐 상황을 설명하고, 죄인의 초라한 행색을 하고 낯선 고장을 여행한 경험을 실감나게 전하는 것을 (㉣) 과제로 삼았다.

① ㉠ 대조
② ㉡ 사대부
③ ㉢ 통회하는
④ ㉣ 긴요한

15 괄호 안에 들어갈 내용으로 가장 적절한 것은?

> 현대 과학이 전문화와 사회적 중요성의 두 가지로 특징지어진다는 것은 중대한 문제를 야기시켰다. 사회에서 과학이 지니는 중요성이 더없이 높아지면서 그러한 사회에서 살아나가야 할, 특히 그러한 사회를 이끌어 나가야 할 일반 지식인이 과학의 내용을 이해하는 것이 거의 불가능해졌기 때문이다. 현대 사회의 중요한 문제들을 접하고 많은 선택과 결정을 내려야 할 사람들이 이들 문제의 바탕이 되는 과학의 내용을 이해하기는커녕 접근하기조차 힘들도록 과학이 일반 지식인들로부터 유리된 것이다. 이 문제가 더욱 우려스러운 것은 그에 대한 손쉽고 뚜렷한 해결책이 존재하지 않으며, 과학의 내용 자체가 지니는 어려움은 계속 존재하거나 심해질 것이기 때문에 오히려 문제가 심화될 전망까지 보인다는 점이다. 결국 이 문제의 해결을 위해서는 (   ).

① 과학자가 사회를 이끌어 나가는 지도자가 되어야 한다.
② 과학을 사회와 완전히 격리된 세계에서 전문화해야 한다.
③ 과학자들과 일반 지식인들 모두 각자의 분야에 충실해야 한다.
④ 과학자들과 일반 지식인들 쌍방의 이해와 노력이 필요하게 된다.

16 〈보기〉의 밑줄 친 부분에 해당하는 예로 가장 옳지 않은 것은?

> 보기
> 파생어는 접사가 어근 앞에 결합하는 방식과 접사가 어근 뒤에 결합하는 방식으로 구분할 수 있다.

① 엿사랑 ② 생사람
③ 뒤섞다 ④ 빗나가다

17 다음 글이 들어갈 곳으로 가장 적절한 것은?

> 노조는 최대 2.5%로 임금 인상 요구를 억제하고 노동 시장 유연화를 수용하는 대신, 사측은 직업 훈련과 파트타임 고용의 확대를 통한 신규 고용에 주력할 것에 합의했다.

1980년대 후반 경제 성장 국면에서 노조는 주당 노동 시간을 36시간으로 단축할 것을 주장한다. (㉠) 그러나 1990년대 초반 경제가 다시 불황국면에 접어들면서 노-사 간에 새로운 타협이 불가피해졌다. (㉡) 1993년 네덜란드 노-사는 '신노선(A New Course)' 협약을 체결한다. (㉢) 이 과정에서 정부는 노-사 양측의 협약을 강제하고 보조하기 위해 세금 감면, 비정규 노동자의 법적 지위 강화 등을 실시하였다. (㉣) 이어 10년마다 변화하는 정치, 경제적 환경 변화를 반영하기 위해 2003년 노-사는 재협의에 들어갔고 '노-사 간 고용 조건 정책'을 통해 다시 바세나르 정신으로 돌아가 노 - 사 협약을 통한 임금 안정 정책에 합의하였다.

① ㉠ ② ㉡
③ ㉢ ④ ㉣

18 다음 글의 표현상 특징에 대한 설명으로 적절하지 않은 것은?

> 나는 집이 가난해서 말이 없으므로 혹 빌려서 타는데, 여위고 둔하여 걸음이 느린 말이면 비록 급한 일이 있어도 감히 채찍질을 가하지 못하고 조심조심하여 곧 넘어질 것같이 여기다가, 개울이나 구렁을 만나면 곧 내려 걸어가므로 후회하는 일이 적었다. 발이 높고 귀가 날카로운 준마로서 잘 달리는 말에 올라타면 의기양양하게 마음대로 채찍질하여 고삐를 놓으면 언덕과 골짜기가 평지처럼 보이니 심히 장쾌하였다. 그러나 어떤 때에는 위태로워서 떨어지는 근심을 면치 못하였다.
>
> 아! 사람의 마음이 옮겨지고 바뀌는 것이 이와 같을까? 남의 물건을 빌려서 하루아침 소용에 대비하는 것도 이와 같거든, 하물며 참으로 자기가 가지고 있는 것이랴.
>
> 그러나 사람이 가지고 있는 것이 어느 것이나 빌리지 아니한 것이 없다. 임금은 백성으로부터 힘을 빌려서 높고 부귀한 자리를 가졌고, 신하는 임금으로부터 권세를 빌려 은총과 귀함을 누리며, 아들은 아비로부터, 지어미는 지아비로부터, 비복(婢僕)은 상전으로부터 힘과 권세를 빌려서 가지고 있다.
>
> 그 빌린 바가 또한 깊고 많아서 대개는 자기 소유로 하고 끝내 반성할 줄 모르고 있으니, 어찌 미혹(迷惑)한 일이 아니겠는가?
>
> 그러다가도 혹 잠깐 사이에 그 빌린 것이 도로 돌아가게 되면, 만방(萬邦)의 임금도 외톨이가 되고, 백승(百乘)을 가졌던 집도 외로운 신하가 되니, 하물며 그보다 더 미약한 자야 말할 것이 있겠는가?
>
> 맹자가 일컫기를
> "남의 것을 오랫동안 빌려 쓰고 있으면서 돌려주지 아니하면, 어찌 그것이 자기의 소유가 아닌 줄 알겠는가?"
> 하였다.
>
> 내가 여기에 느낀 바가 있어서 차마설을 지어 그 뜻을 넓히노라.
>
> – 이곡, '차마설(借馬說)'

① 구체적 예시를 들어 주장을 뒷받침하고 있다.
② 유추를 통해 개인적 체험이 보편적 진리로 확장되고 있다.
③ '서론-본론-결론'의 3단 구성으로 설득력 있게 논리를 제시하고 있다.
④ 권위 있는 사람의 말을 논거로 사용하여 주장을 강화하고 있다.

19 다음 글의 서술 방식으로 적절하지 않은 것은?

차돌에 바람이 들면 백 리를 날아간다는 우리 속담이 있거니와, 늦바람이란 참으로 무서운 일이다. 아직 지조를 깨뜨린 적이 없는 이는 만년(晩年)을 더욱 힘쓸 것이니 사람이란 늙으면 더러워지기 마련이기 때문이다. 아직 철이 안 든 탓으로 바람이 났던 이들은 스스로의 후반을 위하여 번연(飜然)히 깨우치라. 한일 합방(韓日合邦) 때 자결(自決)한 지사 시인(志士詩人) 황매천(黃梅泉)은 정탈(定奪)이 매운 분으로 매천 필하무완인(梅泉筆下無完人)이런 평을 듣거니 그 《매천 야록(梅泉野錄)》에 보면, 민충정공(閔忠正公), 이용익(李容翊) 두 분의 초년 행적(初年行績)을 헐뜯은 곳이 있다. 오늘에 누가 민충정공, 이용익 선생을 욕하는 이 있겠는가. 우리는 그 분들의 초년을 모른다. 역사에 남은 것은 그분들의 후반이요. 따라서 그분들의 생명은 마지막에 길이 남게 될 것이다.

도도(滔滔)히 밀려오는 망국(亡國)의 탁류(濁流) — 이 금력과 권력, 사악 앞에 목숨으로써 방파제를 이루고 있는 사람들은 지조의 함성을 높이 외치라. 그 지성 앞에는 사나운 물결도 물러서지 않고는 못 배길 것이다. 천하의 대세가 바른 것을 향하여 다가오는 때에 변절이란 무슨 어처구니없는 말인가. 이완용(李完用)은 나라를 팔아먹어도 자기를 위한 36년의 선견지명(先見之明)은 가졌었다. 무너질 날이 얼마 남지 않은 권력에 뒤늦게 팔리는 행색(行色)은 딱하기 짝이 없다. 배고프고 욕된 것을 조금 더 참으라. 그보다 더한 욕이 변절 뒤에 기다리고 있다.
- 조지훈, '지조론'

① 변절한 자들의 잘못된 행실을 열거하며 비판하고 있다.
② 집필 당시의 부정적 세태를 비유적으로 나타내고 있다.
③ 적절한 속담과 사례를 들어 독자의 공감을 불러일으키고 있다.
④ 명령형 어미와 설의적 표현을 사용하여 자기주장을 강하게 펴고 있다.

20 다음 글을 순서대로 알맞게 배열한 것은?

(가) 우선 GMO에 대해 간략하게 살펴보도록 하자. GMO란 생산성을 높이거나 상품의 질을 향상하기 위해 본래의 유전자를 변형시킨 작물 또는 식품이다. 유전공학의 기틀을 마련한 '재조합 DNA'(recombinant DNA)기술을 농업 분야에 응용하여 일궈낸 구체적 성과물이라 할 수 있다.

(나) 이런 상황에서 유전자변형식품(GMO, Genetically Modified Organism)은 식량 생산량을 획기적으로 늘릴 수 있는 대안으로 오늘날 사람들의 이목을 끈다. 특히 유전공학을 통해 이런 기대를 현실화했다는 점에서 크게 주목받고 있다.

(다) 가속도가 붙은 인구증가에 비해 거북이걸음을 하고 있는 식량의 증가세는 '인구는 기하급수로 늘지만 식량은 산술급수로 증가한다'는 명제를 실감케 한다. 약 8억 5,000만 명, 곧 전 세계 인구 7명 중 1명이 만성적 영양실조에 허덕이고 있다는 통계가 있을 정도로 저개발 국가의 기아와 빈곤 문제는 심각하다.

(라) 반면 GMO에 대한 사람들의 우려 역시 점점 커지고 있다. GMO는 식량 문제의 해결책이 될 수 없을 뿐 아니라 인간의 건강을 위협하고 생태계를 파괴할지 모른다는 비판이 쏟아지는 것이다. 왜 이런 논쟁이 끊이지 않는 걸까?

① (가) - (나) - (다) - (라)
② (가) - (다) - (라) - (나)
③ (다) - (나) - (라) - (가)
④ (다) - (라) - (나) - (가)

21 다음 중 외래어 표기가 옳은 것은?

① 본네트(bonnet)
② 윈도우(window)
③ 요구르트(yogurt)
④ 스테인레스(stainless)

22 다음 시에서 나타나는 화자의 정서에 대한 설명으로 옳지 않은 것은?

<제1수>
이 듕에 시름 업스니 漁父(어부)의 생애이로다.
一葉片舟(일엽편주)를 萬頃波(만경파)에 띄워 두고
人世(인세)를 다 니젯거니 날 가는 줄를 안가.

<제2수>
구버는 千尋綠水(천심 녹수) 도라보니 萬疊靑山(만첩청산)
十丈紅塵(십장 홍진)이 언매나 フ롓는고.
江湖(강호)애 月白(월백)호거든 더옥 無心(무심)하얘라.

<제5수>
長安(장안)을 도라보니 北闕(북궐)이 千里(천 리)로다.
漁舟(어주)에 누어신들 니즌 스치 이시랴.
두어라 내 시름 아니라 濟世賢(제세현)이 업스랴.

– 이현보, '어부가'

① 화자는 속세에 대해 이중적인 태도를 보이고 있다.
② 화자는 유유자적한 삶을 살며 임금의 은혜에 감사하고 있다.
③ 화자는 자연을 벗 삼아 한가롭게 살아가기를 소망하고 있다.
④ 화자는 자연 속에 있으면서도 현실에 대한 미련을 버리지 못하고 있다.

23 다음 글의 내용과 일치하지 않는 것은?

휴대폰은 인간의 의사소통 범위를 혁신적으로 확장시켰다. 특히 통신 수단으로서의 기능에 컴퓨터, TV, 카메라, 시계, 게임 등 다양한 기능이 결합되면서, 휴대폰은 우리의 일상에 깊이 파고들어 생활에서 떼려야 뗄 수 없는 매체로 자리 잡았다. 그러나 인간의 생활에 편리함을 더해 준 휴대폰은 역설적으로 편리함을 감소시키는 매체로 작용하거나, 더 나아가 공해가 되기도 한다.

가장 일상적으로 찾아볼 수 있는 공해는 때와 장소에 관계 없이 울려 대는 휴대폰이다. 퇴근 후에 메신저로 오는 업무 지시, 또는 영화관이나 지하철에서의 통화는 휴대폰 사용자나 주변 사람들의 편안한 휴식을 방해한다. 공공장소에서 이어폰을 끼지 않고 휴대폰으로 음악을 듣거나 동영상을 시청하는 행위 역시 주위 사람들의 눈살을 찌푸리게 만든다. 이러한 공해는 휴대폰 예절을 지키는 것으로 감소시킬 수 있다.

다만 지금처럼 휴대폰 예절이 제대로 지켜지지 않는다면, 공공장소에서는 강제력을 동원한 휴대폰 사용 규제가 일부 도입되어야 할 것이다. 그러나 그 이전에, 우리 스스로 바람직한 휴대폰 사용 문화를 정착시키려는 노력이 선행되어야 하지 않을까. 통신 서비스 회사들도 판매 실적을 올리는 데에만 열중하지 말고 휴대폰 예절에 대한 캠페인에도 힘쓰는 것이 휴대폰 이용자들에 대한 최소한의 예의가 아닐까 생각한다.

① 강제력을 동원한 휴대폰 사용 규제가 시급하다.
② 휴대폰 예절이 문화로 아직 정착되지 못하고 있다.
③ 휴대폰은 인간 생활에 편리함을 더하기도 하고 감소시키기도 한다.
④ 휴대폰 사용 문화를 정착시키기 위해서는 개인과 통신 서비스 회사의 역할이 중요하다.

※ 다음 글을 읽고 물음에 답하시오. [24~25]

초기의 독서는 소리 내어 읽는 ㉠음독 중심이었다. 고대 그리스인들은 쓰인 글이 완전해지려면 소리 내어 읽는 행위가 필요하다고 생각했다. 또한 초기의 두루마리 책은 띄어쓰기나 문장 부호 없이 이어 쓰는 연속 기법으로 표기되어 어쩔 수 없이 독자가 자기 목소리로 문자의 뜻을 더듬어 가며 읽어 봐야 글을 이해할 수 있었다. 흡사 종교 의식을 치르듯 성서나 경전을 진지하게 암송하는 ㉡낭독이나, 필자나 전문 낭독가가 낭독하는 것을 들음으로써 간접적으로 책을 읽는 낭독-듣기가 보편적이었다.

그러던 12세기 무렵 독서 역사에 큰 변화가 일어나는데, 그것은 유럽 수도원의 필경사들 사이에서 시작된, 소리를 내지 않고 읽는 ㉢묵독의 발명이었다. 공동생활에서 소리를 최대한 낮춰 읽는 것이 불가피했던 것이다. 비슷한 시기에 두루마리 책을 완전히 대체하게 된 책자형 책은 주석을 참조하거나 앞부분을 다시 읽는 것을 가능하게 하여 묵독을 도왔다. 묵독이 시작되자 낱말의 간격이나 문장의 경계 등을 표시할 필요성이 생겨 띄어쓰기와 문장 부호가 발달했다.

음독과 묵독이 공존하던 18세기 중반에 새로운 독서 방식으로 ㉣다독이 등장했다. 금속 활자와 인쇄술의 보급으로 책 생산이 이전의 3~4배로 증가하면서 다양한 장르의 책들이 출판되었다. 이전에 책을 접하지 못했던 여성들이 대거 독자로 유입되었고, 독서 조합과 대출 도서관 등 독서 기관이 급격히 증가했다.

24 밑줄 친 ㉠~㉣의 한자 표기가 적절하지 않은 것은?

① ㉠ 音讀
② ㉡ 浪讀
③ ㉢ 默讀
④ ㉣ 多讀

25 다음 중 제시문의 내용과 일치하지 않는 것은?

① 책의 형태 변화가 묵독에 영향을 미쳤다.
② 인쇄술의 보급으로 독자의 범위가 넓어졌다.
③ 독서의 초기 형태는 소리를 내어 읽는 것이 보편적이었다.
④ 유럽 수도원의 필경사들은 띄어쓰기와 문장 부호의 기초를 정립했다.

01회 핵심 어법 마무리 체크

☑ 다음 문장을 읽고 알맞은 단어에 O표 하세요.

이론 문법

01 '쌍둥이도 성격이 서로 다른 법이다'에 쓰인 '다른'의 품사는 동사/형용사 이다.

02 '날씨가 건조하면 식물이 잘 크지 못한다'에 쓰인 '크지'의 품사는 동사/형용사 이다.

03 '남부 지방에 홍수가 나서 수재민이 생겼다'에 쓰인 '나서'의 품사는 동사/형용사 이다.

04 '그것이 진정한 사랑이 아닐까?'에 쓰인 '아닐까'의 품사는 동사/형용사 이다.

05 '방송(放送)'이 '석방'에서 '보도'로 의미가 변한 것은 언어의 자의성/역사성 과 관련이 있다.

06 '밥'이라는 의미의 말소리 [밥]을 마음대로 [법]으로 바꾸면 다른 사람들이 '밥'의 의미로 이해하지 못하는 것은 언어의 사회성/규칙성 과 연관이 있다.

07 '종이가 찢어졌어'라는 말을 배운 아이가 '책이 찢어졌어'라는 새로운 문장을 만들어 내는 것은 언어의 자의성/창조성 과 연관이 있다.

08 '오늘'이라는 의미를 가진 말을 한국어에서는 '오늘', 영어에서는 'today'라고 하는 것은 언어의 자의성/규칙성 과 연관이 있다.

어문 규정

09 형은 항상 열 시쯤/열 시∨쯤 돌아온다.

10 나는 사과를 천 원어치/천 원∨어치 샀다.

11 그녀는 스무 살남짓/스무 살∨남짓 되어 보였다.

12 그 일은 이십 세기경/이십 세기∨경 일어난 일이다.

13 바짝 존/졸은 찌개를 다시 끓였다.

14 앉은 자세가 곧바라야/곧발라야 한다.

15 생김새는 저러나/저렇나 마음은 유순하다.

16 그는 큰 죄를 짓고도 버젓이/뉘연히 대중 앞에 나섰다.

17 서랍에서 돈을 뒤어내고/뒤져내고 있었다.

18 그 사람은 허구헌/허구한 날 신세 타령만 한다.

19 색연필[생년필]/[새견필]을 사러 문방구에 갔다.

20 불볕더위[불볃더위]/[불볃떠위]가 연일 기승을 부리고 있다.

21 차려입으니 제법 옷맵시[온맵씨]/[온맵씨]가 난다.

02회 실전동형모의고사

01 밑줄 친 어휘 중 표준어가 아닌 것은?

① 그녀는 보조개가 유난히 돋보인다.
② 삵은 멸종 위기종으로 선정된 동물이다.
③ 어느 순간부터 우리는 서로 알은체도 안 했다.
④ 범인으로 지목당한 것이 억울하지만서도 한편으로 그들의 마음도 이해가 갔다.

02 밑줄 친 부분의 띄어쓰기가 옳지 않은 것은?

① 나도 제3회 백일장에 참여할걸.
② 그는 집에 갈 적에 바람같이 사라진다.
③ 배급으로 받은 떡이 한 입거리도 못 되었다.
④ 그가 자신의 패거리도 아니라는 듯이 째려보았다.

03 다음의 음운 규칙이 모두 나타나는 것은?

- 비음화: 앞 음절의 받침인 파열음이 뒤 음절의 첫소리 비음 앞에서 비음으로 변하는 현상
- ㄴ 첨가: 합성어나 파생어에서, 앞말이 자음으로 끝나고 뒷말이 모음 'ㅣ'나 반모음 [j]로 시작하는 실질 형태소가 올 때 그 사이에 'ㄴ'이 덧나는 현상

① 부엌문[부엉문]   ② 색연필[생년필]
③ 솜이불[솜:니불]   ④ 물놀이[물로리]

04 밑줄 친 단어의 쓰임이 바르지 않은 것은?

① 이번 시험에서는 영희가 철수를 제쳤다.
② 벽에 걸린 그림이 한쪽으로 쏠린 것 같다.
③ 공연장에 온 사람들이 한 줄로 늘비하게 서 있다.
④ 하늘에 비낀 구름들이 노을빛으로 붉게 물들어 간다.

05 밑줄 친 부분이 어문 규정에 맞는 것은?

① 그와 나의 년간 수입을 비교해 보았다.
② 그는 궁지에 몰리자 그제서야 본색을 들어냈다.
③ 시간이 날 때마다 정원으로 나가서 햇볕을 쬤다.
④ 마당 한 구석에 있는 빨래돌은 무척 오래된 것이다.

06 다음 글의 표현상 특징에 대한 설명 중 적절하지 않은 것은?

> 몽둥이를 들어 메고 네 이놈 강도 놈. 좁은 골 벼락 치듯 강짜 싸움에 기집 치듯 담에 걸친 구렁이 치듯 후닥닥 철퍽. 아이구 박 터졌소. 이놈. 후닥닥. 아이구 다리 부러졌소, 형님. 흥보가 기가 맥혀 몽둥이를 피하느라고 올라갔다가 내려왔다가, 대문을 걸어 놓니 날도 뛰도 못하고 그저 퍽퍽 맞는데, 안으로 쫓겨 들어가며 아이구 형수씨 날 좀 살려 주오, 아이구 형수씨 사람 좀 살려 주오.
> 이러고 들어가거든 놀보 기집이라도 후해서 전곡 간에 주었으면 좋으련마는, 놀보 기집은 놀보보다 심술보 하나가 더 있것다. 밥 푸던 주걱 자루를 들고 중문에 딱 붙어 섰다가,
> "여보. 아주뱀이고 도마뱀이고 세상이 다 귀찮혀요. 언제 전곡을 갖다 맽겼던가. 아나 밥, 아나 돈, 아나 쌀." 하고 뺨을 때려 놓니 형님에게 맞던 것은 여반장(如反掌)이오. 형수한테 뺨을 맞어 놓니 하늘이 빙빙 돌고 땅이 툭 꺼지난 듯.
> ― '흥보가(興甫歌)'

① 유사한 발음을 활용한 언어유희가 나타난다.
② 열거와 대구를 통해 장면을 확장하여 설명하였다.
③ 반어적 표현을 사용하여 부정적 인물을 풍자하였다.
④ 서술자가 작품 속에 직접 개입하여 인물을 평가하고 있다.

07 모두 파생어인 것은?

① 숫염소, 막노동, 감투
② 알짜배기, 덮이다, 겁쟁이
③ 엇나가다, 건널목, 구르다
④ 팔다리, 길들다, 굶주리다

08 다음 글의 ㉠~㉣에 대한 이해로 적절하지 않은 것은?

> 가을 연기 자욱한 저녁 들판으로
> 상행 열차를 타고 평택을 지나갈 때
> 흔들리는 차창에서 너는
> 문득 낯선 얼굴을 발견할지도 모른다.
> 그것이 너의 모습이라고 생각지 말아 다오.
> 오징어를 씹으며 화투판을 벌이는
> 낯익은 얼굴들이 네 곁에 있지 않으냐.
> ㉠황혼 속에 고함치는 원색의 지붕들과
> 잠자리처럼 파들거리는 TV 안테나들
> 흥미 있는 주간지를 보며 / 고개를 끄덕여 다오.
> 농약으로 질식한 풀벌레의 울음 같은
> ㉡심야 방송이 잠든 뒤의 전파 소리 같은
> 듣기 힘든 소리에 귀 기울이지 말아 다오.
> 확성기마다 울려 나오는 힘찬 노래와
> 고속 도로를 달려가는 자동차 소리는 얼마나 경쾌하냐.
> 예부터 인생은 여행에 비유되었으니
> 맥주나 콜라를 마시며 / 즐거운 여행을 해 다오.
> 되도록 생각을 하지 말아 다오.
> 놀라울 때는 다만 '아!' 라고 말해 다오.
> ㉢보다 긴 말을 하고 싶으면 침묵해 다오.
> 침묵이 어색할 때는 / 오랫동안 가문 날씨에 관하여
> 아르헨티나의 축구 경기에 관하여
> 성장하는 GNP와 증권 시세에 관하여 / 이야기해 다오.
> ㉣너를 위하여 / 그리고 나를 위하여
> 　　　　　　　　　　　　　　　　－ 김광규, '상행'

① ㉠: 외면에만 치중하는 근대화에 대한 비판적인 인식을 표상한다.
② ㉡: 언론이 통제되고 있는 시대 현실을 반어적으로 나타낸다.
③ ㉢: 현실 비판이 허용되지 않는 시대 분위기를 알 수 있다.
④ ㉣: 부정적인 현실에 침묵해야 하는 소시민의 모습을 합리화하고 있다.

09 밑줄 친 단어의 표기가 옳은 것을 〈보기〉에서 모두 고른 것은?

> 보기
> ㄱ. 이 일은 나<u>로서</u> 시작된 것이다.
> ㄴ. 그것은 선생<u>으로써</u> 할 일이 아니다.
> ㄷ. 비용을 지불함<u>으로써</u> 무사히 돌아올 수 있었다.
> ㄹ. 그는 성실해야 한다는 일념<u>으로서</u> 자신을 다스렸다.

① ㄱ, ㄴ
② ㄱ, ㄷ
③ ㄴ, ㄷ
④ ㄷ, ㄹ

10 다음 글에 대한 이해로 적절하지 않은 것은?

> 자기개념이란 상당히 안정적이지만, 그렇다고 해서 전혀 변하지 않는 것은 아니다. 주위의 평가에 따라, 혹은 자기 생각의 변화에 따라 얼마든지 바뀔 수 있다. 또한 주위 사람들의 반응에 따라 일시적으로 자기개념이 흔들리는 경우도 있다. 자기개념이 불안정해지면 자기 인식 욕구가 강하게 표출된다.
> '자기 인식 욕구'란 자기를 알고 싶다는 욕구를 말한다. 내가 누구인지 정확하게 알고 싶다는 욕구가 바로 자기 인식 욕구이다. 자기 인식 욕구가 강해지면 자기에 관한 정보를 수집하게 된다. 한마디로 자기 인식 욕구는 자기개념이 불안정해지면 나타나서 자기에 관한 정보를 수집함으로써 약화된다.

① 자기 인식 욕구는 정보 수집을 통해 약해진다.
② 자기 인식 욕구가 강해질수록 자기개념은 불안정해진다.
③ 자기개념은 주위 사람들의 평가에 의해 변화할 수 있다.
④ 자기개념이 흔들리면 자기를 알고 싶다는 욕구가 표출된다.

11 밑줄 친 표현 중 잘못 사용된 것은?

① 대학교 졸업 후 사회에 첫발을 <u>내딛었다</u>.
② 그는 술기운을 이기지 못하고 바닥에 <u>널브러져</u> 있었다.
③ 삼류 언론은 대수롭지 않은 일을 <u>버르집는</u> 경향이 있다.
④ 우리는 이 도시에서 이틀 정도 <u>머물렀다가</u> 떠나기로 했다.

12 다음 중 밑줄 친 부분의 한자가 옳은 것은?

① 격물치지(格物致志)
② 외유내강(外柔內强)
③ 발본색원(拔本塞元)
④ 주객전도(主客顚倒)

13 밑줄 친 ㉠ : ㉡의 관계와 가장 유사한 것은?

> 잠을 끽세, 잠을 끽세,
> 스쳔 년이 꿈 속이라.
> 만국이 회동(會同)ᄒᆞ야
> ᄉᆞ히(四海)가 일가(一家)로다.
>
> 구구세결(區區細節) 다 ᄇᆞ리고
> 샹하 동심(上下同心) 동덕(同德)ᄒᆞ세.
> 늡으 부강 불어ᄒᆞ고
> 근본 업시 회빈(回賓)ᄒᆞ랴.
>
> 범을 보고 개 그리고
> 봉을 보고 둙 그린가.
> 문명 ᄀᆡ화(文明開化) ᄒᆞ랴 ᄒᆞ면
> 실샹(實狀) 일이 예일이라.
>
> 못세 ㉠고기 불어 말고
> ㉡그믈 ᄆᆞᄌᆞ 잡아 보세.
> 그믈 밋기 어려우랴
> 동심결(同心結)로 미ᄌᆞ 보세.
>   ─ 이중원, '동심가'

① 잠 : 꿈
② 늡으 부강 : 회빈
③ 구구세결 : 동심결
④ 문명 ᄀᆡ화 : 실샹 일

14 다음 글의 내용과 부합하지 않는 것은?

> (가) 중국에서 마련된 문학의 규범이 가치의 척도라는 사고방식은 화이론(華夷論)에 근거를 두었다. 화이론은 한문을 공동문어로 삼고 유학을 함께 숭상하는 동아시아가 하나이게 하는 문명의 이상을 '화(華)'라고 하는 중세보편주의이다. 그것이 '이'(夷)라고 지칭된 민족문화의 발전을 촉진하는 구실을 했다.
> (나) 양자강 남쪽으로 밀려난 남송사람의 패배의식을 만회하려고, 주자가 중국 한족문화의 우월성을 강조하는 의미를 보태 사정이 달라지기 시작했다. 그 시기에 중세보편주의를 독자적으로 실현하는 것을 목표로 하는 중세후기가 시작되어, 민족문화를 '화'의 수준으로 발전시키고자 하는 경쟁이 나타났다. 조선 전기 사람들이 우리도 '이'가 아니고 '화'라고 자부하면서 소화(小華)라고 한 것은 시대사조로 보아 당연하고 그만한 내실을 갖추었으므로 잘못되지 않았다.
> (다) 조선 후기에 이르러서는 두 가지 변화가 일어났다. '화'의 척도로 평가되던 명나라가 망하고 중국 대륙에 청나라가 등장하자, 화이의 구분을 어떻게 해야 하는가 하는 문제를 두고 견해가 대립되었다. 중세에서 근대로의 이행기에 들어서서 중세보편주의를 비판하는 민족주의가 등장해 문제가 더욱 복잡해졌다.

① 청나라와 민족주의의 등장으로 화이론은 혼란을 겪게 되었다.
② 화이론은 '이'로 지칭되는 민족문화가 개성적으로 발전하게 했다.
③ 조선 전기 사람들은 민족문화가 '화'의 수준에 도달했다고 믿었다.
④ 주자가 화이론에 다른 의미를 더한 것은 패배의식을 극복하기 위함이었다.

15 다음 작품에서 '노인'과 관련된 속담으로 가장 적절한 것은?

> "어머님 그때 우시지 않았어요?"
> "울기만 했겠냐. 오목오목 디뎌 논 그 아그 발자국마다 한도 없는 눈물을 뿌리며 돌아왔제. 내 자석아, 내 자석아, 부디 몸이나 성히 지내거라. 부디부디 너라도 좋은 운 타서 복 받고 살거라…… 눈앞이 가리도록 눈물을 떨구면서 눈물로 저 아그 앞길만 빌고 왔제……."
> 나는 아직도 눈을 뜰 수가 없었다. 불빛 아래 눈을 뜨고 일어날 수가 없었다. 사지가 마비된 듯 가라앉아 있는 때문만이 아니었다. 졸음기가 아직 아쉬워서도 아니었다. 눈꺼풀 밑으로 뜨겁게 차오르는 것을 아내와 노인 앞에 보일 수가 없었다. 그것이 너무도 부끄러웠기 때문이었다. 아내는 이번에도 그러는 나를 알고 있었던 것 같았다.
> "여보, 이젠 좀 일어나 보세요. 일어나서 당신도 말을 좀 해 보세요."
> 그녀가 느닷없이 나를 세차게 흔들어 깨웠다. 그녀의 음성은 이제 거의 울부짖음에 가까웠다. 그래도 나는 일어날 수가 없었다. 뜨거운 것을 숨기기 위해 눈꺼풀을 꾹꾹 눌러 참으면서 내처 잠이 든 척 버틸 수밖에 없었다. 〈중 략〉
> 노인은 일단 아내의 행동을 말려 두고 나서 아직도 그 옛 얘기를 하는 듯한 아득하고 차분한 음성으로 당신의 남은 이야기를 끝맺어 가고 있었다.

① 부모가 반팔자
② 자식 둔 부모는 알 둔 새 같다.
③ 자식을 겉 낳지 속은 못 낳는다.
④ 드는 정은 몰라도 나는 정은 안다.

16 다음 설명문의 전개 방식으로 옳은 것은?

> 우리나라에는 단단하고 화재에 잘 견디고 내구성이 있는 화강암이 풍부하였기 때문에 전탑이 위주가 되는 중국이나 목탑이 위주가 되는 일본과 달리 석탑이 크게 발달하였다.

① 유추　　② 예시
③ 인과　　④ 분석

17 사동의 특징을 고려할 때 밑줄 친 부분이 옳은 표현인 것은?

① 말 한마디가 갈등을 <u>유발시켰다</u>.
② 그는 힘든 일정을 무리 없이 <u>소화시켰다</u>.
③ 사장은 성과가 없는 직원을 결국 <u>해고시켰다</u>.
④ 그의 얼굴은 나에게 그때의 사건을 <u>상기시켰다</u>.

18 다음 글에 드러난 필자의 주장으로 가장 적절한 것은?

> 사람에게 인격이 있듯이 나라에는 국격(國格), 즉 국가의 품격이 있다. 그간 우리는 경제 성장을 위해 숨 가쁘게 달려왔다. 이제는 잠시 성장 제일주의에서 벗어나 우리가 걸어온 과정을 되돌아보고 현재의 모습을 반추하며, 앞으로 나아갈 길을 새롭게 모색하는 성찰의 시간을 가져야 할 때다. 이는 한국인으로서의 정체성을 스스로 확인하고 보다 성숙한 개인으로, 진정한 일류국가로 거듭나기 위해 꼭 필요한 일이다. 다시 말해서 우리도 이제 국격을 생각할 때가 되었다는 말이다.
> 우리는 세계 역사상 유례를 찾아볼 수 없을 정도로 짧은 기간 안에 산업화와 민주화를 이루어냈다. 세계 13위의 경제 규모를 자랑하고 1인당 국민소득 2만 달러를 돌파하게 되었다. 억압의 군사정권을 지나 국민의 뜻으로 무엇이든 해낼 수 있다는 자신감도 생겼다. 하지만 그 과정에서 잃은 것도 적지 않다. 우리는 가난해도 '격'이 있었다. 그런데 경제적 부를 얻은 대신 우리 고유의 격을 잃고 말았다. 돈만 알고 격에 신경 쓰지 않다 보니 어느새 '천격 자본주의'가 팽배해진 탓이다.

① 천격 자본주의의 효용성이 대두되었다.
② 성장 제일주의에 대한 성찰이 필요하다.
③ 민족적 성과에 대한 자부심을 가져야 한다.
④ 우리 고유의 격 회복을 위한 국가적 차원의 노력이 요구된다.

19 다음 중 사이시옷을 받쳐 적는 이유가 다른 하나는?

① 주춧돌　　② 고깃국
③ 대팻밥　　④ 노잣돈

20 다음 시에 대한 설명으로 옳지 않은 것은?

> 첩첩산중에도 없는 마을이 여긴 있습니다. 잎 진 사잇길, 저 모래 둑, 그 너머 강기슭에서도 보이진 않습니다. 허방다리 들어내면 보이는 마을.
>
> 갱(坑) 속 같은 마을. 꼴깍, 해가, 노루 꼬리 해가 지면 집집마다 봉당에 불을 켜지요. 콩깍지, 콩깍지처럼 후미진 외딴집, 외딴집에도 불빛은 앉아 이슥토록 창문은 모과[木瓜] 빛입니다.
>
> 기인 밤입니다. 외딴집 노인은 홀로 잠이 깨어 출출한 나머지 무를 깎기도 하고 고구마를 깎다, 문득 바람도 없는데 시나브로 풀려 풀려 내리는 짚단, 짚오라기의 설레임을 듣습니다. 귀를 모으고 듣지요. 후루룩 후루룩 처마 깃에 나래 묻는 이름 모를 새, 새들의 온기(溫氣)를 생각합니다. 숨을 죽이고 생각하지요.
>
> 참 오래오래, 노인의 자리맡에 밭은기침 소리도 없을 양이면 벽 속에서 겨울 귀뚜라미는 울지요. 떼를 지어 웁니다. 벽이 무너지라고 웁니다. 어느덧 밖에는 눈발이라도 치는지, 펄펄 함박눈이라도 흩날리는지, 창호지 문살에 돋는 월훈(月暈).
>
> – 박용래, '월훈(月暈)'

① 역설법을 사용하여 주제를 참신하게 표현하였다.
② 시어의 반복과 연쇄를 통해 리듬감을 형성하고 있다.
③ 명사로 문장을 종결하여 정감의 깊이를 더하고 있다.
④ 시각적, 청각적 심상을 통해 노인의 정서를 심화하고 있다.

21 다음 글을 읽은 후의 반응으로 가장 적절한 것은?

> 우리를 버리고 간 노새, 그는 매일매일 그 무거운, 그 시커먼 연탄을 끄는 일이 지겹고 지겨워서 다시는 돌아오지 못할 자기의 보금자리를 찾아 영 떠나가 버렸는가. 〈중 략〉
> "이제부터 내가 노새다. 이제부터 내가 노새가 되어야지 별수 있니? 그놈이 도망쳤으니까 이제 내가 노새가 되는 거지."
> 기분 좋게 취한 듯한 아버지는 놀라는 나를 보고 히힝 한번 웃었다. 나는 어쩐지 그런 아버지가 무섭지만은 않았다. 그러면 형들이나 나는 노새 새끼고, 어머니는 암노새고, 할머니는 어미 노새가 되는 것일까? 나도 아버지를 따라 히히힝 웃었다. 어른들은 이래서 술집에 오는 모양이었다. 나는 안주만 집어 먹었는데도 술 취한 사람마냥 턱없이 즐거웠다. 노새 가족 — 노새 가족은 우리 말고는 이 세상에 또 없을 것이다.
> – 최일남, '노새 두 마리'

① 희정: '나'는 자신과 가족들의 처지를 비관하는군.
② 준호: '아버지'는 자포자기하여 술을 마시고 있군.
③ 민지: 노새가 도망친 것이 오히려 전화위복(轉禍爲福)이 되었군.
④ 석훈: '노새'는 고단한 삶을 사는 '아버지'를 상징한다고 볼 수도 있겠군.

22 전화를 사용할 때, 표준 언어 예절로 바람직하지 않은 것은?

① (전화를 끊을 때) 그만 끊겠습니다. 안녕히 계십시오.
② (통화하려는 사람이 없을 때) 말씀 좀 전해 주십시오.
③ (회사에서 전화를 받을 때) 고맙습니다. ○○○입니다.
④ (잘못 걸려 온 전화일 때) 아닌데요, 전화 잘못 걸렸습니다.

23 다음 작품에 대한 설명으로 적절하지 않은 것은?

"다시 그 사람을 섬기지도 못하겠고…… 이제야 무엇을 바라고 사나요."
하고 절망하는 듯이 고개를 푹 숙인다.
"나는 그것이 죽을 이유라고는 생각하지 아니합니다."
"그러면 어찌하고요?"
"살지요! 왜 죽어요!"
영채는 깜짝 놀라 여학생을 본다. 여학생은 힘 있는 목소리로
"첫째 영채 씨는 속아 살아왔어요. 이형식이란 사람을 사랑하지도 아니하면서 공연히 정절을 지켜 왔어요. 부친께서 일시 농담 삼아 하신 말씀 한마디 때문에 영채 씨는 칠팔 년 헛된 절을 지킨 것이외다. 사랑하지 않는 사람을 위해서, 피차에 허락도 아니 한 사람을 위해서 절을 지키는 것이 헛된 일이 아니야요? 마치 죽은 사람, 세상에 없는 사람을 위해서 절을 지키는 것이나 다름이 있어요? 영채 씨의 마음은 아름답지요, 절은 굳지요, 그러나 그뿐이외다. 그 아름다운 마음과 그 굳은 절을 바칠 사람이 따로 있지 아니할까요. 허니깐 지금 영채 씨가 그이를 사랑하시거든 지금부터 그에게 몸과 마음을 바치실 것이요. 만일 그렇지 않거든 다른 남자 중에 구하실 것이요. 그런데……."
"그러나 지금토록 마음을 허하여 오던 것을 어떻게 합니까. 고성(古聖)의 교훈도 있는데." / 한다.
"아니요. 영채 씨는 지금까지 꿈을 꾸고 지내셨지요. 허깨비를 보고 지내셨지요. 얼굴도 잘 모르고 마음도 모르는 사람에게 어떻게 마음을 허합니까. 그것은 다만 그릇된 낡은 사상의 속박이지요. 사람은 제 목숨으로 삽니다. 제가 사랑하지 않는 지아비가 어디 있겠어요. 허니깐 영채 씨의 과거사는 꿈입니다. 이제부터 참생활이 열리지요."
영채는 이 말을 듣고 놀랐다. 열녀라는 생각과 틀리는 것 같다. 그러나 그 말이 옳은 것 같다. 과연 지금토록 일찍 형식을 사랑한 적은 없었고 다만 허깨비로 제 마음에 드는 사람을 만들어 놓고 그 사람의 이름을 형식이라고 짓고 그리고는 그 사람과 진정 형식과 같은 사람으로 생각하고 그 사람을 찾는 대신 이형식을 찾다가 이형식을 보매 그 사람이 아닌 줄을 깨닫고 실망하고 나서는 아아, 이제는 영구히 형식을 보지 못하겠구나 하고 실망한 것이라. 이렇게 생각하매 영채는 잘못 생각하였던 것을 깨닫는 생각과 또 아주 절망하였던 중에 새로운 광명이 발하는 듯하였다.
– 이광수, '무정'

① 작품의 배경은 1910년대의 개화기 사회이다.
② 신교육, 자유연애 등의 계몽적 사상이 드러난다.
③ 전대 신소설의 문체를 극복하지 못했다는 한계가 있다.
④ 우리나라 소설사상 최초의 근대적 장편 소설로 평가된다.

24 다음 중 작품에 대한 설명으로 가장 적절하지 않은 것은?

어버이 사라신 제 셤길 일란 다ᄒᆞ여라.
디나간 후면 애둛다 엇디ᄒᆞ리.
평ᄉᆡᆼ(平生)애 고텨 못홀 일이 이ᄲᅮᆫ인가 ᄒᆞ노라. 〈제4수〉

오ᄂᆞᆯ도 다 새거다, 호ᄆᆡ 메고 가쟈ᄉᆞ라.
내 논 다 ᄆᆡ여든 네 논 졈 ᄆᆡ여 주마.
올 길헤 ᄲᅩᆼ따다가 누에 머겨 보쟈ᄉᆞ라. 〈제13수〉

쌍륙장기(雙六將碁) ᄒᆞ지 마라. 송사(訟事) 글월 ᄒᆞ지 마라.
집 비야 무ᄉᆞᆷ ᄒᆞ며 남의 원수(怨讐) 될 줄 엇지
나라히 법(法)을 셰오샤 죄 잇ᄂᆞᆫ 줄 모로ᄂᆞ다. 〈제15수〉

이고 진 뎌 늘그니 짐 프러 나ᄅᆞᆯ 주오.
나ᄂᆞᆫ 졈엇ᄶᅥ니 돌히라 므거울가.
늘거도 셜웨라커든 지믈조차 지실가. 〈제16수〉

① 각 수의 주제가 유기적으로 구성된 연시조이다.
② 제13수는 상부상조(相扶相助)의 덕목을 강조하고 있다.
③ 유교적 윤리와 실천을 권장하는 교훈적 성격을 띤다.
④ 청유형 어미나 명령형 어미를 사용하여 설득력을 높이고 있다.

25 다음 중 로마자 표기가 옳지 않은 것은?

① 사내면: Sanae-myeon
② 평택시: Pyeongtaek-si
③ 동송읍: Dongsong-eub
④ 화평동: Hwapyeong-dong

02회 핵심 어법 마무리 체크

☑ 다음 문장을 읽고 알맞은 단어에 ○표 하세요.

이론 문법

01 '강'과 '마르다'가 결합한 '강마르다'는 합성어/파생어 이다.

02 '첫'과 '눈'이 결합한 '첫눈'은 합성어/파생어 이다.

03 '새'와 '해'가 결합한 '새해'는 합성어/파생어 이다.

04 '얕'과 '보다'가 결합한 '얕보다'는 합성어/파생어 이다.

05 '공부하다, 기대치, 들이닥치다'는 모두 합성어/파생어 이다.

06 '온갖, 게으러빠지다, 어느덧, 여남은'은 모두 합성어/파생어 이다.

07 '들개, 들쑤시다, 짓누르다'는 모두 합성어/파생어 이다.

어문 규정

08 그 사람은 야속다고/야속타고 푸념만 한 것 같아.

09 뒤뜰/뒷뜰 에 있는 옥수수를 따서 가져올게.

10 거름을 다 처내고/쳐내고 나서 길을 떠날 것이다.

11 눈 덮인/덮힌 산길을 헤매고 있을 것이다.

12 'dot'의 올바른 외래어 표기는 '닷/도트'이다.

13 'flat'의 올바른 외래어 표기는 '플랫/플래트'이다.

14 'parka'의 올바른 외래어 표기는 '팔카/파카'이다.

15 'chorus'의 올바른 외래어 표기는 '코루스/코러스'이다.

16 '풀꽃아'의 표준 발음은 [풀꼬차]/[풀꼬다] 이다.

17 '옷 한 벌'의 표준 발음은 [오탄벌]/[오찬벌] 이다.

18 '넓둥글다'의 표준 발음은 [넙뚱글다]/[널둥글다] 이다.

19 '늙습니다'의 표준 발음은 [늑씀니다]/[늘슴니다] 이다.

정답 | 01 파생어 02 합성어 03 합성어 04 합성어 05 파생어 06 파생어 07 파생어 08 야속다고 09 뒤뜰 10 쳐내고 11 덮인 12 도트 13 플랫 14 파카 15 코러스 16 [풀꼬차] 17 [오탄벌] 18 [넙뚱글다] 19 [늑씀니다]

03회 실전동형모의고사

01 밑줄 친 말의 쓰임이 가장 적절한 것은?

① 집 앞 가게에 들려서 야채를 샀다.
② 제발 친구가 동생을 알아보기를 바랬다.
③ 목도리의 끝 부분이 촛불에 살짝 그을렸다.
④ 메추리알을 간장에 조려 장조림을 만들었다.

02 밑줄 친 부분과 품사가 동일한 것은?

> 하루가 다르게 자라는 모습이 눈에 띈다.

① 짧은 기간이었지만 행복했습니다.
② 가판대에 갖은 물건이 진열되어 있었다.
③ 내가 그의 말투를 문제 삼은 일이 계기가 되었다.
④ 누명으로 인해 애먼 사람이 징역살이를 하게 되었다.

03 다음 글의 중심 생각을 표현한 한자 성어는?

> 우주를 자적(自適)하면 우주는 멋이었다. 우주에 회의(懷疑)하면 우주는 슬픈 속(俗)이었다. 나와 우주 사이에 주종의 관계있어 이를 향락하고 향락 당하겠는가. 우주를 내가 향락하는가 하면 우주가 나를 향락하는 것이다. 나의 멋이 한 곳에서 슬픔이 되고 속(俗)이 되고 하는가 하면 바로 그 자리에서 즐거움이 되고 아(雅)가 되는구나. 죽지 못해 살 바에는 없는 재미도 짐짓 있다 하랴.
> 한 바리 밥과 산나물로 족히 목숨을 이으고 일상(一床)의 서(書)가 있으니 이로써 살아 있는 복이 족하지 않은가. 시를 읊을 동쪽 두던이 있고 발을 씻을 맑은 물이 있으니 어지러운 세상에 허물할 이가 누군가. 어째 세상이 괴롭다 하느뇨. 이는 구태여 복을 찾으려 함이니, 슬프다, 복을 찾는 사람이여. 행복이란 찾을수록 멀어 가는 것이 아닌가.
> 자기 처지에 만족하는 것이 곧 행복이라. 다만 알려고 함으로써 멋을 삼노라.
> 　　　　　　　　　　　　　　　　- 조지훈, '멋 설'

① 四面春風　　　　② 安分知足
③ 一望無際　　　　④ 左衝右突

04 다음 중 로마자 표기가 옳은 것은?

① 연무대 Yeonmudai
② 월출산 Wolchoolsan
③ 당산동 Tangsandong
④ 청량리 Cheongnyangni

05 밑줄 친 단어의 사용이 어법에 맞지 않는 것은?

① 창고 문이 닫혀 버렸다.
② 선생님께서 칠판을 가리키고 계셨다.
③ 구슬은 전체적으로 붉은색을 띠고 있었다.
④ 마지막 문제의 정답을 맞혀서 상금을 받았다.

06 한글 맞춤법에 맞는 문장으로 옳은 것은?

① 배게에는 섬유 유연제의 향이 가득 베어 있었다.
② 그녀는 성적은 뒤쳐졌지만 마음씨는 무척 고왔다.
③ 그에게 편지를 부치고 싶다마는 시간이 많이 없다.
④ 다른 것은 망치로 부셨지만 그 항아리만은 남겨 두었다.

07 띄어쓰기가 옳은 것은?

① 누가 너 더러 하라고 했느냐?
② 전교생이 운동장을 한바퀴 달렸다.
③ 세 시간남짓을 걸어 목적지에 도착했다.
④ 떠나는 모습을 멀리에서나마 바라보았다.

08 ㉠~㉣의 한자 표기로 옳은 것은?

> 인플레이션은 화폐 ㉠가치가 하락하고 물가가 상승하는 경제 현상이다. 인플레이션 현상이 일어나면 직장인들의 ㉡급여 인상 속도가 물가 상승 속도를 따라가지 못하기 때문에 직장인들은 ㉢손해를 보게 된다. 또한 상품의 가격이 올라 비싼 가격으로 수출해야 하므로 ㉣무역 수지가 적자가 될 가능성이 높다.

① ㉠ 價値
② ㉡ 給餘
③ ㉢ 損解
④ ㉣ 貿譯

09 체언에 대한 설명으로 옳지 않은 것은?

① 명사, 대명사, 수사를 묶어 체언이라고 한다.
② 일부 대명사는 가변어의 성격을 지니기도 한다.
③ 문장 내에서 홀로 쓰일 수 없는 체언도 존재한다.
④ 수사는 복수를 나타내는 접미사와 결합할 수 없다.

10 다음 글의 중심 내용으로 가장 적절한 것은?

> 한국인 영문학자가 당면하는 가장 근본적인 문제는, 영미 학자들과의 경쟁에서 외국인 학자가 과연 그들과 동등하거나 그들을 앞지를 수 있는가 하는 문제일 것이다. 과연 최근 정년 퇴임한 한 원로 영문학자는 자신의 학문적 인생을 회상하는 고별 강연에서, 자신이 전공을 잘못 선택한 것이 아닌가 하는 생각이 든다고 고백하기도 했다. 사실, 외국인으로서 영문학을 전공하는 데 따르는 어쩔 수 없는 태생적 한계가 있음을 부인할 수는 없을 것이다. 우선은 넘기 힘든 언어의 장벽이 있고, 그 다음으로는 문화적 이해의 부족이라는 문제가 있다. 그러므로 모국어로 된 문학, 태어나면서부터 몸과 마음에 젖어 있는 자기네 문화, 그리고 초중고 시절 이미 다 읽고 배운 작품을 전공하는 영미 학자들과 벌이는 경쟁에서 외국인은 근본적으로 불리할 수밖에 없다. 그래서 국내 최고의 자질과 능력을 갖춘 학자라 할지라도 영미 학자들과의 경쟁에서는 필연적으로 불리하고, 국제 학계에서 자신의 역량만큼 인정받지 못하며, 학자로서 충분히 빛을 발하기도 어려운 현실이 부인할 수 없는 사실이다.

① 영미 문학 학습의 필요성
② 영문학 교육의 현실과 활성 방안
③ 한국인 영문학자가 겪는 한계와 어려움
④ 자국 문학 연구와 외국 문학 연구의 비교

11 ㉠에 들어갈 말로 가장 적절한 것은?

선인들은 돈을 버는 것은 많은 노력, 많은 고통, 많은 위험 부담이 수반되며 그 과정이 매우 힘들지만 "고생 끝에 영화", 즉 '정승'이라는 목표를 염두에 두고 꿋꿋이 참아내야 한다고 조언한다. 속담에서 그들은 다음과 같은 돈 버는 방법들을 제안한다.
첫째, 고생산·저소비형 축적 방안이다. 이와 관련된 속담에는 (㉠)이/가 있다. 들어오는 수입은 극대회하고 나기는 지출은 최소화하는 경우 돈이 벌리고 재산이 모인다는 것이다. 부자가 되는 제일의 첩경이다.
둘째, 절약형 축적 방안이다. 대체로 절약하고 검소하며 근육을 움직여서 생활해 나가는 게 정도(正道)다.

① 소같이 벌어서 쥐같이 먹어라
② 개같이 벌어서 정승같이 산다
③ 돈 있으면 활량 돈 못 쓰면 건달
④ 돈 한 푼을 쥐면 손에서 땀이 난다

12 다음 중 표준어가 아닌 것은?

① 글귀 ② 오뚝이
③ 삭월세 ④ 여간내기

13 다음 글의 전개 순서로 가장 자연스러운 것은?

(가) 기술 유출은 기술 이전에 의해 발생한다. 다만, 기술 이전의 불법 여부는 기술 이전 대상과 기술 이전의 방식, 시기적·지역적 제한에 따라 판단된다. 합법적으로 기술을 이전하려면 국가 핵심 기술에 속하는 산업 기술을 개발한 기업이나 개인은 국가가 지원하여 개발된 기술인지의 여부에 상관없이 사전에 국가로부터 허가나 승인을 받아야 한다. 만약 이미 기술 유출이 발생한 경우라면 원상회복을 시켜야 한다.
(나) 예컨대 기술 이전 계약의 진행 과정 중에 당해 기술 수출이나 이전이 금지되거나 수출 승인 혹은 신고에 대한 이전 금지 결정이 이루어질 경우에 이를 극복하기 위한 시간적 여유의 폭은 매우 좁아지며, 당해 기술 개발자에게는 해당 기술의 이전에 따른 투자 비용의 회수는커녕 상담 과정 중에 기술은 제공되고 기술 이전은 이루어지지 아니하여 어떠한 보상도 받을 수 없게 되는 상황에 이르게 된다.
(다) 그러나 기술의 이전 계약이 이루어지려면 사전에 해당 기술의 내용이 제공되고 그 가치가 평가되어야 하므로 이미 기술의 공개가 이루어진 상태가 된다. 따라서 계약이 성립되기까지는 아주 많은 정보 교환과 수단이 강구되어야 하며, 매 단계마다의 예민한 계약 성사에 영향을 미치는 요인들이 존재하게 되어 시기적으로나 제도적으로 약간의 제재나 지체 혹은 간섭이 있더라도 기술 이전의 계약이 이루어질 수 없게 된다.
(라) 따라서 기업의 기술 유출은 사후 구제 수단의 강구보다는 사전 예방이 최선책이라 할 수 있으며 이를 위한 제도적 장치의 구비가 가장 바람직하다고 할 수 있다. 기술 유출 방지를 위한 산업 보안의 제도적 장치는 물리적 수단이나 기술적 수단은 물론 이들을 총괄하는 주체적 수단이 되어야 한다.

① (가) - (나) - (다) - (라)
② (가) - (다) - (나) - (라)
③ (가) - (다) - (라) - (나)
④ (가) - (라) - (나) - (다)

※ 다음 글을 읽고 물음에 답하시오. [14~15]

> 松根을 볘여 누어 풋줌을 얼픗 드니,
> 꿈애 훈 사름이 날드려 닐온 말이,
> 그디를 내 모른랴 上界예 眞仙이라.
> 黃庭經 一字를 엇디 그릇 닐거 두고,
> 人間의 내려와셔 우리를 쏠오는다.
> 져근덧 가디 마오 이 술 훈 잔 머거 보오.
> 北斗星 기우려 滄海水 부어 내여,
> 저 먹고 날 머겨늘 서너 잔 거후로니,
> 和風이 習習ㅎ야 兩腋을 추혀드니,
> 九萬 理 長空애 져기면 늘리로다.
> ㉠ 이 술 가져다가 四海예 고로 논화,
> 億萬蒼生을 다 醉케 밍근 後의,
> 그제야 고텨 맛나 쏘 훈 잔 ㅎ잣고야.
> 말 디쟈 鶴을 투고 九空의 올나가니,
> 空中 玉簫 소리 어제런가 그제런가.
> 나도 줌을 끽여 바다흘 구버보니,
> 기픠를 모르거니 ㄱ인들 엇디 알리.
> 明月이 千山萬落의 아니 비쵠 디 업다.
> 　　　　　　　　　　　　- 정철, '관동별곡'

14 제시된 부분에 대한 설명으로 가장 적절한 것은?

① 시간의 흐름에 따라 시상이 전개되고 있다.
② '明月(명월)'은 임금의 은혜를 비유적으로 표현한 것이다.
③ 꿈속에서 일어난 사건을 통해 도덕적인 교훈을 전달하고 있다.
④ 신선과의 대화를 통해 자연에 귀의하려는 의지를 표현하고 있다.

15 다음 중 ㉠에 드러난 화자의 정서로 가장 적절한 것은?

① 좋은 것을 백성들과 나누고 싶은 위정자의 마음
② 벼슬을 내려놓고 술을 마시며 자연을 만끽하고 싶은 소망
③ 신선과 만나 함께 술을 마시는 꿈에서 깨고 싶지 않은 마음
④ 만백성 중의 한 사람으로서 임금의 은혜에 보답하고 싶은 마음

16 다음 글에 대한 설명으로 적절하지 않은 것은?

> 　전신주 끝을 물고 윙윙대는 바람 소리, 싸륵싸륵 눈발이 흩날리는 소리, 난로에서 톡톡 튀어 오르는 톱밥. 그런 크고 작은 소리들이 간헐적으로 토해 내는 늙은이의 기침 소리와 함께 대합실 안을 채우고 있을 뿐, 사람들은 각기 골똘한 얼굴로 생각에 빠져 있다.
> 　대학생은 문득 고개를 들어 말없이 모여 있는 그들의 얼굴을 하나하나 눈여겨본다. 모두의 뺨이 불빛에 발갛게 상기되어 있다. 청년은 처음으로 그 낯선 사람들의 얼굴에서 어떤 아늑함이랄까 평화스러움을 찾아내고는 새삼 놀라고 있다. 정말이지 산다는 것이란 때로는 저렇듯 한 두름의 굴비, 한 광주리의 사과를 만지작거리며 귀향하는 기분으로 침묵해야 하는 것인지도 모른다.
> 　청년은 무릎을 굽혀 바케쓰 안에서 톱밥 한 줌을 집어 든다. 그리고 그것을 난로의 불빛 속에 가만히 뿌려 넣어 본다. 호르르르. 삐비꽃이 피어나듯 주황색 불꽃이 타오르다가 이내 사그라져 들고 만다. 청년은 그 짧은 순간의 불빛 속에서 누군가의 얼굴을 본 것 같다. 어머니다. 어머니가 주름진 얼굴로 활짝 웃고 있었다. 〈중 략〉
> 　음울한 표정의 중년 사내는 대학생이 아까부터 톱밥을 뿌려 대고 있는 모습을 곁에서 줄곧 지켜보고 있는 참이다. 대학생의 얼굴은 줄곧 상기되어 있다.
> 　이 젊은 친구가 어쩌면 꿈을 꾸고 있는지도 모르겠군. 그러면서도 사내 역시 톱밥을 한 줌 집어낸다. 그러고는 대학생이 하듯 달아오른 난로에 톱밥을 뿌려 준다. 호르르르. 역시 삐비꽃 같은 불꽃이 환히 피어오른다. 사내는 불빛 속에서 누군가의 얼굴을 얼핏 본 듯하다. 허 씨 같기도 하고 전혀 낯모르는 다른 사람인 것도 같은, 확실치 않은 얼굴이었다. 사내의 음울한 눈동자가 간절한 그리움으로 반짝 빛나기 시작한다.
> 　사내는 다시 한 줌의 톱밥을 집어 불빛 속에 던져 넣고 있다. 어느새 농부도, 아낙네들도, 서울 여자와 춘심이도 이젠 모두 그 두 사람의 치기 어린 장난을 지켜보고 있다. 누구도 입을 열지 않았다.
> 　　　　　　　　　　　　- 임철우, '사평역'

① 대학생은 대합실 안의 사람들을 관찰하고 있다.
② 대합실에 모인 이들은 모두 말없이 상념에 빠져 있다.
③ 중년 사내는 불빛 속에서 가족의 얼굴을 떠올리고 있다.
④ 난로의 불꽃을 바라보는 행위는 사색과 회상으로 이어진다.

※ 다음 글을 읽고 물음에 답하시오. [17~19]

> 흔들리는 나뭇가지에 꽃 한번 피우려고
> 눈은 얼마나 많은 도전을 멈추지 않았으랴
>
> 싸그락 싸그락 두드려 보았겠지
> 난분분 난분분 춤추었겠지
> ㉠미끄러지고 미끄러지길 수백 번,
>
> ㉡바람 한 자락 불면 휙 날아갈 사랑을 위하여
> 햇솜 같은 마음을 다 퍼부어 준 다음에야
> ㉢마침내 피워 낸 저 황홀 보아라
>
> 봄이면 가지는 ㉣그 한번 덴 자리에
> 세상에서 가장 아름다운 상처를 터뜨린다

17 다음 작품에서 '역설법'이 사용된 부분은?

① 나뭇가지에 꽃 한번 피우려고 / 눈은 얼마나 많은 도전을 멈추지 않았으랴
② 싸그락 싸그락 두드려 보았겠지 / 난분분 난분분 춤추었겠지
③ 햇솜 같은 마음을 다 퍼부어 준 다음에야 / 마침내 피워 낸 저 황홀 보아라
④ 그 한번 덴 자리에 / 세상에서 가장 아름다운 상처를 터뜨린다

18 '눈꽃'이 '첫사랑'을 상징할 때, ㉠~㉣의 의미로 가장 적절하지 않은 것은?

① ㉠: 첫사랑을 이루기 위해 겪는 시련의 과정
② ㉡: 첫사랑의 기쁨이 허구적이라는 인식
③ ㉢: 수많은 도전 끝에 마침내 이루어낸 첫사랑
④ ㉣: 첫사랑의 아픈 경험

19 다음 중 작품의 주제로 가장 적절한 것은?

① 인간의 본질적인 외로움에 대한 탐구
② 첫사랑과의 이별로 인한 슬픔과 상실감
③ 이웃에 대한 사랑과 진정한 희생의 의미
④ 인내와 헌신을 통해 이루어 낸 사랑의 아름다움

20 다음 글의 ㉠~㉣에 들어갈 말로 적절하지 않은 것은?

> '엄마야 누나야'의 그 여성 공간은 겉으로 드러난 (㉠)요, 아빠와 형은 뒤에 숨어 있는 (㉠)이다. 시를 모르는 사람들은 겉의 말만 읽고 그것과 (㉡) 숨은 공간을 보지 못한다. 만약 그 관계를 뒤집어 '아빠야 형아야'라고 했다면 전체 시의 뜻과 이미지가 무너지고 말 것이다.
> 실제로 그렇게 바꾸어놓으면 의미와 이미지만이 아니다. 시 전체의 구조와 느낌은 물론이고 (㉢)의 층위에서도 전연 다른 것이 되어버린다. '엄마'와 '누나'의 부드러운 m, n의 유음(流音, liquid)은 아빠, 형의 p, h의 격음으로 변하여 시의 (㉣) 효과가 달라지고 만다. 이렇게 읽어 가면 그렇게도 쉬워 보이던 이 한 줄의 시 속에 얼마나 많은 시적 공간이 숨어 있는지 곧 깨닫게 될 것이다.

① ㉠ 텍스트　　② ㉡ 대립된
③ ㉢ 소리　　　④ ㉣ 관용적

※ 다음 글을 읽고 물음에 답하시오. [21~22]

그리스어인 '에우다이모니아(eudaimonia)'는 일반적으로 '행복'이라고 번역된다. 현대인들은 행복을 물질적인 것을 통해 느끼는 안락이나 단순한 쾌감과 동일시하는 경향이 있다. 그러나 아리스토텔레스는 에우다이모니아를 현대인들이 생각하는 행복과는 다르게 설명한다. 그는 에우다이모니아를 인간 고유의 기능인 이성을 발휘하여 그것을 완전하게 실현한 상태라고 규정하였다. 막스 뮐러는 아리스토텔레스가 말한 에우다이모니아에 시간적 속성을 부여하여 이를 세 가지 측면으로 나누어 설명하였다. 막스 뮐러의 견해는 다음과 같다.

첫째, '감각적 향유로서의 에우다이모니아'는 먹고 마시는 행위와 같은 신체적 감각을 통한 향유가 이성의 테두리 안에서 이루어질 때 얻게 되는 것이다. 인간은 정신과 신체의 통일체로서 존재하기 때문에 감각을 통한 향유도 무시할 수 없다. 다만 감각적 향유가 이성을 벗어나 타인을 배려하지 않고 극단적 탐닉에 빠질 때에는 부정적인 것으로 인식된다. 그런데 감각적 향유 자체는 찰나적인 것이므로 감각적 향유의 과정에서 실현할 수 있는 에우다이모니아는 순간적인 것으로 규정된다.

둘째, '공동체적 삶을 통해 실현할 수 있는 에우다이모니아'는 공동체 속에서 인간이 자유를 누리면서도 이성을 발휘하여 책임 있는 행동을 함으로써 얻게 되는 것이다. 인간의 이성은 공동체의 훈육을 통해서만 개발될 수 있으므로 인간은 공동체를 떠나서 에우다이모니아를 구하려고 해서는 안 된다. 그런데 공동체에서의 인간의 행위는, 수시로 변화하는 역사적 상황 속에서 이루어지기 때문에 이러한 에우다이모니아는 역사적 시간에 의해 규정되는 것이다.

셋째, '관조(觀照)의 삶을 통해 실현할 수 있는 에우다이모니아'는 인간이 세계의 영원한 질서를 인식하게 됨으로써 얻을 수 있는 것이다. 여기서 '관조'란 쾌락을 목적으로 하는 향락적 활동이나 부를 목적으로 하는 영리적 활동이 아니라, 감각적으로 포착할 수 없는 영원불변한 진리를 학문을 통해 바라보는 영혼의 활동을 말한다. 이는 이성을 통해 이루어지며 인간에게 가장 궁극적인 에우다이모니아를 가져다 준다. 이러한 에우다이모니아는 시간적 한계를 뛰어넘는 영원성을 갖는다.

뮐러에 따르면 인간의 이성을 통해 실현되는 에우다이모니아는 모두 그 자체로 의미가 있다. 그리고 그는 에우다이모니아의 순간성, 역사성, 영원성이 서로 무관한 것이 아니므로, 인간은 전 생애에 걸쳐 이 세 가지 에우다이모니아를 함께 구현하기 위해 노력해야 한다고 보았다.

21 윗글에 드러난 서술 방식이 아닌 것은?

① 대상을 특정한 기준으로 나누어 설명하고 있다.
② 대상에 대한 학자의 견해를 인용하여 설명하고 있다.
③ 시간의 흐름에 따라 대상이 변화한 과정을 다루고 있다.
④ 대상의 개념을 정의하여 사회적인 통념과의 차이점을 밝히고 있다.

22 윗글에서 언급되지 않은 내용은?

① 세 가지 에우다이모니아의 배타성
② 공동체가 인간의 이성에 미치는 영향
③ 감각적 향유가 부정적으로 인식되는 경우
④ 가장 궁극적인 에우다이모니아를 구현하는 방법

23 다음 중 문장 부호의 쓰임에 대한 설명으로 적절하지 않은 것은?

① 같은 자격의 어구를 열거할 때는 쉼표(,)를 쓴다.
② 제목 다음에 표시하는 부제의 앞뒤에는 줄표(—)를 쓴다.
③ 의존 명사 '대(對)'가 쓰일 자리에 빗금(/)을 대신 쓸 수 있다.
④ 둘 이상의 어구가 밀접한 관련이 있음을 나타내고자 할 때 붙임표(-)를 쓴다.

24 다음 작품에 나타난 '나'의 생각으로 적절하지 않은 것은?

> 어떤 손님이 나에게 이런 말을 했다.
> "어제 저녁엔 아주 처참한 광경을 보았습니다. 어떤 불량한 사람이 큰 몽둥이로 돌아다니는 개를 쳐서 죽이는데, 보기에도 너무 참혹하여 실로 마음이 아파서 견딜 수가 없었습니다. 그래서 이제부터는 맹세코 개나 돼지의 고기를 먹지 않기로 했습니다."
> 이 말을 듣고, 나는 이렇게 대답했다.
> "어떤 사람이 불이 이글이글하는 화로를 끼고 앉아서, 이[蝨]를 잡아서 그 불 속에 넣어 태워 죽이는 것을 보고, 나는 마음이 아파서 다시는 이를 잡지 않기로 맹세했습니다."
> 손님이 실망하는 듯한 표정으로,
> "이는 미물이 아닙니까? 나는 덩그렇게 크고 육중한 짐승이 죽는 것을 보고 불쌍히 여겨서 한 말인데, 당신은 구태여 이를 예로 들어서 대꾸하니, 이것은 필연코 나를 놀리는 것이 아닙니까?" / 하고 대들었다.
> 나는 좀 구체적으로 설명할 필요를 느꼈다.
> "무릇 피[血]와 기운[氣]이 있는 것은 사람으로부터 소, 말, 돼지, 양, 벌레, 개미에 이르기까지 모두가 한결같이 살기를 원하고 죽기를 싫어하는 것입니다. 어찌 큰 놈만 죽기를 싫어하고, 작은 놈만 죽기를 좋아하겠습니까? 그런즉, 개와 이의 죽음은 같은 것입니다. 그래서 예를 들어서 큰 놈과 작은 놈을 적절히 대조한 것이지, 당신을 놀리기 위해서 한 말은 아닙니다. 당신이 내 말을 믿지 못하겠으면 당신의 열 손가락을 깨물어 보십시오. 엄지손가락만이 아프고 그 나머지는 아프지 않습니까? 한 몸에 붙어 있는 큰 지절(支節)과 작은 부분이 골고루 피와 고기가 있으니, 그 아픔은 같은 것이 아니겠습니까? 하물며, 각기 기운과 숨을 받은 자로서 어찌 저놈은 죽음을 싫어하고 이놈은 좋아할 턱이 있겠습니까? 당신은 물러가서 눈 감고 고요히 생각해 보십시오. 그리하여 달팽이의 뿔을 쇠뿔과 같이 보고, 메추리를 대붕(大鵬)과 동일시하도록 해 보십시오. 연후에 나는 당신과 도(道)를 이야기하겠습니다."
> 라고 했다.
> ― 이규보, '슬견설(蝨犬說)'

① 살아 있는 모든 존재가 지닌 생명의 가치는 동일하다.
② 외형에 집착하는 태도를 버리고 내실을 갖추어야 한다.
③ 눈에 보이는 표면적 사실보다 사물의 본질을 중시해야 한다.
④ 편견을 버리고 사물의 이면을 볼 수 있는 안목을 갖춰야 한다.

25 다음 글의 전개 순서로 가장 적절한 것은?

> ㄱ. 그중 백자 항아리의 경우에는 정확한 대칭을 이루지 않고 묘하게 찌그러진 것 같은 느낌을 준다.
> ㄴ. 때문에 둥그런 것이 아니라 둥그스름한 백자 항아리는 그 나름의 자연스러운 매력이 있다.
> ㄷ. 그것은 도공들이 서로 다른 두 개의 사발을 이어 붙여 만든 데서 기인한다.
> ㄹ. 조선 백자는 세계에서도 비슷한 예를 찾아보기 힘든 독특한 모습을 지니고 있다.

① ㄹ―ㄱ―ㄷ―ㄴ
② ㄹ―ㄴ―ㄷ―ㄱ
③ ㄹ―ㄷ―ㄱ―ㄴ
④ ㄹ―ㄷ―ㄴ―ㄱ

정답·해설 _해설집 p.16

실전동형모의고사 03회
모바일 자동 채점 + 성적 분석 서비스 바로 가기

QR코드를 이용해 모바일로 간편하게 채점하고 나의 실력이 어느 정도인지, 취약 부분이 어디인지 바로 파악해 보세요!

03회 핵심 어법 마무리 체크

☑ 다음 문장을 읽고 알맞은 단어에 ○표 하세요.

이론 문법

01 '나는 동생이 시험에 합격하기를 고대한다'는 안은문장/이어진문장 이다.

02 '착한 영호는 언제나 친구들을 잘 도와준다'는 안은문장/이어진문장 이다.

03 '해진이는 울산에 살고 초희는 광주에 산다'는 안은문장/이어진문장 이다.

04 '아버지께서는 나에게 내일 가족 여행을 가자고 말씀하셨다'는 안은문장/이어진문장 이다.

05 그는 김 교수에게 박 군을 소개했다/소개시켰다.

06 돌아오는 길에 병원에 들러 아이를 입원했다/입원시켰다.

07 생각이 다른 타인을 설득한다/설득시킨다 는 것은 힘든 일이다.

08 우리는 토론을 거쳐 다양한 사회적 갈등을 해소한다/해소시킨다.

어문 규정

09 납량[남냥]/[남량] 영화가 줄지어 개봉했다.

10 시조 한 수를 읊고[읍꼬]/[을꼬] 자리를 떠났다.

11 아직까지 띄어쓰기[띄어쓰기]/[띠어쓰기] 가 많이 미흡하다.

12 동원령[동·원녕]/[동·월령] 이 내려지고 사흘이 지났다.

13 나를 알아주는 사람은 너밖에/너∨밖에 없다.

14 그는 고향을 등지고 정처 없이 떠돌아다녔다/떠돌아∨다녔다.

15 그 물건을 찾겠다는 생각은 속절없는/속절∨없는 짓이었다.

16 '익숙하지'의 올바른 준말 표기는 '익숙지/익숙치'이다.

17 '섭섭하지'의 올바른 준말 표기는 '섭섭지/섭섭치'이다.

18 '흔하다'의 올바른 준말 표기는 '흔다/흔타'이다.

19 '정결하다'의 올바른 준말 표기는 '정결다/정결타'이다.

01 동일한 의미의 복수 표준어가 아닌 것은?

① 목물/등물
② 메우다/메꾸다
③ 쌉싸래하다/쌉싸름하다
④ 남우세스럽다/남사스럽다

02 괄호 안에 들어갈 말로 가장 적절한 것은?

• 나는 지금 여러 가지를 고려할 (㉠)가 아니야.
• 전쟁터에서 많은 병사들이 (㉡)되는 모습을 보고 있자니 마음이 아파왔다.

	㉠	㉡
①	개재(介在)	송수(送受)
②	계제(階梯)	후송(後送)
③	개재(介在)	후송(後送)
④	계제(階梯)	송수(送受)

03 다음 글의 제목으로 가장 적절한 것은?

한 연구팀은 네 살 내외의 아이들 스물여덟 명을 대상으로 컵을 꾸미는 놀이를 할 것이라 설명하고 크레파스가 놓인 테이블에 앉게 했다. 그러고는 조금만 기다리면 크레파스 말고도 색종이와 찰흙을 줄 테니 기다리라고 말했다.
몇 분 뒤 그중 절반의 아이들에게는 색종이와 찰흙을 주었지만 나머지 절반의 아이들에게는 재료가 떨어졌다며 색종이와 찰흙을 주지 않았다. 기다림 끝에 색종이와 찰흙을 받은 아이들은 신뢰 환경을 경험한 아이들이 되고, 받지 못한 아이들은 비신뢰 환경을 경험한 아이들이 되도록 실험을 조작한 것이다.
연구팀은 뒤이어 이 두 그룹의 아이들에게 마시멜로를 먹지 않고 기다리라고 말한 뒤 언제까지 약속을 지킬 수 있는지를 실험했다. 신뢰 환경을 경험했던 아이들은 평균 12분 이상을 기다렸고, 그중 아홉 명은 다시 선생님이 올 때까지 마시멜로를 먹지 않았다. 반면 비신뢰 환경을 겪은 아이들은 평균 3분을 기다렸고, 끝까지 기다리고 먹지 않은 아이는 단 한 명뿐이었다.

① 유아기 정서 교육의 중요성
② 선천적 재능 발견의 중요성
③ 수업을 원활하게 하는 보상의 중요성
④ 절제력을 발휘하게 하는 신뢰의 중요성

04 밑줄 친 부분이 표준 발음법에 맞는 것은?

① 눈앞에 드넓게[드넙께] 펼쳐진 들판을 보아라.
② 작업반장은 우리에게 가욋일을[가웬니를] 시켰다.
③ 아침에 설익은[서리근] 밥을 먹었더니 배가 아프다.
④ 당신과 이렇게 대화를 나눌 수 있는 것도 참 뜻있는[뜨신는] 일입니다.

05 다음은 '봉선화가(鳳仙花歌)'의 일부이다. 글의 흐름을 고려할 때, 괄호 안에 들어갈 한자 성어로 가장 적절한 것은?

> 여반(女伴)을 셔로 불너 낭랑(朗朗)이 자랑ᄒ고, 꼿 압희 나아가서 두 빗츨 비교(比較)ᄒ니, 쏙닙희 푸른 물이 쏙의여서 푸르단 말이 아니 오를손가.
> 은근이 풀을 매고 도라와 누엇더니, (   ) 일녀자(一女子)가 표연(飄然)이 압희 와서, 웃는 듯 씽기는 듯 사례(謝禮)는 듯 하직(下直)는 듯, 몽롱(朦朧)이 잠을 끼여 정녕(丁寧)이 싱각ᄒ니, 아마도 꼿귀신이 내게 와 하직(下直)ᄒ다. 수호(繡戶)를 급히 열고 꼿슈풀을 점검ᄒ니 싸우희 불근 꼿이 가득히 수(繡)노핫다.

① 黃口乳臭
② 綠衣紅裳
③ 獨也靑靑
④ 紅爐點雪

06 다음 ㉠~㉢을 괄호 안에 순서대로 배열한 것은?

> ㉠ '대비'는 현저한 차이를 보이는 서로 다른 두 요소를 배치하는 기법이다.
> ㉡ '우세'는 중심이 되는 대상 주위에 주변 요소를 종속적으로 배치하는 기법이다.
> ㉢ '집중'은 시선을 초점이 되는 것으로 끌어오기 위해 요소를 특정 부분에 배치하는 기법이다.

> 한 단위 내의 어떤 범위가 다른 범위보다 돋보이면 사람들의 시선을 끌게 되면서 시각적 의미가 강조된다. 디자인에서는 이러한 '강조'의 미적 원리를 구현하기 위해서 여러 가지 전략을 사용한다.
> (   )
> 이것은 주된 요소와 부속이 되는 요소를 정하고, 그 역할에 경중(輕重)의 차이를 둠으로써 강조하려는 바를 드러낸다.
> (   )
> 이것은 대소(大小), 원근(遠近), 고저(高低)를 드러내거나 많은 직선 속에 하나의 곡선을 배치하는 등의 방식으로 강조의 효과를 나타낸다.
> (   )
> 이것은 평면 작품에서 중심 또는 중심의 약간 위쪽에 요소를 배치함으로써, 미적 요인과 연관된 핵심 요소에 주목하게 하는 강조 효과를 획득한다.

① ㉠-㉡-㉢
② ㉡-㉠-㉢
③ ㉡-㉢-㉠
④ ㉢-㉠-㉡

07 주어진 단어의 모음 두 개를 〈보기〉의 조건에 따라 순서대로 나타낼 때, 모두 옳은 것은?

> 보기
> 하나의 음운이 가지고 있는 특성을 +로 표기하고, 가지고 있지 않은 특성을 -로 표기하기로 한다. 예를 들어 'ㅡ'는 고모음, 후설 모음, 평순 모음이므로 [+고모음], [-전설 모음], [+평순 모음]으로 나타낼 수 있다.

① 아집: [+저모음], [+후설 모음]
② 조우: [-전설 모음], [-원순 모음]
③ 개정: [+후설 모음], [-원순 모음]
④ 진취: [+평순 모음], [+고모음]

08 다음 중 띄어쓰기가 바르지 않은 것은?

① 뛰면서 길을 건너다 죽을 뻔했다.
② 나의 인내심이 한계 치에 다다랐다.
③ 이번 일은 내가 속는 셈 치고 넘어가겠다.
④ 네 말마따나 오늘은 쉬는 게 좋을 것 같네.

09 다음 글의 제목으로 가장 적절한 것은?

> 원근법은 밖을 내다볼 수 있는 '유리로 된 창문'의 발견과 기원이 같다. '환기를 목적으로 하는 창문' 혹은 '외부의 빛을 내부로 끌어들이기 위한 창문'과 '밖을 내다보는 창문'의 철학적 근거는 근본적으로 다르다. 밖을 내다볼 수 있는 창문은 창밖의 3차원 세계를 유리벽이라는 2차원의 세계로 환원시킨다. 동시에 3차원적 경험을 그대로 간직한다.
> '객관적으로 본다'와 '창문으로 세상을 본다'는 같은 의미다. 특히 유리의 대량 생산이 가능해진 이후 창문의 기능은 '세상을 객관적으로 바라본다'는 주체적 행위와 맞물려 있다.
> 왕과 귀족, 그리고 중세 교회에서만 사용할 수 있었던 스테인드글라스는 원래 세상을 보는 기능과 아무 관련이 없었다. 외부에서 들어오는 빛을 이용해 창의 주인이 하고 싶은 이야기만 공간 내부에 일방적으로 전달할 뿐이었다. 그러나 외부를 내다볼 수 있는 창의 탄생은 '인식의 주체와 객체'를 명확히 가르는 문화 혁명이었다. 그래서 르네상스 초기의 이탈리아 건축가 알베르티는 1435년 출판한 회화론에서 그림이란 '열린 창'과 같다는 이야기를 반복한다.

① 원근법의 기원인 유리 창문
② 창문이 가지는 종교적 기능
③ 그림과 유리 창문 간의 공통점
④ 유리 창문의 탄생이 가져온 변화

10 밑줄 친 부분에 해당하는 예로 적절한 것은?

> 주체 높임이란 서술의 주체를 높이는 방법으로, 말하는 이보다 서술의 주체가 나이나 사회적 지위 등이 상위일 때 사용한다. 주체 높임은 서술어의 어간에 선어말 어미 '-(으)시-'를 붙여 높임을 표현하거나 '계시다', '잡수시다' 등 <u>특수한 어휘를 통해 실현되기도 한다.</u>

① 영수네 할아버지께서는 살림이 넉넉하시다.
② 어머니, 담임 선생님께서 이쪽으로 오십니다.
③ 할아버지께서는 오늘따라 유난히 일찍 주무신다.
④ 아버지는 형이 숙제를 안 하면 벼락같은 호통을 치신다.

11 다음 중 외래어 표기법에 따라 바르게 표기된 것으로만 묶인 것은?

> ㉠ 롭스터 ㉡ 잉글리시 ㉢ 로봇
> ㉣ 알콜   ㉤ 레포트   ㉥ 텔레비전
> ㉦ 앙케이트

① ㉠, ㉤, ㉦
② ㉡, ㉢, ㉥
③ ㉡, ㉣, ㉥
④ ㉢, ㉤, ㉦

12 밑줄 친 말의 쓰임이 옳지 않은 것은?

① 입맛을 <u>돋우는</u> 음식들이 차려졌다.
② 그녀는 임신을 하여 <u>홀몸</u>이 아니게 되었다.
③ 마을 <u>고샅</u>으로 접어드는 길에서 벗을 기다렸다.
④ 삼 년을 흥청망청했더니 집안이 <u>결딴나</u> 버렸다.

13 다음 중 단어의 뜻이 올바르지 않은 것은?

① 졸속(拙速): 어설프고 빠름
② 사사(些事): 조그마하거나 하찮은 일
③ 해명(解明): 까닭이나 내용을 풀어서 밝힘
④ 췌언(贅言): 이치나 사리에 맞지 아니한 말

14 다음 시에 나타난 시적 화자의 심정을 가장 잘 드러낸 것은?

> 공명(功名)도 날 씌우고, 부귀(富貴)도 날 씌우니,
> 청풍명월(淸風明月) 외(外)예 엇던 벗이 잇ᄉ올고.
> 단표누항(簞瓢陋巷)에 훗튼 혜음 아니 ᄒ닉.
> 아모타 백년행락(百年行樂)이 이만ᄒ들 엇지ᄒ리.

① 임금에 대한 연군지정
② 소박한 삶에 대한 만족감
③ 인간의 유한성에 대한 탄식
④ 자연을 매개로 한 억울함 호소

15 〈보기〉의 ㉠과 ㉡ 안에 들어갈 가장 알맞은 말을 차례로 나열한 것은?

보기

내가 지난날, 어두운 단칸방에서 본 한발 속의 고목(枯木). 그러나 지금의 나에겐 웬일인지 그게 고목이 아니라 나목(裸木)이었다. 그것은 비슷하면서도 아주 달랐다.

김장철 소스리바람에 떠는 나목, 이제 막 마지막 낙엽을 끝낸 김장철 나목이기에 봄은 아직 멀건만 그의 수심엔 봄에의 향기가 애닯도록 절실하다.

그러나 보채지 않고 늠름하게, 여러 가지들이 빈틈없이 완전한 조화를 이룬 채 서 있는 나무, 그 옆을 지나는 춥디추운 김장철 여인들.

여인들의 눈앞엔 (㉠)이/가 있고, 나목에겐 아직 멀지만 봄에의 믿음이 있다.

봄에의 믿음. 나목을 저리도 의연하게 함이 바로 봄에의 믿음이리라.

나는 홀연히 옥희도 씨가 (㉡)을 안다. 그가 불우했던 시절, 온 민족이 암담했던 시절, 그 시절을 그는 바로 저 김장철의 나목처럼 살았음을 나는 알고 있다.

	㉠	㉡
①	겨울	바로 저 나목이었음
②	수심	나무 옆을 지나는 김장철의 여인들이었음
③	의연함	봄에의 믿음이었음
④	봄의 향기	단칸방에서 본 한발 속의 고목이었음

16 다음 작품에서 화자가 소망하는 바로 적절한 것은?

어제 영명사를 지나다가
잠시 부벽루에 올랐네.
텅 빈 성엔 조각달 떠 있고
천 년 구름 아래 바위는 늙었네.
기린마는 떠나간 뒤 돌아오지 않으니
천손은 지금 어느 곳에 노니는가?
돌계단에 기대어 길게 휘파람 부노라니
산은 오늘도 푸르고 강은 절로 흐르네.

– 이색, '부벽루(浮碧樓)'

① 임과 다시 만나게 되는 날이 오는 것
② 자연 속에서 시간을 초월한 삶을 사는 것
③ 나라의 형편이 이전과 같이 강성해지는 것
④ 모두 하나가 되어 새로운 나라를 세우는 것

17 ㉠~㉣에 대한 설명으로 옳지 않은 것은?

쫓아오던 ㉠햇빛인데
지금 교회당 꼭대기
십자가에 걸리었습니다.
㉡첨탑(尖塔)이 저렇게도 높은데
어떻게 올라갈 수 있을까요.
㉢종소리도 들려오지 않는데
휘파람이나 불며 서성거리다가,
괴로웠던 사나이,
행복한 예수 그리스도에게
처럼
십자가가 허락된다면
모가지를 드리우고
꽃처럼 피어나는 ㉣피를
어두워 가는 하늘 밑에
조용히 흘리겠습니다.

– 윤동주, '십자가'

① ㉠: 화자가 추구하는 올바른 삶의 목표를 의미한다.
② ㉡: 이상과 현실 사이의 거리감을 나타낸다.
③ ㉢: 화자의 인식이 변화하는 계기로 작용한다.
④ ㉣: 화자의 숭고한 자기희생의 의지가 드러난다.

18 다음 글을 읽고 추론한 내용으로 적절하지 않은 것은?

> 이번에도 점순이가 쌈을 붙여 놨을 것이다. 바짝바짝 내기를 올리느라고 그랬음에 틀림없을 것이다. 고놈의 계집애가 요새로 들어서서 왜 나를 못 먹겠다고 그렇게 아르릉거리는지 모른다.
> 나흘 전 감자 쪼간만 하더라도 나는 저에게 조금도 잘못한 것은 없다.
> 계집애가 나물을 캐러 가면 갔지 남 울타리 엮는데 쌩이질을 하는 것은 다 뭐냐. 그것도 발소리를 죽여 가지고 등 뒤로 살며시 와서
> "얘! 너 혼자만 일하니?"
> 하고 긴치 않은 수작을 하는 것이다.
> 어제까지도 저와 나는 이야기도 잘 않고 서로 만나도 본척만척하고 이렇게 점잖게 지내던 터이련만 오늘로 갑작스레 대견해졌음은 웬일인가. 〈중 략〉
> 언제 구웠는지 아직도 더운 김이 홱 끼치는 감자 세 개가 손에 뿌듯이 쥐였다.
> "느 집엔 이거 없지?"
> 하고 생색 있는 큰소리를 하고는 제가 준 것을 남이 알면 큰일 날 테니 여기서 얼른 먹어 버리란다. 그리고 또 하는 소리가
> "너 봄 감자가 맛있단다."
> "난 감자 안 먹는다, 니나 먹어라."
> 나는 고개도 돌리려 하지 않고 일하던 손으로 그 감자를 도로 어깨너머로 쑥 밀어 버렸다.
> 그랬더니 그래도 가는 기색이 없고, 뿐만 아니라 쌔근쌔근하고 심상치 않게 숨소리가 점점 거칠어진다.
>
> – 김유정, '동백꽃'

① '나'와 점순은 원래 내외를 하던 사이였다.
② '나'는 점순이 감자를 건네며 했던 말로 인해 기분이 상했다.
③ 점순은 '나'가 감자를 받지 않은 이후부터 '나'를 괴롭히기 시작했다.
④ '나'는 점순이 평소와 다른 행동을 하는 것을 보고 자신을 좋아한다는 사실을 알게 되었다.

※ 다음 글을 읽고 물음에 답하시오. [19~21]

(가) 컴퓨터에서 동영상을 본 사람은 ⓐ<u>한번쯤</u> '어떻게 작은 파일 안에 수십만 장이 넘는 화면들이 들어갈 수 있을까?' 하는 의문을 가진 적이 있을 것이다. 동영상 압축은 막대한 크기의 동영상 데이터에서 필요한 정보만 남김으로써 화질의 차이는 거의 없이 데이터의 양을 ⓑ<u>수백분의 일</u>까지 줄이는 기술이다. 동영상 압축에서는 일반적으로 화면 간 중복, 화소 간 중복, 통계적 중복 등을 이용한다.

(나) 동영상은 연속적인 화면의 모음인데, 화면 간 중복은 물체가 출현, 소멸, 이동하는 영역을 제외하고는 현재 화면과 이전 화면이 비슷한 것을 말한다. 스튜디오를 배경으로 아나운서가 뉴스를 보도하는 동영상을 생각해 보자. 현재 화면을 이전 화면과 비교하면 아나운서가 움직인 부분만 다르고 나머지는 동일하다. 따라서 현재 화면을 모두 저장하지 않고 변화된 영역에 해당하는 정보만 저장하면 데이터의 양을 크게 줄일 수 있다.

(다) 하나의 화면은 수많은 점들로 구성되는데, 이를 화소라 한다. 각각의 화소는 밝기와 색상을 나타내는 화소 값을 가진다. 화소 간 중복은 한 화면 안에서 서로 가까이 있는 화소들끼리 화소 값의 차이가 별로 없거나 변화가 규칙적인 것을 말한다. 동영상 압축에서는 원래의 화소 값들을 여러 개의 성분들로 형태를 변환한 다음, 화질에 거의 영향을 미치지 않는 성분들을 제거하고 나머지 성분들만을 저장한다. 이때 압축 전후의 화소들의 개수에는 변화가 없으나 변환된 성분들을 저장하는 개수가 줄어들기 때문에 화질의 차이가 별로 없이 데이터의 양을 크게 줄일 수 있다. 그런데 화면이 단순할수록 또 규칙적일수록 화소 간 중복이 많아서, 제거 가능한 성분들이 많아진다. 다만 이들 성분을 너무 많이 제거하면 화면이 흐려지거나 얼룩이 지는 등 동영상의 화질이 나빠진다. 이러한 과정은, 우유에서 수분을 없애 전지분유를 만들면 부피는 크게 줄어들지만 원래 우유의 맛이 거의 보존되는 것과 비슷하다.

(라) 압축된 동영상에 저장해야 하는 ⓒ<u>여러 가지의 데이터</u>는 위의 과정을 거쳐 이미 많은 부분이 제거된 상태이다. 통계적 중복은 이들 데이터에서 몇몇 특정한 값이 나오는 빈도가 통계적으로 매우 높은 것을 말한다. 이때 자주 나오는 값일수록 더 짧은 코드로 변환하여 저장하면, 데이터 값을 그대로 ⓓ<u>저장할 때보다</u> 저장하는 양을 크게 줄일 수 있다.

19 밑줄 친 ⓐ ~ ⓓ 중 띄어쓰기가 옳지 않은 것은?

① ⓐ 한번쯤
② ⓑ 수백분
③ ⓒ 여러 가지
④ ⓓ 저장할 때보다

20 윗글의 내용과 일치하지 않는 것은?

① 단순하고 규칙적인 화면에는 화소 간 중복이 많을 것이다.
② 화소 간 중복인 성분을 너무 많이 제거하면 화질이 나빠질 수 있다.
③ 통계적 중복인 값 중 자주 나오는 값은 데이터 양을 줄이기 위해 생략된다.
④ 화면 간 중복이 있는 경우에는 변화된 영역의 정보만 저장하여 데이터의 양을 줄인다.

21 윗글의 설명 방식으로 적절하지 않은 것은?

① (가)는 글에서 설명될 세부 화제들을 나열하고 있다.
② (나)는 화제에 대한 이해를 돕기 위해 예시를 들어 설명하고 있다.
③ (라)에서는 앞서 제시한 한계에 대한 해결책을 제시하고 있다.
④ (나), (다), (라)는 각 중심 화제의 개념을 정의하고 있다.

22 괄호 안에 들어갈 접속어를 순서대로 나열한 것은?

> 권력은 이념이나 지식을 통한 일상적인 지배 속에서 자연스럽게 자리를 잡는다. (㉠) 아이들은 가족과 함께하는 생활에서 '어른에게 대들어서는 안 된다'라는 것을 반복적으로 행함으로써 어른들에게 복종하는 것을 자연스럽게 익힌다. 이러한 권위주의는 학교에서 교사와 학생의 관계를 통해 더욱 공고해진다. 학교는 학생들을 효과적으로 통제하기 위해 특정한 규율을 내면화시키는데 그 과정에는 늘 처벌이 뒤따른다. (㉡) 이처럼 권위주의적인 지배와 종속의 관계는 학생들 사이에서도 재생산된다. 선배는 후배에게 멋대로 반말을 하거나 명령을 하고 어떤 경우에는 폭력까지 행사한다. 그럼에도 불구하고 후배는 선배에게 대들거나 복수할 수 없다. (㉢) 후배들은 선배가 되어 그간 겪었던 과거의 억압을 후배들에게 고스란히 시도함으로써 이러한 권위주의는 대물림된다. 남성들의 경우 권위주의의 학습은 군대를 통해 강화되며, 성인들의 경우에도 직장 상사의 부당한 명령이나 개입이 있어도 저항하지 않는다. 결국 가족, 학교, 군대 등에서 자연스럽게 내면화된 권위주의는 윗사람에게 순종하면서 한편으로는 아랫사람을 억압하는 이중인격자를 키워 낸다.

① ㉠ 그리고 – ㉡ 더욱이 – ㉢ 그런데
② ㉠ 예컨대 – ㉡ 더욱이 – ㉢ 그런데
③ ㉠ 그리고 – ㉡ 그러나 – ㉢ 그러므로
④ ㉠ 예컨대 – ㉡ 그러나 – ㉢ 그러므로

23 괄호 안에 들어갈 말로 가장 적절한 것은?

> 한국인은 대부분 단군 신화의 내용을 잘 알고 있다. 일연의 『삼국유사』(1281)에 실린 내용을 주로 기억하지만, 사실 단군 신화는 『삼국유사』 이외에도 『제왕운기』, 『응제시주』 등에도 실려 있으며 여러 유형이 있다. 단군 신화는 수록한 주체에 따라 내용이 서로 다르며, 또한 (　　) 과제와 더불어 기억과 망각의 부침을 거듭하였다. 〈중 략〉
> 삼국 통일 전후 원효나 의상같이 한국 불교 최대의 사상가들에게는 단군에 대한 인식 같은 것이 없었지만, 고려 중기 몽고와의 전쟁을 겪고 난 이후 일연은 그간 전승되던 단군 신화를 불교적 윤색을 덧붙여 『삼국유사』에 기록하였다. 고려 시대 유학자인 김부식의 『삼국사기』(1145)에는 단군 신화가 언급되지 않지만, 몽골 간섭기인 이승휴의 『제왕운기』(1287)는 유교적 윤색과 더불어 "삼한 70국이 모두 단군의 후예"라는 단군 계승 의식을 체계적으로 강조하였다.

① 가시적(可視的)
② 본질적(本質的)
③ 고식적(姑息的)
④ 시대적(時代的)

※ 다음 글을 읽고 물음에 답하시오. [24~25]

　이렇게 비 내리는 날이면 원구의 마음은 감당할 수 없도록 무거워지는 것이었다. 그것은 동욱 남매의 음산한 생활 풍경이 그의 뇌리를 영사막처럼 흘러가기 때문이었다. 빗소리를 들을 때마다 원구에게는 으레 동욱과 그의 여동생 동옥이 생각나는 것이었다. 그들의 어두운 방과 쓰러져 가는 목조 건물이 비의 장막 저편에 우울하게 떠오르는 것이었다. 비록 맑은 날일지라도 동욱 오뉘의 생활을 생각하면, 원구의 귀에는 빗소리가 설레고 그 마음 구석에는 빗물이 스며 흐르는 것 같았다. 원구의 머릿속에 떠오르는 동욱과 동옥은 그 모양으로 언제나 비에 젖어 있는 인생들이었다.
　동욱의 거처를 왕방하기 전에 원구는 어느 날 거리에서 동욱을 만나 저녁을 같이한 일이 있었다. 동욱은 밥보다도 먼저 술을 먹고 싶어 했다. 술을 마시는 동욱의 태도는 제법 애주가였다. 잔을 넘어 흘러내리는 한 방울도 아까워서 동욱은 혀끝으로 잔굽을 핥았다. 기독교 가정에서 성장했을 뿐 아니라 몇몇 교회에서 다년간 찬양대를 지도해 온 동욱의 과거를 원구는 생각하며, 요즈음은 교회에 나가지 않느냐고 물어 보았다. 동욱은 멋쩍게 씽긋 웃고 나서 이따만큼 한 번씩 나가노라고 하고, 그런 때는 견딜 수 없는 절망감에 숨이 막힐 것 같은 날이라는 것이었다. 동욱은 소매와 깃이 너슬너슬한 양복 저고리에 교회에서 구제품으로 탄 것이라는, 바둑판처럼 사방으로 검은 줄이 죽죽 간 회색 즈봉을 입고 있었다. 무엇보다도 그의 구두가 아주 명물이었.
　그동안 무얼 하며 지냈느냐는 원구의 물음에 동욱은 끼고 온 보자기를 끄르고 스크랩북을 펴 보이는 것이었다. 몇 장 벌컥벌컥 뒤지는데 보니, 서양 여자랑 아이들의 초상화가 드문드문 붙어 있었다. 그 견본을 가지고 미군 부대를 찾아다니며, 초상화의 주문을 맡는다는 것이었다. <u>대학에서 영문과를 전공한 것이 아주 헛일은 아니었다고 하며 동욱은 닝글닝글 웃었다.</u> 동욱의 그 닝글닝글한 웃음을 원구는 이전부터 몹시 꺼렸다. 상대방을 조롱하는 것 같은, 그러면서도 자조적이요, 어쩐지 친애감조차 느껴지는 그 닝글닝글한 웃음은, 원구에게 어떤 운명적인 중압을 암시하여 감당할 수 없이 마음이 무거워지는 것이었다. 대체 그림은 누가 그리느냐니까, 지금 여동생 동옥이와 둘이 지내는데, 동옥은 어려서부터 그림을 좋아하더니 초상화를 곧잘 그린다는 것이다. 동옥이란 이름은 원구의 귀에도 익은 이름이었다.
　그사이 이십 년이라는 세월이 흐르고 보니 동옥의 모습은 전연 기억도 남지 않았다. 동욱의 말에 의하면 지난번 1·4 후퇴 당시 데리고 왔는데, 요새 와서는 짐스러워 후회될 때가 있다는 것이었다. 그의 남편은 못 넘어왔느냐니까, 뭘 입 때 처녀데, 했다. 지금 몇 살인데 미혼이냐고 묻고 싶었지만, 원구는 혼기가 지난 동옥이나 자기 자신도 아직 독신인 걸 생각하고, 여자도 그럴 수가 있을 거라고 속으로 주억거리며 그는 입을 다물었다.

24 밑줄 친 부분에 드러난 '동욱'의 심리로 가장 적절한 것은?

① 가장으로서 느끼는 책임감
② 자신의 전공에 대한 자부심
③ 자신의 처지에 대한 비웃음
④ 오랜만에 친구를 만난 반가움

25 윗글의 시점에 대한 설명으로 옳은 것은?

① 작품 속의 서술자가 자신의 이야기를 서술하고 있다.
② 작품 속의 서술자가 관찰자의 시점에서 서술하고 있다.
③ 작품 밖의 서술자가 인물들을 객관적으로 관찰하고 있다.
④ 작품 밖의 서술자가 특정 인물의 관점에서 서술하고 있다.

04회 핵심 어법 마무리 체크

☑ 다음 문장을 읽고 알맞은 단어에 ○표 하세요.

이론 문법

01 먹을 만큼 덜어서 집에 갈거야/갈∨거야.

02 이게 얼마만/얼마∨만 인가?

03 저 도서관만큼/도서관∨만큼 크게 지으시오.

04 제27대/제∨27대 국회의원

05 네 기사가 어린이란/어린이난 에 실렸다.

06 올해는 신입생 입학률/입학율 이 저조하다.

07 'Catholic'의 올바른 외래어 표기는 '가톨릭/카톨릭'이다.

08 'champion'의 올바른 외래어 표기는 '챔피온/챔피언'이다.

09 'short cut'의 올바른 외래어 표기는 '숏커트/쇼트커트'이다.

10 'caricature'의 올바른 외래어 표기는 '캐리커처/캐리커쳐'이다.

11 문화재명 '천마총'의 로마자 표기는 'Cheonmachong/Chounmachong'이다.

어문 규정

12 문화재명 '첨성대'의 로마자 표기는 'Chomseongdai/Cheomseongdae'이다.

13 '분황사'의 로마자 표기는 'Bunwhangsa/Bunhwangsa'이다.

14 '안압지'의 로마자 표기는 'Anapji/Anapjji'이다.

15 '광한루'의 표준 발음은 [광ː할루]/[광ː한누]이다.

16 '상견례'의 표준 발음은 [상결례]/[상견네]이다.

17 '구근류'의 표준 발음은 [구글류]/[구근뉴]이다.

18 '대관령'의 표준 발음은 [대ː괄령]/[대ː관녕]이다.

정답 | 01 갈∨거야 02 얼마[얼마만] 03 도서관만큼 04 제27대 05 어린이난 06 입학률 07 가톨릭 08 챔피언 09 쇼트커트 10 캐리커처 11 Cheonmachong 12 Cheomseongdae 13 Bunhwangsa 14 Anapji 15 [광ː할루] 16 [상견례] 17 [구근뉴] 18 [대ː괄령]

05회 실전동형모의고사

01 밑줄 친 부분의 띄어쓰기가 옳은 것은?

① 오늘 예약한 사람은 단 한명이었다.
② 결국 그가 나서서 책임을 뒤집어 썼다.
③ 사흘 내내 아무것도 먹지 못했다니 참 안 됐다.
④ 그가 회의에 참석한 것은 예상 밖의 사건이었다.

02 다음 중 파생어끼리 짝지어진 것은?

① 풋사랑 – 톱질
② 애호박 – 구슬
③ 정답나 – 힘쓰나
④ 여러분 – 열하나

03 밑줄 친 한자 성어의 쓰임이 적절하지 않은 것은?

① 개성 있게 생긴 모습이 하나같이 與世推移이다.
② 去頭截尾하고 비용에 대한 이야기부터 시작합시다.
③ 우리는 하나가 힘들면 나머지도 힘들어지는 脣亡齒寒의 관계이다.
④ 나와 친구들은 성장 환경이 비슷해서 자연스럽게 類類相從하게 되었다.

04 다음 밑줄 친 부분의 한자가 올바르게 쓰인 것은?

① 檢鎭(검진) 후에는 도보나 자가용으로 귀가한다.
② 공용 물품은 반드시 素毒(소독) 후에 사용해야 한다.
③ 사회적 거리두기 段階(단계)가 상향된다는 발표가 있었다.
④ 해외 입국자는 2주 간의 格離(격리) 기간을 반드시 거쳐야 한다.

05 다음 글의 견해와 가장 가까운 것은?

> 임금은 비판(批判)하는 신하(臣下)가 없음을 근심할 것이 아니라, 그 말을 받아들이지 못함을 근심해야 한다. 비판하는 것은 말로써 하는 것이고, 받아들이는 것은 행동으로 하는 것이니, 행동으로 옮기기는 어렵고 말로 하기는 쉽다. 임금이 그 어려운 것을 해낸다면 아래에 있는 신하는 비록 상을 주지 않더라도 그 쉬운 것을 행하게 될 것인데, 하물며 인도하여 말하도록 함에 있어서랴?

① 가지를 잘 쳐주고 받침대로 받쳐 준 나무는 곧게 잘 자라지만, 내버려 둔 나무는 아무렇게나 자란다. 사람도 이와 마찬가지여서 남이 자신의 잘못을 지적해 주는 말을 잘 듣고 고치는 사람은 그만큼 발전한다.

② 부지런함이란 무얼 뜻하겠는가? 오늘 할 일을 내일로 미루지 말며, 아침때 할 일을 저녁때로 미루지 말며, 맑은 날에 해야 할 일을 비 오는 날까지 끌지 말도록 하고, 비 오는 날 해야 할 일도 맑은 날까지 끌지 말아야 한다.

③ 무엇을 사람의 기강이라 하는가? 효도와 공손이다. 효도가 서면 백성들이 너나없이 효도를 하게 되고 공손의 도가 서면 백성이 누구나 공손하게 될 것이니, 효도하고 공손하면 어진 이를 높이고 어진 이를 높이게 되면 풍속이 아름다워진다.

④ 덕업을 닦는 차례와 공명을 성취하는 길에 있어 무릇 나직한 데로부터 높은 데 오르고, 아래로부터 위로 가는 것이 모두 그렇지 않은 것이 없다. 그러니 힘만 믿고 스스로 선을 긋지 말며 힘을 게을리하여 스스로 포기하지 말면, 다리를 저는 사람이 스스로 힘쓰는 사람과 거의 같이 될 것이다.

※ 다음 글을 읽고 물음에 답하시오. [06~08]

신문이 진실 보도를 해야 한다는 것은 새삼스러운 설명이 필요 없는 당연한 이야기다. 그러나 현대 신문에서 진실 보도를 강조하는 것은 그만큼 진실 보도를 하기가 어렵기 때문이다. 그렇다면 진실 보도가 어려운 이유는 무엇일까? 대부분의 사람들은 진실 보도를 하고 안 하고의 문제가 전적으로 보도 활동에 종사하는 기자들의 양심 문제라고 본다. 기자가 정의감에 불타 있으면 진실 보도에 과감하고 그렇지 않으면 곡필을 휘두른다는 것이다. 또는 좀 좋게 말해서 취재 기술의 미숙에서 진실 보도를 못 한다는 견해가 있다. 어느 편이나 다같이 진실 보도를 하고 안 하는 보도 활동에 종사하는 기자 쪽에 책임이 있다고 보고 있는 점에서는 ⊙다를 바 없다. 그러나 이것은 지극히 피상적 견해임을 면치 ⓒ못한다.
 물론 진실 보도를 하고 안 하고의 책임이 기자 쪽에 있다는 말 자체에 잘못이 있다는 것은 아니다. 다만 진실 보도가 ⓒ안 되는 이유를 전적으로 기자들의 윤리 문제로 해소시켜 버리는 것은 신문 제작의 현실을 모르는 불충분한 견해라는 것이다. 기자들이 진실 보도를 하기 위해서는 다음의 세 준칙에 따라 기사를 작성하면 된다. 문제를 부분적이 아니라 전체적으로 봐야 하고 역사적으로 새로운 가치의 편에서 봐야 하고 무엇이 근거이며 무엇이 조건인가를 명확히 해야 한다. 그래야 사건의 핵심을 파악할 수 있다. 그런데 문제를 전체가 아닌 부분만 보고 새로운 것 대신 낡은 역사적 가치의 측면에서 보고, 근거를 조건으로 조건을 근거로 삼아 사건을 보면 전혀 다른 성격의 기사가 된다. 이처럼 중요한 점과 그렇지 않은 점을 뒤바꾸어 ⓔ보는데는 그만한 이유가 있다. 특정 문제를 어떻게 보도하느냐에 따라 이해관계가 크게 좌우되기 때문이다.

06 밑줄 친 ⊙~ⓔ 중 띄어쓰기가 적절하지 않은 것은?

① ⊙ 다를 바 없다
② ⓒ 못한다
③ ⓒ 안 되는
④ ⓔ 보는데

07 글의 제목으로 가장 적절한 것은?

① 기자의 윤리 문제
② 진실 보도의 어려움
③ 보도의 세 가지 준칙
④ 보도에 얽힌 이해관계

08 윗글 뒤에 이어질 내용으로 가장 적절한 것은?

① 진실 보도를 방해하는 이해관계
② 기자들이 받게 되는 비판적인 시선들
③ 진실 보도의 중요성을 방증하는 사례
④ 진실 보도가 사회 전반에 미치는 긍정적인 영향

09 다음 작품의 공통적인 주제로 가장 적절한 것은?

(가) 언뜻 개었다가 다시 비가 오고 비 오다가 다시 개이니,
　　 하늘의 도 또한 그러하거늘, 하물며 세상 인정이랴.
　　 나를 기리다가 문득 돌이켜 나를 헐뜯고,
　　 공명을 피하더니 도리어 스스로 공명을 구함이라.
　　 꽃이 피고 지는 것을, 봄이 어찌 다스릴고.
　　 구름 가고 구름 오되, 산은 다투지 않음이라.
　　 세상 사람들에게 말하노니, 반드시 기억해 알아 두라.
　　 기쁨을 취하려 한들, 어디에서 평생 즐거움을 얻을 것인가를.
　　　　　　　　　　　　　　　　　　　　　　　　　- 김시습

(나) 슬프다, 외진 살림 무엇이 좋아서
　　 가파른 이 산중에 있는고?
　　 저쪽의 평지가 좋기야 하지만,
　　 원님이 무서워 갈 수가 없구나.
　　　　　　　　　　　　　　　　　　　　　　　　　- 김창협

(다) 세도 있는 집에서는 일 년 내내 풍악을 울리지만
　　 쌀 한 톨, 비단 한 조각 세금 내는 일 없다네.
　　 우리 백성들 똑같아야 하거늘 어찌 가난하고 부유한가
　　 나그네 창가에서 거듭 시구편을 읊조린다오.
　　　　　　　　　　　　　　　　　　　　　　　　　- 정약용

① 세태에 대한 비판 의식
② 자연 속에서 은거하는 삶
③ 가난하지만 안분지족하는 태도
④ 임에 대한 그리움과 애상적 정서

10. 다음 글의 제목으로 가장 적절한 것은?

　수필의 소재는 일상적인 우리의 생활 속에서 얻어진다. 따라서 작고 평범한 생활의 이야깃거리들이 모두 소재가 될 수 있다. 그러나 그런 소재들을 글로 써놓았다고만 해서 수필이 되는 것은 아니다. 수필은 사건의 비망록이 아니다. 비망록은 기록적인 가치에 중점을 두는 것이지만, 수필은 그 기록성을 뛰어넘어야 한다. 〈중 략〉
　수필은 우리의 삶을 의미화하는 문학이다. 의미화하지 않은 삶은 반복되는 일상의 하나일 뿐이다. 생활의 의미화, 그것이 곧 수필이고, 수필이 곧 삶의 철학이 되는 것이다.
　이태준은 "글을 짓는다는 것은 사색하는 공부다"라고 했다. 생활에 의미를 부여한다는 것은 결국 사색하는 삶을 산다는 뜻이다. 사색이 동반되지 않는 소재의 나열은 신변잡기에 지나지 않는다. 신변잡기에는 주제(철학)가 없다. 따라서 수필은 그 어느 장르보다 철학성을 요구하게 되는 것이다.

① 수필의 문학적 전제
② 수필의 신변잡기적 특징
③ 문학 속에 깃든 철학적 사유
④ 수필의 글감이 될 수 있는 소재

11. ㉠에 들어갈 내용으로 가장 적절한 것은?

　과학적이고 독창적인 체계를 가진 것으로 인정받는 한글의 가장 큰 특징은 시각적으로 음절을 인식할 수 있도록 초성과 중성, 종성으로 이어지는 각각의 음소를 한 음절로 모아쓴다는 점이다. 이러한 '모아쓰기'는 한글의 우수성을 보여 주지만, 기계화 과정에서는 큰 걸림돌이 되었다. 영어와 같이 철자를 나열하는 언어 체계는 한 글자를 찍을 때마다 종이가 움직이면 되지만, 한글은 모아쓰는 과정에서 낱글자들의 모양을 조금씩 바꿔야 하기 때문에 몇 벌의 글쇠를 만들 것인지가 중요한 문제가 된다. 현재 표준 자판인 두벌식은 왼손에 자음, 오른손에 모음을 배치한 것으로 자판의 수가 적어 익히기 쉽지만, (㉠) 오타가 많이 발생하고 속도가 느리다는 단점이 있다. 이에 비해 세벌식은 초성, 중성, 종성의 자판이 각기 존재하는 것을 말하는데, 배우기 어려운 대신 속도가 빠르고 효율적이라는 평가를 받는다.

① 초성과 종성을 같은 자판으로 치기 때문에
② 자음과 모음을 동시에 눌러야 하기 때문에
③ 각각의 음소를 한 음절로 모아써야 하기 때문에
④ 초성, 중성, 종성 글자의 자판이 모두 다르기 때문에

12. 다음 작품과 가장 관련 있는 한자 성어는?

가마귀 검다ᄒ고 백로(白鷺)야 웃지 마라.
겉이 거믄들 속조차 거믈소냐
아마도 겉 희고 속 거믈손 너쑌인가 ᄒ노라.
　　　　　　　　　　　　　　　　　　　　　　　　– 이직

① 群鷄一鶴　　　　② 近墨者黑
③ 難兄難弟　　　　④ 表裏不同

13 밑줄 친 말 중 한자어가 아닌 것은?

① 문학 수업이 방금 끝났다.
② 조금 뒤에 그가 문을 열고 들어왔다.
③ 어차피 늦었으니 뛰지 말고 걸어가자.
④ 대관절 어떻게 된 일인지 영문을 모르겠다.

14 다음 글의 주제로 가장 적절한 것은?

> 1월 17일, 아침에 물가에 내려 대나무로 가리고 지어 간 찬밥을 일행이 몇 숟가락씩 나누어 먹었다. 충이와 어산이 연장도 없이 대나무를 베어 가까스로 이 간(二間) 길이의 집을 짓고 문 하나를 내어 제비 둥지처럼 조그만 움을 묻고 생댓잎으로 바닥을 깔고 댓잎으로 지붕을 이어 세 댁(宅)의 부녀자 열네 사람이 그 안에서 밤을 지내고 종들은 대나무를 베어 막을 하여 의지하고 지내나 물이 없는 무인도이다. 대나무 숲에 가서 눈을 모아 녹여 먹고 당진에서 축이가 몹시 아파 오지 못했는데 몸조리하고 오위장(五衛將)이 양식을 찧어 날라다가 바닷물에다 애벌 씻어서 밥을 해 먹었다. 피란 온 사람들이 모두 거룻배로 나가 물을 길어 오나 우리 행차는 거룻배도 없고 그릇도 없어 한 그릇의 물도 얻어 먹지 못하고, 주야로 산성(山城)을 바라보며 통곡하고 싶을 뿐이니 마음속으로 참으며 날을 보내니 살아 있을 날이 얼마나 되랴. 그래도 질긴 것이 사람의 목숨이니 알지 못할 일이다. 한 번 일에 모든 자식을 다 없애고 참혹하여 설워하더니 지금은 다 잊고 다만 산성을 생각하는가? 망국 중에 나라가 이렇게 된 일을 부녀자가 알 일이 아니지만 어찌 통곡하고 통곡하지 아니하겠는가.

① 이웃 간 상부상조의 미덕
② 가난한 삶 속에서 느끼는 설움
③ 조선시대 유배지에서의 혹독한 생활
④ 피란 생활의 비참함과 나라에 대한 걱정

15 밑줄 친 말이 표준어인 것은?

① 운동을 한 날에는 으레 일찍 잠에 들었다.
② 그의 실력은 어느새 나무랠 곳이 없어졌다.
③ 웃돈까지 지불하면서 데려온 귀한 사람이다.
④ 강 교수의 강의가 무척 지리하다는 소문이 파다하다.

16 다음 글에서 사용된 서술 기법이 아닌 것은?

> '개미'는 벌목 개밋과의 곤충을 이르는 말이고, '거미'는 절지동물문 거미강 거미목의 동물을 이르는 말이다. 개미와 거미는 모두 곤충을 주 먹이로 삼으며, 전 세계적으로 수많은 종이 분포되어 있다. 그리고 개미는 집단생활을 하는 생물로, 집단 내에서 분업을 하고 의사소통을 하여 복잡한 문제를 해결할 줄 안다. 이에 비해 거미는 새끼일 때는 부모 곁에 있거나 공동생활을 하지만, 성체가 된 후에는 대부분 독립생활을 한다는 특징이 있다.

① 구체적인 예시를 통해서 설명한다.
② 대상의 개념을 명확하게 정의한다.
③ 대상의 특성을 비교하여 설명한다.
④ 대상의 특성을 대조하여 설명한다.

17 주체 높임법이 실현되지 않은 문장은?

① 아저씨께 그 물건을 전해 드리렴.
② 할머니께서는 지금 산책을 나가셨다.
③ 선생님께서 오늘 많이 편찮으신 모양이다.
④ 태풍 때문에 작은아버지께서 고민이 많으시다.

18 다음 글을 논리적 순서에 맞게 나열한 것은?

(가) 상형문자를 사용하던 언어공동체는 새로운 사물과 개념을 표현할 문자나 문자의 조합을 끊임없이 만들어 내야만 했다.
(나) 인류 문명의 발달과 함께 문자는 이전에는 상상할 수 없었던 수많은 약속을 담아내야 했다.
(다) 이에 따라 자신들의 문자와 그것이 가리키는 개념의 대응 관계를 따로 기록해놓을 필요가 있었다.
(라) 이러한 기록물이 처음 만들어졌을 때, 이는 문자를 담아 놓는 창고로 쓰였으며, 사람들은 여기에 '사전'이라는 이름을 붙였다.
(마) 그리고 문자에 담긴 공동체의 약속은 개인의 기억에 맡겨둘 수 없을 만큼 복잡하고 방대해졌다.

① (가) - (다) - (마) - (나) - (라)
② (가) - (마) - (다) - (나) - (라)
③ (나) - (마) - (다) - (가) - (라)
④ (나) - (마) - (가) - (다) - (라)

19 (가)~(라)에 대한 설명으로 적절하지 않은 것은?

(가) 노래 삼긴 사룸 시름도 하도 할샤.
닐러 다 못 닐러 불러나 푸돗둔가.
진실로 플릴 거시면은 나도 불러 보리라.

(나) 내 버디 몃치나 ᄒ니 수석(水石)과 송죽(松竹)이라.
동산(東山)의 둘 오르니 긔 더옥 반갑고야.
두어라, 이 다ᄉᆞᆺ 밧긔 또 더ᄒ야 머엇ᄒ리.

(다) 청산(靑山)도 절로절로 녹수(綠水)도 절로절로
산(山) 절로 물 절로 산수(山水) 간(間)에 나도 절로
그중에 절로 자란 몸이 늙기도 절로절로.

(라) 청량산(淸涼山) 육륙봉(六六峰)을 아ᄂᆞ니 나와 백구(白鷗)
백구(白鷗)야 헌ᄉᆞᄒ랴 못 미들손 도화(桃花)ㅣ로다.
도화(桃花)야 ᄯᅥ나지 마로렴 어주자(魚舟子) 알가 하노라.

① (가): 냉소적 어조를 통해 시름이 많음을 토로하고 있다.
② (나): 문답법을 활용하여 벗을 소개하고 있다.
③ (다): 동일한 단어를 반복적으로 표현하여 운율감을 더하고 있다.
④ (라): 연쇄법을 활용하여 자연과 더불어 사는 즐거움을 드러내고 있다.

20 다음 중 밑줄 친 부분의 표기가 맞춤법에 맞지 않는 것은?

① 맛깔나는 음식이 차려져 있었다.
② 마을 어귀에는 깊다란 우물이 있었다.
③ 유명 가수가 나타나자 온 동네가 법썩이었다.
④ 추운 날씨에 얄팍한 옷만 입으면 감기에 걸리기 쉽다.

※ 다음 글을 읽고 물음에 답하시오. [21~22]

님은 갔습니다. 아아, 사랑하는 나의 님은 갔습니다.
푸른 산빛을 깨치고 단풍나무 숲을 향하여 난 작은 길을 걸어서, 차마 떨치고 갔습니다.
황금(黃金)의 꽃같이 굳고 빛나던 옛 ㉠맹서는 차디찬 티끌이 되어서 한숨의 미풍(微風)에 날아갔습니다.
날카로운 첫 키스의 ㉡추억은 나의 운명의 ㉢지침을 돌려 놓고, 뒷걸음쳐서 사라졌습니다.
나는 향기로운 님의 말소리에 귀먹고, 꽃다운 님의 얼굴에 눈멀었습니다.
사랑도 사람의 일이라, 만날 때에 미리 떠날 것을 ㉣염려하고 ㉤경계하지 아니한 것은 아니지만, 이별은 뜻밖의 일이 되고, 놀란 가슴은 새로운 슬픔에 터집니다.
그러나 이별을 쓸데없는 눈물의 ㉥원천을 만들고 마는 것은 스스로 사랑을 깨치는 것인 줄 아는 까닭에, 걷잡을 수 없는 슬픔의 힘을 옮겨서 새 ㉦희망의 정수박이에 들어부었습니다.
우리는 만날 때에 떠날 것을 염려하는 것과 같이, 떠날 때에 다시 만날 것을 믿습니다.
아아, 님은 갔지마는 나는 님을 보내지 아니하였습니다.
제 곡조를 못 이기는 사랑의 노래는 님의 ㉧침묵을 휩싸고 돕니다.

– 한용운, '님의 침묵'

21 이 시에 대한 해석으로 적절하지 않은 것은?

① 1~4행에서 화자의 정서는 점층적으로 고조되고 있다.
② 5행에서는 모순된 표현을 통해 임을 향한 절대적 사랑을 드러내었다.
③ 7~8행에서는 부정적인 감정에서 긍정적인 태도로 시상을 전환시키고 있다.
④ 8~10행에서 화자는 '님'이 돌아오지 않을 것을 알지만 미련을 버리지 못하고 있다.

22 ㉠~㉧을 한자로 바르게 옮기지 못한 것은?

① ㉠: 盟誓, ㉡: 追憶
② ㉢: 指針, ㉣: 念慮
③ ㉤: 鏡戒, ㉥: 源泉
④ ㉦: 希望, ㉧: 沈默

23 밑줄 친 단어의 의미와 같은 의미로 쓰인 것은?

> 그는 감기 치료에 쓸 약을 가져왔다.

① 그는 영어를 유창하게 쓴다.
② 너는 이 일에 신경 쓰지 않아도 된다.
③ 나는 쓰다 남은 양초를 찾아 불을 밝혔다.
④ 내 동생은 장난감을 갖기 위해 억지를 썼다.

24 다음에서 설명한 '관용의 격률'을 사용한 대화문은?

> '요령의 격률'이란 상대방에게 부담을 주는 표현은 최소화하고 상대방에게 혜택을 주는 표현은 최대화하는 것이다. '요령의 격률'을 실천하려면 듣기 좋고 도움이 되는 말과 간접적이고 우회적인 표현법을 사용해야 한다.
> '관용의 격률'이란 화자 자신에게 혜택을 주는 표현은 최소화하고 부담을 주는 표현은 최대화하는 것이다. 이는 요령의 격률을 화자의 관점에서 말한 것이다.

① 가: 내가 발표에 활용하라고 준 자료는 읽어 보았니?
   나: 제가 부족해서 아직 다 이해하지 못했어요. 혹시 조금 쉬운 자료로 찾아 주실 수 있을까요?
② 가: 엄마, 이거 제가 미술 학원에서 그려 온 그림이에요.
   나: 정말? 이 그림을 네가 그렸단 말이야? 이 그림 너무 멋져서 엄마가 갖고 싶을 정도야.
③ 가: 어디서 찬바람이 들어오는 것 같지 않습니까?
   나: 죄송합니다. 제가 깜빡하고 창문을 닫지 않았네요. 지금 닫을게요.
④ 가: 이번 주 토요일에 가기로 한 콘서트 말이야. 다음 주 토요일로 미루는 게 어때? 이번 주말에는 쉬고 싶어.
   나: 그래? 네 입장에서는 그럴 수도 있겠다. 이번 주에는 네가 많이 바빴잖아. 그런데 이 표는 취소가 불가능해서 이번 주에 가야 할 것 같아.

25 다음 중 〈보기〉의 로마자 표기법이 적용된 예시로 적절하지 않은 것은?

> 보기
> 발음상 혼동의 우려가 있을 때에는 음절 사이에 붙임표(-)를 쓸 수 있다.

① 개운포(Gae-unpo)
② 탄금대(Tan-geumdae)
③ 계룡산(Gye-ryongsan)
④ 만경강(Man-gyeonggang)

05회 핵심 어법 마무리 체크

☑ 다음 문장을 읽고 알맞은 단어에 ○표 하세요.

어문 규정

01 무엇을 해야 할지/할∨지 모르겠다.

02 그렇게 할∨수밖에/할∨수∨밖에 없다.

03 차가 쏜살같이/쏜살∨같이 지나가고 있었다.

04 가방, 체육복, 신발등이/신발∨등이 널려 있었다.

05 잘못한 사람이 되려/되레 큰소리를 친다.

06 어제 일을 깡그리/강그리 잊어버렸다.

07 'yellow'의 올바른 외래어 표기는 '옐로/옐로우'이다.

08 'cardigan'의 올바른 외래어 표기는 '카디건/가디건'이다.

09 'container'의 올바른 외래어 표기는 '콘테이너/컨테이너'이다.

10 'vision'의 올바른 외래어 표기는 '비전/비젼'이다.

11 '물난리'의 표준 발음은 [물랄리]/[문난니]이다.

12 '신문'의 표준 발음은 [신문]/[심문]이다.

13 '밟는다'의 표준 발음은 [발ː른다]/[밤ː는다]이다.

14 '한여름'의 표준 발음은 [한녀름]/[하녀름]이다.

15 '독립문'의 로마자 표기는 'Doknibmun/Dongnimmun'이다.

16 '선릉'의 로마자 표기는 'Sunreung/Seolleung'이다.

17 '백두산'의 로마자 표기는 'Baekdusan/Baikdusan'이다.

18 '합정'의 로마자 표기는 'Habjeong/Hapjeong'이다.

19 그 일에 대해서는 너무 괴념치/괘념치 마라.

20 필요한 내용만 발체/발췌 해서 보아라.

21 기존의 계획까지 모두 와훼/와해 될 판이었다.

06회 실전동형모의고사

제한시간 : 25분 시작   시   분 ~ 종료   시   분 점수 확인   개/ 25개

01 밑줄 친 단어의 품사와 문장 성분으로 적절한 것은?

> 사람들이 붐비는 틈에 끼어 간신히 입장할 수 있었다.

① 동사, 부사어
② 동사, 관형어
③ 형용사, 관형어
④ 형용사, 부사어

02 다음 중 밑줄 친 어휘의 한자가 옳지 않은 것은?

> - 보안을 위해 추가 인원을 배치하기로 했다.
> - 개인의 사상을 제한하는 법은 폐지되어야 한다.
> - 저소득층의 복지 향상을 위한 정책이 실시되었다.
> - 오랜 시간 동안 회의를 통해 결론을 내릴 수 있었다.

① 배치: 背馳
② 사상: 思想
③ 실시: 實施
④ 결론: 結論

03 다음 글에 대한 설명으로 가장 적절한 것은?

> 살벌한 오늘의 서울에서도 때로 예고 없이 소낙비가 내리는 초저녁 주택가 입구를 스치면, 많은 아주머니 어린 자녀들이 우산을 들고 누구를 기다리는 풍경을 본다. 지금쯤 어느 대폿집에서 술타령하는 남편이나 아빠를 기다리는 뜨겁고 목마른 풍경을 본다. 그럴 때마다 나는 초승달이 지고 까맣게 어두운 고개에서, 지금은 다시 뵈올 수 없는 아버지의 하얀 두루마기를 기다리느라 우리 형제가 등을 맞대고 추위를 견디었던 무섭도록 적막한 밤이 그립다.
> - 허세욱, '초승달이 질 때'

① 상징적 기법을 사용하여 몽환적 분위기를 조성하고 있다.
② 어린 시절의 추억을 제시해 인생의 무상감을 드러내고 있다.
③ 현재를 통해 과거를 회상함으로써 애상을 불러일으키고 있다.
④ 과거와 대조되는 현대 서울의 풍경을 생생하게 묘사하고 있다.

04 다음 글의 ㉠에 어울리는 한자 성어로 가장 적절한 것은?

> 경제 불황의 여파에 국내 출판 업계 역시 영향을 받아 어려움을 겪고 있다. 끝이 보이지 않는 불황 속에서 출판사들은 각자의 생존을 위한 전략을 (㉠)하고 있다.
> A 출판사는 대중들의 관심이 인문학에 집중되고 있다는 점에 주목하여 인문학 강연을 주최하고, 인문학 관련 서적을 중점적으로 홍보하는 등의 활동을 지속적으로 실행하였다. 그 결과 순이익이 전년 대비 6% 상승하게 되었고, 기업의 이미지도 개선되어 불황 속에서 생존할 수 있었다.

① 허장성세(虛張聲勢)
② 좌고우면(左顧右眄)
③ 송구영신(送舊迎新)
④ 암중모색(暗中摸索)

05 밑줄 친 부분에 들어갈 속담으로 가장 적절한 것은?

> 도덕적인 잘못을 저지른 사람이 _____ 신세가 되어 홀로 지내게 되는 것은 흔한 일이다.

① 설 쇤 무
② 개천에 든 소
③ 개밥에 도토리
④ 서리 맞은 구렁이

06 다음 작품에 대한 설명으로 적절하지 않은 것은?

> 청산(靑山)은 엇뎨ᄒ여 만고(萬古)애 프르르며,
> 유수(流水)는 엇뎨ᄒ여 주야(晝夜)애 긋디 아니는고.
> 우리도 그치디 말아 만고상청(萬古常靑) 호리라.

① 자연물의 속성을 예찬하고 있다.
② 대구법을 통해 시상을 전개하고 있다.
③ 학문 수양에 대한 다짐을 드러내고 있다.
④ 자연과 대비되는 인간 세태를 비판하고 있다.

07 (가)~(라)에 대한 설명으로 가장 적절하지 않은 것은?

(가) 탁월함은 어떻게 습득되는가, 그것을 가르칠 수 있는가? 이 물음에 대하여 아리스토텔레스는 지성의 탁월함은 가르칠 수 있지만, 성품의 탁월함은 비이성적인 것이어서 가르칠 수 없고, 훈련을 통해서 얻을 수 있다고 대답한다.

(나) 그는 좋은 성품을 얻는 것을 기술을 습득하는 것에 비유한다. 그에 따르면, 리라(lyra)를 켬으로써 리라를 켜는 법을 배우며 말을 탐으로써 말을 타는 법을 배운다. 어떤 기술을 얻고자 할 때 처음에는 교사의 지시대로 행동한다. 그리고 반복 연습을 통하여 그 행동이 점점 더 하기 쉽게 되고 마침내 제2의 천성이 된다. 이와 마찬가지로 어린아이는 어떤 상황에서 어떻게 행동해야 진실되고 관대하며 예의를 차리게 되는지 일일이 배워야 한다. 훈련과 반복을 통하여 그런 행위들을 연마하다 보면 그것들을 점점 더 쉽게 하게 되고, 결국에는 스스로 판단할 수 있게 된다.

(다) 그는 올바른 훈련이란 강제가 아니고 그 자체가 즐거움이 되어야 한다고 지적한다. 또한 그렇게 훈련받은 사람은 일을 바르게 처리하는 것을 즐기게 되고, 일을 바르게 처리하고 싶어하게 되며, 올바른 일을 하는 것을 어려워하지 않게 된다. 이처럼 성품의 탁월함이란 사람들이 '하는 것'만이 아니라 사람들이 '하고 싶어하는 것'과도 관련된다. 그리고 한두 번 관대한 행동을 한 것으로 충분하지 않으며, 늘 관대한 행동을 하고 그런 행동에 감정적으로 끌리는 성향을 갖고 있어야 비로소 관대함에 관하여 성품의 탁월함을 갖고 있다고 할 수 있다.

(라) 다음과 같은 예를 통해 아리스토텔레스의 견해를 생각해 보자. 갑돌이는 성품이 곧고 자신감이 충만하다. 그가 한 모임에 참석하였는데, 거기서 다수의 사람들이 옳지 않은 행동을 한다고 생각했을 때, 그는 다수의 행동에 대하여 비판의 목소리를 낼 것이며 그렇게 하는 데에 별 어려움을 느끼지 않을 것이다. 한편, 수줍어하고 우유부단한 병식이도 한 모임에 참석하였는데, 그 역시 다수의 행동이 잘못되었다는 판단을 했다고 하자. 이런 경우에 병식이는 일어나서 다수의 행동이 잘못되었다고 말할 수 있겠지만, 그렇게 하려면 엄청난 의지를 발휘해야 할 것이고 자신과 힘든 싸움도 해야 할 것이다. 그런데도 병식이가 그렇게 행동했다면 우리는 병식이가 용기 있게 행동하였다고 칭찬할 것이다. 그러나 아리스토텔레스가 보기에 성품의 탁월함을 가진 사람은 갑돌이다. 왜냐하면 그는 자신이 옳다는 확신을 가지고 옳은 일을 하기 때문이다.

① (가): 중심 화제에 대한 학자의 견해를 제시하고 있다.
② (나): 비유를 통해 좋은 성품을 얻는 원리를 설명하고 있다.
③ (다): 핵심 용어의 정의를 밝힘으로써 논지를 명료화시킨다.
④ (라): 견해를 적용할 수 있는 상황을 예로 들어 설명하고 있다.

08 사전 준비 부족과 자만을 '수영'에 빗대어 설명한 것으로 가장 적절한 것은?

① 수영장에 들어가기 전에 동료들과 철저한 준비 운동을 마쳐야만 안전하게 수영을 즐길 수 있다.
② 수영모와 수경을 준비하지 않은 채로 수영장에 뛰어들거나, 자신의 실력을 고려하지 않고 고급 코스에 진입하는 행위는 위험을 초래합니다.
③ 이전에 수영을 오래 배웠다 하더라도 휴식기를 가진 후 다시 수영을 시작할 때는 자신의 실력을 정확히 파악하고 그에 맞는 코스를 선택해야 한다.
④ 파도를 느끼며 바다 생물들과 교감할 수 있는 바다 수영이 진정한 수영이므로 바다의 온도와 조류 등을 미리 확인하고 몸을 단련하여 바다에서 수영을 해볼 것을 추천한다.

09 다음 글에 제목을 붙인다면, 가장 적절한 것은?

噫(희)라, 舊來(구래)의 抑鬱(억울)을 宣暢(선창)하려 하면, 時下(시하)의 苦痛(고통)을 擺脫(파탈)하려 하면, 將來(장래)의 脅威(협위)를 芟除(삼제)하려 하면, 民族的(민족적) 良心(양심)과 國家的(국가적) 廉義(염의)의 壓縮銷殘(압축소잔)을 興奮伸張(흥분 신장)하려 하면, 各個(각개) 人格(인격)의 正當(정당)한 發達(발달)을 遂(수)하려 하면, 可憐(가련)한 子弟(자제)에게 苦恥的(고치적) 財産(재산)을 遺與(유여)치 안이 하려 하면, 子子孫孫(자자손손)의 永久完全(영구완전)한 慶福(경복)을 導迎(도영)하려 하면, 最大急務(최대급무)가 民族的(민족적) 獨立(독립)을 確實(확실)케 함이니, 二千萬(이천만) 各個(각개)가 人(인)마다 方寸(방촌)의 刃(인)을 懷(회)하고, 人類通性(인류 통성)과 時代良心(시대 양심)이 正義(정의)의 軍(군)과 人道(인도)의 干戈(간과)로써 護援(호원)하는 今日(금일), 吾人(오인)은 進(진)하야 取(취)하매 何强(하강)을 挫(좌)치 못하랴. 退(퇴)하야 作(작)하매 何志(하지)를 展(전)치 못하랴.

① 국권 상실로 인한 피해
② 독립의 필요성과 자신감
③ 독립 선언의 취지와 배경
④ 독립 선언의 정당성과 내용

10 다음 글에서 추론할 수 있는 내용으로 가장 적절하지 않은 것은?

'대응설'에서는 어떤 명제나 생각이 사실이나 대상에 들어맞을 때 그것을 진리라고 주장한다. 우리는 특별한 장애가 없는 한 대상을 있는 그대로 정확하게 파악한다고 믿는다. 가령 앞에 있는 책상이 모나고 노란 색깔이라고 할 때 우리의 시각으로 파악된 관념은 앞에 있는 대상이 지니고 있는 성질을 있는 그대로 반영한 것이라고 생각한다.

그러나 우리의 감각은 늘 거울과 같이 대상을 있는 그대로 모사하는 것일까? 조금만 생각해 보아도 우리의 감각이 언제나 거울과 같지는 않다는 것을 알 수 있다. 감각 기관의 생리적 상태, 조명, 대상의 위치 등 모든 것이 정상적이라 할지라도 감각 기관의 능력에는 한계가 있다. 그래서 인간의 감각은 외부의 사물을 있는 그대로 모사하지는 못한다.

'정합설'은 관념과 대상의 일치가 불가능하다는 반성에서 출발한다. 새로운 경험이나 지식이 옳은지 그른지 실재에 비추어 보아서는 확인할 수 없으므로, 이미 가지고 있는 지식의 체계 중 옳다고 판별된 체계에 비추어 볼 수밖에 없다는 것이다. 즉, 새로운 지식이 기존의 지식 체계에 모순됨이 없이 들어맞는지 여부에 의해 지식의 옳고 그름을 가릴 수밖에 없다는 주장이 바로 정합설이다. '모든 사람은 죽는다.'라는 것은 우리가 옳다고 믿는 명제이지만, '모든 사람' 속에는 우리의 경험이 미치지 못하는 사람들도 포함된다. 이와 같이 감각적 판단으로 확인할 수 없는 전칭 판단이나 고차적인 과학적 판단들의 진위를 가려내는 데 적합한 이론이 정합설이다.

하지만 정합설에도 역시 한계가 있다. 어떤 명제가 기존의 지식 체계와 정합할 때 '참'이라고 하는데, 그렇다면 기존의 지식 체계의 진리성은 어떻게 확증할 수 있을까? 그것은 또 그 이전의 지식 체계와 정합해야 하는데, 이 과정은 무한히 거슬러 올라가 마침내는 더 이상 소급할 수 없는 단계에까지 이르고, 결국 기존의 지식 체계와 비교할 수 없게 된다.

① '대응설'은 인간이 파악하는 대상에 대해 의문을 갖지 않을 것이다.
② '정합설'은 새로운 형태로 이루어진 지식을 옳지 않은 것으로 볼 것이다.
③ '정합설'은 인간의 감각이 대상을 정확하게 모사할 수 없다는 입장일 것이다.
④ 지구의 나이를 밝히는 데 핵심이 되는 원소를 찾았다는 주장의 진위를 가리는 데는 '정합설'이 적합할 것이다.

11 다음 글에 대한 설명으로 옳지 않은 것은?

선귤자(蟬橘子)에게 예덕 선생(穢德先生)이라는 친구가 있었다. 그 친구는 종본탑(宗本塔) 동편에 살면서 매일 마을의 똥을 져 나르는 것을 업으로 하고 있었다. 그래서 마을 사람들이 그를 불러 '엄 행수(嚴行首)'라고 했다. '행수'란 역부(役夫)의 우두머리에 대한 호칭이었고, '엄'은 그의 성(姓)이다.

자목(子牧)이 선귤자에게 따져 물었다.

"전에 선생님께서 '친구란 함께 살지 않는 처(妻)이고 동기가 아닌 형제라.'라고 말하시었지요. 친구는 이처럼 중한 것이 아닙니까. 세상의 이름 있는 사대부(士大夫)들이 선생님과 종유해서 아랫바람에 놀기를 청하는 분들이 많습니다. 선생님은 이런 분들과 사귀지 않으시고, 저 엄 행수는 마을의 상놈이라 하류(下流)에 처한 역부로 치욕스런 일을 하는 자 아닙니까. 그런데 선생님은 곧잘 이자의 덕을 칭찬하여 '선생'이라 부르고 바로 친교를 맺어 벗을 청하려고 하니 저희는 이것이 부끄러워 이만 문하(門下)를 하직할까 합니다."

선귤자는 웃으며 말했다.

"거기 앉아라. 내가 너에게 친구란 것에 대해서 이야기해 주마. 상말에 '의원이 자기 병 못 고치고 무당이 제 굿 못 한다.'는 격으로, 사람들이 누구나 자기가 잘한 일을 남들이 알아주지 않으면 안타깝게 여긴다. 자기 허물을 충고해 주길 바랄 경우에 마냥 칭찬만 하면 아첨에 가까워서 맛이 없고 단처만 자꾸 지적하면 들추어내는 것 같아서 인정이 아닐 것이다. 이에 그의 잘못을 띄워 놓고 말해 변죽만 울리고 꼭 꼬집지 않으면 비록 크게 책망하더라도 노하지 않을 것이다. 왜냐 하면 자기의 정말 거리끼는 곳을 건드리지 않았기 때문이다. 우연히 자기가 잘한 일이라고 생각하는 일에 언급하되 무엇에 비유해서 숨겨진 일을 딱 맞추면 마음속에 감동하여 마치 가려운 곳을 긁어 주는 것 같을 것이다. 긁는 데도 방법이 있으니 등을 만져 주되 겨드랑이까지 닿아서는 안 되고 가슴을 쓰다듬어 주되 목을 침노해서는 안 된다. 공중에 띄워 놓고 하는 말이 나중에 자기를 칭찬하는 말로 귀결되고 보면 기뻐 '나를 알아준다.'라고 하겠지. 이와 같은 것을 친구라 할 수 있겠느냐."

자목은 귀를 틀어막고 달아나며

"이야말로 선생님이 나를 시정배(市井輩)나 겸복(傔僕) 따위의 일로 가르치는 것입니다."

라고 했다.

선귤자가 다시 말했다.

"그러면 네가 수치로 여기는 것은 여기에 있는 것이지 저기에 있는 것이 아니로구나. 무릇 시교(市交)는 이해(利害)로 사귀는 것이고, 면교(面交)는 아첨으로 사귀는 것이다. 그러므로 아무리 좋은 사이라도 세 번 손을 내밀면 사이가 벌어지지 않을 수 없고, 또 아무리 묵은 원한이 있더라도 세 번 도와주면 친해지지 않을 수 없는 법이다. 이해로 사귀면 지속될 수 없고 아첨으로 사귀면 오래갈 수 없다. 대체 큰 사귐은 안면을 보고 사귀는 것이 아니며 훌륭한 친구는 친소가 문제가 아니고, 다만 마음으로 사귀고 덕을 벗하는 것이다. 이것을 이른바 도의지교(道義之交)라고 하는데 위로 천고(千古)를 벗해도 요원하다 아니하고 서로 만리(萬里)를 떨어져 있어도 소원하다 할 수 없는 것이다."

① 비판적, 교훈적인 성격의 글이다.
② 특정 인물에 대한 상반된 평가가 드러난다.
③ 문답 형식의 대화를 중심으로 내용이 전개된다.
④ 글쓴이의 일상적 경험을 바탕으로 주제를 전달한다.

12 안긴문장이 없는 것은?

① 나무가 잘 자라도록 거름을 주었다.
② 손잡이를 잡으면 속도를 늦출 수 있다.
③ 아버지께서 화분에 물 주기를 잊어버리셨다.
④ 우리는 깔끔하게 정리된 숙소에서 하룻밤을 보냈다.

13 다음 문장들을 문맥이 통하도록 배열한 것은?

ㄱ. 세계적인 경매 회사인 크리스티와 소더비는 경매 주관처로 선정되기 위해 치열하게 경쟁하였다.
ㄴ. 두 업체는 각기 결정한 패를 종이에 적어 서로에게 내밀었다.
ㄷ. 크리스티는 전문가의 조언을 받아 가위를 냄으로써 소더비를 이길 수 있었다.
ㄹ. 2000년대 초반 일본의 한 회사는 200억 상당의 미술품을 경매에 부치려고 했다.
ㅁ. 의뢰처에서 고심 끝에 내린 업체 선정의 기준은 다름 아닌 가위바위보였다.

① ㄱ - ㄷ - ㄹ - ㄴ - ㅁ
② ㄱ - ㄹ - ㅁ - ㄴ - ㄷ
③ ㄹ - ㄱ - ㅁ - ㄴ - ㄷ
④ ㄹ - ㅁ - ㄱ - ㄴ - ㄷ

14 괄호 안에 들어갈 말로 가장 적절한 것은?

전 선생은 서글픈 웃음을 다시 웃고 (   ) 기색으로 말을 맺는다.

① 안이(安易)한
② 양양(揚揚)한
③ 추연(惆然)한
④ 건경(健勁)한

15 다음 글의 중심 내용으로 가장 적절한 것은?

현대 자본주의 사회는 말 그대로 신용 사회여서, 일정한 소득이 있는 경우에도 얼마간의 빚[債務]을 안고 살아간다. 또한 경제구조적으로도 신용카드의 사용이나 보험 가입 등으로 인해 대부분의 사람들이 신용 소비자의 위치에 서게 된다. 표현을 달리하면 구조적인 채무자의 입장에 있게 되는 것이다.
저소득층이거나 정해진 소득이 없는 소비자 그리고 영세 자영업자와 같은 이른바 서민층은 특히 금융 소외자의 위치에 놓일 가능성이 높다.
정부의 저금리 정책과 금융기관의 지속적인 가계 대출, 중소기업 대출의 확대에도 불구하고 이들은 상대적으로 낮은 신용 등급 등의 이유로 제도권 금융을 이용하기가 쉽지 않다. 그러다 보니 불리한 조건으로도 사채(私債)와 같은 사금융을 이용하게 되고, 매우 높은 이자율 부담에 따른 상환 불능이나 불법 채권 추심으로 심각한 어려움을 겪는 경우가 많다. 예컨대 사금융 피해 상담 센터에 접수된 피해 상담 사례가 연간 50%가 늘었고, 수사기관에 통보된 건수도 무려 3배 넘게 증가되었다고 한다.

① 늘어나는 사금융 피해
② 정부 저금리 정책의 부작용
③ 현대 신용 사회에서 소외된 서민층
④ 경기 침체로 인한 서민금융이 겪는 어려움

16 밑줄 친 조사 '에'의 의미가 가장 다른 하나는?

① 갑자기 불어온 바람에 꽃이 다 졌다.
② 이번 일에 너무 마음 상하지 말아라.
③ 잔칫집에서 밥에 술에 아주 잘 대접받았다.
④ 밖에서 들리는 시끄러운 소리에 밤새 잠을 설쳤다.

17 다음 중 ㉠에 대한 필자의 견해로 가장 적절한 것은?

㉠뇌물을 주는 것은 우리나라의 오랜 병증이다. 국가의 피폐(疲弊)와 백성의 빈곤이 이에 연유한다. 조정에서 금하지 않을뿐더러 가르치는 실정이다. 외국에서 사신이 오면 각 고을에 서간을 띄워 그 여비를 떠맡기는데 일정한 액수도 없다. 그러므로 음직(蔭職)과 무관(武官)으로 사령이 된 자는 앞을 다투어서 재물을 실어 나른다. 또, 나라에 크고 작은 잔치가 있으면 반드시 여러 가지 물품을 각 고을에 떠맡겨서 구해 들인다. 각 고을에서는 각 마을에 배당하여 구해 들이니 그 진학함이 매우 심하다. 이와 같이 하면서 어찌 사람들의 뇌물 통래(通來)를 금하겠는가. 명절에는 반드시 각 고관(高官)에게 문안차 보내는 선물이 있다. 무식하고 벼슬을 탐내는 무리는 반드시 이런 기회를 틈타 승진되기를 바란다. 구관(舊官)이 이미 후하게 실어 보냈으므로 신관(新官)은 더욱 많이 실어 보낸다. 뇌물을 더 보내는 자는 유능한 수령이라고 하고 그렇지 못한 자는 중상을 당한다.

뇌물을 보내는 물품은 원래 국비(國費)에서 계산한 것이 아닌데 어디서 구해 오는 것인가. 받는 자는 아무렇지도 않게 여기지만 백성은 점차 병들게 된다. 그러므로 조정에서도 예사로 알고 따라서 상하(上下)의 풍습이 되어 버렸다. 한 물건을 실어 오는 것이 관가의 입장에서는 사소하지만 덧붙여서 백성의 재물은 남김이 없게 된다. 이런 짓을 어찌 그만둘 수 없는가.

법이란 마땅히 조정에서 지키기 시작하여야 한다. 연향(宴享)이나 사신의 접대 같은 일은 모름지기 국비 중에서 마련할 것이지 정당한 세금(稅金) 외에 더 걷는 일은 없어야 한다. 그리고 각 고을에서 고관에게 문안차 보내는 것은, 곧 옛날의 의장이라는 것이나 비록 말채찍이나 구두신과 같은 하찮은 물품이라 하더라도 모두 막는 것이 마땅하다.

문안차 내는 물건은 그 품목과 수량을 정하도록 건의한 자가 있었다. 그러나 사사로 주고받는 것을 누가 살필 것인가. 또 숙폐(宿弊)를 갑자기 금할 수 없다. 그러므로 사헌부 감찰관에게 그 일을 맡기는 것이 마땅하다. 고을에서는 조정에 있는 신하에게 보내는 물품은 그 건수를 문서에 기록하고 먼저 사헌부에 보내어 날인(捺印)하여 증명한 다음 받도록 한다. 그리고 지나치게 많으면 대관(臺官)이 증거를 들어 논평한다.

① 뇌물로 인해 피폐해진 민생부터 구제해야 한다.
② 조정 차원에서 뇌물로 인한 문제를 해결해야 한다.
③ 뇌물을 공공연히 인정하는 사회 풍조가 변화해야 한다.
④ 각 고을의 수령들이 뇌물로 인한 문제를 개선해야 한다.

18 다음 글의 내용에 대한 이해로 가장 적절한 것은?

바쟁은 '미라 콤플렉스'와 관련하여 조형 예술의 역사를 설명한다. 고대 이집트 인이 만든 미라에는 죽음을 넘어서 생명을 길이 보존하고자 하는 욕망이 깃들어 있거니와, 그러한 '복제의 욕망'은 회화를 비롯한 조형 예술에도 강력한 힘으로 작용해 왔다고 한다. 그 욕망은 르네상스 시대 이전까지 작가의 자기표현 의지와 일정한 균형을 이루어 왔다. 하지만 원근법이 등장하여 대상의 사실적 재현에 성큼 다가서면서 회화의 관심은 복제의 욕망 쪽으로 기울게 되었다. 그 상황은 사진이 발명되면서 다시 한 번 크게 바뀌었다. 인간의 주관성을 배제한 채 대상을 기계적으로 재현하는 사진이 발휘하는 모사의 신뢰도는 회화에 비할 바가 아니었다. 사진으로 인해 조형 예술은 비로소 복제의 욕망으로부터 자유롭게 되었다.

영화의 등장은 대상의 재현에 또 다른 획을 그었다. 바쟁은 영화를, 사진의 기술적 객관성을 시간 속에서 완성함으로써 대상의 살아 숨 쉬는 재현을 가능케 한 진일보한 예술로 본다. 시간의 흐름에 따른 재현이 가능해진 결과, 더욱 닮은 지문(指紋) 같은 현실을 제공하게 되었다. 바쟁에 의하면 영화와 현실은 본질적으로 친화력을 지닌다. 영화는 현실을 시간적으로 구현한다는 점에서 현실의 연장이며, 현실의 숨은 의미를 드러내고 현실에 밀도를 제공한다는 점에서 현실의 정수이다. 영화의 이러한 리얼리즘적 본질은 그 자체로 심리적, 기술적, 미학적으로 완전하다는 것이 그의 시각이다.

① 미라는 조형 예술의 시초가 된 하나의 예술 작품이다.
② 사진을 통해 실현할 수 없었던 시간의 흐름을 영화에서 재현하였다.
③ 사진 속 대상의 모습은 대상에게 느끼는 감정에 따라 다르게 표현된다.
④ 원근법의 등장으로 작가의 자기표현 의지와 복제의 욕망 간의 갈등이 심화되었다.

19 밑줄 친 단어의 품사가 나머지 셋과 다른 것은?

① 그녀는 <u>젊어서</u> 남편을 잃었다.
② 이제는 그도 <u>늙어서</u> 예전 같지 않다.
③ 막냇동생의 <u>웃는</u> 모습이 엄마를 닮았다.
④ 그는 버스 시간에 <u>늦어</u> 고향에 가지 못했다.

20 다음 글에 대한 내용에 부합하지 않는 것은?

현재 우리는 북한의 신문이나 서적을 큰 어려움 없이 볼 수 있을 정도로 북한의 간행물이 많이 개방되어 있다. 그런데 북한 문헌을 대할 때 문제가 되는 것은 우리가 전통적으로 사용하여 오던 사이시옷을 거의 사용하지 않는다는 사실이다. 북한은 초기에는 '냇가', '댓잎'과 같은 합성어에서 사이시옷을 버리고 대신 그 자리에 사이표(')를 넣었다. 이것 역시 가로풀어쓰기에 대비하여 마련한 맞춤법인데 가로풀어쓰기를 통일 후로 미루기로 한 1966년부터는 사이표를 완전히 없애 버렸다. 이 밖에도 남쪽에서 '기어 간다, 되어 간다'로 적는 것을 북한에서는 '기여 간다, 되여 간다'로 적고 있다.

통일이 되면 사전을 이용하는 데 불편하게 될 것이다. 남쪽은 전통적인 '기역, 디귿, 시옷'을 지키고 있으나 북쪽은 다른 글자와 보조를 맞추어 '기윽, 디읃, 시읏'과 같이 규칙적으로 바꾸었으며 된소리도 '된기윽, 된디읃, 된비읍, 된시읏, 된지읒'으로 바꾸었다. 그리고 남한에서는 '한글 맞춤법'에서 규정한 대로 기본 자모를 24자로 잡고 'ㄱ, ㄴ, ㄷ, ㄹ, ㅁ, ㅂ, ㅅ, ㅇ, ㅈ, ㅊ, ㅋ, ㅌ, ㅍ, ㅎ'의 순서를 지키되 된소리를 해당 글자의 끝에 배치하였으나 북한은 된소리를 자음 14자의 끝에 배치하고 있으며 모음 글자는 그 다음에 두고 있다.

① 북한의 사전에서 'ㄲ'은 'ㅎ' 뒤에 위치한다.
② '되여 간다'는 가로풀어쓰기의 영향을 받은 예이다.
③ 북한에서 사용하던 사이표는 사이시옷의 역할을 했다.
④ 남한의 '기역'은 북한의 '기윽'과 동일한 음운을 가리킨다.

21 다음 글의 ⊙에 들어갈 내용으로 가장 적절한 것은?

많은 사람이 비싼 명품을 일반 상품보다 더 선호하는 이유는 무엇일까? 물론 상품이 뛰어나기 때문일 수도 있으나, 명품 브랜드가 주는 이미지만으로 물건을 구매하는 사람들도 있을 것이다. 이처럼 소비자의 선호도와 구매에 영향을 끼치는 상품의 브랜드는 상품이나 단체의 이름을 쉬이 알아보고 널리 알리고자 활용되는 일종의 상징표를 말한다. 일반적으로 기업이 브랜드를 만드는 이유는 경쟁 상대와 구별하기 위함일 뿐만 아니라 브랜드를 통해 소비자의 충성도를 얻기 위한 전략이라 볼 수 있다. 이는 소비자가 브랜드만으로 그 기업의 가치를 판단하기 때문이기도 하지만, 브랜드에 대한 충성도가 형성되면 신뢰를 바탕으로 제품의 품질이나 서비스 등에 확신을 갖고 구매하는 소비자가 늘어날 수 있기 때문이다. 따라서 브랜드는 기업의 이미지를 형성하는 데 매우 큰 역할을 하고 있으며, 소비자가 브랜드 이미지를 어떻게 인식하느냐에 따라 매출을 넘어 기업의 존속에도 영향을 미칠 수 있다. 문제는 (⊙   ) 점이다. 따라서 기업이 소비자에게 신뢰성 높고 긍정적인 브랜드 이미지를 가진 곳으로 인식되려면 신중하게 브랜드 이미지를 관리하여야만 한다. 하지만 브랜드 이미지는 단순 광고나 이벤트로 한 번에 형성되는 것이 아니므로 꾸준한 브랜드 관리 및 소비자와의 지속적인 커뮤니케이션을 통해 브랜드 이미지를 구축하는 것이 중요하다.

① 기업마다 추구하는 브랜드 이미지가 유사하다는
② 한 번 형성된 브랜드 이미지는 쉽게 바꾸기 어렵다는
③ 소비자들이 인식하는 브랜드 이미지가 서로 다르다는
④ 브랜드의 명성과 달리 상품의 질이 떨어지는 경우가 많다는

22. ㉠~㉣을 이해한 내용으로 적절하지 않은 것은?

> 비인 방에 호올로
> 대낮에 체경(體鏡)을 대하여 앉다
>
> 슬픈 도시엔 일몰이 오고
> 시계점 지붕 위에 ㉠청동 비둘기
> 바람이 부는 날은 구구 울었다
>
> ㉡늘어선 고층 위에 서걱이는 갈대밭
> 열없는 표목(標木) 되어 조으는 가등(街燈)
> 소리도 없이 모색(暮色)에 젖어
>
> 엷은 베옷에 바람이 차다
> 마음 한구석에 ㉢벌레가 운다
>
> 황혼을 쫓아 네거리에 달음질치다
> 모자도 없이 ㉣광장에 서다
> – 김광균, '광장'

① ㉠은 도시의 황량한 분위기를 고조시키는 소재겠군.
② ㉡은 도회와 문명을 상징하는 소재겠군.
③ ㉢은 고독한 자아를 위로하는 존재겠군.
④ ㉣은 화자의 불안감이 최고조에 이르는 공간이겠군.

23. 밑줄 친 부분의 띄어쓰기가 옳은 것은?

① 가진 것이 라야 이게 전부이다.
② 간 밤에 비가 내려 웅덩이가 생겼다.
③ 저 나름 대로 노력한 흔적들이 보였다.
④ 모든 것은 여기에서부터 시작된 일이다.

24. 다음 중 밑줄 친 부분이 피동 표현이 아닌 것은?

① 밤새 모기한테 뜯겼다.
② 참가자 명단에 이름이 적혔다.
③ 그의 소식이 어느날부터 끊겼다.
④ 그녀는 나를 제대로 골리려고 했다.

25. 문맥적 의미를 고려하여 ㉠과 ㉡에 해당하는 것을 짝지을 때 가장 적절한 것은?

> 우리 집 동산에 복숭아나무가 있는데, 꽃빛은 보잘것없고 열매는 맛이 없고 가지도 부스럼이 나서 썩거나 잔가지가 한꺼번에 뻗어 나와서 볼 것이 없었다. 지난봄에 이웃에 사는 박 씨 성을 가진 사람의 손을 빌려서 홍도(紅桃) 가지를 접붙였다. 그런데 그 꽃이 아름답고 열매도 아주 굵었다. 〈중 략〉
> 아, 하나의 복숭아나무로서 땅에서 흙을 바꾸지도 않고 뿌리를 파시 고쳐 심지도 않았다. 다만 접목으로 얻은 한 가닥 기운으로 줄기가 되고 가지가 되고 꽃다운 꽃이 밖으로 피어나서 얼굴빛이 전혀 딴 것으로 변하여 보는 사람으로 하여금 눈을 닦고 다시 보게 하고 지나가는 자가 많아서 새로 길이 나게 되었다. 이런 기술을 가진 자는 그 조화와 기묘한 것을 아는 이라고 하겠다. 기이하고 기이하구나.
> 나는 ㉠이 경험을 통해 ㉡느낀 바가 또 있다. 그것은 사물이 변하고 옮겨지고 개혁되는 공이 유독 초목에서만 그렇게 되는 것이 아니라는 사실이다. 그 의미를 나에게만 비추어 보더라도 금세 알 수 있는 일이다.
> 악한 생각을 꼬집어 내어 버리기를 나무의 옛 가지를 잘라 버리듯 하고, 착한 실마리가 싹이 터져 나오도록 새 가지로 접붙이듯 할 필요가 있다. 그리하여 그 뿌리를 북돋아 잘 기르고 타고난 이치를 잘 살펴 지엽적인 부분에까지 어진 것이 퍼지게 한다면, 이것이 보통 시골 사람으로부터 성인에 이르기까지 나무 접붙이는 것과 또 무엇이 다를 바가 있겠는가.

	㉠	㉡
①	뿌리 고쳐 심기	마음의 악한 바를 제거해야 함
②	열매 굵게 만들기	얼굴빛을 좋게 만들어야 함
③	새로운 흙으로 바꾸기	초목과 인간의 삶은 서로 다름
④	새로운 가지 접붙이기	이치를 살펴 어짊을 퍼지게 함

실전동형모의고사 06회
모바일 자동 채점 + 성적 분석 서비스 바로 가기

QR코드를 이용해 모바일로 간편하게 채점하고 나의 실력이 어느 정도인지, 취약 부분이 어디인지 바로 파악해 보세요!

06회 핵심 어법 마무리 체크

☑ 다음 문장을 읽고 알맞은 단어에 ○표 하세요.

이론 문법

01 '농부들은 비가 오기를 고대했다'는 안은문장/이어진문장 이다.

02 '봄이 되니까 온 강산에 꽃이 가득 피었다'는 안은문장/이어진문장 이다.

03 '그는 예쁜 소녀가 다시 생각났다'는 안은문장/이어진문장 이다.

04 '우리는 지금이 중요한 때임을 알고 있다'는 안은문장/이어진문장 이다.

05 동사에 따라 사동사와 피동사의 형태가 같은 경우가 있다/없다.

06 사동 접사는 자동사나 형용사와 결합한다/결합하지 않는다.

07 사동문과 피동문에 각각 대응하는 주동문과 능동문이 없는 경우가 있다/없다.

08 '-게 하다'가 붙어 실현되는 사동은 일반적으로 사동주의 직접/간접 행위를 나타낸다.

09 '도대체 무슨 말을 하는거야?'에 쓰인 '무슨'의 품사는 관형사/형용사 이다.

10 '모든 사람들이 너를 보고 있다'에 쓰인 '모든'의 품사는 관형사/형용사 이다.

11 '빠른 일처리가 마음에 든다'에 쓰인 '빠른'의 품사는 관형사/형용사 이다.

12 '아름다운 풍경이 눈앞에 펼쳐졌다'에 쓰인 '아름다운'의 품사는 관형사/형용사 이다.

어문 규정

13 '독도'의 로마자 표기는 'Dokddo/Dokdo' 이다.

14 '불국사'의 로마자 표기는 'Bulguksa/Bolguksa' 이다.

15 '극락전'의 올바른 로마자 표기는 'Geungnakjeon/Geukrakjeon' 이다.

16 '촉석루'의 올바른 로마자 표기는 'Chokseongru/Chokseongnu' 이다.

17 집에서만이라도/집에서∨만이라도 편히 쉬어라.

18 요즘 세대간/세대∨간 갈등이 심화되었다.

19 이번 출장은 현지 시장 조사를 위해서입니다/위해서∨입니다.

20 공부를 열심히 했는데도/했는∨데도 성적이 떨어졌다.

07회 실전동형모의고사

01 밑줄 친 단어 중 어법에 맞지 않는 것은?

① 금세 어디로 도망갔는지 찾을 수 없었다.
② 작품을 완성하기 위해 밤을 새가며 작업했다.
③ 다음 주부터 점심시간을 30분 늘릴 예정이다.
④ 우리 마을의 모습이 고개 너머로 보이기 시작했다.

02 띄어쓰기 규정에 맞지 않는 것은?

① 식장에 도착한 순으로 착석해 있었다.
② 오후 세 시쯤에는 그가 나를 찾아올 듯싶다.
③ 화재 발생 시에는 비상구를 통해 대피해야 한디.
④ 시간 관계 상 질의응답은 생략하는 편이 좋겠습니다.

03 밑줄 친 용언의 활용형의 표기가 옳은 것은?

① 면이 온통 붇을 때까지 그를 기다렸다.
② 나의 첫 여행은 당황스런 상황의 연속이었다.
③ 먼저 도착한 사람들이 초인종을 눌르고 있었다.
④ 너무 배고팠다던 그는 밥을 한 숟가락 크게 떴다.

04 다음 중 〈보기〉의 밑줄 친 '새기다'와 가장 가까운 의미로 사용된 것은?

> 보기
> 족보에 이름을 새겨 넣다.

① 이 책은 라틴어를 우리말로 새긴 번역서이다.
② 그 말이 지닌 뜻을 제자에게 다시 새겨 주었다.
③ 공책의 표지에 새겨 둔 문구는 나의 좌우명이다.
④ 비석에 새겨진 글자는 오래되어 더 이상 알아볼 수 없다.

05 밑줄 친 ㉠~㉣에 해당하는 한자로 적절하지 않은 것은?

> 민사 소송에서 판결에 대하여 상소, 곧 ㉠항소나 상고가 그 기간 안에 ㉡제기되지 않아서 사안이 종결되든가, 그 ㉢사안에 대해 대법원에서 최종 판결이 ㉣선고되든가 하면, 이제 더 이상 그 일을 다툴 길이 없어진다. 이때 판결은 확정되었다고 한다. 확정 판결에 대하여는 '기판력(旣判力)'이라는 것을 인정한다. 기판력이 있는 판결에 대해서는 더 이상 같은 사안으로 소송에서 다툴 수 없다.

① ㉠: 抗訴
② ㉡: 提起
③ ㉢: 事案
④ ㉣: 宣考

06 아래의 문장이 들어가기에 가장 적절한 위치로 옳은 것은?

> 의무 교육과는 대조적으로 '자신을 위한 교육'이 주류가 됩니다.

> 타율 단계에 있는 학교나 국가는 인간성을 단순한 수단으로 생각하는 사회입니다. (가) 이 '수단의 왕국'에서는 교육 역시 유의성(有意性)이 아니라 유용성(有用性)을 추구하고 있어, 교육자와 피교육자 사이의 관계는 단순히 공급자와 소비자의 관계로 바뀌고 맙니다. (나) 배우는 분야 역시 시험이나 취업에 관련된 것만이 중요하게 다루어질 것입니다. (다)
> 하지만 타율에서 자율의 단계로 진입하면 모든 것이 달라집니다. 인격을 목적으로 하는 사회, 인간들이 서로 존중하며 살아가는 '목적의 나라'가 출현하게 되는 것입니다. (라) 이렇게 '타율'이 '자율'로 변하고 '뜨는 것'이 '나는 것'으로 바뀌는 새 젊음이 탄생합니다.

① (가) ② (나)
③ (다) ④ (라)

07 한글 맞춤법 규정에 맞는 문장으로 옳은 것은?

① 봄이 되자 들판이 연둣빛으로 물들었다.
② 여러 마리의 강아지 중 얼룩이가 제일 순하다.
③ 그는 불의를 보면 서슴치 않고 나서는 성격이다.
④ 인적 사항 기입난에 내용을 기재해 주시기 바랍니다.

08 다음 글의 ㉠과 ㉡에 들어갈 접속 부사로 가장 적절한 것은?

> 오늘날은 온갖 정보가 흘러넘치는 시대다. 정치와 경제를 비롯하여 일상생활에 영향을 미치는 뉴스와 노하우가 여기저기에서 유입된다. 그러므로 최대한 많은 정보를 받아들여 큰 문제 없이 살아나갈 방법을 찾아야 한다.
> 특히 직장에서는 자신의 이해관계에 직접적인 영향이 있는 정보라면 하나도 놓치지 않으려 할 것이다.
> (㉠) 정보량도 넘쳐서 어느 수준 이상이 되면 진위를 판별하기가 어려워지고 제대로 활용도 못 한다. 자신의 선에서 처리 가능한 능력을 넘어서면 아무리 귀중한 정보라도 '돼지 목에 진주 목걸이'나 다름없다.
> (㉡) 업무에 관련된 정보나 개인의 일상에서 흘러들어 오는 정보를 '입구에서부터 통제'할 필요가 있다. 적합하다고 생각되는 정보만 받아들여야 한다. 정보를 대량으로 모으는 수집가가 되어 봤자 일시적인 위안일 뿐이다. 양이 적더라도 자신이 완전히 '소화'해서 효과적으로 활용할 정보만 한정해서 정보를 받아들여야 한다.

	㉠	㉡
①	그래서	그러나
②	하지만	따라서
③	그러나	그리고
④	그러므로	그런데

09 밑줄 친 단어 중 외래어 표기법이 모두 맞는 문장으로 옳은 것은?

① 나는 카스타드 크림이 들어간 도넛을 즐겨 먹는다.
② 카탈로그에 소개된 크리스털 유리잔이 마음에 든다.
③ 태영이는 카디건에 묻은 음식 얼룩을 내프킨으로 닦았다.
④ 커피숍에서 재회하는 장면에는 배경음악과 함께 나레이션이 들어간다.

※ 다음 글을 읽고 물음에 답하시오. [10 ~ 11]

江湖(강호) 혼 쑴을 꾸언 지도 오리러니
口腹(구복)이 爲累(위루)ᄒ야 어지버 이져써다.
瞻彼淇澳(첨피기오)혼딕 綠竹(녹죽)도 하도 할샤.
有斐君子(유비군자)들아 낙딕 ᄒ나 빌려스라.
蘆花(노화) 깁픈 곳애 明月淸風(명월청풍) 벗이 되야
님지 업슨 風月江山(풍월강산)애 절로절로 늘그리라.
㉠無心(무심)혼 白鷗(백구)야 오라 ᄒ며 말라 ᄒ랴.
다토리 업슬ᄉ 다문 인가 너기로라.
無狀(무상)혼 이 몸애 무슨 志趣(지취) 이스리마는
두세 이렁 밧논을 다 무겨 더뎌 두고
이시면 粥(죽)이오 업시면 굴물망졍
남의 집 남의 거슨 전혀 부러 말렷노라.
늬 貧賤(빈천) 슬히 너겨 손을 혜다 물러가며
남의 富貴(부귀) 불리 너겨 손을 치다 나아오랴.
人間(인간) 어ᄂ 일이 命(명) 밧긔 삼겨시리.
貧而無怨(빈이무원)을 어렵다 ᄒ건마ᄂ
닉 生涯(생애) 이러호딕 셜온 쑷은 업노왜라.
簞食瓢飮(단사표음)을 이도 足(족)히 너기로라.

– 박인로, '누항사'

10 이 글에 대한 설명으로 가장 적절한 것은?

① 3음보 연속체의 운율을 형성하고 있다.
② '有斐君子(유비군자)'는 임금을 의미한다.
③ 화자가 꿈에서 겪은 사건을 중심으로 시상이 전개되고 있다.
④ '貧而無怨(빈이무원)'에 화자가 지향하는 삶의 태도가 드러난다.

11 밑줄 친 ㉠에 드러난 화자의 정서로 가장 적절한 것은?

① 현실에서 겪은 좌절로 인한 무력감
② 자연에 동화되어 풍류를 즐기는 마음
③ 이루지 못한 정치적 야망에 대한 미련
④ 가난하게 살 수밖에 없는 운명에 대한 원망

※ 다음 글을 읽고 물음에 답하시오. [12 ~ 14]

(가) 조선 전기 조선군의 (㉠)에서는 기병을 동원한 활쏘기와 돌격, 그리고 이를 뒷받침하는 보병의 다양한 화약 병기 및 활의 사격 지원을 중시했다. 이는 여진족이나 왜구와의 전투에 효과적이었는데, 상대가 아직 화약 병기를 갖추지 못한 데다 전투 규모도 작았기 때문이다.

(나) 조선에서의 새로운 무기 수용과 (㉠)의 변화는 단순한 군사적 변화에 그치지 않고 정치적, 경제적 변화를 수반하였다. 군의 규모는 관노와 사노 등 천민 계층까지 충원되면서 급격히 커졌고, 군사력을 유지하기 위해 백성에 대한 통제도 엄격해졌다. 성인 남성에게 이름과 군역 등이 새겨진 호패를 차게 하였으며, 거주지의 변동이 있을 때마다 관가에 보고하게 하였다.

(다) 하지만 이러한 (㉠)적 우위는 일본군의 조총 공격에 의해 상쇄되었다. 16세기 중반 일본에 도입된 조총은 다루는 데 특별한 무예나 기술이 필요하지 않았다. 그 결과 신분이 낮은 계층인 조총 무장 보병이 주요한 전투원으로 등장할 수 있었다.

(라) 조선군의 (㉠)은 절강병법을 일부 수용하면서 기병 중심에서 보병 중심으로 급속히 전환되었다. 조총병인 포수와 각종 근접전 병기로 무장한 살수에 전통적 기예인 활을 담당하는 사수를 포함시켜 편제한 삼수병 체제에서 보병 중심 (㉠)이 확립되었음을 볼 수 있다. 17세기 중반 이후 조총의 신뢰성과 위력이 높아지면서 삼수 내의 무기 체계의 분포에도 변화가 시작되었다. 상대적으로 사격 기술을 익히기 어렵고 주요 재료를 구하기 어려웠던 활 대신, 조총이 차지하는 비중이 점점 증가했다.

(마) 한편 중국의 절강병법은 이러한 일본군에 대응하기 위해 고안된 (㉠)(으)로, 조총과 함께 다양한 근접전 병기를 갖춘 보병을 편성한 (㉠)이었다. 이 (㉠)은 주력이 천민을 포함한 일반 농민층이었는데, 개인의 기량은 떨어지더라도 각각의 병사를 특성에 따라 편제하고 운용하여 전체의 전투력을 높일 수 있었다. 근접전용 무기도 주변에서 쉽게 구할 수 있는 것이 이용되었다.

12 다음 중 ㉠에 공통적으로 들어갈 단어로 가장 적절한 것은?

① 강령(綱領)　　② 전술(戰術)
③ 공작(工作)　　④ 공략(攻略)

13 (가) 이후에 이어질 내용의 순서로 가장 적절한 것은?

① (나) – (다) – (마) – (라)
② (다) – (라) – (나) – (마)
③ (다) – (마) – (라) – (나)
④ (마) – (라) – (다) – (나)

14 윗글을 이해한 내용으로 적절하지 않은 것은?

① 조선군의 조총 사용은 호패 제도 시행 배경이 되었다.
② 절강병법은 일본의 조총 공격에 맞서기 위해 고안되었다.
③ 17세기 중반 이후에는 조총을 사용하는 조선군의 비중이 증가했다.
④ 일본군의 조총 무장 보병은 신분이 높은 계층을 중심으로 구성되었다.

15 다음 중 가장 자연스러운 문장에 해당하는 것은?

① 어학 공부를 시작한 이유는 여행을 간다는 사실이다.
② 대회에 참가하려면 절대로 오늘까지 신청서를 제출해야 한다.
③ 시험이 언제 치러지고 어디에서 접수하는지 공지된 것이 없다.
④ 아무리 생각해도 지난밤 그의 행동은 실수라기보다는 고의였다.

16 다음 중 로마자 표기가 옳은 것은?

① 가의도 Gaido
② 연천 Youncheon
③ 삼랑진 Samrangjin
④ 한려수도 Hallyeosudo

17 밑줄 친 단어의 구성 성분이 모두 고유어인 것은?

① 두 꼭짓점 사이를 선분으로 잇는다.
② 단벌옷이 다 젖어 버렸으니 큰일이다.
③ 일꾼들은 고봉밥을 순식간에 해치웠다.
④ 그는 이른 아침부터 몸가축을 열심히 했다.

18 다음 중 빗금의 사용이 적절하지 않은 것은?

① 금메달/은메달/동메달
② 접동 / 접동 / 아우래비 접동
③ 수족관 입장료는 8,000원/명이다.
④ 한나/주연, 소라/지혜가 서로 짝을 이루어 게임을 했다.

※ 다음 글을 읽고 물음에 답하시오. [19~20]

[앞부분 줄거리] 주막을 하는 옥화는 하나뿐인 아들 성기의 타고난 역마살을 없애기 위해 성기를 쌍계사에서 살게 하며 장날에만 집으로 오게 한다. 어느 날 체 장수가 어린 딸 계연을 데리고 와 주막에 맡기는데, 옥화는 성기와 계연을 결혼시켜 역마살을 막아 보려 한다. 그러나 옥화가 계연의 귓바퀴에 난 사마귀를 보고 계연이 자신과 이복 자매임을 알게 되며 성기와 계연을 떨어뜨려 놓는다. 그러던 중 체 장수가 돌아오고 계연은 결국 떠나게 된다.

두릅회에 막걸리 한 사발을 쭉 들이켜고 난 성기는 옥화에게,
"어머니, 나 ㉠엿판 하나만 맞춰 주." / 하였다. / "……."
옥화는 갑자기 무엇으로 머리를 얻어맞은 듯이 성기의 얼굴을 멍하니 바라보고 있었다.
그런 지도 다시 한 보름이나 지나, 뻐꾸기는 또다시 산울림처럼 건드러지게 울고, 늘어진 버들가지엔 햇빛이 젖어 흐르는 아침이었다. 새벽녘에 잠깐 가는 비가 지나가고, 날은 다시 유달리 맑게 갠 ㉡화개 장터 삼거리 길 위에서, 성기는 그 어머니와 하직을 하고 있었다. 갈아입은 옥양목 고의적삼에, 명주 수건까지 머리에 질끈 동여매고 난 성기는, 새로 맞춘 새하얀 나무 엿판을 걸빵 해서 느직하게 엉덩이 즈음에다 걸었다. 윗목판에는 새하얀 가락엿이 반 넘어 들어 있었고, 아랫목판에는 팔다 남은 이야기책 몇 권과 간단한 방물이 좀 들어 있었다.
그의 발 앞에는, 물과 함께 갈리어 길도 세 갈래로 나 있었으나, 화갯골 쪽엔 처음부터 등을 지고 있었고, 동남으로 난 길은 하동, 서남으로 난 길이 ㉢구례, 작년 이맘때도 지나 그녀가 울음 섞인 하직을 남기고 체 장수 영감과 함께 넘어간 산모퉁이 고갯길은 퍼붓는 햇빛 속에 지금도 환히 장터 위를 굽이돌아 구례 쪽을 향했으나, 성기는 한참 뒤 몸을 돌렸다. 그리하여 그의 발은 구례 쪽을 등지고 하동 쪽을 향해 천천히 옮겨졌다.
한 걸음 한 걸음 발을 옮겨 놓을수록 그의 마음은 한결 가벼워져서, 멀리 버드나무 사이에서 그의 뒷모양을 바라보고 서 있을 그의 어머니의 주막이 그의 시야에서 완전히 사라져 갈 무렵 해서는, 육자배기 가락으로 제법 ㉣콧노래까지 흥얼거리며 가고 있는 것이었다.
― 김동리, 「역마」

19 ㉠~㉣의 의미로 적절하지 않은 것은?

① ㉠: 성기가 운명에 순응하기로 결정하였음을 드러낸다.
② ㉡: 성기의 운명이 결정되는 공간이다.
③ ㉢: 성기가 자신의 역마살을 없애기 위해 노력한 과거의 삶을 의미한다.
④ ㉣: 운명에 순응한 성기의 홀가분함을 보여준다.

20 이 글의 주제를 표현한 시구로 가장 적절한 것은?

① 님군 은혜(恩惠)를 이제 더옥 아노이다
② 인간(人間) 어닉 일이 명(命) 밧긔 삼겨시리
③ 어리고 햐암의 뜻디는 내 분(分)인가 ᄒ노라
④ 무심(無心)ᄒᆫ 달빛만 싣고 빈 배 저어 오노라

21 다음 시의 주된 정조를 가장 잘 나타내는 것은?

十五越溪女	열다섯 아리따운 아가씨
羞人無語別	남 부끄러워 말 못하고 헤어졌어라.
歸來掩重門	돌아와 중문을 닫고서는
泣向梨花月	배꽃 사이 달을 보며 눈물 흘리네.

― 임제, '무어별'

① 佳人薄命　　　　② 愛別離苦
③ 風樹之歎　　　　④ 刻苦勉勵

22 다음 예문의 밑줄 친 ㉠에 들어갈 말로 가장 적절한 것은?

> 주갑이와 혜관이 서로 인사를 하고 상호 간 소식을 전하는데 공노인은 또 시작이었다.
> 남의 속에서 빠진 것 소용없다는 그 얘기였다. 주갑은 하던 말을 끊고 입을 다물어버린다.
> "또 그 말씀이오?"
> "대사는 모를 거요."
> "모르기는 왜 모르겠소. ㉠ 말씀하시지 않았소?"
> "아, 그 아이를 모른다 그 말이오!"
> "……?"
> 주갑이 혜관을 보고 눈을 깜짝인다.
> '허허어, 이 노인이 정녕 노망이구먼.'
> "모를 게요. 알 턱이 없지. 어떻게 된 아인고 하니, 어릴 적부터 우리 내외가 돌보아주었지요."
> – 박경리, '토지'

① 눈자리가 나도록
② 실이 노가 되도록
③ 용수가 채반이 되도록
④ 노적 담불에 싸이도록

23 다음 한자어의 발음 중 표준 발음으로 옳지 않은 것은?

① 무한량(無限量) – [무할량]
② 임진란(壬辰亂) – [임ː질란]
③ 난류권(亂流圈) – [날ː류꿘]
④ 변론인(辯論人) – [별ː로닌]

24 다음 글의 ㉠~㉣ 중 내포하는 의미가 다른 것은?

> ㉠날로 기우듬해 가는 마을 회관 옆
> 청솔 한 그루 꼿꼿이 서 있다.
>
> 한때는 앰프 방송 하나로
> 집집의 새앙쥐까지 깨우던 회관 옆,
> ㉡그 둥치의 터지고 갈라진 아픔으로
> 푸른 눈 더욱 못 감는다.
>
> 그 회관 들창 거덜 내는 댓바람 때마다
> 청솔은 또 한바탕 노엽게 운다.
> 거기 술만 취하면 앰프를 켜고
> 천둥산 박달재를 울고 넘는 이장과 함께.
>
> ㉢생산도 새마을도 다 끊긴 궁벽, 그러나
> 저기 난장 난 비닐하우스를 일으키다
> 그 청솔 바라보는 몇몇들 보아라.
>
> 그때마다, 삭바람마저 빗질하여
> 서러움조차 잘 걸러 내어
> 푸른 숨결을 풀어내는 청솔 보아라.
>
> 나는 희망의 노예는 아니거니와
> 까막까치 얼어 죽는 이 아침에도
> 저 ㉣동녘에선 꼭두서니빛 타오른다.
> – 고재종, '세한도'

① ㉠
② ㉡
③ ㉢
④ ㉣

25. 다음 글의 중심 내용으로 가장 적절한 것은?

이제 우리의 식탁도 점점 변하고 있다. 제사상에도 바나나, 키위, 햄 같은 외국 음식이 오르는 시대다. 밥과 국보다 햄버거와 스파게티를 더 좋아하는 사람들도 많다. 개나 염소는 우리에게도 '혐오 식품'으로 다가온다. 반면 쇠고기, 돼지고기, 닭고기는 매일 맛보는 음식이 되었다.

우리나라만 그런 것이 아니다. 전 세계 식탁이 비슷해지고 있다. 소와 돼지, 닭은 전 세계인의 입맛을 사로잡았다. 염소, 토끼, 양, 거위, 타조 등등 다른 가축을 먹는 일은 점점 드물어지고 있다. 단순히 '세계화'로 이를 설명하기는 어렵다. 말고기는 쇠고기보다 훨씬 부드럽다. 그런데도 왜 전 세계 식탁을 사로잡을 수 없었을까? 메추리는 알을 많이 낳는다. 그럼에도 왜 달걀만큼 널리 퍼지지 못할까?

그 까닭은 '가격'에 있다. 1900년대 초반, 닭 한 마리 가격은 직장인의 일주일 평균 봉급과 비슷했다. 1960년대 초반에 닭 가격은 하루 일당 정도였다. 지금은? 아르바이트를 3~4시간만 해도 닭 한 마리 정도는 산다. 돼지고기와 쇠고기도 예전보다 훨씬 싸졌다.

이 모든 것은 '공장식 농장(factory farm)' 덕택이다. 농장에서는 더 이상 닭, 돼지, 소를 기르지 않는다. 닭고기, 돼지고기, 쇠고기를 '생산'해 낼 뿐이다. '닭 공장'에서는 하루에 22시간 동안 불을 밝힌다. 쉬지 않고 모이를 먹게 하기 위해서다. 〈중 략〉

이제 전 세계인들은 값싼 닭고기와 쇠고기, 돼지고기를 즐기게 되었다. 그런데도 구하기 어렵고 값도 비싼 양, 염소, 말 등등을 굳이 먹을 이유가 어디 있겠는가? 토끼나 개, 왕거미 등등은 두말할 나위가 없다. 이는 모두 혐오 식품이 돼 버렸다. '팔기 좋은 것이 먹기도 좋은' 세상이다. 비쌀뿐더러 생소하기까지 한 음식이 인기를 끌기란 쉽지 않다.

① 세계화에 따른 혐오 식품의 소비 증가
② 식습관 변화와 육류 소비량의 상관관계
③ 공장식 농장이 음식 문화에 끼치는 영향
④ 공장식 농장으로 인한 육류 소비의 다양화

07회 핵심 어법 마무리 체크

다음 문장을 읽고 알맞은 단어에 ○표 하세요.

이론 문법

01 'ㅂ, ㅃ, ㅍ, ㅁ'은 양순음/치조음 이다.

02 'ㅁ'은 양순음이자 유음/비음 이다.

03 평음, 경음, 격음의 삼중 체계를 보이는 것은 파열음과 마찰음/파찰음 이다.

04 'ㅔ, ㅐ, ㅟ, ㅚ'는 단모음/이중 모음 이다.

05 '할미꽃'은 명사와 명사가 결합/관형어와 체언이 결합 한 경우이다.

06 '큰형'은 명사와 명사가 결합/관형어와 체언이 결합 한 합성어이다.

07 '빛나다'는 주어와 서술어가 결합/용언의 연결형과 용언이 결합 한 구성의 합성어이다.

08 '접어들다'는 주어와 서술어가 결합/용언의 연결형과 용언이 결합 한 구성의 합성어이다.

어문 규정

09 나비의 날개 끝을 [끄틀]/[끄츨] 단단히 잡았다.

10 꽃 위 [꼬뒤]/[꼰뉘]에 앉아 있는 꿀벌을 보았다.

11 부정한 사건이 묻히지 [무티지]/[무치지] 않도록 노력해야 한다.

12 그 당시의 일을 낱낱이 [난ː나치]/[낟ː나치] 밝혀 내었다.

13 'service'의 올바른 외래어 표기는 '서비스/써비스'이다.

14 'sofa'의 올바른 외래어 표기는 '소파/쇼파'이다.

15 'body lotion'의 올바른 외래어 표기는 '보디로션/바디로션'이다.

16 'sausage'의 올바른 외래어 표기는 '소시지/소세지'이다.

17 하나에 백 원씩 처주마/쳐주마.

18 여름이 되니 몸이 축축 처지네/쳐지네.

19 아궁이에서 쓰레기를 처대고/쳐대고 있지.

20 시냇가에 처박힌/쳐박힌 자전거를 보았어.

08회 실전동형모의고사

01 띄어쓰기가 옳지 않은 것은?

① 제발 얼토당토않은 소리 좀 하지 마.
② 철수는 내기에 져 놓고 이긴 척 한다.
③ 우리 학급 학생들은 열 명에 한 명꼴로 감기에 걸렸다.
④ 그녀의 방한 콘서트는 대구, 부산 등지에서 열릴 예정이다.

02 다음의 두 예문에 사용된 설명의 방법으로 옳은 것은?

> ㉠ 우리말의 품사는 명사, 대명사, 수사를 묶어 체언이라 하고, 동사, 형용사를 묶어 용언이라고 하며, 관형사, 부사를 묶어 수식언이라고 한다.
> ㉡ 시계는 시침·분침·초침의 바늘과 태엽, 유리 등으로 구성되어 있다. 바늘은 시간을 알리고, 태엽은 바늘이 움직이도록 에너지를 공급하며, 유리는 시계 자판을 보호하는 기능을 한다.

	㉠	㉡		㉠	㉡
①	구분	분류	②	분석	구분
③	분류	구분	④	분류	분석

03 다음 중 표준어로만 묶인 것은?

① 뻔새 – 삵피 – 거시기
② 수놈 – 막동이 – 아지랑이
③ 귀띔 – 수탕나귀 – 허드래
④ 발목쟁이 – 허우적허우적 – 튀기

04 다음 시에 대한 설명으로 적절하지 않은 것은?

> 강물 아래로 강물 아래로
> 한 줄기 어두운 이 강물 아래로
> 검은 밤이 흐른다.
> 은하수가 흐른다.
>
> 낡은 밤에 숨막히는 나도 흐르고
> 은하수에 빠진 푸른 별이 흐른다.
>
> 강물 아래로 강물 아래로
> 못 견디게 어두운 이 강물 아래로
> 빛나는 태양이
> 다다를 무렵
>
> 이 강물 어느 지류에 조각처럼 서서
> 나는 다시 푸른 하늘을 우러러 보리……
>
> – 신석정, '어느 지류(支流)에 서서'

① 절망에서 희망으로의 인식 변화가 드러난다.
② 현실에 적극적으로 대응하려는 태도가 드러난다.
③ 밝은 미래에 대한 소망과 굳센 의지를 엿볼 수 있다.
④ 대립적인 이미지를 지닌 시어를 활용하여 주제를 나타낸다.

05 다음과 같은 뜻의 속담은?

> 대담하고 겁이 없는 사람의 행동을 비유적으로 이르는 말이다.

① 가랑잎에 불붙듯
② 나루 건너 배 타기
③ 포도청의 문고리 빼겠다
④ 남산골샌님이 역적 바라듯

※ 다음 글을 읽고 물음에 답하시오. [06 ~ 07]

> 내 버디 몃치나 ᄒᆞ니 수석(水石)과 송죽(松竹)이라
> 동산(東山)의 ᄃᆞᆯ 오르니 긔 더옥 반갑고야
> 두어라 이 다숫 밧긔 또 더ᄒᆞ야 머엇ᄒᆞ리
>
> 고즌 므스 일로 퓌며셔 수이 디고
> ᄑᆞᆯ은 어이ᄒᆞ야 프르ᄂᆞᆫ 듯 누르ᄂᆞ니
> 아마도 변티 아닐손 바회뿐인가 ᄒᆞ노라
>
> 나모도 아닌 거시, 플도 아닌 거시,
> 곳기ᄂᆞᆫ 뉘 시기며, 속은 어이 뷔연ᄂᆞᆫ다
> 뎌러코 사시(四時)예 프르니 그를 됴하ᄒᆞ노라
>
> 쟈근 거시 노피 떠셔 만믈(萬物)을 다 비취니
> 밤듕의 광명(光明)이 너만ᄒᆞ니 또 잇ᄂᆞ냐
> 보고도 말 아니ᄒᆞ니 내 벋인가 ᄒᆞ노라

06 작품에 대한 설명으로 가장 적절한 것은?

① 시간의 흐름에 따라 시상이 전개되고 있다.
② 속물적인 세태에 대한 해학과 풍자가 드러난다.
③ 대상의 속성을 바탕으로 현실을 비판하고 있다.
④ 자연물의 속성을 통해 유교적 가치관을 드러내고 있다.

07 밑줄 친 부분에 드러난 화자의 정서 및 태도로 가장 적절한 것은?

① 덧없는 세월에 대한 무상감과 체념
② 자신의 비관적인 처지에 순응하려는 태도
③ 주어진 환경에 만족하려는 안분지족의 자세
④ 비판의 목소리를 내지 못하는 태도에 대한 성찰

08 다음 중 가장 자연스러운 문장은?

① 네가 생각하는 것보다 사고 가능성이 짙으니 조심해라.
② 누구든지 행정 정보에 접근하고 참여할 수 있어야 한다.
③ 그는 회의에 있어서는 결코 자신의 의견을 양보하는 법이 없다.
④ 어제까지는 밥을 굶었지만 이제는 운동을 해야겠다는 생각이다.

09 외래어 표기법으로 옳은 것은?

① 컨셉
② 타깃
③ 스카웃
④ 칼럼리스트

10 괄호 안에 들어갈 단어를 순서대로 바르게 나열한 것은?

> 한국 문학의 (㉠) 범주는 네 가지 기본 범주로 나눌 수 있다. 이는 '있어야 할 것'과 '있는 것', 즉 이상과 현실 간의 상관관계를 융합과 상반의 원리에 따라 숭고미·우아미·비장미·골계미로 체계화한 것이다. 이 중 '있어야 할 것'과 '있는 것'이 융합을 이루면서 이상에 의해 현실이 긍정되면 (㉡)가 구현되는 반면에, '있어야 할 것'과 '있는 것'이 서로 거부하는 상반 관계를 이루면서 이상으로 현실을 부정하는 세계는 (㉢)가 구현된다.

	㉠	㉡	㉢
①	미학적(美學的)	숭고미(崇高美)	비장미(悲壯美)
②	미의식(美意識)	비장미(悲壯美)	숭고미(崇高美)
③	미학적(美學的)	비장미(悲壯美)	숭고미(崇高美)
④	미의식(美意識)	숭고미(崇高美)	비장미(悲壯美)

11. 다음 중 띄어쓰기가 바른 것은?

① 돈 깨나 있다던 그 사람이 해질녘에 찾아 왔다.
② 이분은 너의 삼촌뻘 되는 분이시니 인사드리거라.
③ 그 조직은 작년 사건이래 급속도로 경직화 하였다.
④ 번역투로 쓰인 문장이 가득한 서류는 정말 읽기 싫다.

12. 다음 상황에 가장 가까운 표현은?

> 부품 소재 분야의 원자재 가격이 상승하면서, 중소기업이 납품 단가를 맞추지 못해 어려움을 겪고 있다. 특히 경영난이 악화된 일부 기업은 적자가 거듭되어 현재 운영마저 중지된 상태이다. 이에 따라 중소기업에서 납품을 받는 대기업에도 그 영향이 미치고 있다. 이전에 비해 성과가 저조해지자, 대기업에서는 '대·중소기업의 협력과 상생'을 외치며 납품 단가의 현실화 방안을 강구하고 있다.

① 가렴주구(苛斂誅求)
② 순망치한(脣亡齒寒)
③ 욕속부달(欲速不達)
④ 각자무치(角者無齒)

13. 다음 글의 주제로 가장 적절한 것은?

> 용서는 화해와 다르다. 화해는 나 혼자서 할 수 없다. 내가 좋은 감정을 품었다 해도 상대가 거절하면 어쩔 도리가 없다. 그러나 용서는 혼자서도 가능하다. 상대가 나를 어떻게 생각하건 상관이 없다. 내가 상대의 잘못을 잊고 용서하겠다고, 그리고 마음의 짐을 내려놓겠다고 결심하면 그만이다. 이때 마음속 증오는 비로소 출구를 찾는다. 나에 대한 상대의 생각과 태도가 바뀌지 않았어도 내 삶은 정상으로 돌아갈 길이 열린다는 뜻이다.
> 하지만 용서가 어디 말처럼 쉽겠는가. 머리로는 용서하겠다고 해도 가슴은 여전히 답답하다. 하루에도 몇 번씩 분노가 솟구칠 테다. 그래도 애를 써야 한다. 정신분석학자 이무석은 증오에서 벗어나는 길은 "용서하기로 결심하고, 의지로 용서하는 것"에 있다고 힘주어 말한다. 이를 악물고서라도 용서하라는 말이다.

① 화해하기의 어려움
② 용서와 화해의 차이
③ 용서의 가치와 필요성
④ 상대를 용서하는 방법

14. 밑줄 친 부분의 한자가 옳은 것은?

① 공금 사용 시 결재를 받는 것이 회사의 <u>사칙</u>(舍則)이다.
② 이곳은 공사로 인해 <u>현재</u>(顯在) 출입이 금지된 상태이다.
③ 비 오는 날 신발이 젖으면 하루 종일 <u>기분</u>(氣分)이 좋지 않다.
④ 이런 일은 민간단체보다는 정부 <u>기구</u>(器具)에서 해결해야 한다.

15. 다음 밑줄 친 '꽃'의 의미와 가장 가까운 시어는?

> 더러는
> 옥토(沃土)에 떨어지는 작은 생명이고저……
>
> 흠도 티도,
> 금 가지 않은
> 나의 전체는 오직 이뿐!
>
> 더욱 값진 것으로
> 드리라 하올 제,
>
> 나의 가장 나아종 지니인 것도 오직 이뿐!
>
> 아름다운 나무의 <u>꽃</u>이 시듦을 보시고
> 열매를 맺게 하신 당신은
>
> 나의 웃음을 만드신 후에
> 새로이 나의 눈물을 지어 주시다.
> – 김현승, '눈물'

① 생명
② 열매
③ 눈물
④ 웃음

16. 밑줄 친 한자 성어의 쓰임이 적절하지 않은 것은?

① 무슨 일 때문인지, 그는 <u>東奔西走</u>하며 바삐 오갔다.
② 미안하지만, 이제 우리가 살아날 방법은 <u>各自圖生</u>뿐이다.
③ 밤새 공부했지만 늦잠을 자서 시험을 못 봤으니 <u>錦衣夜行</u>이다.
④ 국어 점수도 낮고 한자도 잘 모르는 영주는 <u>能小能大</u>한 사람이다.

17 밑줄 친 단어의 발음이 옳지 않은 것은?

① 벽에 구멍을 뚫는[뚤는] 중이다.
② '작다'의 반대말[반:대말]은 '크다'이다.
③ 그는 고의로 불법[불뻡] 행위를 저질렀다.
④ 지금은 결단력[결딴녁] 있는 지도자가 필요하다.

18 로마자 표기법이 옳지 않은 것은?

① 합덕 – Hapdeok
② 해돋이 – haedoji
③ 속리산 – Songrisan
④ 광희문 – Gwanghuimun

19 밑줄 친 표현을 바꿔 쓴 것으로 적절하지 않은 것은?

① 불필요하고 비효율적인 규제 즉시 혁파(→ 없앰)
② 외국인 정주(→ 근로) 여건 마련의 필요성이 제기되었습니다.
③ 양형(→ 형량 결정) 기준 개선을 위해 법원 측과의 면담 등을 추진할 필요가 있습니다.
④ 익일(→ 다음 날) 귀 본부의 담당자로부터 명의 변경이 불가능하다는 의사를 전달받았습니다.

20 다음 작품에 대한 설명으로 가장 적절한 것은?

> 집방석(方席) 내지 마라, 낙엽(落葉)엔들 못 안즈랴.
> 솔불 혀지 마라, 어제 진 둘 도다온다.
> 아희야, 박주산채(薄酒山菜)ㄹ망졍 업다 말고 내여라.

① 고려 시대 평민층의 사람들이 향유하던 노래이다.
② 서민들의 일상생활과 삶의 애환을 노래한 구전 가요를 통칭한다.
③ 조선 시대에 본격적으로 향유된, 시가와 산문의 중간 형태의 문학이다.
④ 4음보를 기본으로 하며, 3장 6구 45자 내외로 이루어지는 형식을 지닌다.

21 필자가 밑줄 친 바와 같이 말한 이유를 가장 적절하게 추리한 것은?

> 자식을 잃은 부모의 애달픈 원한이, 그러나 이제는 없는 아이의 이름을 속삭일 수 있을 때 부모의 자식에 대한 추억은 얼마나 영원할 수 있는지 알 수가 없다. 우리가 만일에 우리의 자질(子姪)들에게 한 개의 명명(命名)조차 실행치 못하고 그들을 죽여 버리고 말았을 때, 우리는 그 때 과연 무엇을 매체로 삼고 그들에 대한 좋은 추억을 가슴에 품을 수 있을까?
> 법률의 명명하는 바에 의하면 출생계는 이 주 이내에 출생아의 성명을 기입하여 당해 관서에 제출해야 할 것으로 규정되어 있다. 어떠한 것이 여기 조그만 공간이라도 점령했다는 것은 결코 단순한 일이 아니다.
> 고고의 성을 발하며 비장히도 출현하는 이러한 조그마한 존재물에 대하여 대체 우리는 이것을 무어라고 명명해야 될까 하고 머리를 갸우뚱거리지 않는 부모는 아마도 없을 터이지만, 그가 그의 존재를 작은 형식으로서라도 주장한 이상엔 그날로 그가 다른 모든 것과 구별되기 위해서는 한 개의 명목을 갖지 않으면 아니 될 것은 두말 할 것이 없다. 모든 것이 그 자신의 이름을 가지듯이 아이들도 또한 한 개의 이름을 가지지 않으면 아니 된다.
> 만일에 그가 이름을 가지지 않는다면 그는 실로 전연히 아무것도 아닌 생물임을 면할 수 없겠기 때문이니, 한 개의 이름을 가지고 있고 그 이름을 자기의 이름으로써 인식할 수 있을 만큼 성장치 못한 아이의 불행한 죽음이, 한 개의 명명을 이미 받고 그 이름을 자기의 명의로서 알아들을 만큼 성장한, 말하자면 수일지장(數日之長)이 있는 그러한 아이의 죽음에 비하여 오랫동안 추억될 수 없는 사실—이 속에 이름의 신비로운 영적 위력은 누워 있는 것이라 할 수 있다. <u>세상의 모든 부모는 장차 나올 터인 자녀를 위하여 그 이름을 미리미리 생각해 두는 것이 좋을 것이다.</u>
> – 김진섭, '명명 철학(命名哲學)'

① 명명 여부가 자녀의 존재를 결정하기 때문에
② 자녀를 기억하고 다른 것들과 구분 짓기 위해서
③ 자녀의 이름을 출생계에 기입하여 관서에 제출하기 위해서
④ 자녀가 스스로 자신의 정체성을 확립할 수 있도록 하기 위해서

22 다음 중 단어의 발음이 옳은 것끼리 묶인 것은?

① 빚다[빋따], 외곬[외골]
② 없지[언찌], 뱉다[배:따]
③ 긁는[극는], 땀받이[땀바지]
④ 할는지[할른지], 들일[들:닐]

23. 다음 글을 논리적 순서로 배열한 것은?

ㄱ. 이러한 소셜 네트워크 서비스가 현대 기술 문명의 특혜인 것은 틀림없는 사실이다.
ㄴ. 하지만 우리는 이로 인해 '사생활 침해'로 인한 불안도 지니게 되었다.
ㄷ. 소셜 네트워크 서비스(SNS)는 이미 우리 삶의 한 부분이 되었다.
ㄹ. 대부분의 사람들이 트위터, 페이스북, 인스타그램 등을 통해 자신의 일상을 즉각적으로 공유하는 것만 보아도 그러하다.

① ㄱ - ㄴ - ㄷ - ㄹ
② ㄴ - ㄱ - ㄹ - ㄷ
③ ㄷ - ㄹ - ㄱ - ㄴ
④ ㄹ - ㄷ - ㄴ - ㄱ

24. 괄호 안에 들어갈 문장으로 가장 적절한 것은?

60년대 이후의 급속한 공업화는 적지 않은 수의 신흥 공업 도시들을 발전시켰다. 울산, 창원, 구미 등이 그 대표적인 도시들일 것이다. 사실상 허허벌판과 다름없었던 농촌지역에 수십만의 인구가 밀집된 거대한 공업 도시가 형성이 된 것이다.
그러나 (   ). 우선 주민들의 거의 대부분이 외지인들로서 거주 기간도 짧고 주민의 이출과 이입이 극히 빈번할 수밖에 없는 도시이며, 또한 주민의 대부분이 몇몇 특정 회사에 근무하는 근로자들과 그 가족들로 구성되어 있고 그들 중 상당수는 회사 소유의 아파트에 거주하고 있어 그들의 지역 사회 공동체에 대한 동일시와 참여가 극히 제한되어 있다. 또한 근로자들과 그 가족들은 대부분 젊은 연령층에 속하고 그들의 자녀들은 거의 모두가 학생들이다. 그런가하면 회사의 간부층들은 대부분 가족들을 서울에 남겨두고 생활의 근거지도 서울에 두고 있는 것이다.

① 이러한 지역에서는 집값 급등, 교통난 등의 문제가 발생하고 있다.
② 이와 같은 신흥 공업 도시들은 처음부터 공동체적 특성이 크게 제한된 도시일 수밖에 없는 한계를 지니고 있다.
③ 우리나라의 신흥 공업 도시들은 서양의 도시 계획 사업을 보고 따라서 만든 것이므로 주체적이지 않다는 한계를 지닌다.
④ 이와 같은 신흥 공업 도시들은 거주 공간은 충분하지만 문화 시설이 부족하기 때문에 주민들의 불만이 높다는 문제점이 있다.

25. 밑줄 친 부분이 맞춤법에 맞지 않는 것은?

① 머리숱이 이렇게 많은 아기는 처음 봐.
② 우리 과에는 얼굴이 흰 학우들이 숱하게 많다.
③ 방에 숯을 가져다 놓으니 공기가 쾌적해진 것 같지 않니?
④ 막냇동생은 숫기가 너무 없어서 부모님이 항상 걱정하세요.

정답·해설 _해설집 p.49

실전동형모의고사 08회
모바일 자동 채점 + 성적 분석 서비스 바로 가기

QR코드를 이용해 모바일로 간편하게 채점하고 나의 실력이 어느 정도인지, 취약 부분이 어디인지 바로 파악해 보세요!

08회 핵심 어법 마무리 체크

☑ 다음 문장을 읽고 알맞은 단어에 ○표 하세요.

어문 규정

01 그는 우리 시대의 스승이라기보다는/스승이라기∨보다는 자상한 어버이이다.

02 그는 황소같이/황소∨같이 일을 했다.

03 하루 종일 밥은커녕/밥은∨커녕 물도 마시지 못했다.

04 내 모자는 그것하고/그것∨하고 다르다.

05 다음 중 표준어인 것은 '넷째/네째'이다.

06 다음 중 표준어인 것은 '더욱이/더우기'이다.

07 다음 중 표준어인 것은 '꼰지르다/고자질하다'이다.

08 다음 중 표준어인 것은 '난쟁이/난장이'이다.

09 'doughnut'의 올바른 외래어 표기는 '도넛/도너츠'이다.

10 'gips'의 올바른 외래어 표기는 '깁스/기브스'이다.

11 'rent-a-car'의 올바른 외래어 표기는 '렌트카/렌터카'이다.

12 'barbecue'의 올바른 외래어 표기는 '바비큐/바베큐'이다.

13 이 책을 좀 읽게[일께]/[익께].

14 이 밭을[바틀]/[바츨] 모두 다 갈아야 해.

15 하늘은 맑지만[말찌만]/[막찌만] 내 마음은 안 그래요.

16 '설악'의 로마자 표기는 'Seolak/Seorak'이다.

17 '속리산'의 로마자 표기는 'Songnisan/Songrisan'이다.

18 '양주시'의 로마자 표기는 'Yangju-si/Yangju-shi'이다.

19 어머니는 나의 간절한 바람/바램 을 들어주지 않았다.

20 나라 안밖/안팎 에서 성금을 모금하였다.

21 철수와 나는 한시도 떨어질 수 없는 막역한/막연한 친구이다.

22 매점 앞 게시판/계시판 에는 과자 이름이 가득 적혀 있다.

09회 실전동형모의고사

제한시간 : 25분 시작 시 분 ~ 종료 시 분 점수 확인 개/ 25개

01 다음 중 밑줄 친 말이 표준어인 것끼리 묶은 것은?

㉠ 조선시대 미혼 남녀는 <u>귀밑머리</u>를 땋았다.
㉡ 시장에서 <u>빈자떡</u>을 팔아 생계를 유지했다.
㉢ 도로를 깔기 위해 산을 완전히 <u>까뭉겄다</u>.
㉣ 멍게는 지역에 따라 '<u>우렁쉥이</u>'라고도 불린다.
㉤ 새로 돋아난 <u>어린순</u>을 뜯어 된장에 무쳤다.
㉥ 코가 유난히 컸던 나의 별명은 언제나 '<u>코보</u>'였다.

① ㉠, ㉡, ㉢
② ㉠, ㉣, ㉤
③ ㉡, ㉣, ㉥
④ ㉢, ㉤, ㉥

02 밑줄 친 말의 쓰임이 적절하지 않은 것은?

① 그는 깡패와 <u>작당</u>이 되었다.
② 그들은 무덤에 <u>헌화</u>한 뒤 묵념했다.
③ 나는 염치 불고하고 선생님 댁에서 하루를 <u>묵었다</u>.
④ 고명한 스님께서 이 굴속에서 7일 동안 <u>재계</u>하셨다.

03 다음 글의 중심 생각으로 가장 적절한 것은?

현대 사회에서 지식의 중요성이 커지면서 기업에서도 지식 경영을 강조하는 목소리가 높다. 지식 경영은 기업 경쟁력의 원천이 조직적인 학습과 혁신 능력, 즉 기업의 지적 역량에 있다고 보아 지식의 활용과 창조를 강조하는 경영 전략이다. 〈중 략〉
지식 경영이 실현되기 위해서는 지식 공유 과정에 대한 구성원들의 참여가 전제되어야 한다. 하지만 인간에게 체화된 무형의 지식을 공유하는 것은 쉬운 일이 아니다. 단순한 정보와 유용한 지식을 구분하기도 쉽지 않고, 이를 계량화하여 평가하는 것도 어렵다. 따라서 지식 경영의 성패는 지식의 성격에 대한 정확한 이해에 기초하여 구성원들이 지식 공유와 확산 과정에 자발적으로 참여하도록 하는 방안을 마련하는 것에 달려 있다고 할 수 있다.

① 지식 경영의 실현에 필요한 요소
② 현대 사회에서 지식 경영의 필요성
③ 지식 경영 성립을 위한 구성원의 역할
④ 지식 경영 체제 전환에 있어서의 애로 사항

04 다음 글의 화제로 가장 적절한 것은?

자본주의 일상을 사실적으로 표현한 하이퍼리얼리즘의 대표석인 삭가에는 핸슨이 있다. 그의 작품 『쇼핑 카트를 밀고 가는 여자』(1969)는 물질적 풍요함 속에 매몰되어 살아가는 당시 현대인을 비판적 시각에서 표현한 작품으로 해석할 수 있다. 이 작품의 대상은 상품이 가득한 쇼핑 카트와 여자이다. 그녀는 욕망의 주체이며 물질에 대한 탐욕을 상징하고 있고, 상품이 가득한 쇼핑 카트는 욕망의 객체이며 물질을 상징하고 있다. 그래서 여자가 상품이 넘칠 듯이 가득한 쇼핑 카트를 밀고 있는 구도는 물질적 풍요 속에서의 과잉 소비 성향을 보여 준다.
이 작품의 기법을 보면, 생활공간에 전시해도 자연스럽도록 작품을 전시 받침대 없이 제작하였다. 사람을 보고 찰흙으로 형태를 만드는 방법 대신 사람에게 직접 석고를 덧발라 형태를 뜨는 실물 주형 기법을 사용하여 사람의 형태와 크기를 똑같이 재현하였다. 또한 기존 입체 작품의 재료인 청동의 금속재 대신에 합성수지, 폴리에스터, 유리 섬유 등을 사용하고 에어브러시로 채색하여 사람 피부의 질감과 색채를 똑같이 재현하였다. 여기에 오브제*인 가발, 목걸이, 의상 등을 덧붙이고 쇼핑 카트, 식료품 등을 그대로 사용하여 사실성을 높였다.
리얼리즘 미술의 가장 큰 목적은 현실을 포착하고 그것을 효과적으로 전달하는 것이다. 작가가 포착한 현실을 전달하는 표현 방법은 다양하다. 하이퍼리얼리즘과 팝아트 등의 리얼리즘 작가들은 대상들을 그대로 재현하거나 함축적으로 변형하는 등 자신만의 방법으로 현실을 전달하여 감상자와 소통하고 있다.

* 오브제(objet): 일상 용품이나 물건을 본래의 용도로 쓰지 않고 예술 작품에 사용하는 기법 또는 그 물체.

① 현대인의 물질주의적 경향
② 리얼리즘 미술 유파의 변천 과정
③ 리얼리즘 미술의 목적과 표현 기법
④ 핸슨의 작품이 지니는 자서전적 경향

05 ㉠~㉣에 해당하는 예를 바르게 연결한 것은?

된소리되기란 예사소리가 특정 음운 환경에서 된소리로 바뀌는 현상으로, 다음과 같은 유형이 있다.

㉠ 받침 'ㄱ, ㄷ, ㅂ' 뒤에 연결되는 'ㄱ, ㄷ, ㅂ, ㅅ, ㅈ'은 된소리로 발음한다.
㉡ 어간 받침 'ㄴ, ㅁ' 뒤에 연결되는 'ㄱ, ㄷ, ㅅ, ㅈ'은 된소리로 발음한다.
㉢ 관형사형 어미 '-(으)ㄹ' 뒤에 연결되는 'ㄱ, ㄷ, ㅂ, ㅅ, ㅈ'은 된소리로 발음한다.
㉣ 합성어에서 앞의 명사가 뒤의 명사의 '시간, 장소, 용도, 기원'과 같은 의미를 나타내는 관형격 기능을 지닐 때, 뒤 단어의 첫소리 'ㄱ, ㄷ, ㅂ, ㅅ, ㅈ'을 된소리로 발음한다.

	㉠	㉡	㉢	㉣
①	낮잠	안고	가릴 듯	논밭
②	각성	감고	도착할 곳	그믐달
③	덮개	담다	더할 나위	밤바다
④	낟가락	앉더니	만날 사람	콩밥

06 다음 중 '그'에 대한 평가로 가장 옳은 것은?

그의 장기는 투전이 일쑤며, 싸움 잘하고, 트집 잘 잡고, 칼부림 잘하고, 색시들에게 덤벼들기 잘하는 것이라 한다.
생김생김이 벌써 남에게 미움을 사게 되었고, 거기다 하는 행동조차 변변치 못한 일만이라, ××촌에서도 아무도 그를 대척하는 사람이 없었다. 사람들은 모두 그를 피하였다. 집이 없는 그였으나 뉘 집에 잠이라도 자러 가면 그 집 주인은 두말없이 다른 방으로 피하고 이부자리를 준비하여 주고 하였다. 그러면 그는 이튿날 해가 낮이 되도록 실컷 잔 뒤에 마치 제집에서 일어나듯 느직이 일어나서 조반을 청하여 먹고는 한마디의 사례도 없이 나가 버린다.
그리고 만약 누구든 그의 이 청구에 응하지 않으면 그는 그것을 트집으로 싸움을 시작하고 싸움을 하면 반드시 칼부림을 하였다.
― 김동인, '붉은 산'

① 마을 사람들이 불편하게 여기는 얼금뱅이 같은 사람이군.
② 무엇이든 자기 위주로만 생각하는 궁도련님 같은 사람이군.
③ 못된 짓을 하고 다니는 것을 보니 발김쟁이 같은 사람이군.
④ 무례하지만 따뜻한 마음을 가지고 있는 고삭부리 같은 사람이군.

07 다음 글에 대한 이해로 적절하지 않은 것은?

이야기가 지니고 있으며 지녀야만 하는 여러 성격과 문법과 약속들을 통틀어 '서사 관습(narrative convention)'이라고 한다. 모든 문화와 문학의 장르에는 나름대로의 관습이 있다. 영화에는 영화의 관습이 있으며, 탐정 소설에는 탐정 소설의 관습이 있다. 그 관습을 벗어날 때, 그것은 영화도 아니고 이야기도 아니고 탐정 소설도 아니게 된다.
그런데 우리의 모든 관습이 그러하듯이 서사 관습도 고정되어 있는 불변의 것이 아니다. 시대에 따라서, 지역에 따라서 또는 계층에 따라서 다를 수 있다. 소설이 쇠퇴하고 있다는 말은, 기존의 소설 관습을 사람들이 별로 존중하지 않는다는 말로 이해될 수도 있다. 오늘의 학생들이 신소설을 시시하고 재미없는 소설로 여기는 까닭은 소설의 관습이 바뀌었기 때문이라고 할 수 있고, 반대로 소설의 관습이 달랐기 때문에 조선 시대 사람들은 황순원의 소설을 좋아하지 않았을 것이라고 짐작할 수 있다.
서사 관습은 서사가 아닌 것들로부터 서사를 구분해 준다. 모든 이야기에 공통되는 서사 관습도 있고, 어떤 종류의 이야기에만 적용되는 서사 관습도 있다. 동화나 설화가 이야기임을 알게 해 주는 큰 테두리의 서사 관습이 있는가 하면, 동화에만 적용되는 동화의 관습, 설화에만 적용되는 설화의 서사 관습이 있다. 그 와중에 점차 기존의 서사 관습에서 벗어나는 서사들, 소위 실험적인 작품들이 많이 나오게 되면 그것에 따라 서사 관습이 바뀌기도 한다.
이러한 서사 관습에 대한 이해 능력을 '서사 능력(narrative competence)'이라고 한다. 따로 문법을 공부하지 않더라도 언어를 배워 구사할 수 있듯이, 따로 서사 관습을 배우지 않더라도 서사를 많이 접함으로써 자연스레 서사 능력을 가질 수 있다. 어떤 도둑이 구름을 타고 도망갔다는 신문 기사가 있다면, 사람들은 그 기사를 잘 믿지 않으려고 할 것이다. 그러나 이야기 속에서 주인공이 축지법을 쓴다든가 도술을 부리는 것 등에 대해서는 전혀 문제 삼지 않는다. 그런 황당하고 비현실적인 일들이 이야기 속에서는 쉽게 수용된다는 서사 관습을 이해하고 있기 때문이다.

① 탐정 소설은 신소설의 서사 관습을 일부 흡수했을 것이다.
② 다독을 통해 서사를 자주 접한 아이는 서사 능력이 자연히 생길 것이다.
③ 동시대에 창작되었더라도 제주도의 설화와 함경도의 설화는 서사 관습이 상이할 수 있다.
④ 서사 관습에서 벗어나 서사가 아니었더라도 점차 이와 비슷하게 벗어난 서사들이 많이 나오게 되면 서사가 되기도 한다.

08 밑줄 친 부분 중 음운의 탈락 현상이 나타나지 않은 것은?

① 병이 씻은 듯이 나았다.
② 날씨가 추워서 창문을 꼭꼭 닫아걸었다.
③ 가구가 워낙 커서 방에 들어가지 않는다.
④ 성격이 둥근 사람은 대부분 친구가 많다.

09 띄어쓰기 규정에 맞지 않는 것은?

① 마음∨먹은∨김에∨전화했다.
② 막내∨마저∨출가를∨시켰다.
③ 그것은∨만∨원대의∨제품입니다.
④ 가게에∨불이∨꺼진∨걸∨확인했니?

10 다음 중 가장 자연스러운 문장은?

① 수입산 건어물이 국내산으로 속여졌다.
② 그저께 계약서를 작성한 담당자와 만났다.
③ 그가 우리를 불러모은 까닭은 책 한 권 때문이었다.
④ 그는 인간관계가 좋고 시간을 제법 많이 투자한다고 했다.

11 다음 중 외래어 표기가 맞는 것은?

① 심볼(symbol)   ② 로터리(rotary)
③ 애드립(ad lib) ④ 브로셔(brochure)

12 밑줄 친 단어가 바르게 쓰인 것은?

① 내 키에 맞게 바짓단을 늘였다.
② 나는 절대절명의 위기에 처했어.
③ 퀴즈의 답을 맞추면 상품을 드립니다.
④ 하느라고 했지만 잘될지는 알 수 없다.

13 다음 소설에서 드러나는 영호의 태도로 올바른 것은?

> "양심을 버리고, 윤리와 관습을 무시하고, 법률까지도 범하고!?"
> 흥분한 철호의 큰 목소리에 영호는 지금까지 철호의 얼굴에 주었던 시선을 앞으로 죽 뻗치고 앉은 자기의 발끝으로 떨구었다.
> "저도 형님을 존경하고 있어요. 고생하시는 형님을. 용케이 고생을 참고 견디는 형님을. 그렇지만 형님은 약한 사람이야요. 용기가 없는 거지요. 너무 양심이 강해요. 아니 어쩌면 사람이 약하면 약한 만치, 그만치 반대로 양심이란 가시는 여물고 굳어지는 것인지도 모르죠."
> "양심이란 가시?" 〈중 략〉
> "저도 형님의 그 생활 태도를 잘 알아요. 가난하더라도 깨끗이 살자는. 그렇지요, 깨끗이 사는 게 좋지요. 그런데 형님 하나 깨끗하기 위하여 치르는 식구들의 희생이 너무 어처구니없이 크고 많단 말입니다. 헐벗고 굶주리고. 형님 자신만 해도 그렇죠. 밤낮 쑤시는 충치 하나 처치 못하시고. 이가 쑤시면 치과에 가서 치료를 하거나 빼어 버리거나 해야 할 것 아니야요. 그런데 형님은 그것을 참고 있어요. 그럽니다. 바로 그겁니다. 그 돈을 어떻게든가 구해야죠. 이가 쑤시는데 그럼 어떻게 해요. 그걸 형님처럼, 마치 이 쑤시는 것을 참고 견디는 그것이 돈을 — 치료비를 버는 것이거나 한 것처럼 생각하는 것. 안 쓰는 것은 혹 버는 셈이 된다고 할 수도 있을 거야. 그렇지만 꼭 써야 할 데 못 쓰는 것이 버리는 셈이라고는 할 수 없지 않아요. 〈중 략〉 왜 우리라고 좀 더 넓은 테두리, 법률선(法律線)까지 못 나가란 법이 어디 있어요. 아니 남들은 다 벗어던지구 법률선까지도 넘나들면서 사는데, 왜 우리만이 옹색한 양심의 울타리 안에서 숨이 막혀야 해요. 법률이란 뭐야요. 우리들이 피차에 약속한 선이 아니야요?"

① 철호가 처한 상황에 연민을 느끼고 있다.
② 철호의 가치관을 이해하려고 노력하고 있다.
③ 철호가 살아가는 방식을 부정적으로 생각하고 있다.
④ 철호에게 자신이 저지른 잘못의 책임을 전가하고 있다.

14 다음 중 괄호 안의 한자가 옳은 것은?

① 오징어가 귀해져서 시가(是價)가 2배로 올랐다.
② 교육 당국이 학교의 의과 대학 설립을 인가(認可)했다.
③ 그는 태연한 척 가장(加裝)했지만 속은 그렇지 않았다.
④ 보험 가입(假入)이 적어지면 우리의 생계도 장담할 수 없다.

15 <보기>에 대한 설명으로 가장 옳지 않은 것은?

> 보기
> 해동(海東) 육룡(六龍)이 ᄂᆞᄅᆞ샤 일마다 천복(天福)이시니 고성(古聖)이 동부(同符)ᄒᆞ시니
>
> 불휘 기픈 남ᄀᆞᆫ ᄇᆞᄅᆞ매 아니 뮐ᄊᆡ 곶 됴코 여름 하ᄂᆞ니
> ᄉᆡ미 기픈 므른 ᄀᆞ므래 아니 그츨ᄊᆡ 내히 이러 바ᄅᆞ래 가ᄂᆞ니
>
> 주국대왕(周國大王)이 빈곡(豳谷)애 사ᄅᆞ샤 제업(帝業)을 여르시니
> 우리 시조(始祖)ㅣ 경흥(慶興)에 사ᄅᆞ샤 왕업(王業)을 여르시니
>
> 적인(狄人)ㅅ 서리예 가샤 적인(狄人)이 ᄀᆞᆯ외어늘 기산(岐山) 올ᄆᆞ샴도 하ᄂᆞᇙ 뜨디시니
> 야인(野人)ㅅ 서리예 가샤 야인(野人)이 ᄀᆞᆯ외어늘, 덕원(德源) 올ᄆᆞ샴도 하ᄂᆞᇙ 뜨디시니
>
> 블근 새 그를 므러 침실(寢室) 이페 안ᄌᆞ니 성자 혁명(聖子革命)에 제호(帝祜)를 뵈ᅀᆞᄫᆞ니
> ᄇᆞ야미 가칠 므러 즘겟 가재 연ᄌᆞ니 성손 장흥(聖孫將興)에 가상(嘉祥)이 몬졔시니

① 후대에 발생한 시조 형식의 기원으로 추정된다.
② 조선 건국의 정당성을 강조하려는 의도가 반영되었다.
③ 각 장은 2절 4구로 구성되어 있으며 앞 절과 뒤 절이 대구를 이룬다.
④ 훈민정음으로 기록된 최초의 작품이자 우리나라 최초의 장편 영웅 서사시이다.

16 다음 글에 대한 설명으로 적절하지 않은 것은?

> "평양감사 김진희 잡아들였습니다."
> 하고 복명하는 소리가 천지를 진동할 듯하였다. 어사또가 감사를 당장에 봉고파직하였다. 이혈룡은 옛일을 생각하니 슬픈 생각도 솟아나고 분한 마음 또한 측량할 수 없었다. 엄명을 받은 나졸들은 형구를 갖추어 형틀 위에 달아매고 팔십 명의 나졸과 서리 역졸이 좌우로 나열하여 어사또의 영을 기다렸다. 〈중 략〉
> 어사또 다시 호령하되,
> "네 이놈, 옥단춘은 무슨 죄로 나와 함께 죽이려 하였느냐. 네 죄를 생각하면 도저히 살려 둘 수 없다."
> 사공 불러 분부하기를,
> "네 이놈을 전의 나처럼 배에 싣고 대동강 깊은 물에 던져라!"
> 하니 사공이 그 말을 듣고, 김진희를 배에 싣고 만경창파 둥둥 떠서 나갈 적에 어사또 어진 마음 다시 생각하고 하는 말이,
> "저놈은 제 죄로 죽을망정 윗대(代)의 의리를 생각하고 옛 정을 생각하면 나 또한 저와 같이 차마 죽일 수가 없구나."
> 하고 나졸 한 놈 급히 불러 분부하기를,
> "너는 급히 배에 가서 그 양반 물속에 한참 넣었다가 거의 죽게 되면, 도로 싣고 오라."
> 하니 나졸 영(令)을 받고 강을 향하여 달려갈 적에, 별안간 뇌성벽력이 대작하며 김진희에게 벼락을 쳐서 눈 깜짝하는 사이에 시신도 없어졌더라.
> — 작자 미상, '옥단춘전'

① 비현실적인 요소를 통해 주제를 강조하고 있다.
② 인물의 대사를 통해 등장인물의 성품을 짐작할 수 있다.
③ 작품 밖의 전지적 서술자가 사건의 전말을 전달하고 있다.
④ 공간적 배경을 사실적으로 묘사하여 현장감을 높이고 있다.

17 다음 글에서 알 수 있는 내용으로 적절한 것은?

문화가 발전하려면 저작자의 권리 보호와 저작물의 공정 이용이 균형을 이루어야 한다. 저작물의 공정 이용이란 저작권자의 권리를 일부 제한하여 저작권자의 허락이 없어도 저작물을 자유롭게 이용하는 것을 말한다. 비영리적인 사적 복제를 허용하는 것이 그 예이다. 우리나라의 저작권법에서는 오래전부터 공정 이용으로 볼 수 있는 저작권 제한 규정을 두었다.

그런데 디지털 환경에서 저작물의 공정 이용은 여러 장애에 부딪혔다. 디지털 환경에서는 저작물을 원본과 동일하게 복제할 수 있고 용이하게 개작할 수 있다. 따라서 저작물이 개작되더라도 그것이 원래 창작물인지 이차적 저작물인지 알기 어렵다. 그 결과 디지털화된 저작물의 이용 행위가 공정 이용의 범주에 드는 것인지 가늠하기가 더 어려워졌고 그에 따른 처벌 위험도 커졌다.

이러한 문제를 해소하기 위한 시도의 하나로 포괄적으로 적용할 수 있는 '저작물의 공정한 이용' 규정이 저작권법에 별도로 신설되었다. 그리하여 저작권자의 동의가 없어도 저작물을 공정하게 이용할 수 있는 영역이 확장되었다. 그러나 공정 이용 여부에 대한 시비가 자율적으로 해소되지 않으면 예나 지금이나 법적인 절차를 밟아 갈등을 해소해야 한다. 저작물 이용의 영리성과 비영리성, 목적과 종류, 비중, 시장 가치 등이 법적인 판단의 기준이 된다.

저작물 이용자들이 처벌에 대한 불안감을 여전히 느낀다는 점에서 저작물의 자유 이용 허락 제도와 같은 '저작물의 공유' 캠페인이 주목을 받고 있다. 이 캠페인은 저작권자들이 자신의 저작물에 일정한 이용 허락 조건을 표시해서 이용자들에게 무료로 개방하는 것을 말한다. 누구의 저작물이든 개별적인 저작권을 인정하지 않고 모두가 공동으로 소유하자고 주장하는 사람들과 달리, 이 캠페인을 펼치는 사람들은 기본적으로 자신과 타인의 저작권을 존중한다. 캠페인 참여자들은 저작권자와 이용자들의 자발적인 참여를 통해 자유롭게 활용할 수 있는 저작물의 양과 범위를 확대하려고 노력한다. 이들은 저작물의 공유가 확산되면 디지털 저작물의 이용이 활성화되고 그 결과 인터넷이 더욱 창의적이고 풍성한 정보 교류의 장이 될 것이라고 본다. 그러나 캠페인에 참여한 저작물을 이용할 때 허용된 범위를 벗어난 경우 법적 책임을 질 수 있다.

한편 다른 시각을 가진 사람들도 있다. 이들은 저작물의 공유 캠페인이 확산되면 저작물을 창조하려는 사람들의 동기가 크게 감소할 것이라고 우려한다. 이들은 결과적으로 활용 가능한 저작물이 줄어들게 되어 이용자들도 피해를 입게 된다고 주장한다. 또 디지털 환경에서는 사용료 지불 절차 등이 간단해져서 '저작물의 공정한 이용' 규정을 별도로 신설할 필요가 없었다고 본다. 이들은 저작물의 공유 캠페인과 신설된 공정 이용 규정으로 인해 저작권자들의 정당한 권리가 침해받고 있으므로 이를 시정하는 것이 오히려 공익에 더 도움이 된다고 말한다.

① 디지털 환경에서는 이전의 환경보다 저작물 개작 여부를 확인하기 용이하다.
② '저작물의 공유' 캠페인 참여자들은 저작권자들의 개별적인 저작권을 인정하지 않는다.
③ '저작물의 공정한 이용' 규정이 신설되자 저작권이 인정되는 저작물의 범위가 넓어졌다.
④ '저작물의 공유' 캠페인에 참여한 저작권자들은 저작물을 일정 조건 아래에서 무료로 개방한다.

※ 다음 글을 읽고 물음에 답하시오. [18~20]

고대인들은 평상시에는 생존하기 위해 각자 노동에 힘쓰다가, 축제와 같은 특정 시기가 되면 함께 모여 신에게 제의를 올리며 놀이를 즐겼다. 노동은 신이 만든 자연을 인간이 자신에게 유용하게 만드는 속된 과정이다. 이는 원래 자연의 모습을 ⃞ ㉠ ⃞ 하는 것이기에 신에게 죄를 짓는 것이다. 이러한 죄를 씻기 위해 유용하게 만든 사물을 다시 원래의 상태로 되돌리는 집단적 놀이가 바로 제의였다. 고대 사회에서는 가장 유용한 사물을 희생물로 바치는 제의가 광범하게 나타났다. 바친 희생물은 더 이상 유용한 사물이 아니기에 신은 이를 받아들였다. 고대인들은 신에게 바친 제물을 함께 나누며 모두 같은 신에게 속해 있다는 연대감을 느꼈다.

고대 사회에서의 이러한 놀이는 자본주의 사회에 와서 많은 변화를 겪었다. 자본주의 사회는 노동을 합리적으로 조직하여 생산성을 극대화하고자 한다. 이를 위해 노동의 강도를 높이고 시간을 늘렸지만, 오히려 노동력이 ⃞ ㉡ ⃞ 되어 생산성이 떨어지는 문제점이 발생하였다. 그래서 노동 시간을 축소하고 휴식 시간을 늘릴 필요가 있었다. 하지만 이 휴식 시간마저도 대부분 상품을 소비하는 과정으로 이루어진다. 예를 들어, 여행을 가려면 여행 상품을 구매하여 소비해야 한다. 이런 소비는 소비자에게는 놀이이지만 여행사에는 돈을 버는 수단이다.

놀이가 상품 소비의 형식을 띠면서 놀이를 즐기는 ⃞ ㉢ ⃞ 도 변화한다. 과거의 놀이가 주로 직접 참여하는 형식으로 이루어졌다면, 자본주의 사회의 놀이는 대개 참여가 아니라 구경이나 소비의 형태로 이루어진다. 생산자가 이미 특정한 방식으로 소비하도록 놀이 상품을 만들어 놓았기 때문이다. 여행의 예를 다시 들면, 여행사는 여러 가지 여행 상품을 마련해 놓고 있고 소비자는 이를 구매하여 ⃞ ㉣ ⃞ 적으로 소비한다. 놀이로서의 여행은 탐구하고 창조하기보다는 주어진 일정에 그저 몸을 맡기면 되는 그런 것이 되었다.

18. 다음 중 ㉠~㉣에 들어갈 말로 가장 적절하지 않은 것은?

① ㉠ 훼손(毁損)
② ㉡ 소진(消盡)
③ ㉢ 방식(方式)
④ ㉣ 자발(自發)

19. 다음 중 〈보기〉가 들어갈 곳으로 가장 적절한 것은?

보기
　결국 소비자의 놀이가 자본주의 시대에 가장 유용한 사물인 자본을 판매자의 손 안에 가져다준다.

① 1번째 문단 앞
② 2번째 문단 앞
③ 2번째 문단 끝
④ 3번째 문단 끝

20. 다음 글의 내용과 일치하지 않는 것은?

① 고대인들은 제의를 통해 서로 연대감을 느꼈다.
② 고대인들은 노동이 신에게 죄를 짓는 것이라고 생각했다.
③ 자본주의 사회에서 놀이는 상품을 소비하는 형식으로 변했다.
④ 생산자는 소비자의 만족을 극대화 할 수 있는 놀이 상품을 만든다.

21. 밑줄 친 부분의 뜻풀이로 가장 적절한 것은?

> 그것은 봉사 단청 구경이나 다름없다.

① 엉뚱한 곳에 힘을 쏟아붓는 것
② 아무런 쓸모나 득이 되지 않는 것
③ 사물의 참된 모습을 알지 못하는 것
④ 노력에 비해 큰 성과를 얻지 못하는 것

※ 다음 글을 읽고 물음에 답하시오. [22~23]

> 출하리 잠을 드러 ㉠꿈의나 보려 ᄒᆞ니,
> 바람의 디ᄂᆞᆫ 닙과 풀 속에 우는 즘생,
> 므스 일 원수로서 ㉡잠조차 깨오ᄂᆞᆫ다.
> 천상(天上)의 견우직녀(牽牛織女) 은하수 막혀서도,
> 칠월 칠석(七月七夕) 일년 일도(一年一度) 실기(失期)치 아니거든,
> 우리 님 가신 후는 ㉢무슨 약수(弱水) 가렷관듸,
> 오거나 가거나 소식(消息)조차 ᄭᅳ쳣는고.
> 난간(欄干)의 비겨 셔서 님 가신 듸 바라보니,
> 초로(草露)는 맷쳐 있고 모운(暮雲)이 디나갈 제,
> 죽림(竹林) 푸른 고듸 ㉣새소리 더욱 설다.
> ┌ 세상의 서룬 사람 수업다 ᄒᆞ려니와,
> (가) 박명(薄命)ᄒᆞᆫ 홍안(紅顔)이야 날 가ᄐᆞ니 ᄯᅩ 이실가.
> └ 아마도 이 님의 지위로 살 동 말 동 ᄒᆞ여라.

22. (가)에 나타난 화자의 정서 및 태도로 적절하지 않은 것은?

① 자신의 운명에 대해 한탄하고 있다.
② 자신의 불행을 타인의 탓으로 돌리고 있다.
③ '님'에 대한 원망을 적극적으로 드러내고 있다.
④ 세상 사람들의 입을 빌려 서러움을 드러내고 있다.

23. 밑줄 친 ㉠~㉣의 현대어 풀이로 적절하지 않은 것은?

① ㉠ ᄭᅮᆷ의나 보려 ᄒᆞ니: 꿈에나 보려고 하였더니
② ㉡ 잠조치 ᄭᅢ오ᄂᆞ다: 잠마저 깨우는가?
③ ㉢ 무슨 약수(弱水) 가렷관듸: 무슨 강에 가시길래
④ ㉣ 새소리 더욱 설다: 새소리가 더욱 서럽다

24. 다음 〈보기〉와 같은 수사법이 쓰인 문장은?

보기
　낮말은 새가 듣고 밤말은 쥐가 듣는다

① 패배를 인정할 때 곧 승자가 된다
② 길면 기차, 기차는 빨라, 빠르면 비행기
③ 콩 심은 데 콩 나고, 팥 심은 데 팥 난다
④ 현기는 일이 잘못될까 두려워 간이 콩알만 해졌다

25. ㉠~㉣의 의미에 대한 설명으로 적절하지 않은 것은?

(가) 산에 / 산에 / 피는 꽃은
저만치 혼자서 피어 있네

산에서 우는 ㉠작은 새요
꽃이 좋아 / 산에서 / 사노라네

(나) 누나라고 불러 보랴
오오 불설워 / 시새움에 몸이 죽은 우리 누나는
죽어서 ㉡접동새가 되었습니다.

아홉이나 남아 되는 오랩동생을
죽어서도 못 잊어 차마 못 잊어
삼경 남 다 자는 밤이 깊으면
이 산 저 산 옮아가며 슬피 웁니다.

(다) 그립다 / 말을 할까
하니 그리워

그냥 갈까 / 그래도
다시 더 한 번……

저 산(山)에도 ㉢까마귀, 들에 까마귀,
서산(西山)에는 해 진다고 / 지저귑니다.

(라) 산(山)으로 올라갈까 / 들로 갈까
오라는 곳이 없어 나는 못 가오.

말 마소 내 집도 / 정주 곽산(定州郭山)
차(車) 가고 배 가는 곳이라오.

여보소 공중에 / 저 ㉣기러기
공중엔 길 있어서 잘 가는가?

① ㉠은 외로운 존재를 형상화하였다.
② ㉡은 죽은 누이의 한을 상징한다.
③ ㉢은 화자와 임의 이별을 만류하고 있다.
④ ㉣은 화자가 가지 못하는 길을 가는 부러움의 대상이다.

09회 핵심 어법 마무리 체크

☑ 다음 문장을 읽고 알맞은 단어에 ○표 하세요.

이론 문법

01 무단 횡단을 하던 중에 차에 치다 / 치이다 .

02 비가 내린 후 날이 개다 / 개이다 .

03 길 한복판에서 담배를 피다 / 피우다 .

04 '톱질, 슬픔, 잡히다'는 모두 합성어 / 파생어 이다.

05 '접칼, 작은아버지, 김치찌개'는 모두 합성어 / 파생어 이다.

06 '헛고생, 어른스럽다, 구경꾼'은 모두 합성어 / 파생어 이다.

07 '새해, 돌보다, 높푸르다'는 모두 합성어 / 파생어 이다.

어문 규정

08 '쓰이어'의 준말 표기는 ' 씌여 / 쓰여 '이다.

09 '뜨이어'의 준말 표기는 ' 띄여 / 띄어 '이다.

10 '적지 않은'의 준말 표기는 ' 적잖은 / 적찮은 '이다.

11 '변변하지 않다'의 준말 표기는 ' 변변챦다 / 변변찮다 '이다.

12 '종로'의 로마자 표기는 ' Jongro / Jongno '이다.

13 '알약'의 로마자 표기는 ' allyak / aryak '이다.

14 '같이'의 로마자 표기는 ' gachi / gati '이다.

15 '좋고'의 로마자 표기는 ' johko / joko '이다.

16 다음 중 표준어인 것은 ' 살쾡이 / 삵괭이 '이다.

17 다음 중 표준어인 것은 ' 애닯다 / 애달프다 '이다.

18 다음 중 표준어인 것은 ' 광우리 / 광주리 '이다.

19 다음 중 표준어인 것은 ' 사글세 / 삭월세 '이다.

20 '짜장면/자장면'은 복수 / 별도 표준어이다.

21 '복숭아뼈/복사뼈'는 복수 / 별도 표준어이다.

22 '손주/손자'는 복수 / 별도 표준어이다.

23 '간지럽히다/간질이다'는 복수 / 별도 표준어이다.

정답 | 01 치이다 02 개다 03 피우다 04 파생어 05 합성어 06 파생어 07 합성어 08 쓰여 09 띄어 10 적잖은 11 변변찮다 12 Jongno 13 allyak 14 gachi 15 joko 16 살쾡이 17 애달프다 18 광주리 19 사글세 20 복수 21 복수 22 별도 23 복수

10회 실전동형모의고사

01 다음 중 보조 용언의 띄어쓰기에 대한 설명과 예문이 옳지 않은 것은?

① 앞말이 합성 용언인 경우 그 뒤에 오는 보조 용언은 띄어 쓴다.
  예 뒤집어써∨버렸다
② 보조 용언은 띄어 씀을 원칙으로 하되, 경우에 따라 붙여 씀도 허용한다.
  예 보여∨주다(원칙) / 보여주다(허용)
③ 보조 용언이 거듭 나타나는 경우는 앞의 보조 용언만을 붙여 쓸 수 있다.
  예 먹어∨버리고∨있었다(원칙) / 먹어버리고∨있었다(허용)
④ 본용언이 합성어나 파생어라도 그 활용형이 3음절인 경우에는 본용언과 보조 용언을 붙여 쓸 수 있다.
  예 깨뜨려∨버렸다(원칙) / 깨뜨려버렸다(허용)

02 단어의 형성 방법이 다른 것은?

① 새롭다
② 치솟다
③ 굳세다
④ 헛디디다

03 다음 중 밑줄 친 부분을 적절하게 표현한 한자 성어는?

> 최척 일행은 길이 막혀 사흘 동안이나 오도 가도 못하고 숨어 있었다. 왜적들이 물러가기를 기다렸다가 간신히 연곡사로 들어가 보니, <u>시체가 절에 가득히 쌓여 있고 피가 흘러 내를 이루고 있었다.</u>

① 針小棒大
② 屍山血海
③ 桑田碧海
④ 刻骨難忘

04 밑줄 친 단어의 쓰임이 어색한 문장은?

① 물가 파동은 사회의 주요 <u>현안(縣案)</u>이다.
② 내 비기(祕技)를 첫 번째 제자에게 <u>사사(師事)</u>하였다.
③ 조선 부문에서 <u>역조(逆調)</u>를 초래하여 무역 적자가 발생했다.
④ 남의 말 좋아하는 <u>호사가(好事家)</u>들은 앞다투어 소문을 퍼뜨렸다.

05 밑줄 친 부분의 맞춤법이 가장 옳지 않은 것은?

① 다들 도대체 나한테 왜 그러는<u>데</u>?
② 성욱이가 말하길 자기가 회장이었<u>데</u>.
③ 상처가 난 <u>데</u>에는 이 연고가 가장 좋다.
④ 내가 돈은 없긴 <u>한데</u>, 값진 물건을 가지고 있다.

06 다음 글의 필자의 견해로 적절한 것은?

나는 당신이 대학의 강의실에서 이 편지를 읽든 아니면 어느 공장의 작업대 옆에서 읽든 상관하지 않습니다. 어느 곳에 있건 탁이 아닌 발을 상대하고 있다면 상관없다고 생각합니다.

만일 당신이 사회의 현장에 있다면 당신은 당신의 살아 있는 발로 서 있는 것입니다. 그리고 만일 당신이 대학의 교정에 있다면 당신은 더 많은 발을 깨달을 수 있는 곳에 서 있는 것입니다. 대학은 기존의 이데올로기를 재생산하는 '종속의 땅'이기도 하지만 그 연쇄의 고리를 끊을 수 있는 '가능성의 땅'이기도 하기 때문입니다.

당신은 그동안 못 했던 일을 하고, 만나고 싶은 사람을 만나고, 가고 싶은 곳을 찾아가겠다고 했습니다. 대학이 안겨 줄 자유와 낭만에 대한 당신의 꿈을 모르지 않습니다. 지금까지 얽매여 있던 당신의 질곡을 모르지 않습니다. 당신은 지금 그러한 꿈이 사라졌다고 실망하고 있지나 않은지 걱정됩니다.

그러나 '자유와 낭만'은 그러한 것이 아닙니다. 자유와 낭만은 '관계의 건설 공간'이란 말을 나는 좋아합니다. 우리들이 맺는 인간관계의 넓이가 곧 우리들이 누릴 수 있는 자유와 낭만의 크기입니다. 그러기에 그것은 우리들의 일상(日常)에 내장되어 있는 '안이한 연루(連累)'를 결별하고 사회와 역사와 미래를 보듬는 너른 품을 키우는 공간이어야 합니다.

① 삶의 원동력을 위해 꿈을 가지고 살아가야 한다.
② 세상에 존재하는 직업들은 그 경중을 따질 수 없다.
③ 대학은 사회 현실에 대해 고민하는 공간이 되어야 한다.
④ 인간관계를 재정립하는 일은 자유로 향하는 지름길이다.

07 다음 글의 논리적 오류와 같은 종류의 오류인 것은?

한국과 이탈리아는 모두 반도 국가이므로 국민들의 성향도 비슷할 것이다.

① 지금까지 나의 가설을 반증한 사람이 없었으므로 내 가설은 참이야.
② A국은 개발도상국이므로 모든 분야가 선진국에 비해 뒤떨어질 것이다.
③ 거북이는 느리지만 오래 산다. 즉, 나도 느리게 행동하므로 장수할 것이다.
④ '너의 이웃에게 거짓을 말하지 말라'라고 했으니, 이웃이 아닌 다른 사람에게는 거짓말을 해도 돼.

08 다음 글의 내용을 바르게 이해한 것은?

벤담은 영국의 법학자이자 철학자로 18세기 말과 19세기 초에 걸쳐 활동했다. 벤담에 따르면 삶의 목적은 행복을 추구하는 것이고 행복은 고통을 피하고 쾌락을 얻는 데 있다. 무엇이 쾌락이며 무엇이 고통인지를 판단하는 주체는 행복을 추구하는 개인이다. 사회의 행복은 개인의 행복을 합친 것이며, 입법의 목적은 사회 전체의 행복을 증진하는 것이다. 이러한 생각은 '최대 다수의 최대 행복'이라는 표현으로 집약된다.

벤담의 공리주의는 매우 보수적인 정책을 요구한다. 국가는 누군가의 행복을 감소시킴으로써 다른 사람의 행복을 증진하려 해서는 안 된다. 예컨대 부자한테서 많은 세금을 거둬 빈민을 돕는 재분배 정책은 부자의 행복을 감소시키고 빈민의 행복을 증진시킨다. 이때 감소한 부자의 행복과 증가한 빈민의 행복은 전적으로 주관적인 성격을 지니기 때문에 개인 간 양적(量的) 비교를 할 수 없다. 이러한 정책이 사회 전체의 행복을 증진한다고 볼 수 없는 것이다.

① 쾌락과 고통을 판단하는 주체는 사회이다.
② 부자에게 고통스러운 일이 빈자에게 행복한 일이 될 수도 있다.
③ 삶의 목적은 행복뿐만 아니라 고통 속에서도 의미를 찾는 일이다.
④ 공리주의에 따라 정부는 부자를 대상으로 한 증세 정책을 펼쳐야 한다.

09 다음 시조에 대한 설명으로 적절하지 않은 것은?

수양산(首陽山) ᄇ라보며 이제(夷齊)를 한(恨)ᄒ노라
주려 주글진들 채미(採薇)도 ᄒ는것가
비록애 푸새엣 거신들 그 뉘 짜헤 낫ᄃ니

① 화자는 굳은 절의를 지키며 살고자 한다.
② '수양산(首陽山)'은 중의적 의미를 가지고 있다.
③ 고사를 활용하여 주제 의식을 부각하고 있다.
④ '이제(夷齊)'의 태도를 객관적인 입장에서 평가하고 있다.

10 다음 글의 주장으로 가장 적절한 것은?

　　유전자 변형 기술의 핵심인 유전적 물질에는 질병 치료를 위한 만능열쇠가 존재하지 않는다. 인간의 몸을 간단한 도구에 의해 오류가 해결되는 기계에 비유하는 것은 큰 착각이다.
　　기계가 진화를 하지 않는 것과 달리 생물은 종족의 보존을 위해 진화를 거듭한다. 이 과정에서 특정 기능에 손상을 끼치던 유전 암호가 환경에 따라 다른 기능을 향상시키거나, 새로운 기능을 수행하는 쪽으로 변하기도 한다. 그 결과 인간에게 부정적 영향을 미치는 것으로 보이는 요인들이 긍정적인 기능을 수행하기도 한다. 예를 들어 스트레스는 만성적인 정신 질환의 근원이 되기도 하지만 때로는 개인의 독창성을 극대화하기도 한다. 또 낭포성 섬유증을 유발하는 유전자 변형체는 콜레라 증상을 상쇄하기도 한다.
　　이로 미루어 보았을 때, 인공적으로 이식된 유전자 변형체가 목표로 하는 질병을 효과적으로 치료할 수 있다 하더라도, 진화 과정을 거치며 이 행위가 어떤 위험을 초래할지는 예측할 수 없으며 통제할 수도 없을 것이다.

① 인간은 종족 보존을 위해 끊임없이 진화해 왔으므로 유전자 변형을 통해 신체 기능을 향상시켜야 한다.
② 인간의 유전적 결함은 인체에 도움을 주기도 하므로 유전적 결함을 부정적으로 인식하는 편견은 개선되어야 한다.
③ 인간은 생물학적으로 유전적 요인에 의한 질병에 취약하므로 유전자 변형을 통해 유전적 위험 요소를 조절해야 한다.
④ 유전자 변형체는 인간에게 긍정적 영향을 미칠 수 있지만 예측이 어려우므로 유전자 변형 기술 개발은 신중해야 한다.

11 다음 글에서 설명한 '좋은 비평'으로 가장 적절한 것은?

　　비평적 글쓰기의 특징에는 어떤 것들이 있을까? 우선 우리는, 비평적 글쓰기가 비평가 개인의 기호나 관심 영역에 기반하여 글을 쓰는 것이 아니라는 점을 지각해야 한다. 그리고 비평적 글쓰기의 소재는 비평할 가치를 지녀야 한다. 작가는 소재를 선택한 동기를 명확하게 밝히고 그 소재에 주목해야 할 이유를 명시해야 한다. 이러한 단계들을 거쳐 선택된 소재는 대상을 둘러싸고 있는 맥락 속에서 분석된다.
　　그렇다면 좋은 비평은 또 무엇일까? 세밀하게 분석되었어도 줄거리 위주로 비평하는 것, 대상에 대한 단순한 설명을 하는 것, 비판이 없이 해설하는 것 등은 좋은 비평이라고 할 수 없다. 또한 말하고자 하는 주제가 일관되지 않고 여러 가지로 산만하게 제시되면 글을 읽는 독자들은 비평에 오롯이 집중할 수 없게 되므로 이 또한 좋은 비평이 아니다.

① 공산주의는 사유 재산을 부정하는 것이다.
② 님비현상은 '내 뒷마당에서는 안 돼'라는 뜻으로 지역이기주의를 나타낸다.
③ 최근 논란이 되고 있는 공권력을 둘러싼 비리는 국민의 권리와 밀접한 관련이 있으므로 척결의 대상이 된다.
④ 길거리 흡연은 시민 의식의 부재로 볼 수 있으며, 정책에 대한 시민들의 관심이 저조한 것과 관련이 있으므로 비판의 대상이 된다.

12 다음 글에서 필자의 태도로 가장 적절한 것은?

석이(石耳)는 나물 중에서도 맛이 있는 것이다. 그러나 석이는 반드시 높은 산 깊은 골짜기 사람의 발길이 닿지 않는 천길 깎아지른 벼랑에 자란다. 석이를 따는 자는 가는 노끈을 합쳐서 밧줄을 만들어 암벽 위에다 붙들어 맨 뒤 마치 그네줄처럼 밑으로 늘어뜨리는데 두 줄 사이에 사다리처럼 가로로 끈을 매어 그곳을 발로 딛고 내려가 암벽을 따라 돌아가면서 석이를 딴다.

그 모습이 마치 개미나 이가 붙어 있는 듯한데 재빠르기가 마치 원숭이 같으니 이는 목숨을 내맡긴 자가 아니면 해낼 수가 없는 일이다. 석이를 다 따고 나면 다시 밧줄을 타고 기어 올라가는데 위태롭기 그지없다. 만일 밧줄이 바위에 닳아져서 끊어지거나 잘못하여 실족을 할 경우 천길만길 골짜기 밑으로 떨어져 몸은 가루가 될 판이다. 사실 그렇게 죽는 사람이 종종 있어 끊이질 않는다.

그러나 석이를 따다가 팔면 비싼 값을 받을 수 있고 관가에 바치면 부역(賦役)을 면제받을 수 있기 때문에 죽음을 무릅쓰는 것을 마다하지 않으니 아, 슬픈 일이다.

내가 영춘(永春)의 지방관으로 와보니 영춘은 심산협곡에 있는 고을이라 백성들에게 세금을 받을 때 이 석이를 가장 우대하여 받아서 음식상을 사치롭게 하는데 사용하거나 다른 고관들의 요구에 응하는 자본으로 삼고 있었다.

아, 이 물건이 비록 그다지 희귀하지는 않은 듯하지만 이 물건을 따는 것이 그토록 위험스럽고 어려운 줄이야 그 누가 알겠는가. 이 일로 인하여 류(類)를 미루어 본다면 백성들을 괴롭히는 부역이 이뿐만은 아닐 것이다. 그래서 이 이야기를 기록하여 스스로 거울 삼고 또 세상의 목민관들을 깨우치고자 하는 바이다.

① 구세제민(救世濟民) ② 반면교사(反面教師)
③ 살신성인(殺身成仁) ④ 식자우환(識字憂患)

13 밑줄 친 부분이 바르게 쓰이지 않은 것은?

① 입춘이 지나자 누긋한 날씨가 이어졌다.
② 할아버지의 장례식에서 조문객들의 부줏돈을 받았다.
③ 고개 숙인 벼 이삭으로 누레진 가을 들판이 펼쳐져 있다.
④ 문장에서 불필요한 수식어가 많이 쓰이면 난삽한 글이 된다.

14 다음 시의 밑줄 친 시어와 가장 거리가 먼 것은?

어느 머언 곳의 **그리운 소식**이기에
이 한밤 소리 없이 흩날리느뇨.

처마 끝에 호롱불 여위어 가며
서글픈 옛 자취인 양 흰 눈이 내려

하이얀 입김 절로 가슴에 메어
마음 허공에 등불을 켜고
내 홀로 밤 깊어 뜰에 내리면

머언 곳에 여인의 옷 벗는 소리.

희미한 눈발
이는 어느 잃어진 **추억의 조각**이기에
싸늘한 추회(追悔) 이리 가쁘게 설레이느뇨.

한 줄기 빛도 향기도 없이
호올로 **차단한 의상(衣裳)**을 하고
흰 눈은 내려 내려서 쌓여
내 슬픔 그 위에 고이 서리다.
  – 김광균, '설야(雪夜)'

① 그리운 소식   ② 마음 허공
③ 추억의 조각   ④ 차단한 의상

15 밑줄 친 말 중 표준어가 아닌 것은?

① 술을 많이 마셨지만 정신은 맨송맨송 뚜렷했다.
② 너는 능력도 없는 그에게 왜 자꾸 개개는 거야?
③ 집 안 뜨락에는 노령의 나무 한 그루가 서 있었다.
④ 그는 허섭스루운 만년필을 소중히 간직하고 있었다.

16 다음 중 〈보기〉의 조건을 모두 충족시킨 것은?

보기
- 주어가 대명사일 것
- 번역 투 표현을 사용하지 않을 것
- 문장 성분 간의 호응이 적절할 것

① 그곳은 우리 역사에 있어서 매우 중요한 곳이다.
② 그녀는 동생에게서 온 편지를 부모님께 전달하였다.
③ 그 남자는 건물을 불법 증축하고 막대한 피해를 입혔다.
④ 최근 나는 주식에 관심이 생겨서 경제 공부를 전혀 필요로 했다.

※ 다음 글을 읽고 물음에 답하시오. [17~18]

사람들은 항상 어진 이를 좋아하고 불초(不肖)한 이를 미워한다. (①) 이것은 바로 똑같이 생각하는 인심에서 우러나와 그칠 수 없는 것이다. (㉠) 좋아하고 미워하기를 올바르게 하여 현자(賢者)와 불초한 자를 실제로 구별하여 틀리지 않게 하는 자는 적다. (②) 현자와 불초한 자는 일정한 명칭이 없고, 사람의 좋아하고 싫어함은 똑같기 어렵다. (㉡) 일시적인 좋아함과 미워함은 사람의 어짊과 불초함을 결정할 수가 없어서 반드시 후세의 좋아함과 미워함을 기다려야만 한다. (③)
아, 선비 중에 당시에는 사람들에게 미움을 받아서 유리(流離)하고 곤궁하여 끝내 그 몸을 보전하지 못하였으나 후세에 어진 분이라고 칭찬받는 분이 있으니, 이 어찌 억지로 힘쓰고 구차히 해서 되는 일이겠는가. 이 또한 똑같은 인심에서 발로되었을 뿐이다. (④)
— 기대승, '경현당기'

17 다음 중 〈보기〉의 위치로 가장 적절한 것은?

보기
이렇게 한 뒤에야 그 시비가 결정되는 것이다.

①   ②
③   ④

18 다음 중 ㉠, ㉡에 들어갈 접속 부사를 올바르게 짝 지은 것은?

	㉠	㉡
①	게다가	하지만
②	그러나	그러므로
③	하지만	게다가
④	그래서	따라서

19 다음의 고시조 중 그 주제가 나머지와 다른 하나는?

① 구룸이 무심(無心)툰 말이 아마도 허랑(虛浪)ᄒ다. / 중천(中天)에 써 이셔 임의(任意)로 ᄃᆞ니면셔 / 구틱야 광명(光明)흔 날빗츨 짜라가며 덥ᄂᆞ니.

② 뫼ᄎᆞᆷ이 밉다 울고 쓰르람이 쓰다 우니, / 산채(山菜)를 밉다 는가 박주(薄酒)를 쓰다는가. / 우리는 초야(草野)에 뭇쳐시니 밉고 쓴 줄 몰닉라.

③ 빈천(貧賤)을 ᄑᆞ랴 ᄒᆞ고 권문(權門)에 드러가니 / 침 업슨 흥정을 뉘 몬져 ᄒᆞ쟈 ᄒᆞ리 / 강산과 풍월을 달나 ᄒᆞ니 그는 그리 못ᄒᆞ리.

④ 집 방석(方席) 내지 마라 낙엽(落葉)인들 못 안즈랴. / 솔불 혀지 마라 어졔 진 달 도다 온다. / 아희야 박주산채(薄酒山菜)ㄹ만졍 업다 말고 내여라.

20 〈보기〉의 예로 옳지 않은 것은?

보기
제40항 어간의 끝음절 '하'의 'ㅏ'가 줄고 'ㅎ'이 다음 음절의 첫소리와 어울려 거센소리로 될 적에는 거센소리로 적는다.

① 청결타 ② 전달코자
③ 명심케 ④ 떳떳치

21 다음 글에 대한 설명으로 옳은 것은?

그들을 안내해 온 사람은 놀랍게도 낯익은 순경이었다. 아버지와는 교분이 잦은, 면 소재지의 지서에 근무하는 순경이었다. 그런데 그가 뜻밖에도 낯설고, 난폭하고, 살기등등한 일단의 사내들을 몰고 왔던 것이다. 그들이 아버지를 얼마나 거칠게 다루었던지 지금 생각해도 마음이 아프다. 밤중에 집 안을 발칵 뒤집어 놓은 다음 그들은 빈손으로 돌아갔다. 끝내 삼촌을 찾아내지 못했던 것이다. 어머니는 분명히 그날 밤의 일을 생각하고 눈물을 찍어 내는 것이리라. 〈중 략〉

나는 꼭 쥐고 있던 돈과 한 잔의 물을 맞바꾸었다. 유리컵 속에 든 물은 짙은 오렌지빛이었다. 손바닥에 닿는 냉기가 갈증을 더 자극했다. 그러나 나는 마시지 않았다. 이 도시와 그 생활이 주는 어떤 경이와 흥분 때문에 실상은 목구멍보다도 가슴이 더 타고 있었다. 나는 유리컵을 조심스럽게 받쳐 든 채 천천히 돌아섰다. 그러고는 두어 걸음을 떼어 놓았다. 물론 나의 그 어리석은 짓은 용납되지 않았다. 나는 금세 제지를 받았던 것이다.

"이봐, 너 어디로 가져가는 거냐?"

나를 불러 세운 물장수가 그렇게 물었다. 나는 금방 얼굴을 붉히었다. 무언가 잘못을 저지르고 있다고 판단되었기 때문이다.

나는 아무런 대답도 하지 못했다. 그러자 물장수가 다시 말했다.

"잔은 두고 가야지. 너, 시골서 온 모양이로구나. 그렇지?"

나는 단숨에 잔을 비웠다. 숨이 찼다. 콧날이 찡해지고 가슴이 꽉 막혔다. 그러나 그 자리에 더 어정거리고 있을 수는 없었다. 내던지듯 잔을 돌려준 나는 숨을 헐떡거리면서 가족이 있는 곳으로 되돌아왔다.

① '물장수'는 '나'의 행동을 조롱하고 있다.
② 과거를 회상하는 방식으로 서술하고 있다.
③ '나'는 시골과 다른 도시의 문화를 비판하고 있다.
④ '한 잔의 물'은 산업화로 인한 폐해를 상징하고 있다.

22. 밑줄 친 부분의 의미와 가장 가까운 것은?

> 보기
> 육아는 정말 손이 많이 가는 일이다.

① 사람이 모든 것을 손에 넣을 수는 없다.
② 이 일의 성패가 그녀의 손에 달려 있다.
③ 그들의 손에 놀아나지 않게 조심해야 한다.
④ 우리 부서는 업무가 많아서 늘 손이 부족하다.

23. 다음에서 설명한 '양의 격률'을 위반한 대화문은?

> 폴 그라이스는 대화 참여자들이 지켜야하는 협력의 원리를 제시하였다. 협력의 원리는 '양, 질, 관련성, 태도'의 네 가지 격률로 이루어져 있는데, 이 중 '양의 격률'은 우리가 대화에서 제공하는 정보의 양과 관련된 것이다. 이는 대화에서 필요한 것보다 너무 적게, 또는 너무 많이 말하지 말라는 것이다.

① 가: 한 시간 뒤면 행사 시작인데, 사람들은 많이 왔어?
   나: 아니, 사람들이 아직 다 오지 않았어.
② 가: 은지야, 다음 주에 해외여행 간다고 들었는데 어디로 가는 거야?
   나: 응, 5박 6일 정도 베트남에 다녀오려고.
③ 가: 철수야, 아까 방 청소하라고 했는데 다했니?
   나: 어제 영수한테 들었는데요, 담임 선생님께서 많이 편찮으시대요.
④ 가: 그 선수가 이번 올림픽에서 100m 세계 신기록을 또 세웠대.
   나: 그는 바람처럼 빠르니까 가능했을 거야.

24. 밑줄 친 부분의 쓰임이 모두 옳은 것은?

① 여행 경비를 낮잡았더니 돈이 남았다.
   어머니는 흥정할 때 항상 물건값을 낮잡아 부르신다.
② 비행기가 미국을 거쳐 캐나다로 갔다.
   안개가 걷힌 뒤 차츰 방 안이 밝아 왔다.
③ 그는 아버지를 닮아 눈썰미가 갸름하다.
   그녀는 눈맵시가 남달라서 무슨 일이든 잘한다.
④ 산 넘어 파란 지붕의 건물이 바로 그의 집이다.
   우리 할머니는 산팔선을 너머 남으로 내려오셨다.

25. 다음 중 로마자 표기가 옳지 않은 것은?

① 노고단: Nogodan
② 안압지: Anapjji
③ 집현전: Jiphyeonjeon
④ 영동군: Yeongdong-gun

10회 핵심 어법 마무리 체크

☑ 다음 문장을 읽고 알맞은 단어에 ○표 하세요.

이론 문법

01 '할아버지께서는 아버지의 사업을 도우신다'에서 '도우신다'는 할아버지/아버지 를 높이는 표현이다.

02 '형님이 선생님을 모시고 집으로 왔다'에서 '모시고'는 형님/선생님 을 높이는 표현이다.

03 '할머니, 아버지가 고모에게 전화하는 것을 들었어요'에서 '들었어요'는 할머니/고모 를 높이는 표현이다.

어문 규정

04 저녁 설거지/설겆이 는 내가 할게.

05 일이 얽히고섥혀서/얽히고설켜서 해결이 어렵다.

06 감히 얻다가/어따가 대고 반말이야?

07 모두 소매를 걷어붙이고/걷어부치고 달려들었다.

08 '왕십리'의 로마자 표기는 'Wangsimni/Wangsibni'이다.

09 '울릉'의 로마자 표기는 'Ulleung/Urneung'이다.

10 '백마'의 로마자 표기는 'Baekma/Baengma'이다.

11 '학여울'의 로마자 표기는 'Hangnyeoul/Hagyeoul'이다.

12 문제 해결 방안으로 활용될 수밖에/수∨밖에 없다.

13 아는체/아는∨체 를 하는 모습을 보니 몹시 불쾌했다.

14 그는 아무래도 공부깨나/공부∨깨나 했나 보다.

15 동해로 가는김/가는∨김 에 평창에도 들렀다 가자.

16 그는 콧망울/콧방울 을 벌름거리며 웃음을 터뜨렸다.

17 그 사람은 눈초리/눈꼬리 가 아래로 처진 것이 특징이다.

18 무슨 일인지 귓볼/귓밥 이 훅 달아 올랐다.

19 산에 오르고 나니 장딴지/다리배 가 아팠다.

20 이 요리는 잡지 가정란/가정난(家庭欄)에 있는 요리법을 따라한 것이다.

21 지방요/지방뇨(脂肪尿)는 지방 성분이 섞인 오줌을 말한다.

22 밀턴의 실락원/실낙원(失樂園)에는 기독교적인 이상주의가 반영되었다.

23 이불을 개어 장롱/장농(欌籠)에 넣었다.

정답 | 01 할아버지 02 선생님 03 할머니 04 설거지 05 얽히고설켜서 06 얻다가 07 걷어붙이고 08 Wangsimni 09 Ulleung 10 Baengma 11 Hangnyeoul 12 수∨밖에 13 아는∨체 14 공부깨나 15 가는∨김 16 콧방울 17 눈꼬리 18 귓밥 19 장딴지 20 가정란 21 지방뇨 22 실낙원 23 장롱

11회 실전동형모의고사

01 '접칼'과 같은 방식으로 합성어가 구성된 것은?

① 잘못 ② 봄비
③ 어린이 ④ 오르내리다

02 (가)와 (나)의 공통점으로 적절하지 않은 것은?

(가) 손씨 집안에서는 눈물을 머금고 그 아이를 죽여 버려야 했다. 아기 장수가 역도(逆徒)가 되어 멸문지화(滅門之禍)를 당할까 두려웠기 때문이다.
  그런 지 3일 후 그 마을 동쪽의 후미진 곳에 있는 깊은 못에서 우렁차게 말의 울음소리가 들려왔다. 이에 마을 사람들은 모두 아기 장수를 태울 용마가 났다고 말하였다. 그 용마는 아기 장수를 찾아 사방으로 날아다녔다. 하지만 아기 장수는 이미 죽었으니 어찌하랴. 결국 용마는 주인을 찾지 못하고, 수주면 무릉리 동북쪽 강 건넛마을의 벼랑에서 슬프게 울부짖다가 나왔던 곳으로 되돌아와 죽었다고 한다. 그래서 용마가 나왔던 못을 용소(龍沼)라 하며, 그 옆에 용마의 무덤까지 있다고 한다.

(나) 옛날 어느 부인이 아들 아홉과 딸 하나를 낳고 세상을 떠났다. 후처로 들어온 부인이 딸을 몹시 미워하여 늘 구박하였다. 처녀가 장성하여 시집갈 때가 되었으므로 많은 혼수를 장만하였는데, 갑자기 죽어 버렸다. 아홉 오라비가 슬퍼하면서 동생의 혼수를 마당에서 태우는데 계모가 주변을 돌면서 아까워하며 다 태우지 못하게 말렸다. 화가 난 오라버니들이 계모를 불 속에 넣고 태우니 까마귀가 되어 날아갔다. 처녀는 접동새가 되어 밤만 되면 오라버니들을 찾아와 울었다.
  접동새가 밤에만 다니는 이유는 까마귀가 접동새를 보기만 하면 죽이므로 무서워서 그렇다고 한다.

① 사람이 아닌 대상을 인격화하여 표현하고 있다.
② 자연물을 활용하여 내용에 객관성을 더하고 있다.
③ 시간의 흐름에 따라 비극적인 사건을 전달하고 있다.
④ 구체적인 배경을 밝혀 이야기의 개연성을 높이고 있다.

03 다음 시의 주된 정서를 가장 잘 나타낸 한자 성어는?

요사이 안부를 묻노니 어떻게 지내시나요?
달 밝은 사창엔 소첩의 한이 가득합니다.
만일 꿈속의 넋에게 자취를 남기게 한다면
문 앞의 돌길은 이미 모래가 되었겠지요.

① 輾轉反側 ② 戀戀不忘
③ 四顧無親 ④ 南柯一夢

04 〈보기〉의 소설에 대한 설명으로 가장 적절하지 않은 것은?

보기
  "이 차, 어디로 가나?" 검은 색안경을 쓴 사람이 고개를 뒤로 발딱 젖히고 차 안을 두리번거린다. 그러나 아무도 대답해 주는 사람이 없다. 그는 제풀에 이상하다는 듯이 고개를 갸우뚱해 보이고 차의 문이 만들어 주는 좁은 시야 밖으로 사라져 버린다. 잠바를 입은 사나이는 적이 마음이 풀린다. 색안경은 사치품일까, 필수품일까. 대부분의 경우, 필수품은 아닐 것이다. 그런데도 뻔뻔스럽게 길거리에서 파는 백 원짜리로 사치를 하려고 하다니! 그는 이천 원짜리를 사려다가 너무 비싸서 천 원을 주고 중고를 산 바 있다. 그것은 지금 그의 호주머니 속에 들어 있다. 눈만 하얗게 쌓인다면 언제든지 꺼내서 코 위에 걸칠 수 있다.
– 서정인, '강'

① 타인에 대한 현대인의 무관심과 소시민적인 삶의 모습을 드러내고 있다.
② 인물 간의 갈등이 드러나지 않으며 인물의 내면 심리를 중심으로 내용이 전개된다.
③ '검은 색안경'은 '잠바를 입은 사나이'의 의지적인 면모를 확인할 수 있게 하는 소재이다.
④ '검은 색안경을 쓴 사람'에 대한 '잠바를 입은 사나이'의 생각에서 속물적인 모습이 드러난다.

05 ⟨보기⟩의 설명에 활용된 방식과 가장 가까운 것은?

보기

우리는 어느 특정 기간, 예를 들어 1개월 혹은 1년 동안에 많이 팔린 책을 '베스트셀러'라고 말한다. 오늘날 출판계에서 혹은 독자 사이에서 흔히 쓰는 베스트셀러라는 말을 처음으로 사용한 것은 미국의 '퍼블리셔스 위클리'지가 '오늘날의 베스트셀러'라는 표제로 기사를 실은 데서부터이다. 그 시기는 미국이 대중 사회로 진입한 1933년이었다. 즉 '베스트셀러'란 대중 사회적 현상인 것이다.

먼저 베스트셀러가 지닌 의미를 생각해 보자. 라틴어의 경구에 "공공(公共)의 평판이 거짓인 경우는 드물다."라는 말이 있다. 이때 '공공(publica)'이란 '출판물'을 의미하기도 한다. 그러므로 우리들은 위의 경구를 "책의 평판은 대체로 진실이다."라고 새겨서 이해하여도 무방할 것이다. 그렇다면 베스트셀러란 장기적이든 또는 일시적이든 그 부침(浮沈)이야 어떻든, 한 세대 또는 한 시대의 모습과 바람, 욕망과 비전, 풍속과 사상을 비춰 주는 거울이라고 해도 좋을 것이다.

① 나비가 꽃을 찾아 날아다니듯, 시인은 아름다움을 찾는다.
② 내 짝은 동그란 얼굴과 작은 귀, 곱슬거리는 머리카락을 가지고 있다.
③ 도형은 꼭짓점의 개수에 따라 삼각형, 사각형, 오각형으로 나눌 수 있다.
④ 지구에는 생물이 존재하고, 화성은 여러 면에서 지구와 유사하므로 화성에도 생물이 있을 것이다.

06 다음 글에서 논리 전개상 불필요한 문장은?

인터넷상에서의 정보는 존재하는 것만으로 사람들에게 노출되는 것이 아니다. ㉠특정 사이트에 실려 있는 정보는 인터넷을 접속한 어떤 개인이 이를 적극적으로 검색하거나, 의지를 가지고 그 사이트를 골라 클릭함으로써 드러나게 된다. ㉡개인들은 자신도 모르게 중요한 개인 정보를 자발적으로 유출하고 있는 셈이다. ㉢요컨대 인터넷상에서의 정보는 이용자인 개인들이 해당 정보에 대한 관심을 바탕으로 의지를 가지고 그 정보를 선택해야지만 전송되고 드러나게 되는 것이다. ㉣이런 의미에서 인터넷은 쌍방향 매체라고 할 수 있다. 따라서 인터넷상에서 정보를 노출시키려면 일방적으로 정보를 제공한다고 되는 것이 아니라, 개인의 관심을 끌어당길 만한 매력적인 요소가 있어야 한다.

① ㉠ ② ㉡
③ ㉢ ④ ㉣

07 밑줄 친 말의 쓰임이 올바른 것은?

① 며칠 동안 흐렸던 날씨가 개이기 시작했다.
② 할머니는 정성스럽게 보약을 달이고 계셨다.
③ 날씨가 너무 더워서 옷에 땀이 배이어 나왔다.
④ 여행을 앞두고 설레이는 마음을 간신히 진정시켰다.

08 논지 전개상 괄호 안에 들어갈 말로 가장 적절한 것은?

20세기 전후(前後) 문명의 가장 확실한 특징의 하나는 (   )(으)로 기록될 것이다. 얼마 전까지만 해도 정보 매체는 주로 책으로 대표되는 인쇄물이었고, 정보는 표현 수단인 문자의 해독이라는 양식을 통해서 이루어졌다. 그러나 오늘날에는 책으로 대표되는 인쇄 매체를 텔레비전, 인터넷 등과 같은 전자 매체가 대신해 가고, 정보 교환은 문자적 기호의 개념적 의미 해석이 아니라 영상적 이미지의 감각적 접촉이라는 양상을 차츰 더 띠게 되었다. 이러한 추세는 틀림없이 가속화될 것이다. 〈중 략〉

영상 매체에 의한 메시지는 순간적으로 그 이미지에 대한 감각적인 반응이 수동적으로 이루어지기 때문에 심리적으로나 시간적으로 경제적이다. 이런 점에서 영상 매체는 책이 갖지 않은 장점을 갖고 있다. 그러나 그것은 필연적으로 순간적이고 단편적이며, 따라서 반성적이지 못하고 애매한 상태로 남을 수밖에 없다. 이런 점에서 메시지의 전달은 피상적이다.

활자로 된 책을 통해 정보를 얻으려면, 그것을 읽고 그 개념적 의미를 능동적으로 이해해야 한다. 그만큼 지적 긴장과 시간이 필요하고 따라서 비경제적이다. 그러나 전통적 매체에 의한 정보 전달에 치르는 대가는 충분히 보상된다. 책을 구성하고 있는 문자 기호의 의미는 영상 매체를 구성하는 기호인 이미지보다 정확할 수 있으며, 영상 매체의 기호들이 언제나 제한된 공간과 시간에 구속되어 단편적이고 순간적인 파악을 요청하는 데 반해, 하나의 책에 기록된 기호들은 공식적으로 전체적인 입장에서 포괄적으로 해석될 수 있으며, 시간의 제약 없이 반복적이면서도 반성적으로 해석될 수 있고, 따라서 그만큼 깊은 차원의 정보 전달이 가능하다.

① 정보 매체의 혁신
② 전자 매체의 독점
③ 정보 교환의 가속화
④ 인쇄 매체와 전자 매체의 결합

09 밑줄 친 말의 쓰임이 적절하지 않은 것은?

① 이 결정은 상황을 개악한 조치이다.
② 몽매에도 그리던 그 사람을 만났다.
③ 일기장을 보며 지난 나날을 반추했다.
④ 그는 심판의 판정에 이의를 제기하며 승복했다.

10 다음 글의 주장으로 가장 적절한 것은?

> 지금 우리의 독서란 대충대충 섭렵하여 읽다 말다하는 것이다. 이미 정밀하지도 익숙지도 않은데 어찌 적실하고 진실됨을 논하겠는가? 독서가 이런 지경인데도 또 한 책을 다 읽고는 자기 일을 이미 마쳤다고 말하며, 함부로 날뛰고 망령된 행동을 하면서도 아무 거리낌이 없다. 책을 다 읽은 뒤에는 문득 가서 이를 실행하는 큰 일이 남아 있음을 알지 못한다. 어떤 사람이 먼 길을 가려 하는 것에 비유해 보자. 책이란 한 부의 노정기(路程記)*이고, 행함이란 말에게 꼴을 먹이고 수레에 기름칠을 해서 노정기에 따라 몰고 또 달리는 것이다. 다만 말에 고삐를 씌우고 수레를 손질해 두고는 몰지도 않고 달리지도 않으면서, 오직 열심히 노정기만 강론한다면, 먼 길을 가려는 계획은 끝내 무너져 이루어질 날이 없다.
>
> *노정기: 여행할 길의 거리 · 경로를 적은 기록.

① 책을 읽고 난 후 그것을 실천해야 한다.
② 책을 대충 읽지 말고 정독(精讀)해야 한다.
③ 책을 읽은 후에는 독서 기록을 남겨야 한다.
④ 독서 계획을 세워 체계적으로 책을 읽어야 한다.

11 다음 시에 대한 설명으로 적절하지 않은 것은?

> 남으로 창을 내겠소.
> 밭이 한참갈이*
> 괭이로 파고
> 호미론 김을 매지요.
>
> 구름이 꼬인다 갈 리 있소.
> 새 노래는 공으로 들으랴오.
> 강냉이가 익걸랑
> 함께 와 자셔도 좋소.
>
> 왜 사냐건
> 웃지요.   – 김상용, '남으로 창을 내겠소'
>
> * 한참갈이: 소로 잠깐이면 갈 수 있는 작은 논밭의 넓이

① 대화체 어조를 사용해 친근한 느낌을 준다.
② 특정한 행동을 통해 달관적 태도를 드러내고 있다.
③ 유사한 통사 구조의 반복을 통해 운율을 형성하고 있다.
④ 안분지족한 전원생활의 모습을 구체적으로 그리고 있다.

12 <보기>에서 밑줄 친 부분의 품사와 문장 성분으로 올바른 것은?

> 보기
> 그의 빛나던 눈빛이 오랫동안 잔상으로 남았다.

① 동사, 서술어   ② 동사, 관형어
③ 형용사, 관형어   ④ 형용사, 부사어

13 다음 글을 알맞은 순서로 배열한 것은?

(가) 누군가 서구문명의 거의 모든 요소들은 로마에 기원을 두고 있다고 말한다면, 그 말을 하는 이는 단순히 사실만을 말하고 있는 것이 아니다. 그는 그러한 언급의 바탕에 자부심을 섞고 있으며 그것을 과시하기까지 한다. 이러한 사실과 자부심의 혼합이 가능한 것은 현재의 세계가 서구문명의 압도적 우위 속에서 정치적, 문화적 구도를 형성해 가고 있다는 상황 판단이 있기 때문일지도 모른다.

(나) 가령 여전히 유의미한 로마적 요소 중의 하나로 자주 거론되는 법률체계에 대해 사람들은 그것이 얼마나 도덕적인 정당성을 가지고 있는지, 또는 그것이 천지자연의 이치와 같은 형이상학적 원리와 얼마나 합치하는지, 그리고 그것이 초월적인 인격적 신의 의지에 얼마나 순응하는지 따위는 묻지 않는다.

(다) 다만 그것이 현실의 사태에 얼마나 효율적으로 대응하는지를 따지는, 실용성이라는 잣대만을 들이대는 것이다. 이는 언뜻 보기에는 사소한 태도의 문제에 지나지 않는 듯하다. 그러나 사실 서구의 전통에서는 아주 오랜 연원을 가지고 있는 것이라 해야 할 것이요, 그 사소해 보인다는 것 또는 너무 당연하게 여겨진다는 것이야말로 그것이 그들의 삶의 저변에 깊숙이 자리잡았음을 말해준다 하겠다.

(라) 로마적 요소, 또는 로마의 유산을 구체적으로 거론하기 전에 우리에게 떠오르는 것 중의 하나는 로마적인 것 또는 서양의 어떤 것을 언급할 때 사람들이 대개 그것에 대해 도덕적인 판단을 하지 않는다는 점이다.

(마) 가끔은 '아시아적 가치'나 '정신의 세계'와 같은 술어들로써 그 우위성을 반박하려 하나, 그러한 반박 자체가 벌써 열등감을 드러내는 것이라고, 혹은 '옥시덴탈리즘'의 증거라고 논파당할 수 있다. 만약 이것이 사실이라면, 인정하고 싶진 않지만 받아들일 수밖에 없다면, 도대체 서구문명의 기원을 형성한다는 로마적 요소들은 무엇인지 자못 궁금해지지 않을 수 없다.

① (가) – (다) – (나) – (라) – (마)
② (가) – (마) – (라) – (나) – (다)
③ (가) – (라) – (나) – (마) – (다)
④ (가) – (나) – (다) – (라) – (마)

14 밑줄 친 한자의 독음이 다른 것으로 짝지어진 것은?

① 發見 – 謁見
② 寺刹 – 寺塔
③ 否認 – 否定
④ 精讀 – 讀書

15 다음 글에 나타난 주옹의 견해 및 태도와 일치하는 것은?

손[客]이 주옹(舟翁)에게 묻기를, / "그대가 배에서 사는데, 고기를 잡는다 하자니 낚시가 없고, 장사를 한다 하자니 돈이 없고, 진리(津吏) 노릇을 한다 하자니 물 가운데만 있어 왕래(往來)가 없구려.

변화불측(變化不測)한 물에 조각배 하나를 띄워 가없는 만경(萬頃)을 헤매다가, 바람 미치고 물결 놀라 돛대는 기울고 노까지 부러지면, 정신과 혼백(魂魄)이 흩어지고 두려움에 싸여 명(命)이 지척(咫尺)에 있게 될 것이로다. 이는 지극히 험한 데서 위태로움을 무릅쓰는 일이거늘, 그대는 도리어 이를 즐겨 오래오래 물에 떠가기만 하고 돌아오지 않으니 무슨 재미인가?" 하니

주옹이 말하기를, / "아아, 손은 생각하지 못하는가? 대개 사람의 마음이란 다잡기와 느슨해짐이 무상(無常)하니, 평탄한 땅을 디디면 태연하여 느긋해지고, 험한 지경에 처하면 두려워 서두르는 법이다. 두려워 서두르면 조심하여 든든하게 살지만, 태연하여 느긋하면 반드시 흐트러져 위태로이 죽나니, 내 차라리 위험을 딛고서 항상 조심할지언정, 편안한 데 살아 스스로 쓸모없게 되지 않으려 한다.

하물며 내 배는 정해진 꼴이 없이 떠도는 것이니, 혹시 무게가 한쪽으로 치우치면 그 모습이 반드시 기울어지게 된다. 왼쪽으로도 오른쪽으로도 기울지 않고, 무겁지도 가볍지도 않게 내가 배 한가운데서 평형을 잡아야만 기울어지지도 뒤집히지도 않아 내 배의 평온을 지키게 되나니, 비록 풍랑이 거세게 인다 한들 편안한 내 마음을 어찌 흔들 수 있겠는가?

또, 무릇 인간 세상이란 한 거대한 물결이요, 인심이란 한바탕 큰 바람이니, 하잘것없는 내 한몸이 아득한 그 가운데 떴다 잠겼다 하는 것보다는, 오히려 한 잎 조각배로 만 리의 부슬비 속에 떠 있는 것이 낫지 않은가? 내가 배에서 사는 것으로 사람 한 세상 사는 것을 보건대, 안전할 때는 후환(後患)을 생각지 못하고, 욕심을 부리느라 나중을 돌보지 못하다가, 마침내는 빠지고 뒤집혀 죽는 자가 많다. 손은 어찌 이로써 두려움을 삼지 않고 도리어 나를 위태하다 하는가?"

하고, 주옹은 뱃전을 두들기며 노래하기를,
아득한 강 바다여, 유유(悠悠)하여라.
빈 배를 띄웠네, 물 한가운데.
밝은 달 실어라, 홀로 떠가리.
한가로이 지내다 세월 마치리.
하고는 손과 작별하고 간 뒤, 더는 말이 없었다.

– 권근, '주옹설'

① 험한 상황에 처해 두려워하며 서두르는 삶을 경계한다.
② 배 위에서 사는 것보다 인간 세상 속에서 사는 것이 더 위태롭다.
③ 자연 속에서 유유자적(悠悠自適)하며 세상에 나아갈 때를 기다려야 한다.
④ 배 위에서의 삶은 마음을 평온하게 하므로 결국 스스로 쓸모없게 되고 만다.

16 다음 글의 중심 내용으로 가장 적절한 것은?

웃음은 인생을 윤택하게 하는 필수 불가결한 요소다. 이러한 중요성에도 불구하고 그것의 선호도에서는 신분별로 차이가 난다. 궁중 문화가 교화를 목표로 하고 사대부 문화가 아취를 추구한다면, 서민 문화는 희로애락의 감성을 거침없이 풀어낸다. 탈춤과 판소리에서 걸쭉한 농담은 기본이고, 국문 소설에도 웃음꽃이 피어나기는 마찬가지다. 그림에서는 풍속화는 민화와 더불어 해학적인 미술을 대표한다. '해학'은 서민 문화의 중요한 특징이자 정서다. 웃음과 울음은 서민 문화의 근간을 이루는 감성이다. 통쾌하게 웃고 함께 우는 감성의 교감을 통해 등장인물의 심리를 묘사하는데, 해학이 바로 그러한 역할을 맡는다.

유독 서민 문화에 웃음꽃이 피는 이유는 무엇일까? 그것은 두 가지 측면에서 설명할 수 있다. 첫째, 서민이라는 신분은 자유롭게 감정을 풀어놓을 수 있다. 격조나 품위를 지켜야 하는 왕이나 사대부의 신분으로는 가능한 일이 아니다. 둘째, 서민들은 기본적으로 흥미진진한 이야기를 좋아한다. 슬프거나 혹은 웃기거나 감정의 극점을 오가며 이야기를 진행해야 관심을 끌 수 있다. 해학과 함께 한을 거론하는 것은 이러한 이유 때문이다.

① 서민 문화의 존재 가치
② 서민 문화에 담긴 해학성
③ 서민 문화에 드러난 신분의 제약
④ 서민 문화의 궁중 문화의 차이점

17 밑줄 친 단어와 품사가 같은 것은?

선생님의 조언에 따라 <u>맞은</u> 문제에도 신경을 써가며 공부했더니 성적이 올랐다.

① 여행길은 언제나 <u>즐거워</u>.
② 겨울은 건조해서 빨래가 금방 <u>마르지</u>.
③ 내 친구는 그 누구보다도 기억력이 <u>좋아</u>.
④ 쉬지 않고 작업에만 열중했더니 이젠 <u>힘들다</u>.

18 다음 글의 내용과 가장 부합하는 것은?

두려움을 느끼지 않는 것은 부자연스러운 일이다. 그것은 도전과 시험을 요하는 과정이다. 역경에 굴복하는 사람과 극복하는 사람 사이의 차이는 '파워'에 대한 열망과 의지력에서 비롯된다.

두려움 극복에 대한 방어적인 자세는 어느 시점이 되면 공격적인 자세로, 즉 대담한 태도로 전환된다. 공격적인 자세를 취하는 이들은 두려움을 버리는 일의 가치는 물론이고 나아가 공격석인 삶의 가치도 배운다. 공격적인 삶이란 과감성과 절박감을 갖고 비인습적인 접근 방식을 취하며 옛것을 추종하는 대신 새로운 모델을 창출하는 삶을 말한다. 그들은 두려움 없는 태도가 안겨 준 거대한 '파워'를 확인하고 곧 그것을 중심적인 사고방식으로 삼는다.

① 두려움이란 통제하기 어려운 감정이다.
② 두려움 극복에 대한 태도는 바꿀 수 있다.
③ 대담한 태도를 지닌 사람은 온고지신의 삶을 산다.
④ 성공하려면 능동적인 자세로 두려움에 맞서야 한다.

19 다음 보기의 '에서'와 쓰임이 같은 것은?

보기
환경부<u>에서</u> 이 사태를 사건 발생 후에야 뒤늦게 알았다.

① 외래어란 외국<u>에서</u> 유래한 단어를 말한다.
② 수학 성적이 9등급<u>에서</u> 더 나빠질 수 있어요?
③ 마을 도서관<u>에서</u> 작가와 대화할 수 있는 행사가 열렸다.
④ 회사<u>에서</u> 지난 달 부과된 입찰 담합에 관한 과징금을 완납하였다.

20 사동사와 피동사를 만드는 형태와 방식이 다른 것은?

① 죽다 ② 씻다
③ 날다 ④ 들다

※ 다음 글을 읽고 물음에 답하시오. [21~22]

(가) 나는 반공(半空)을 휘달리는 소백산맥을 바라보다 문득 신라의 삼국 통일을 못마땅해 하던 당신의 말이 생각났습니다. 하나가 되는 것은 더 커지는 것이라는 당신의 말을 생각하면 대동강 이북의 땅을 당나라에 내주기로 하고 이룩한 통일은 분명 더 작아진 것이라는 점에서 그것은 통일이 아니라 광활한 요동 벌판의 상실에 불과한 것인지도 모릅니다. 이러한 상실감은 온달과 평강 공주의 애절한 사랑 이야기와 더불어 이 산성을 찾은 나를 매우 쓸쓸하게 합니다.

(나) 그리고 '바보 온달'이란 별명도 사실은 온달의 미천한 출신에 대한 지배 계층의 경멸과 경계심이 만들어 낸 이름이라고 분석되기도 합니다. 그러나 나는 수많은 사람들이 함께 창작하고 그후 더 많은 사람들이 오랜 세월에 걸쳐서 승낙한 온달 장군과 평강 공주의 이야기를 믿습니다. 다른 어떠한 실증적 사실(史實)보다도 당시의 정서를 더 정확히 담아내고 있다고 생각하기 때문입니다.

(다) 나는 평강 공주와 함께 온달 산성을 걷는 동안 내내 '능력있고 편하게 해 줄 사람'을 찾는 당신이 생각났습니다. '신데렐라의 꿈'을 버리지 못하고 있는 당신이 생각났습니다. 현대 사회에서 평가되는 능력이란 인간적 품성이 도외시된 '경쟁적 능력'입니다. 그것은 다른 사람들의 낙오와 좌절 이후에 얻을 수 있는 것으로, 한마디로 숨겨진 칼처럼 매우 비정한 것입니다. 그러한 능력의 품속에 안주하려는 우리의 소망이 과연 어떤 실상을 갖는 것인지 고민해야 할 것입니다.

(라) 당신은 기억할 것입니다. 세상 사람은 현명한 사람과 어리석은 사람으로 분류할 수 있다고 당신이 먼저 말했습니다. 현명한 사람은 자기를 세상에 잘 맞추는 사람인 반면에 어리석은 사람은 그야말로 어리석게도 세상을 자기에게 맞추려고 하는 사람이라고 했습니다. 그러나 역설적이게도 세상은 이런 어리석은 사람들의 우직함으로 인하여 조금씩 나은 것으로 변화해 간다는 사실을 잊지 말아야 한다고 생각합니다. 우직한 어리석음, 그것이 곧 지혜와 현명함의 바탕이고 내용입니다.

21 다음 중 〈보기〉의 내용이 들어갈 부분으로 가장 적절한 것은?

보기

완고한 신분의 벽을 뛰어넘어 미천한 출신의 바보 온달을 선택하고 드디어 용맹한 장수로 일어서게 한 평강 공주의 결단과 주체적 삶에는 민중의 소망과 언어가 담겨 있기 때문입니다. 이것이 바로 온달 설화가 당대 사회의 이데올로기에 매몰된 한 농촌 청년의 우직한 충절의 이야기로 끝나지 않는 까닭이라고 생각됩니다. 인간의 가장 위대한 가능성은 이처럼 과거를 뛰어넘고 사회의 벽을 뛰어넘어 드디어 자기를 뛰어넘는 비약에 있는 것이라고 할 수 있기 때문입니다.

① (가) 문단 뒤 ② (나) 문단 뒤
③ (다) 문단 뒤 ④ (라) 문단 뒤

22 윗글의 주제로 가장 적절한 것은?

① 경쟁적 능력을 키우는 것이 중요하다.
② 우직한 어리석음이 세상을 바꾸는 힘이다.
③ '온달 설화'가 국제 사회에 시사하는 바가 크다.
④ 때로는 자신을 세상에 맞추는 어리석음이 필요하다.

23 다음 중 밑줄 친 부분의 띄어쓰기가 옳은 것은?

① 그는 착할 뿐더러 재치도 겸비했다.
② 공부를 하면 할 수록 걱정만 늘어간다.
③ 험난한 세상 우리 모두 같이 가세 그려.
④ 바쁜 일상을 보내다 보니 조금도 쉴 틈이 없다.

24 다음 글의 내용과 부합하지 않는 것은?

다가오는 미래 사회에서 중요하게 여겨지는 것은 무엇일까? 미래학자 앨빈 토플러는 창의적 인재가 배출되도록 시스템을 통째로 바꿔야 미래가 있다고 논한 바 있다. 미래에는 창의성이 중시된다는 이야기이다. 과연 현 사회에서도 조금씩 그 조짐이 보이고 있다. 교육 과정이 창의적인 인재를 육성하는 방향으로 개정되고 있다는 것은 이미 익숙한 사실이다.

창의성이 중시되는 사회로 변화할수록 자유로운 사고를 방해하던 전통적 성차별 의식, 형식주의, 권위주의 등의 규범들은 차츰 사라져 갈 것이다. 그리고 열린 마음으로 다양한 상황에서 자유롭게 사고하는 모습이 바람직한 상으로 추구될 것이다. 이러한 사회를 공고히 다질 수 있는 주체는 다름 아닌 어린이이다.

예전에 전국 컴퓨터 경진 대회의 초등부에서 최우수상을 받은 어린이의 인터뷰 기사가 신문에 실린 적이 있다. 이 남자 어린이는 컴퓨터와 축구를 좋아한다고 했는데, 눈에 띄는 것이 있었다. 그것은 컴퓨터 프로그래밍이나 축구 못지않게 가족과 나누어 먹기 위한 빵을 직접 만드는 것도 좋아하고 수틀과 수실을 사다가 수를 놓는 것도 좋아한다는 내용이었다.

이러한 어린이야말로 사회의 발전을 이끄는 견인차이자 미래의 주인공이다. '남자아이의 놀이', '여자아이의 놀이'를 분류하는 고정 관념 없이 자유롭게 자신의 취향을 즐기는 모습에서, 다양한 상황을 열린 마음으로 받아들이고 자유롭게 생각하여 사회를 더욱 창의적으로 바꾸어 나가는 모습을 기대할 수 있는 것이다. 이들이 열어 갈 자유롭고 창의적인 사회를 통해 인류가 한 발짝 더 진보하게 될 것임은 당연한 이야기이다.

① 창의적인 사회에서는 자유로운 생각을 막는 규범이 없어져 갈 것이다.
② 앨빈 토플러는 창의적 인재를 양성하기 위해 시스템 전반을 바꿔야 한다고 말했다.
③ 현재의 교육 과정을 통해 형식주의와 권위주의 등의 규범을 타파하는 것이 가능했다.
④ 컴퓨터 경진 대회의 초등부 최우수상 수상자는 제빵과 자수를 컴퓨터 프로그래밍만큼 좋아한다.

25 다음 글에 대한 이해로 적절하지 않은 것은?

말뚝이: 너 여기서 만나 보기를 천만다행이다.
쇠뚝이: 그래, 요사이 옹색한 일이 있구나?
말뚝이: 내가 다름 아니라 우리 댁 샌님, 서방님, 도련님을 모시고 과거를 보러 가는데 산대굿 구경을 하다가 해 가는 줄 모르고 있다가 의막(依幕)을 못 정했다우.
쇠뚝이: 염려 마라, 정해 주마. (삼현(三絃)을 청하여 까끼걸음으로 장내를 돌다가 의막을 정하여 놓고서 말뚝이의 얼굴을 탁 친다. 삼현 중지.) 애! 의막을 정해 놓고 왔다. 혹시 그놈들이 담배질을 하더라도 아래윗간은 분명해야 하지 않겠느냐!
말뚝이: 영락없지!
쇠뚝이: 그래서 말뚝을 뺑뺑 돌려서 박고 띠를 두르고 문은 하늘로 냈다.
말뚝이: 그것 고래당 같은 기와집이로구나.
쇠뚝이: 영락없지.
말뚝이: 그 집을 들어가자면 물구나무를 서야겠구나.
쇠뚝이: 영락없지.
말뚝이: 얘! 너하고 나하고 사귄 것이 불찰이지. 우리 댁 샌님을 들어 모시자.
쇠뚝이: 내야 무슨 상관있느냐. 대관절 너는 그 댁에 무어냐?
말뚝이: 나는 그 댁에 청직(廳直)일세.
쇠뚝이: 청직이면 팽양이 갓을 써?
말뚝이: 청직이가 아니라 겸노(兼奴)일세.
쇠뚝이: 옳겠다. 그러면 그 양반들이 어데 있느냐?
말뚝이: 저기들 있으니 들어 모시자. (타령조. 까끼걸음으로 샌님 일행을 돼지 몰아넣듯이 채찍질을 하면서 "두두." 한다. 삼현 중지.)
　　　　　　　　　　　　　　　　　　- 작자 미상, '양주 별산대(楊州別山臺)놀이'

① 말뚝이는 쇠뚝이에게 의막을 정해 달라고 부탁하고 있군.
② 양반을 모시자고 한 말뚝이는 돼지 취급하며 조롱하고 있군.
③ 쇠뚝이가 의막을 정한 사실을 음악 반주 소리를 통해 알리고 있군.
④ 말뚝이는 쇠뚝이가 정해놓은 의막을 기와집이라고 치켜세우며 능청스럽게 맞장구치고 있군.

11회 핵심 어법 마무리 체크

☑ 다음 문장을 읽고 알맞은 단어에 ○표 하세요.

이론 문법

01 '개나리꽃이 흐드러지게 핀 교정'에 쓰인 '흐드러지게'의 품사는 동사/형용사 이다.

02 '대기 중에 충만한 봄의 기운'에 쓰인 '충만한'의 품사는 동사/형용사 이다.

03 '그때 느꼈던 설레는 행복감'에 쓰인 '설레는'의 품사는 동사/형용사 이다.

04 '공원에서 친구들과 함께 찍은 사진'에 쓰인 '찍은'의 품사는 동사/형용사 이다.

05 '여보게, 어디 가는가?'에 쓰인 상대 높임법은 '하오체/하게체'이다.

06 '김 군, 벌써 봄이 왔다네'에 쓰인 상대 높임법은 '하오체/하게체'이다.

07 '오후에 나와 같이 산책하세'에 쓰인 상대 높임법은 '하오체/하게체'이다.

08 '어느덧 벚꽃이 다 지는구려'에 쓰인 상대 높임법은 '하오체/하게체'이다.

어문 규정

09 한밤중에/한밤∨중에 전화가 왔다.

10 그는 일도 잘할뿐더러/잘할∨뿐더러 성격도 좋다.

11 친구가 도착한 지 두 시간만에/시간∨만에 떠났다.

12 요즘 경기가 안 좋아서 장사도 잘 안된다/안∨된다.

13 '춘천'의 로마자 표기는 'Choncheon/Chuncheon'이다.

14 '밀양'의 로마자 표기는 'Millyang/Miryang'이다.

15 '청량리'의 올바른 로마자 표기는 'Cheongnyangni/Chongnyangni'이다.

16 '예산'의 로마자 표기는 'Yesan/Yaesan'이다.

17 '홑이불'의 표준 발음은 [혼니불]/[호디불] 이다.

18 '뚫는'의 표준 발음은 [뚤는]/[뚤른] 이다.

19 '넓죽하다'의 표준 발음은 [넙쭈카다]/[넙쭉카다] 이다.

20 '흙만'의 표준 발음은 [흥만]/[흑만] 이다.

12회 실전동형모의고사

01 다음 중 문장의 짜임이 나머지 셋과 다른 것은?

① 그가 길을 잃었음이 분명하다.
② 책을 읽든지 밥을 먹든지 해라.
③ 그가 내 뒤에서 기척도 없이 다가왔다.
④ 그가 흘리던 눈물은 거짓에 불과했다.

02 다음 중 가장 자연스러운 표현은?

① 날씨가 몹시 추워 할머니는 댁에 있으시기로 하였다.
② 그의 방은 통풍과 햇빛이 잘 들지 않아 눅눅하고 어두웠다.
③ 더러워진 오수는 환경 보호를 위해 처리 시설을 거친 후 배출해야 한다.
④ 발표자의 해박한 지식을 방증하는 듯 발표 내용은 철학, 역사 등의 영역을 포괄하고 있었다.

03 이해하기 쉽게 풀어 쓴 것으로 바르지 않은 것은?

① 비산 먼지 주의 요망 → 날림 먼지 주의 바람
② 추돌 사고 다발 지역 → 마주 부딪치는 사고가 잦은 지역
③ 진부를 구별하는 것이 용이하다. → 진짜와 가짜를 구별하는 것이 쉽다.
④ 점멸 표시등이 켜졌을 때 전진 엄금 → 깜빡이등이 켜졌을 때 전진하지 말 것

04 밑줄 친 ㉠에 사용된 표현 기법에 대한 설명으로 옳은 것은?

> 나는 이 겨울을 누워 지냈다.
> 사랑하는 사람을 잃어버려
> 염주처럼 윤나게 굴리던
> 독백도 끝이 나고
> 바람도 불지 않아
> ㉠이 겨울 누워서 편히 지냈다.
>
> 저 들에선 벌거벗은 나무들이 / 추워 울어도
> 서로 서로 기대어 숲이 되어도 / 나는 무관해서
>
> 문 한 번 열지 않고
> 반추 동물처럼 죽음만 꺼내 씹었다.
> 나는 누워서 편히 지냈다.
> 사랑하는 사람을 잃어버린
> 이 겨울.
> – 문정희, '겨울 일기'

① 한 단어로 두 가지 이상의 의미를 나타내는 표현이다.
② 본래 의도와 반대되는 말을 하여 문장의 의미를 강화하는 표현이다.
③ 논리에 어긋나는 표현을 통해 오히려 진실된 뜻을 드러내는 표현이다.
④ 사람이 아닌 것을 사람에 비겨 사람이 행동하는 것처럼 나타내는 표현이다.

05 로마자 표기법이 바르지 않은 것은?

① 울산 – Ulsan
② 울릉 – Ulleung
③ 백암 – Baegam
④ 인왕리 – Inwangli

06 다음 글의 중심 내용으로 가장 적절한 것은?

2000년대 초반에 제작된 '귀무자' 2편에는 마츠다 유사쿠라는 일본 배우가 등장한다. 마츠다 유사쿠는 1989년에 서른 아홉이라는 젊은 나이로 생을 마감하였지만, 디지털 기술이 그를 죽음에서 부활시켰다. 게임 속 마츠다 유사쿠는 사무라이의 분노와 비장함을 마치 살아 있는 것처럼 생생하게 표현하였고, 마침내 '귀무자'는 세계적인 흥행에 성공하였다. 이에 따라 마츠다 유사쿠 또한 전성기를 누리게 되었다. 그렇다면 이쯤에서 이렇게 질문할 수 있을 것이다. 배우가 죽음을 맞이한 후에도 생전처럼 연기하여 배우로서의 자신의 본질을 구현할 수 있다면, 과연 '진짜와 가짜'란 무엇이며 이를 구분하는 일은 가능한 것인가?

'진짜와 가짜'를 구분할 수 없는 것은 저 배우만의 이야기가 아니다. 당장 '나' 자신조차도 '진짜인지 가짜인지' 구분해 내기가 어렵다. 생각해 보면 지금 하고 있는 화장이나 머리 모양은 독자적으로 고안한 것이 아니라 누군가 하고 있는 것을 보고 예쁘다고 생각하여 따라한 것이며, 심지어 유쾌함이나 불쾌함을 나타내는 표정이나 몸짓마저도 다른 사람의 것을 베낀 것이다. 하지만 그렇다고 하여 '나'의 인생을 '가짜'라고 말할 수 있는가? 그럴 수는 없다. '나'에게 속한 순수한 '진짜'와 다른 것으로부터 가져온 '가짜'는 뒤엉켜 있어, 이를 '진짜' 또는 '가짜'로 구분하는 것은 불가능하다.

① 삶과 죽음은 존재 여부와 무관하다.
② '진짜'와 '가짜'는 동등한 가치를 지니고 있다.
③ 삶에서 '가짜'를 분리해 내는 것은 불가능하다.
④ 기술이 구현하는 인간의 본질에는 한계가 없다.

07 다음 중 밑줄 친 부분에 해당하는 용언으로 적절한 것은?

피동사는 타동사 어근에 피동의 접미사가 결합하여 형성되는 경우가 있는데 반해, 사동사는 타동사뿐만 아니라 형용사나 자동사 어근에 사동의 접미사가 결합하여 형성되는 경우도 있다. 이때 동일한 어근에서 파생되었으나 피동사와 사동사의 형태가 같은 용언도 존재한다.

① 속다
② 묶다
③ 닦다
④ 굳다

08 다음 글의 서술자에 대한 비판적 평가로 가장 적절한 속담은?

"아저씨! 경제라 껏은 돈 모아서 부자 되라는 거 아니요? 그런데 사회주라 껏은 모아둔 부자 사람의 돈을 뺏아 쓰는 거 아니요?"
"이 애가 시방!"
"아—니, 들어보세요."
"너, 그런 경제학, 그런 사회주의 어디서 배웠니?"
"배우나마나, 경제라 껀 돈 많이 벌어서 애껴 쓰구 나머지 모아 두는 게 경제 아니요?"
"그건 보통, 경제한다는 뜻으로 쓰는 경제고, 경제학이니 경제적이니 하는 건 또 다르다."
"다른 게 무어요? 경제는, 돈 모으는 것이고 그러니까 경제학이면 돈 모으는 학문이지요."
"아니란다. 혹시 이재학(理財學)이라면 돈 모으는 학문이라고 해도 근리(近理)할지 모르지만 경제학은 그런 게 아니란다."
"아—니 그렇다면 아저씨 대학교 잘못 다녔소. 경제 못 하는 경제학 공부를 오 년이나 했으니 그거 무어란 말이요? 아저씨가 대학교까지 다니면서 경제 공부를 하구두 왜 돈을 못 모으나 했더니, 인제보니깐 공부를 잘못해서 그랬군요!"
"공부를 잘못했다? 허허. 그랬을지도 모르겠다. 옳다 네 말이 옳아!"
이거 봐요 글쎄, 담박 꼼짝 못 하잖수. 암만 대학교를 다니고, 속에는 육조를 배포했어도 그렇다니깐 글쎄……

– 채만식, '치숙(痴叔)'

① 제 오라를 제가 졌다
② 어리석은 자가 농사일을 한다
③ 매달린 개가 누워 있는 개를 웃는다
④ 뱁새가 황새를 따라가면 다리가 찢어진다

09 밑줄 친 단어의 품사가 나머지 셋과 다른 것은?

① 고양이가 문틈으로 빼꼼 귀를 내밀었다.
② 너의 웃는 모습이 어렴풋하게 기억난다.
③ 혼자 할 테니 쓸데없이 간섭하지 말아라.
④ 때는 바야흐로 얼었던 냇물이 녹는 봄이다.

10 다음 중 밑줄 친 부분의 한자 표기가 바르게 연결된 것은?

> 디지털 세계의 ㉠변화 속도는 정신이 아득할 정도로 빠르다. 우리는 이 속도를 즐기기도, 속도를 따라가지 못해 뒤처지기도 하는데 ㉡분명한 것 하나는 현대인들은 디지털 세계에서 빠져나갈 수 없다는 것이다. 이는 현대인들이 디지털 세계의 상호 작용 속에서 살아가는 데서 기인한다. 디지털 세계의 상호 작용은 디지털 기기의 ㉢사용에서부터 시작되는데, 디지털 기기의 사용은 ㉣소수만의, 특별한 일이 아닌 지극히 평범하고 일상적인 일이 되어버렸다.

　　㉠　　㉡　　㉢　　㉣
① 變化 - 分明 - 使用 - 少數
② 變化 - 公明 - 使用 - 小數
③ 戀化 - 分明 - 私用 - 少數
④ 戀化 - 公明 - 私用 - 小數

11 다음 중 띄어쓰기가 옳지 않은 것은?

① 이 반지가 그 중에서는 가장 예쁘다.
② 걷지 못하리만큼 발에 물집이 잡히고 말았다.
③ 그들은 편의 시설을 짓는다는 미명하에 자연을 훼손했다.
④ 선조 대에도 왜구들은 경상도 해안 일대에 막대한 피해를 입혔다.

12 일상 생활에서의 인사말 중 표준 언어 예절에 맞지 않는 것은?

① (손님이 집에서 떠날 때) 안녕히 돌아가십시오.
② (오랜만에 만난 어른에게) 그동안 별고 없으셨습니까?
③ (퇴근할 때 남아 있는 동년배 직원에게) 수고하십시오.
④ (점심 시간 무렵에 직장 상사를 만났을 때) 점심 잡수셨습니까?

※ 다음 글을 읽고 물음에 답하시오. [13 ~ 14]

> 사람이 태어났다가 바로 죽는다면 이도 나 보지 못한 채 죽게 되고, 예닐곱 살에 죽으면 젖니도 갈지 못한 채 죽고 마는 것이다. 그러나 여덟 살을 지나 육칠십 살까지 살면 젖니가 빠지고 새 이가 난 뒤이고, 다시 팔구십 살이 되면 이가 또 새로 난다고 한다. 그런데 내가 살아온 나이를 따져 보니 아흔 살을 산다고 볼 때에 거의 4분의 3을 산 셈이다. 영구치가 난 뒤로 벌써 환갑이 되었으니, 이가 너무 빨리 빠졌다고 하여 한탄할 수만은 없을 것 같구나. (①) 더구나 금년은 크게 흉년이 들어서 굶어 죽는 사람이 그 수를 헤아릴 수 없을 지경이니, 그러한 정상을 생각해 보면 나처럼 이 빠진 귀신이 된 이가 몇 사람이나 있겠는가. (②) 나는 이러한 일들을 생각하며 스스로 마음을 넉넉하게 먹기로 했다. 그렇지 않고 슬퍼한들 무슨 소용이 있겠는가?
> 　(③) 사람이 체력을 유지하고 기르는 데는 음식만 한 것이 없고, 음식을 먹으려면 이가 가장 긴요하다. (㉠) 하루 아침에 이가 빠져 버리고 나니 빠진 이 사이로 물이 새고 밥은 딱딱하여 잘 씹히지 않으며, 간간이 고기라도 씹으려면 마치 독약을 마시는 사람처럼 얼굴이 절로 찌푸려진다. (④)

13 다음 중 <보기>의 문장이 들어가기에 가장 적절한 곳은?

> 보기
> 　그렇다고 해도 아쉬움은 남는다.

① 　　　　　　　②
③ 　　　　　　　④

14 (㉠)에 들어갈 접속 부사로 적절하지 않은 것은?

① 그런데　　② 그러나
③ 그리하여　　④ 그렇지만

15 우리말 표현으로 가장 옳은 것은?

① 나는 그가 계획을 달성할 수 있도록 격려했다.
② 등산을 하면 몸도 건강해지고 기분도 상쾌해진다.
③ 이 작품의 창작 동기는 친구가 권해서 쓰게 되었다.
④ 한 가지 다행스러운 점은 그가 올 것이라는 확신이 섰다.

16 밑줄 친 부분의 의미 관계가 나머지 셋과 다른 것은?

① 이 작품이 채택될지 제기될지 알 수 없어.
② 나는 내일까지 상신해야 할 업무를 아직 다 완료하지 못했다.
③ 그가 보낸 편지의 초두부터 말미까지의 모든 내용이 나의 심금을 울렸다.
④ 이번에 새롭게 협의된 주차 규정에 대한 주민들의 예성과 원성이 함께 들려왔다.

17 다음 중 맞춤법에 맞는 것은?

① 몸이 아파서 김치를 담궈 먹는 것도 수월치 않다.
② 이것이 제가 가진 것 중에 가장 단출한 바지여요.
③ 모든 사람들이 눈에 초점이 풀린 그를 보고 수근댔다.
④ 폭우로 움쩍달싹하지 못하게 된 나는 이 마을에서 하룻밤을 드세기로 하였다.

18 다음 글에서 경계하고자 하는 태도와 유사한 것은?

> 옛날에 한 사내가 있었다. 그는 산을 쌓아 올리기 위해 매일 흙을 퍼 날랐다. 산을 거의 다 쌓아갈 때 즈음, 그는 흙을 퍼 나르는 힘든 일을 이제는 그만하고 싶다고 생각했다. 지금껏 성실히 흙을 퍼 날랐던 그는 잠깐 고민하다가 더 이상은 무리라며 삽을 던지고 자리를 떴다. 그가 지금껏 쌓아왔던 흙은 결국 산이 되지 못하고, 이도 저도 아닌 흙더미로 남고 말았다.

① 眼下無人
② 蓋世之才
③ 功虧一簣
④ 敎學相長

19 밑줄 친 것 중 보조사가 아닌 것은?

① 그도 이제 늙었나 보다.
② 지금은 잠이 안 오는걸요.
③ 귤은 먹어도 감은 먹지 마라.
④ 그는 누구보다 걸음이 빠르다.

20 밑줄 친 단어와 문맥상 의미가 가장 가까운 것은?

> 진리나 가난한 것이나 아름다운 것은 공통되는 것이어서 부분이 없고 구역이 없다. 이곳의 가난한 사람과 저곳의 가난한 사람과의 사이는 이곳의 가난한 사람과 가난하지 않은 사람과의 사이보다는 도리어 가깝듯이 아름다운 것도 아름다운 것끼리 구역을 넘어 친밀한 감동을 주고받는다.
>
> — 이효석, '화분(花粉)'

① 근사(近似)하듯이
② 밀접(密接)하듯이
③ 비근(卑近)하듯이
④ 유사(類似)하듯이

21 다음 글의 내용을 잘못 이해한 것은?

> 사이버 언론의 등장 이후, 그동안 언론계를 독점해왔던 메이저 언론의 힘이 약화되고 있다. 권력의 집합체인 메이저 언론은 일방적으로 정보를 전달하는 방식을 취했었다. 이에 대항하듯 사이버 언론은 쌍방향적 소통 방식을 특징으로 하여 무섭게 성장하고 있다. 또한 사이버 언론은 소통 방식을 기반으로 평소 다루지 못했던 사소한 쟁점들을 챙김으로써 언론의 역할을 다해 나가고 있다.
>
> 이러한 지각 변동으로 인해, 메이저 언론도 변화의 필요성을 실감한 듯하다. 메이저 언론들은 홈페이지를 마련하여 자신들의 입지를 지키고자 했지만 정부 전달의 형식이 '종이 신문'에서 '홈페이지'로 달라졌을 뿐 전달하고자 하는 내용은 그대로여서 독자들은 이에 동요하지 않았다.
>
> 이와 달리 사이버 언론은 뉴스의 소비자를 생산자로 전환시키고, 독자들에게 개인별 맞춤 정보를 제공하는 등 적극적인 상호작용을 통해 독자들에게 큰 호응을 얻고 있다. 즉, 사이버 언론이 새로운 상호 작용의 언로(言路)를 개척한 것이다.

① 사이버 언론이 사소한 쟁점까지 다룰 수 있는 것은 소통 방식에 기인한다.
② 메이저 언론은 정보 전달의 형식을 변화시켰지만 독자들의 호응을 얻지 못했다.
③ 사이버 언론의 등장으로 인해 뉴스의 소비자는 뉴스 생산자의 지위를 얻게 되었다.
④ 사이버 언론의 발전은 독자들에게 정보의 양을 공평하게 제공하는 것을 통해 이루어졌다.

22 다음 글의 내용을 잘못 이해한 것은?

> 전자 기술의 발달로 세상은 더 좁아지고, 더 빨라지고, 더 복잡해졌다. 빠르고 복잡한 세상에서 생활해야 한다는 것은, 모든 것에 대해서 즉각적인 반응을 해야 한다는 것을 뜻한다. 바쁜 가운데서 책을 읽을 수 없는 것은 아니지만, 바쁘게 수행되는 독서는 정보의 섭렵에 그칠 뿐 딴 세상으로의 여행이 되기는 어렵다. 〈중 략〉
> 지금은 읽을거리가 너무 많아서 어떤 책이 있는지, 무슨 책을 읽어야 하는지 더 알 수 없게 되었다. 책, 신문, 잡지 등의 인쇄 매체뿐 아니라 텔레비전, 인터넷, 팩스, 이메일 등의 전자 매체를 통해서 쏟아지는 정보까지 생각하면 더욱 막막하다. 이런 환경에서 독서는 표피적일 수밖에 없다. 독자들은 표면만 스치며 대강 읽게 되고, 내면에서 말뜻을 곰곰이 새겨볼 겨를도 없이 다른 읽을거리로 이동하게 된다. 얕고 넓게 읽게 되고, 그 결과 무수한 비트(bit)의 정보를 알게 된다.
> — 이남호, '문자 제국 쇠망 약사'

① 정보의 대량화로 정보 선택의 혼란이 야기되었다.
② 사색적 독서보다는 정보 습득 위주의 독서를 하게 되었다.
③ 쏟아지는 정보 속에서 독자들은 수박 겉 핥기식 독서를 하게 되었다.
④ 정보의 다양화로 분절된 정보를 습득하고 재구성하는 능력이 중요하게 되었다.

23 밑줄 친 부분의 표준 발음으로 옳지 않은 것은?

① 법적 절차를 <u>밟게</u> 되었다. – [밥ː께]
② 동네 어귀의 시냇물이 참으로 <u>맑군</u>. – [막꾼]
③ 아래위로 <u>훑는</u> 순사의 시선이 곱지만은 않았다. – [훌른]
④ <u>넓고 넓은</u> 바다는 청년의 가슴을 뛰게 한다. – [널꼬널븐]

24 괄호 안에 들어갈 말의 예로 적절한 것은?

> 파생어는 실질 형태소인 어근과 형식 형태소인 접사가 결합하여 이루어진 단어를, (　　)는 실질 형태소인 어근이 둘 이상 결합하여 이루어진 단어를 말한다.

① 바로, 수꿩, 파뿌리, 날뛰다
② 밀밭, 새우젓, 나루터, 이리저리
③ 알거지, 스승님, 철들다, 경비행기
④ 팥빵, 나팔꽃, 구둣주걱, 새파랗다

25 다음 예문과 같은 유형의 논리적 오류가 나타난 것은?

> 우리 회사의 신제품은 출시 직후 여론의 찬사를 받았습니다. 이는 해당 제품의 품질이 얼마나 뛰어난지를 명백히 보여 주는 것입니다.

① 너희 아버지께서 ○○ 기업의 임원이시니 너는 ○○ 기업의 제품만 구매할 것이다.
② 이렇게나 지원자 수가 많은 걸 보니 이 기업은 사원 복지 제도가 잘 되어 있을 것이다.
③ 좋은 기업은 의견 교환이 활발하다. 이 기업은 직원들이 활발하게 의견을 교환하므로 좋은 기업이다.
④ 대기업은 국가 경제를 이끌어 간다. 따라서 자국의 대기업 제품을 애용하지 않는 것은 국가를 사랑하지 않는 것이다.

12회 핵심 어법 마무리 체크

☑ 다음 문장을 읽고 알맞은 단어에 ○표 하세요.

어문 규정

01 십여∨년 / 십∨여∨년 전에 작은 사건이 있었다.

02 모임에서 정한대로 / 정한∨대로 일정을 짜야 한다.

03 수정 요청시 / 요청∨시 에는 연관된 항목을 확인해야 한다.

04 그는 능력뿐 아니라 추진력마저 / 추진력∨마저 없는 사람이다.

05 병이 씻은 듯이 낳았다 / 나았다 .

06 넉넉치 / 넉넉지 못한 선물이지만 받아 주세요.

07 자물쇠로 서랍을 잠갔다 / 잠궜다 .

08 옷가지를 이어서 / 이여서 밧줄처럼 만들었다.

09 'flash'의 올바른 외래어 표기는 ' 플래시 / 플래쉬 '이다.

10 'shrimp'의 올바른 외래어 표기는 ' 쉬림프 / 슈림프 '이다.

11 'presentation'의 올바른 외래어 표기는 ' 프레젠테이션 / 프리젠테이션 '이다.

12 'Newton'의 올바른 외래어 표기는 ' 뉴턴 / 뉴튼 '이다.

13 '다락골'의 로마자 표기는 ' Darakgol / Dalakgol '이다.

14 자연 지명 '국망봉'의 로마자 표기는 ' Gukmangbong / Gungmangbong '이다.

15 '낭림산'의 로마자 표기는 ' Nangrimsan / Nangnimsan '이다.

16 '한라산'의 로마자 표기는 ' Hallasan / Hanrasan '이다.

17 열거할 어구들을 일정한 기준으로 묶어서 나타낼 때 마침표 / 가운뎃점 을 쓴다.

18 한 문장 안에 몇 개의 선택적인 물음이 이어질 때 각 물음의 뒤에 / 맨 끝의 물음에만 물음표를 쓴다.

19 '솜이불'의 표준 발음은 [솜ː니불] / [소ː미불] 이다.

20 '직행열차'의 표준 발음은 [지캥열차] / [지캥녈차] 이다.

21 '내복약'의 표준 발음은 [내ː보갹] / [내ː봉냑] 이다.

22 '막일'의 표준 발음은 [마길] / [망닐] 이다.

13회 실전동형모의고사

제한시간 : 25분 시작   시   분 ~ 종료   시   분 점수 확인   개/ 25개

01 읽을 책을 고를 때 참고할 수 있는 질문으로 가장 적절하지 않은 것은?

① 책의 길이는 읽을 만한 수준인가?
② 책의 주제, 작가에 대해 내가 이미 알고 있는가?
③ 내가 이 주제를 읽을 준비가 되었다고 느끼는가?
④ 모르는 단어나 낯선 개념을 스스로 알아낼 수 있는가?

02 다음 중 문맥상 ㉠~㉢에 들어갈 말로 적절하지 않은 것은?

　오늘의 위기 상황은 현대 문명이 그 속에 깊이 뿌리 내리고 있는 인간 중심주의로 인해 ㉠촉구되었다고 오늘날 많은 학자들은 주장한다. 일반적으로 인간 중심주의란 특별한 정신적, 도덕적 ㉡자질을 가진 인간만이 "고유한 가치를 소유하며, 인간만이 그 자체에 있어 목적인 반면, 그 밖의 모든 자연은 인간의 욕구 성취를 위한 수단이나 도구에 ㉢불구하다"는 인간상 내지 세계상을 가리킨다. 〈중 략〉 오늘의 위기 상황을 극복하고자 한다면, 기독교가 서구 사회에 안겨 준 인간 중심주의를 ㉣비판하고 자연 중심주의(physiocentrism)로 돌아가야 한다. 자연 중심주의란 그리스어 physis, 곧 자연을 세계의 중심으로 보아야 한다는 것이다.

① ㉠, ㉡　　　　　② ㉠, ㉢
③ ㉡, ㉢　　　　　④ ㉢, ㉣

03 다음 중 〈보기〉의 뜻으로 옳은 것은?

보기
　　　닭 손님으로는 아니 간다.

① 첫 번째 손님이 아니면 좋지 않음
② 남에게 이끌려 하는 행동은 하지 않음
③ 준비하지 않은 채로는 어떤 일도 하지 않음
④ 손님을 반가워하지 않는 집에는 가도 좋은 대접을 받지 못함

04 ㉠, ㉡에 들어갈 단어를 알맞게 고른 것은?

　정작 이해할 수 없는 것은 오늘의 우리들이다. 인터넷 시대에 세계의 정보를 책상 위에서 만나 보면서도 오늘의 우리는 천하의 일은커녕 저 자신에 대해서조차 알 수가 없다. 정보의 바다는 오히려 우리를 더 혼란 속에서 허우적거리게 할 뿐이다. 왜 그럴까? 거기에는 '나'는 없고 '정보'만 있기 때문이다. 그러기에 내가 소유한 정보의 양이 늘어갈수록 내면의 (㉠)는 커져만 간다. 주체의 확립이 없는 정보는 혼란만 가중시킬 뿐이다.
　그래서 사람들은 조그만 시련 앞에서도 쉽게 스스로를 허문다. 이른바 거품경제 속에서 장밋빛 미래를 꿈꾸다 갑자기 닥친 잿빛 현실 앞에서 그들의 절망은 너무도 빠르고 신속하다. 실용의 이름으로 대학의 지적 토대는 급격히 무너지고, 문화는 (㉡)되고 있다.

	㉠	㉡		㉠	㉡
①	公許	抹殺	②	空虛	抹殺
③	公許	默殺	④	空虛	默殺

05 다음에서 알 수 있는 '나'의 이름은?

　안녕하세요? 제 이름을 색다르게 소개해 볼게요. 먼저 제 이름에는 목청소리이면서 마찰음인 것이 포함되어 있어요. 또, 주인님이 제 이름을 부를 땐 입술이 동그랗게 모였다가 펴져요. 제 이름은 무엇일까요?

① 두부　　　　　② 홍시
③ 하늘　　　　　④ 뭉이

※ 다음 글을 읽고 물음에 답하시오. [06~07]

> 하늘로 날을 듯이 길게 뽑은 부연 끝 풍경이 운다.
> 처마 끝 곱게 늘이운 주렴에 반월(半月)이 숨어
> 아른아른 봄밤이 두견이 소리처럼 깊어 가는 밤
> 곱아라 고아라 진정 아름다운지고.
> 파르란 구슬빛 바탕에
> 자줏빛 호장을 받친 호장저고리
> 호장저고리 하얀 동정이 환하니 밝도소이다.
> 살살이 퍼져 내린 곧은 선이
> 스스로 돌아 곡선을 이루는 곳
> 열두 폭 기인 치마가 사르르 물결을 친다.
> 치마 끝에 곱게 감춘 운혜(雲鞋) 당혜(唐鞋)
> 발자취 소리도 없이 대청을 건너 살며시 문을 열고
> 그대는 어느 나라의 고전을 말하는 한 마리 호접(胡蝶)
> 호접인 양 사붓이 춤을 추라 아미(蛾眉)를 숙이고……
> 나는 이 밤에 옛날에 살아
> 눈 감고 거문고 줄 골라 보리니
> 가는 버들인 양 가락에 맞추어
> 흰 손을 흔들어지이다.

06 다음 시에 대한 설명으로 옳지 않은 것은?

① 대상을 나비에 빗대어 표현했다.
② 화자의 시선 이동에 따라 시상이 전개된다.
③ 예스러운 표현과 방언을 활용하여 고전미를 살렸다.
④ 작품의 마지막 4행은 화자의 모습을 묘사한 부분이다.

07 밑줄 친 시어 중 의미하는 것이 가장 이질적인 것은?

① 호장저고리
② 기인 치마
③ 운혜(雲鞋) 당혜(唐鞋)
④ 아미(蛾眉)

08 다음 글에 대한 이해로 가장 적절한 것은?

> 이때 천자가 옥새를 목에 걸고 항서를 손에 든 채 진문 밖으로 나오다가 보니, 뜻밖에 호통 소리가 나며 어떤 한 대장이 적장 문걸의 머리를 베어 들고 중군으로 들어가거늘, 매우 놀라고 또 기뻐서 말하기를,
> "적장 벤 장수 성명이 무엇이냐? 빨리 모시고 들어오라."
> 충렬이 말에서 내려 천자 앞에서 땅에 엎드리니, 천자 급히 물어 말하기를,
> "그대는 뉘신데 죽을 사람을 살리는가?"
> 충렬이 부친 유심의 죽음과 어려서 홀로 된 자신을 길러 준 장인 강희주의 죽음을 몹시 원통하고 분하게 여겨 통곡하며 여쭈되,
> "소장은 동성문 안에 살던 유심의 아들 충렬입니다. 사방을 떠돌아다니면서 빌어먹으며 만 리 밖에 있다가 아비의 원수를 갚으려고 여기 왔습니다. 폐하께서 정한담에게 핍박을 당하리라곤 꿈에도 생각지 못했습니다. 예전에 정한담과 최일귀를 충신이라 하시더니 충신도 역적이 될 수 있습니까? 그자의 말을 듣고 충신을 멀리 귀양 보내어 죽이고 이런 환난을 만나시니, 천지가 아득하고 해와 달이 빛을 잃은 듯합니다."
> — 작자 미상, '유충렬전'

① 천자는 적장의 머리를 벤 충렬의 능력에 놀라워하고 있다.
② 충렬은 천자가 보는 앞에서 죽음을 맞이하게 된 유심을 원통해 하고 있다.
③ 천자는 충렬과의 대화를 통해, 효성이 지극한 충렬의 모습에 흡족해 하고 있다.
④ 충렬은 충신이었던 정한담과 최일귀가 역적이 된 것으로 인해 안타까워하고 있다.

09 문맥상 다음 괄호에 들어갈 문장으로 가장 적절한 것은?

하이데거에 있어서 현대는 니힐리즘과 고향상실의 시대다. 니힐리즘의 시대란 니힐(nihil), 즉 공허한 무가 지배하는 시대라는 말이다. 고향상실의 시대란 나에게 모든 것이 친숙하게 낯익은 곳이며 이에 내가 아무런 두려움과 긴장 없이 편히 쉴 수 있는 곳으로서의 고향을 상실한 시대라는 말이다. 즉 현대란 (   )이다. 물론 인류역사상 현대에서만큼 인간의 물질적 안정과 풍요 그리고 인간의 기본권과 사회적인 정의가 실현된 적은 없었다. 하이데거는 현대가 이룩한 그러한 성과를 부정하려 하지는 않는다. 그러나 하이데거는 이러한 성과를 이룩하는 과정에서 인간에 있어서 본질적인 그 무엇은 간과되고 어떤 의미에서는 억압되어왔다는 사실에 주목한다. 그리고 그러한 본질적인 것이 간과됨으로써 현대는 위의 성과를 상쇄하고도 남는 결함을 갖는다고 보는 것이다.

① 공허가 고향까지 사라지게 만든 허무와 상실의 시대
② 공허와 고향상실로 인한 두려움과 긴장이 지배하는 시대
③ 공허 속에서 새로운 고향을 발견해야 하는 고향상실의 시대
④ 물질적 안정과 풍요가 인간성과 도덕성을 상실하게 만든 시대

10 밑줄 친 부분의 띄어쓰기가 바르지 않은 것은?

① 선생님께 염려를 <u>끼쳐드려</u> 송구합니다.
② 집에 손님이 <u>올성싶으니</u> 빨리 들어가 봐야 한다.
③ 그는 하기로 작정한 일이면 기어코 <u>해내고야만다</u>.
④ 우리나라는 모두가 깜짝 <u>놀랄법한</u> 성장을 이루었다.

11 다음 중 단어의 발음이 옳은 것은?

① 두통약[두통약]   ② 여덟과[여덜꽈]
③ 앉도록[안또록]   ④ 값지다[갑지다]

12 다음 중 문장의 구성이 다른 하나는?

① 나는 그녀를 만난 기억이 없다.
② 그가 찾아오기를 기다리고 있다.
③ 영희는 발에 땀이 나도록 뛰어다녔다.
④ 우리는 산에 오르려고 아침 일찍 일어났다.

13 밑줄 친 말 중 표준어인 것은?

① 시험이 코앞인데 <u>만날</u> 놀기만 했다.
② 엄마는 우리를 위해 <u>오이소배기</u>를 담그셨다.
③ 일을 마무리하는 데 <u>몇일</u>이나 걸리겠습니까?
④ 멍하니 <u>천정</u>만 쳐다보는 날들이 계속되었다.

14 국어의 어휘 의미 변화에 대한 다음의 진술 중 올바르지 못한 것은?

① '손'은 신체의 일부분을 가리키는 말이었으나, 지금은 '노동력'의 의미로도 쓰인다.
② '지갑'은 종이로 된 것만을 가리켰으나, 현대에는 가죽이나 헝겊 등으로 만든 것에도 쓰인다.
③ '영감(令監)'은 당상관 이상의 벼슬을 지낸 사람을 가리키는 말이었으나, 지금은 남자 노인을 가리킨다.
④ '식식ㅎ다'는 '숨이 가쁘다'라는 의미였으나, 지금은 어형이 '씩씩하다'로 바뀌면서 뜻이 '굳세다'로 변했다.

15 다음 중 공감적 듣기의 방법으로 적절하지 않은 것은?

① 상대방과 눈을 맞추면서 상대방의 말에 관심을 표현해 준다.
② 반언어·비언어적 표현을 단서로 함축된 의미를 파악하면서 듣는다.
③ 상대방의 말을 정리해 주며 스스로 문제를 해결할 수 있도록 도와준다.
④ 수용적인 분위기를 조성하여 상대방이 더 많이 말할 수 있도록 격려한다.

16 ㉠~㉢에 들어갈 단어로 가장 적절한 것은?

> 모든 사회화 이론의 배후에는 인간의 사회화 과정이 단순한 유전적 발달 과정이 아니라 환경의 조건이 결정적인 역할을 한다는 전제가 (㉠)되어 있다. 이러한 사회화 이론의 인간학적 전제는 당연한 것으로 여겨짐으로써 그 자체로서는 주제화되지 않고 있다. 이러한 전제가 과연 연구 주제로서 얼마만큼 인정될 수 있는가 하는 것은 물론 교육학적 관심사는 아니다. 이러한 주제와 관련된 교육학적 관심은 오히려 복잡하게 구성된 인간의 세계가 인간에게 영향을 미치는 조건으로 어떻게 구체화될 수 있는가 하는 문제에 집중된다.
> 〈중 략〉
> 개인의 성장, 발달은 각 개인의 특수한 역사적, 사회적 환경의 영향을 받는다. 바로 이러한 사회화 과정을 통해서 신생아는 그가 속한 사회의 성인들을 닮아간다. (㉡) 인간의 성장, 발달 과정은 기본적인 생리적 욕구 충족 이외에도 타인들과의 관계와 그들이 속한 사회의 문화와의 관계를 통하여 비로소 가능해지는 과정이다. 인간이란 종은 사회 – 문화적 발전 과정을 통하여 오늘의 인간이 되었으므로, 인간의 종의 발달은 사회화 현상의 전제 조건을 형성했다. 하지만 이러한 전제 조건의 형성은 결국 인간이 개인적으로 자연의 (㉢)으로부터 해방됨으로써, 즉 인간 개인의 사회 – 문화적 발달 과정을 통하여 가능하게 된 것이다.

	㉠	㉡	㉢
①	설치	즉	영속
②	설치	그러나	구속
③	설정	즉	구속
④	설정	그러나	영속

17 통사적 합성어의 유형과 그 예가 맞지 않는 것은?

① 부사와 부사가 결합된 경우 – 더욱더
② 부사와 용언이 결합된 경우 – 그만두다
③ 관형사와 체언이 결합된 경우 – 맨눈
④ 용언의 연결형과 용언이 결합된 경우 – 약아빠지다

※ 다음 글을 읽고 물음에 답하시오. [18~19]

애들러는 책을 제대로 읽는 법을 일러 준다. 그는 책장을 넘기기 전에 먼저 '점검 독서'부터 하라고 말한다. 점검 독서란 책의 큰 틀을 훑어보는 일이다. 제목은 무엇인가? 광고 문구에는 뭐라고 적혀 있는가? 무엇에 대해 말하고 있는 책인가? 이런 물음을 던지며 책을 가늠해 보라.

목차도 꼼꼼하게 읽어야 한다. 지은이들은 목차에 신경을 많이 쓴다. 책의 뼈대를 세우는 작업이기 때문이다. 목차만 확실하게 짚어도 책이 말하려는 바는 대충 들어올 테다. 다음은 마지막 2~3페이지를 읽어 볼 차례다. 결론에는 책의 핵심이 담겨 있기 마련이다. 빠뜨리지 말고 책의 끝부분을 챙겨 보아야 한다. 여기까지 훑었다면 다시 책의 주된 부분일 듯한 장(章) 몇 개를 추려 읽어 본다. 책장에 코를 묻기 전에 하는 '점검 독서'의 과정은 이처럼 철저해야 한다.

점검 독서를 마쳤으면 내용의 줄기를 4~5줄 정도의 문장으로 간단하게 정리해 본다. 혹시 "알고 있기는 하지만 말로는 할 수 없다"며 한숨이 절로 튀어나오지 않는가? 그러면 내용을 따라가지 못했다고 보아도 좋다. 제대로 이해를 했다면 자기 표현으로 정리해 말하게 되는 법이다.

본격적인 책 읽기는 '분석 독서'에서부터 시작된다. 읽기는 지은이와 나누는 대화와 같다. 왜 이런 주장을 펴는지, 말하고자 하는 핵심은 무엇인지, 곁다리 내용은 왜 소개하고 있는지를 끊임없이 따지며 읽어 보라. 책을 끝까지 따라갔다면 내용을 다음과 같이 정리할 수 있어야 한다.

"이 책은 크게 5개 부분으로 나누어져 있다. 첫째 부분은 이러저러한 것에 대하여, 둘째 부분은 이러저러한 것에 대하여 논하고 있다. 〈중 략〉 또한, 각각의 주요 내용은 다음과 같이 나누어진다."

한마디로 책의 전체를 철저하게 꿰뚫어야 한다는 뜻이다. 하지만 지금의 독자들은 애들러의 가르침이 당혹스럽기만 할 테다. '쿼터리즘(Quarterism)'은 요새 독자들을 일컬을 때 쓰는 말이다. 무엇이건 읽는 시간이 15분을 넘지 못한다는 뜻이다. 세상에는 읽어야 할 것도 많고 재미있는 볼거리도 넘친다. 그러니 끈질기게 활자에 주의를 모으는 일이 쉽지 않다. 15분은 생각하고 이해하기에는 너무 짧은 시간이다. 독자는 호기심에 끌려 휘둘리기만 할 뿐이다.

18 글에서 제시하는 '점검 독서'의 순서를 올바르게 배열한 것은?

㉠ 점검 독서를 마친 후 간단히 정리하여 자신의 이해 정도를 확인한다.
㉡ 책의 마무리 부분을 통해 글쓴이의 요지를 파악한다.
㉢ 제목, 표지, 서문을 전체적으로 훑어본다.
㉣ 책의 주된 요점이라고 생각되는 일부분을 추려 읽어본다.
㉤ 목차를 통해 책의 구조와 의도를 파악한다.

① ㉢ - ㉣ - ㉡ - ㉤ - ㉠
② ㉢ - ㉤ - ㉡ - ㉣ - ㉠
③ ㉢ - ㉤ - ㉣ - ㉡ - ㉠
④ ㉢ - ㉡ - ㉣ - ㉤ - ㉠

19 다음 중 글에 대한 설명으로 가장 옳지 않은 것은?

① '쿼터리즘'은 집중력이 약한 최근의 독자들을 일컫는 용어이다.
② 지금의 독자들은 애들러의 독서 방법을 따르기 어려워할 것이다.
③ 분석 독서는 동일한 주제에 대한 여러 사람의 관점을 비교하며 읽는 방법이다.
④ 점검 독서가 제대로 이루어졌다면 책의 내용을 자기 표현으로 정리할 수 있다.

20 밑줄 친 단어의 맞춤법이 옳은 것은?

① 눈이 내려서 온 세상이 하예.
② 우리는 주말마다 선생님을 뵈요.
③ 그는 넌즈시 그녀 옆으로 다가갔다.
④ 이 사람의 보호자내서 나는 아니라고 답했다.

21 외래어 표기가 옳은 것은?

① set – 새트
② flash – 플래시
③ baguette – 바게뜨
④ propose – 프로포즈

22 (가)에 들어갈 한자 성어로 가장 적절한 것은?

　그는 결코 고지식한 지식인이 아니었다. 이론과 현장을 아우를 줄 알았다. 진리를 위해서라면 주자(朱子)하고도 맞섰고, 실용에 맞지 않으면 임금 앞에서도 승복하지 않았다. 그의 도저한 자신감과 자기 확신은 정말 믿을 수 없을 정도다. 그는 누구의 말도 전적으로 신뢰하지 않았다. 어떤 권위 앞에서도 주눅드는 법이 없었다. 오직 스스로 따져 보아 납득한 것만 믿었다. 그리고 그의 판단은 늘 합리적이었고 실천 가능한 대안이었다. 그가 가장 혐오했던 것은 현실에 아무런 도움을 주지 못하는 ┌(가)┐이었다.

① 賊反荷杖
② 管鮑之交
③ 空理空論
④ 吳越同舟

23 다음 글에 드러난 표현 방식에 대한 설명으로 적절하지 않은 것은?

　북곽 선생은 크게 당황하여 도망쳤다. 사람들이 자기를 알아볼까 겁이 나서 모가지를 두 다리 사이로 쑤셔 박고 귀신처럼 춤추고 낄낄거리며 문을 나가서 내닫다가 그만 들판의 구덩이 속에 빠져 버렸다. 그 구덩이에는 똥이 가득 차 있었다. 간신히 기어올라 머리를 들고 바라보니 뜻밖에 범이 길목에 앉아 있는 것이 아닌가.
　범은 북곽 선생을 보고 오만상을 찌푸리고 구역질을 하며 코를 싸쥐고 외면을 했다.
　"어허, 유자(儒者)여! 더럽다."
　북곽 선생은 머리를 조아리고 범 앞으로 기어가서 세 번 절하고 꿇어앉아 우러러 아뢴다.
　"호랑님의 덕은 지극하시지요. 대인(大人)은 그 변화를 본받고, 제왕(帝王)은 그 걸음을 배우며, 자식된 자는 그 효성을 본받고, 장수는 그 위엄을 취하며, 거룩하신 이름은 신령스러운 용(龍)의 짝이 되는지라, 풍운이 조화를 부리시매 하토(下土)의 천신(賤臣)은 감히 아랫바람에 서옵나이다."

① 서술자가 작품에 직접 개입하는 부분이 드러난다.
② 이중적인 표현을 통해 풍자의 효과를 거두고 있다.
③ 인물을 희화화하는 표현을 통해 작품의 재미를 더한다.
④ 작가의 비판 의식을 대변하는 의인화된 인물이 등장한다.

24 밑줄 친 어휘의 쓰임이 옳은 것만을 모두 고른 것은?

ㄱ. 동네 입구에 문구점을 벌였다.
ㄴ. 반대 측과 치열한 논쟁을 벌렸다.
ㄷ. 책상 위에 어지럽게 책을 벌려 놓았다.
ㄹ. 김 진사댁이 혼삿날을 맞아 잔치를 벌였다.

① ㄱ, ㄴ
② ㄱ, ㄹ
③ ㄴ, ㄷ
④ ㄷ, ㄹ

25 다음 〈보기〉의 글 다음에 나올 내용으로 가장 적절한 것은?

보기
정말 공지 — 참말이지 이 세상에 인제는 공지라고는 없다. 아스팔트를 깐 뺀질한 길도 공지가 아니다. 질펀한 논밭, 임야, 석산, 다 아무개의 소유답(所有畓)이요, 아무개 소유의 산갖이요, 아무개 소유의 광산인 것이다. 생각하면 들에 나는 풀 한 포기가 공지에 뿌리를 내리지 못한다. 이치대로 하자면 우리는 소유자의 허락이 없이 일보(一步)의 반보(半步)를 어찌 옮겨 놓으리오. 오늘 우리가 제법 교외로 산보도 할 수 있는 것은 아직도 세상인심이 좋아서 모두들 묵허(默許)를 해 주니까 향유할 수 있는 사치다.

① 지식인으로서 느끼는 고독
② 성실한 삶의 자세에 대한 예찬
③ 소유욕이 가득 찬 도시 공간에 대한 아쉬움
④ 이웃 간 인심이 넘치던 옛 공동체에 대한 그리움

13회 핵심 어법 마무리 체크

☑ 다음 문장을 읽고 알맞은 단어에 ○표 하세요.

이론 문법

01 '금고 가득히 눈부신 금괴가 쌓여 있다'에 쓰인 '가득히'의 품사는 형용사/부사 이다.

02 '바람이 가볍게 부는 날씨에 기분이 좋았다'에 쓰인 '가볍게'의 품사는 형용사/부사 이다.

03 '소인은 없이 사는 것을 부끄럽게 여긴다'에 쓰인 '없이'의 품사는 형용사/부사 이다.

04 '반죽이 되게 묽어 국수를 만들기 힘들다'에 쓰인 '되게'의 품사는 형용사/부사 이다.

05 '어느 학교의 동창회에서 있었던 일이다'에 쓰인 '동창회에서'의 문장 성분은 주어/부사어 이다.

06 '손에 익은 연장이라서 일이 빨리 끝나겠다'에 쓰인 '손에'의 문장 성분은 주어/부사어 이다.

07 '정부에서 실시한 조사 결과가 발표되었다'에 쓰인 '정부에서'의 문장 성분은 주어/부사어 이다.

08 '고마운 마음에 보답하고자 편지를 썼다'에 쓰인 '마음에'의 문장 성분은 주어/부사어 이다.

어문 규정

09 아마 그 친구가 먼저 갔을걸요/갔을∨걸요?

10 우리 팀의 팀장겸/팀장∨겸 감사 부장이십니다.

11 이제야 아들을 겨우 알아보시는/알아∨보시는 상황이 되었다.

12 우리가 일단 먼저 한번/한∨번 해 보아야 할 것이다.

13 '가는허리/잔허리'는 복수 표준어/표준어-비표준어 관계이다.

14 '고깃간/정육간'은 복수 표준어/표준어-비표준어 관계이다.

15 '관계없다/상관없다'는 복수 표준어/표준어-비표준어 관계이다.

16 '기세부리다/기세피우다'는 복수 표준어/표준어-비표준어 관계이다.

17 '선짓국'과 '모깃불'이 사이시옷을 받쳐 적는 이유는 동일하다/다르다.

18 '뒷머리'와 '예삿일'이 사이시옷을 받쳐 적는 이유는 동일하다/다르다.

19 'concept'의 올바른 외래어 표기는 '콘셉트/컨셉'이다.

20 'concert'의 올바른 외래어 표기는 '콘서트/컨서트'이다.

[정답] 01 부사 02 부사 03 부사 04 부사 05 부사어 06 부사어 07 주어 08 부사어 09 갔을걸요 10 팀장∨겸 11 알아보시는 12 한번 13 복수 표준어 14 표준어-비표준어 15 복수 표준어 16 복수 표준어 17 동일하다 18 다르다 19 콘셉트 20 콘서트

14회 실전동형모의고사

01 다음 중 표준 발음으로 옳지 않은 것은?

① 핥네[할레]
② 줄넘기[줄넘끼]
③ 구근류[구근뉴]
④ 횡단로[횡단노]

02 다음 중 띄어쓰기가 옳은 것은?

① 오는 5일에 연수차 미국으로 간다.
② 동틀녘이 되자 동쪽 하늘이 점차 붉게 변했다.
③ 내가 손해를 볼 망정 남에게 피해를 입히지는 않겠다.
④ 남편은 12시가 넘어 술이 곤드레 만드레해서 돌아왔다.

03 괄호 안에 들어갈 말로 적절한 것은?

분절 음운은 발음할 때 (   )에 따라 유성음과 무성음으로 분류할 수 있다. 국어의 모든 모음이 유성음에 속하며, 자음 가운데에는 'ㄴ, ㄹ, ㅁ, ㅇ'이 유성음에 속한다. 'ㄴ, ㄹ, ㅁ, ㅇ'을 제외한 나머지 자음은 무성음에 해당한다.

① 입술의 모양
② 혀의 높낮이
③ 소리의 세기
④ 목청의 울림 여부

04 다음 중 밑줄 친 부분의 맞춤법이 옳은 것은?

① <u>오랫만에</u> 그와 대화를 나누었다.
② 역사상 <u>유래없는</u> 불황을 겪고 있다.
③ 모든 친구들이 네가 얼른 회복하기를 <u>바래</u>.
④ 어제 있었던 일은 참으로 <u>희한한</u> 사건이었다.

05 다음 중 국어의 로마자 표기가 옳지 않은 것은?

① 여의도: Yeoido
② 의왕시: Uiwang
③ 영암: Yeong-am
④ 은천동: Euncheon-dong

06 밑줄 친 단어 중 품사가 다른 것은?

① 그 사람은 <u>허구한</u> 날 팔자 타령만 한다.
② 철수는 <u>허튼</u> 말을 하고 다닐 사람이 아니다.
③ 그는 서울에서도 <u>한다하는</u> 집안에서 자랐다.
④ 회의에는 세계 <u>여러</u> 나라 정상들이 참석한다.

07 다음 〈보기〉의 ㉠~㉣ 중 띄어쓰기가 옳은 것은?

보기

출근 준비를 마치고 ㉠<u>오늘자</u> 신문을 펼쳤다. 신문 기사는 어제와 크게 다를 바 없는 내용뿐이어서 지루하기만 했다. 그 때 갑자기 전화벨이 울려댔다. 내가 모르는 번호였다. 전화를 받아 보니 ㉡<u>천만 뜻밖에도</u> 소식이 끊겼던 옛 친구의 목소리가 수화기 너머에서 들려왔다. ㉢<u>말끝 마다</u> 웃는 친구의 버릇은 그대로였다. 이야기를 이어가던 중 집을 나서야 할 시간이 되었고, ㉣<u>이달 말께</u> 만나기로 약속을 잡고 통화를 끝냈다.

① ㉠
② ㉡
③ ㉢
④ ㉣

08 밑줄 친 단어와 문맥적으로 가장 가까운 것은?

철호 부부가 들어갈 관사는 원래 창고지기들이 당번을 설 때 가끔 머물던 곳을 가정집으로 <u>고친</u> 곳이었다.

① 개조(改造)
② 개량(改良)
③ 개편(改編)
④ 개선(改善)

09 다음 중 본말과 준말로 적절하지 않은 것은?

① 무엇 → 뭐
② 아무튼 → 암튼
③ 이리로 → 일로
④ 그것이 → 그게

10 다음 글의 흐름과 어울리지 않는 문장은?

북한 정부는 민족 음식을 특화하기 위해 1960년 8월 13일 평양 대동강 기슭 옥류교 근처에 '옥류관(玉流館)'이라는 대형 조선 음식점을 설립했다. ㉠옥류관은 기와를 올린 2층 철근콘크리트 건물로, 연건축면적은 약 5,800제곱미터이고 수용 능력은 1,000석에 이른다. 옥류관의 대표적인 메뉴는 '평양랭면·대동강숭어국밥·녹두지짐·온반' 등이다.
이 중 '평양랭면'은 메밀가루로만 만든 면을 쓰기에 '평양순면'이라고도 부른다. 메밀의 겉껍질을 벗기고 부드럽게 가루 내어 반죽한 다음 국수틀에 눌러 면을 뽑아 만든다. 특히 평양랭면은 육수로 동치미 국물이나 소고기 국물을 쓴다. ㉡동치미는 초겨울에 담그는 무김치로, 무를 마늘·생강·파·배·밤·준치젓·실고추 등으로 양념하여 독에 넣은 뒤 물을 많이 붓고 잘 봉하여 익혀 만든다. 양념과 무에서 나오는 국물 맛이 시원하고 감칠맛이 난다. 소고기 국물은 소뼈·힘줄·허파·기레(비장)·콩팥·천엽 등을 푹 고아서 기름과 거품 같은 부유물을 다 건져낸 다음 소금과 간장으로 간을 맞추고 다시 뚜껑을 열어놓은 채로 더 끓여서 간장 냄새를 없애고 서늘한 곳에서 식혀 만든다. ㉢감자농마국수 역시 평양랭면과 마찬가지로 육수를 붓는다.
평양랭면을 담는 그릇은 동치미나 소고기 국물 맛에 잘 어울리게 시원한 느낌의 놋대접을 쓴다. 놋대접에 먼저 국물을 조금 붓고 국수를 사려서 소복이 담은 다음 그 위에 김치·고기·양념장·달걀·배·오이 등의 순서로 꾸미를 얹고 고명으로 실파와 실고추를 얹은 뒤 다시 국물을 붓는다. ㉣1960년대의 평양랭면은 간이 강하지 않아 맹물에 국수를 말았다고 할 정도였다. 꾸미나 고명도 매우 간단했다. 그러나 1980년 이후 베이징·선양을 비롯하여 세계 각지에 옥류관 해외 지점을 내면서 평양랭면의 꾸미가 화려해지고 간도 조금 강해졌다.

① ㉠ ② ㉡
③ ㉢ ④ ㉣

11 화자가 생각하는 '낭군'의 태도에 부합하는 한자 성어로 가장 적절한 것은?

"서대주가 낭군 대접함이 옛날 주공이 일반(一飯)의 삼토포(三吐哺)하고 일목(一沐)에 삼악발(三握髮)보다 더하거나 늘 한 번도 치하함이 없다가 무슨 면목으로 또 구활함을 청하매 허락하지 아니하였다고 오히려 노하는 것이 신의가 없는 일이어늘, 하물며 포악한 마음을 발하여 은혜 갚을 생각은 아니하고 오히려 관청에 송사를 이르고자 하니, 이는 이른바 적반하장(賊反荷杖)이요 은반위수(恩反爲讐)라. 낭군이 만일 송사코자 할진대 서대주의 벌장(罰狀)을 무엇으로 말하고자 하느뇨. 옛말에 일렀으되 지은(知恩)이면 보은(報恩)이요 지지(知之)면 불태(不怠)라 하니, 원컨대 낭군은 옛 성인의 책을 널리 보았을 테니 소학을 익히 알리라. 다시 생각하고 깊이 헤아려 은혜를 갚기를 힘쓰고 거칠은 말을 하는 마음을 버릴지라."
- 작자 미상, '서동지전(鼠同知傳)'

① 胡蝶之夢 ② 如鳥數飛
③ 緣木求魚 ④ 背恩忘德

12 다음 글에 대한 이해로 가장 적절한 것은?

다음 날 과연 사나운 범이 성 안으로 들어왔는데, 매우 사나워 감당할 수가 없었다. 원성왕이 이 소식을 듣고 명령하기를, "범을 잡는 자에게는 벼슬 2급을 주겠다."라고 하였다. 김현이 대궐로 들어가서 아뢰기를, "소신이 잡을 수 있습니다."라고 하였다. 이에 먼저 벼슬을 주어 그를 격려하였다. 김현이 단도를 지니고 숲속으로 들어갔다. 범이 처녀로 변하여 반갑게 웃으면서 말하기를, "간밤에 낭군과 함께 마음속 깊이 정을 맺던 일을 낭군은 잊지 마십시오. 오늘 내 발톱에 상처를 입은 사람들은 모두 흥륜사의 간장을 바르고 그 절의 나발 소리를 들으면 나을 것입니다."라고 하였다.
이에 김현이 찼던 칼을 뽑아 스스로 목을 찔러 쓰러지니 곧 범이었다. 김현이 숲에서 나와 소리쳐 말하기를, "지금 이 범을 쉽게 잡았다."라고 하였다. 그 사정은 누설하지 않고 다만 그의 말대로 상한 사람들을 치료하니 그 상처가 모두 나았다. 지금도 세간에서는 그 방법을 쓰고 있다.
김현은 등용된 뒤 서천(西川)가에 절을 세워 호원사(虎願寺)라고 하고 항상 《범망경(梵網經)》을 강설하여 범의 저승길을 인도하고, 또한 범이 제 몸을 죽여서 자기를 성공하게 만든 은혜에 보답하였다.
- 작자 미상, '김현감호'

① 김현과 범은 과거에 인연을 맺은 적이 있다.
② 김현은 숲속에서 만난 범의 목을 찔러 죽였다.
③ 범은 사람들을 해친 것을 깊이 후회하고 있다.
④ 김현은 범에게 죽은 이들의 넋을 기리기 위해 절을 세웠다.

13 다음 글의 내용에 부합하지 않는 것은?

신문은 현실을 있는 그대로 반영하는 것이 아니라, 현실 가운데 중요한 것을 선택해서 담아내는 것이다. 이런 관점에서 볼 때 신문은 '사실'이 아니라 '그림'이다. 사실 보도라는 신문의 오랜 고정 관념으로 인해 사람들은 '신문 구독'을 '기사 읽기'로 간주한다. 그러나 신문에는 기사 못지않게 각 지면마다 신문 제목(표제)과 사진이 있다. 신문은 기사와 사진, 표제를 '3원색'으로 삼아 현실을 그려 내는 그림인 것이다.

무릇 모든 그림이 단순한 현실 복사가 아니듯 신문 편집이라는 그림 또한 현실을 그대로 복사하는 것이 아니다. 기자는 무수한 삶의 현실 가운데 어느 것을 기사화할지 선택하고 결정한다. 따라서 신문 기사는 모두 객관적이라는 것은 잘못된 고정 관념이다. 왜냐하면 선택과 결정은 가치 판단을 의미하며, 가치 판단은 어쩔 수 없이 주관의 영역이기 때문이다.

예를 들어 아무리 중요한 사건이 일어나고 그 현장에 기자가 있다고 하더라도, 만일 취재 기자가 중요한 사건이 아니라는 판단으로 기사화하지 않는다면 그 사건은 '없는 일'이 된다. 특히 한 가지 신문만 보는 정기 구독자가 대부분인 우리 사회에서는 특정 신문이 보도하지 않는 사실은 그 신문 독자에게는 '없는 일'이 된다.

반면 취재 기자가 기사화했다고 해도 그것이 그대로 지면에 인쇄되는 것은 아니다. 신문 지면에 실린 기사는 최소한 취재 기자, 취재부장, 편집 기자, 편집부장, 편집국장의 다섯 사람의 눈과 손을 거쳐 선택받은 사건들이다. 그러므로 공동 작업을 통해 인쇄되어 독자가 받아 보는 각 지면의 현실 그림에는 여러 단계에 걸쳐 각각 그들의 시각과 보도 관행, 심지어 현실을 인식하는 이데올로기가 녹아들 수밖에 없다.

① 객관적인 신문 기사는 존재하기 힘들다.
② 대중의 관심을 받지 못한 사건은 기사화되기 어렵다.
③ 하나의 신문 기사에는 취재부와 편집부의 영향이 모두 닿아 있다.
④ 신문 기사는 기자의 시각에 의해 일차적으로 걸러진 것들로 구성된다.

14 다음 글의 내용을 잘못 이해한 것은?

인간의 역사는 또 생각하고 표현하는 자유, 즉 사상의 자유가 꾸준히 확대되는 방향으로 발전해 왔다. 종교적 독단 때문에 지구가 도는 것이 아니라 태양이 도는 것이라는 믿음이 강요되기도 하였고, 정치적 권력의 강제에 의하여 역사란 지배자의 능력에 따라 좌우되는 것이라 가르쳐지기도 했지만, 아무리 무서운 권력이나 뿌리 깊은 인습(因襲)도 인간의 '생각하고 말하는 자유'를 계속 누를 수는 없었다. 사상의 자유야말로 인간의 역사를 앞으로 나아가게 하는 원동력 중 하나였던 것이다.

하나의 역사적 사실이 가진 의미는 시대에 따라, 보는 사람의 눈에 따라 변하는 것이다. 따라서 역사의 변화에 일정한 방향이 없으면 인간 사회는 그야말로 바람 부는 대로 물결치는 대로 갈 수밖에 없으며, 역사의 의미가 바뀌는 데 일정한 기준이 없으면 역사의 해석이야말로 귀에 걸면 귀걸이, 코에 걸면 코걸이가 되지 않을 수 없다. 그렇게 되면 역사의 길, 역사적 발전, 역사적 진리란 말이 있을 수 없으며 역사학 자체도 남아날 수 없다.

수천 년에 걸친 인간의 역사를 분석해 온 학자들은 역사의 변화에 일정한 방향이 있다고 말한다. 그 방향은 크게 말해서 인간이 정치적인 속박을 벗어나는 길, 경제적인 불평등을 극복하는 길, 사상의 자유를 넓혀 가는 길이라고 볼 수 있다.

① 종교적 독단은 인간의 역사를 발전하게 한 원동력이다.
② 역사적 사실이 가진 의미는 시대와 사람에 따라 다르다.
③ 인간의 역사는 사상의 자유를 확대하는 방향으로 나아갔다.
④ 역사의 변화에 일정한 방향이 없다면, 역사의 해석은 관점에 따라 달라지게 된다.

15 다음 글에서 추론할 수 있는 것만을 〈보기〉에서 모두 고르면?

장수 비결에 관한 연구 결과에 따르면 행복한 결혼 생활과 규칙적인 운동이 장수에 필요한 조건이라는 사실이 밝혀졌다. 또 하나 필요한 조건은 짜거나 기름진 음식을 즐겨 먹지 말아야 한다는 것이다.

이 연구 결과를 검증하기 위해 90세 이상 장수 노인 100명과 전국 평균에도 못 미치는 나이에 세상을 떠난 조기 사망자 100명, 총 200명으로 구성된 하나의 표본 집단 X를 구성하여 조사한 결과, 장수 노인 중에 이 연구 결과에 부합하지 않는 사례는 한 명도 없었다. 이번 조사를 통해 X에 속한 사람들에 대해 추가로 알려진 정보는 다음과 같다.

결혼 생활이 행복하지 않은 사람들은 모두 면역지수가 낮았는데, 조기 사망자는 모두 면역지수가 낮았다. 짜거나 기름진 음식을 즐겨 먹지 않는 사람들의 경우 모두 혈중 콜레스테롤 지수가 낮게 나타났는데, 조기 사망자는 모두 혈중 콜레스테롤 지수가 높았다. 규칙적인 운동을 하지 않은 사람들은 모두 β 호르몬이 평균치보다 적게 분비된 것으로 나타났는데, β 호르몬이 평균치보다 적게 분비된 사람은 모두 체지방 비율이 정상 범위를 넘어섰다고 한다. 그런데 조기 사망자는 아무도 체지방 비율이 정상 범위를 넘어서지 않았던 것으로 드러났다.

보기
ㄱ. X에 속한 사람들은 모두 규칙적인 운동을 했을 것이다.
ㄴ. X에 속한 장수 노인들 중 콜레스테롤 지수가 높은 사람은 없을 것이다.
ㄷ. X에서 체지방 비율이 정상 범위를 넘어섰거나, 짜거나 기름진 음식을 즐겨 먹는 사람이 차지하는 비율은 50% 이상일 것이다.

① ㄱ, ㄴ
② ㄱ, ㄷ
③ ㄴ, ㄷ
④ ㄱ, ㄴ, ㄷ

16 다음 글의 전개 순서로 가장 자연스러운 것은?

(가) 말과 생각이 어느 만큼 깊은 관계를 가지고 있을까? 이 문제를 놓고 사람들은 오랫동안 여러 가지 생각을 하였다. 그 가운데 가장 두드러진 것이 두 가지 있다. 그 하나는 말과 생각이 서로 꼭 달라붙은 쌍둥이인데 한 놈은 생각이 되어 속에 감추어져 있고 다른 한 놈은 말이 되어 사람 귀에 들리는 것이라는 생각이다. 다른 하나는 생각이 큰 그릇이고 말은 생각 속에 들어가는 작은 그릇이어서 생각에는 말 이외에도 다른 것이 더 있다는 생각이다.

(나) 그러나 아무리 인간의 생각이 말보다 범위가 넓고 큰 것이라고 하여도 그것을 가능한 한 말로 바꾸어 놓지 않으면 그 생각의 위대함이나 오묘함이 다른 사람에게 전달되지 않기 때문에 생각이 형님이요, 말이 동생이라고 할지라도 생각은 동생의 신세를 지지 않을 수가 없게 되어 있다.

(다) 조금만 더 생각해 보자. 우리는 악보를 보고 그 노래를 흥얼거려 본 경험을 가지고 있다. 이때에 처음 보는 악보일 경우, 우리는 노랫말이 있더라도 그것을 무시하고 '랄라랄라' 한다든지 '으응으응' 한다든지 하면서 노랫가락을 따라 흥얼거린다. 이 흥얼거림이 제대로 된다고 생각되면 그다음에는 '도미솔도 도솔미도' 하면서 음계 이름에 따라 또 노랫가락을 연습한다. 그런 다음에야 노랫말에 따라 노래를 부른다. 말하자면 음악이 말과 일치되는 것은 가사가 있는 노래를 부를 때에 가서야 이루어진다고 하겠다. 작곡가가 새로운 노래를 짓는 작업을 상상해 보자. 그가 머릿속에 떠올린 악상(樂想)은 결코 말과는 관계가 없는 멜로디일 것이다.

(라) 이 두 가지 생각 가운데서 앞의 것은 조금만 깊이 생각해 보면 틀렸다는 것을 즉시 깨달을 수 있다. 우리가 생각한 것은 거의 대부분 말로 나타낼 수 있지만, 누구든지 가슴 속에 응어리진 어떤 생각이 분명히 있기는 한데 그것을 어떻게 말로 표현해야 할지 애태운 경험을 가지고 있을 것이다. 이것 한 가지만 보더라도 말과 생각이 서로 안팎을 이루는 쌍둥이가 아님은 쉽게 판명된다.

① (가) – (다) – (나) – (라)
② (가) – (다) – (라) – (나)
③ (가) – (라) – (나) – (다)
④ (가) – (라) – (다) – (나)

17 외래어 표기 용례로 올바른 것은?

① suit – 수트
② damage – 대미지
③ featuring – 피쳐링
④ cashback – 캐쉬백

18 다음 글의 제목으로 가장 적절한 것은?

스피치는 인생의 목적지로 이끌어 주는 배이다. 촌철살인(寸鐵殺人)이라는 말처럼 한마디 말로 설복시킬 수도 있고 항복하게 할 수도 있으며, 반대로 한마디 말로 타인을 죽음에 이르게 하거나 평생토록 한 맺히게 할 수도 있다.
그렇다면 어떻게 하면 성공적인 대화를 할 수 있을까.
커뮤니케이션 이론이나 화술의 기법을 익히는 것만으로는 부족하다. 물론 그러한 기술들은 필요하지만, 대화의 원칙이 모든 상황에 다 절대적으로 들어맞는 것은 아닐 수 있다. 개인적으로 능력이 뛰어난 인재들이 모인 조직도 종합생산성 측면에서 보면, 일반인들보다 못한 실적을 올릴 때가 있다. 그것은 바로 조직에서 일하는 개인들의 업무 스타일이 전체적으로 효율적이지 못하기 때문이다. 그래서 조직의 장은 인재를 적재적소에 배치하는 리더십을 꼭 갖추고 있어야 한다.
마찬가지로 우리는 누구나 자기 자신에게 맞는 커뮤니케이션의 기법을 잘 알고 있어야 한다. 굳이 심리학자들의 연구를 빌리지 않더라도, 그 사람의 성격에 따라 커뮤니케이션 하는 방법도 다양하게 전개될 수 있다는 것은 분명하다. 상대를 잘 이해한다는 것은 상대의 성격을 잘 파악하고 있다는 말과 다름이 없을 것이다. 그래서 생산적 말하기도 상대의 성격에 따라 여러 방법을 적절하게 사용하는 것이 필요하다.

① 효과적인 조직 운영 방법은 무엇인가
② 말하기 기술을 어떻게 활용할 것인가
③ 말하기에서 개성을 드러내는 것이 왜 중요한가
④ 대인 관계에 도움을 주는 말하기 방법은 무엇인가

19 다음 글의 특징으로 가장 적절한 것은?

바람이 불었다고 치자
쌀쌀해졌다고 치자

쾅 –
네가 문 그러닫지만 않았어도
밤새 구겨지진 않았을 것이다
마당귀로 몰리며
훌쩍이지 않았을 것이다

낙엽은

부스럭부스럭
가슴이
통째로
마르진 않았을 것이다

– 오창렬, '가을밤'

① 행간 걸침을 통해 시적 긴장감을 유지하고 있다.
② 역설적 표현을 사용하여 화자의 정서를 부각하고 있다.
③ 음성 상징어를 활용하여 대상을 생동감 있게 표현하고 있다.
④ 유사한 문장 구조를 반복하여 현실에 대한 비판 의식을 드러내고 있다.

20 다음 글에 대한 이해로 적절하지 않은 것은?

한옥은 'ㅡ' 자형 구성은 거의 없고 'ㄴ' 자형 이상의 꺾인 구성을 갖는데 'ㅁ' 자 형이 가장 흔하다. 풍수지리까지 결부돼 집 규모가 커지면 이러한 기본형들이 여러 개 조합되어 복잡한 구성을 갖는 경우도 많다. 이렇다 보니 이쪽 방에서 문을 열면 중간에 마당이나 외부 공간이 나오면서 다시 저쪽 방으로 연결되는 겹공간 구도가 형성된다. 이때 마당의 거리는 길어야 몇 미터 정도밖에 안 되고 그나마도 방과 방 사이에 끼어 있다 보니 외부 공간인 것 같다가도 방의 연속인 내부 공간으로 느껴지기도 한다. 채와 채 사이에 끼인 마당은 대청마루나 툇마루와는 또 다른 의미에서 외부 공간과 내부 공간의 양면적 성격을 동시에 지닌다. 이 공간들은 내부 아니면 외부 하는 식의 이분법적 시각으로 보았을 때는 그 성격이 한없이 모호하기만 하다.

① 겹공간 구도의 가옥은 마당의 크기가 작다.
② 풍수지리 사상은 한옥의 내부 공간 확보를 중요시한다.
③ 채 사이에 끼인 마당은 내부 공간이나 외부 공간으로 분리하기 모호하다.
④ 규모가 큰 집의 경우 'ㅡ' 자형과 'ㄴ' 자형이 혼합된 형태를 볼 수 있다.

21 <보기>의 소설에 대한 설명으로 가장 적절하지 않은 것은?

보기

일천구백삼십사 년의 이 세상에도 기적이 있다.

그것은 P가 굶어 죽지 아니한 것이다. 그는 최근 일주일 동안 돈이 생긴 데가 없다. 잡힐 것도 없었고 어디서 벌이한 적도 없다.

그렇다고 남의 집 문 앞에 가서 "밥 한술 주시오." 하고 구걸한 일도 없고 남의 것을 훔치지도 아니하였다.

그러나 그동안 굶어 죽지 아니하였다. 야위기는 하였지만 그래도 멀쩡하게 살아 있다. P와 같은 인생을 이 세상에 하나도 없이 싹 치운다면 근로하는 사람이 조금은 편해질지도 모른다.

P가 소부르주아지 축에 끼이는 인텔리가 아니오, 노동자였더라면 그동안 거지가 되었거나 비상수단을 썼을 것이다.
〈중 략〉

"별걱정 다 하는 게로군……. 내 자식 내가 어련히 할까 봐 쫓아다니며 그래!"

"그래도 노인들이야 어데 그런가……. 객지에서 혼자 있는데 데리고 있기 정 불편하거든 당신에게로 도루 보내게 하라고 그러시데……."

"그 집에 내 자식이 무슨 상관이 있어서 보내라는 거야? …… 보낼 테면 그때 데려왔을라구……."

P는 그것이 모두 그와 갈린 아내의 조종인 줄 알기 때문에 더구나 심정이 났다. 화가 나는 대로 하면 어린아이가 입고 온 양복도 벗겨 내던지고 싶었으나 꿀꺽 참았다.

일찍 맛보지 못한 새살림을 P는 시작하였다.

창선이가 도착한 날 밤.

창선이는 아랫목에서 색색 잠을 자고 있다. 외롭게 꿈을 꾸고 있으려니 생각하매 전에 없던 애정이 솟아오르는 듯하였다.

이튿날 아침 일찍 창선이를 데리고 ○○인쇄소에 가서 A에게 맡기고 내키지 않는 발길을 돌이켜 나오는 P는 혼자 중얼거렸다.

"레디메이드 인생이 비로소 겨우 임자를 만나 팔리었구나."

– 채만식, '레디메이드 인생'

① 양복은 P의 반감을 불러일으키는 소재이다.
② 레디메이드 인생은 P의 삶을 상징하는 자조적 표현이다.
③ 일제강점기 무기력한 지식인을 안타까운 시선으로 바라보고 있다.
④ 양산된 제품과 동일하게 여겨지는 주인공의 이름은 익명화되어 있다.

22 밑줄 친 관용어의 사용이 적절하지 않은 것은?

① 남의 말에 귀를 재는 사람이 좋은 지도자가 된다.
② 그 사람, 어찌나 말수가 적던지 내 귀에 싹이 나겠더라.
③ 어느 정도 귀가 열린 사람이라면 이 문제의 심각성을 잘 알고 있겠지.
④ 두 사람이 무슨 이야기를 나누는지 궁금해서 그들의 말에 귀를 주었다.

23 글쓴이의 견해에 부합하는 말로 가장 적절한 것은?

자신에 대해 조소할 수 있는 능력은 대단히 귀중한 선물이다. 자신의 업적을 과시하는 사람은 지루하지만, 자신의 실수에 대해 남들과 함께 웃고 떠들기를 자청하는 사람은 주변에 두기 즐거운 사람이다. 당신이 높은 자리에 있을 때, 으레 그 모습을 본 많은 사람은 당신에 대한 부러움으로 인해 시기와 질투가 섞인 반응을 드러낼 것이다. 하지만 자기 비하적인 유머는 그 질투와 부러움을 물리친다. 더불어 일이 마음대로 되지 않을 때 자신을 비하할 수 있는 유머는 스스로의 관점과 유머 감각을 유지할 수 있도록 도와준다. 따라서 이 유머 감각은 무형의 신비한 매력이 된다. 세계적인 영화배우 밥 호프(Bob hope)의 매력도 바로 여기에 있는데, 그는 해가 지나갈수록 대중의 즐거움을 위해 기꺼이 자신을 비하했으며 대중은 그를 끝없이 좋아했다. 최근에도 호프는 텔레비전 프로그램의 게스트로 나왔을 때, 이 매력을 발산했다. 프로그램의 주제는 프로 권투였고, 밥 호프는 넋이 빠진 얼굴로 먼 곳을 쳐다보며 말했다. "제가 어렸을 때, 복싱을 했어요." 이어서 그는 어떻게 말했을까?

① 제 주먹이 얼마나 빠르면, 한 번 휘두르면 17명은 나가떨어졌죠. 모두들 제 주먹이 무서워 근처에 오지도 못했어요.
② 제 고향에서 저는 유일하게 백미러와 싸운 사람이었어요. 또 저는 유일하게 경기장에 들려 올라갔다가 들려 내려온 사람이었지요.
③ 근데 제가 복싱을 하러 갈 때마다 이상하게 천둥이 치는 거예요. 복싱 코치님이 저에게 간곡히 부탁했죠. 복싱장에 오지 말아 달라고.
④ 한번은 저에게 복싱 결투를 신청한 친구가 있었죠. 소리를 지르며 저에게 주먹을 날리다가 그만 발을 헛디뎌 넘어지고 눈 한 쪽이 멍이 들어서는 울면서 집으로 갔죠.

※ 다음 글을 읽고 물음에 답하시오. [24~25]

(가) 언제 어디서 샀는지도 알 수 없지만, 우리 집에도 헌 비닐우산이 서너 개나 된다. 아마도 길을 가다가 갑자기 비를 만나서 내가 사 들고 온 것들일 게다. 하지만 그 가운데 하나 제대로 쓸 수 있을까? 그래도 버리긴 아깝다.

(나) 비닐우산은 참 볼품없는 우산이다. 눈만 흘겨도 금방 부러져 나갈 듯한 살이며, 당장이라도 팔랑거리면서 살을 떠날 듯한 비닐 덮개하며, 한 군데도 탄탄한 데가 없다. 그러나 그런대로 우리의 사랑을 받을 만한 덕(德)을 갖추고 있기 때문에, 아주 몰라라 할 수만은 없는 우산이기도 하다.

(다) 그래서 고가(高價)의 베 우산을 받고 나온 날은 어디다 그 우산을 놓고 올까 봐 신경을 쓰게 된다. 하지만 하루 종일 썩인 머리로 대포 한잔하는 자리에서까지 우산 간수 때문에 걱정을 할 수는 없지 않은가? 버리고 와도 께름할 게 없는 비닐우산은 그래서 좋은 것이다.

(라) 우리가 길을 가다가 갑자기 비를 만날 때, 가난한 주머니로 손쉽게 사 쓸 수 있는 우산은 이것밖에 없다. 물건에 비해서 값이 싼지 비싼지 그것은 알 수 없지만, 어떻든 일금 백 원으로 비를 안 맞을 수 있다면, 이는 틀림없이 비닐우산의 덕이 아니겠는가?

(마) 값이 이렇기 때문에 어디다 놓고 와도 섭섭하지 않은 것이 또한 이 비닐우산이다. 가령 우리가 퇴근길에 들른 대폿집에다 베 우산을 놓고 나왔다. 이렇게 생각해 보라. 우리의 대부분은 버스를 돌려 타고 그리로 뛰어갈 것이다. 그것은 물론 오래 손때 묻어 정이 들었기 때문이기도 하겠지만, 그러나 백 원짜리라면 아마도 그러지 않았을 것이다.

24 (가) 이후에 이어질 글의 순서를 올바르게 배열한 것은?

① (나) – (마) – (다) – (라)
② (나) – (라) – (마) – (다)
③ (라) – (다) – (나) – (마)
④ (라) – (나) – (다) – (마)

25 윗글의 중심 내용으로 가장 적절한 것은?

① 볼품없는 물건이라도 각자의 가치가 있다.
② 사소한 물건이라도 아껴 쓰는 자세가 필요하다.
③ 물건을 소중히 다루는 것이 환경 보호의 첫걸음이다.
④ 물건의 값은 그것이 어떤 의미를 지니느냐에 따라 결정된다.

14회 핵심 어법 마무리 체크

☑ 다음 문장을 읽고 알맞은 단어에 ○표 하세요.

이론 문법

01 '군살이 올랐다'와 '열이 올라 해열제를 먹었다'에 쓰인 '오르다'는 <u>동음이의/다의</u> 관계이다.

02 '볕이 잘 들어 따뜻하다'와 '목격자의 증언을 증거로 들었다'에 쓰인 '들다'는 <u>동음이의/다의</u> 관계이다.

03 '향기가 방에 가득 차 있었다'와 '손목에 찬 시계를 보았다'에 쓰인 '차다'는 <u>동음이의/다의</u> 관계이다.

04 '수첩에 일기를 써 왔다'와 '컴퓨터를 문서 작성에 쓴다'에 쓰인 '쓰다'는 <u>동음이의/다의</u> 관계이다.

어문 규정

05 '월곶'의 로마자 표기는 '<u>Weolgot/Wolgot</u>'이다.

06 '벚꽃'의 로마자 표기는 '<u>beotkkot/buotkkot</u>'이다.

07 '별내'의 로마자 표기는 '<u>Byeollae/Byeolnae</u>'이다.

08 '신창읍'의 로마자 표기는 '<u>Sinchangup/Sinchang-eup</u>'이다.

09 'report'의 올바른 외래어 표기는 '<u>리포트/레포트</u>'이다.

10 'juice'의 올바른 외래어 표기는 '<u>쥬스/주스</u>'이다.

11 'rocket'의 올바른 외래어 표기는 '<u>로켓/로케트</u>'이다.

12 'sign'의 올바른 외래어 표기는 '<u>사인/싸인</u>'이다.

13 철수는 열심히 <u>일함으로써/일함으로서</u> 보람을 느꼈다.

14 수수께끼의 답을 정확하게 <u>맞춰/맞혀</u> 보도록 해라.

15 강아지가 <u>고깃덩어리/고기덩어리</u>를 넙죽 받아먹었다.

16 아이가 밥을 <u>먹었을런지/먹었을는지</u> 모르겠어.

17 그는 <u>여직껏/여태껏</u> 그 일을 모르는 척 했다.

18 어른들이 방으로 들어오자 아이들은 <u>윗목/웃목</u>으로 물러나 앉았다.

19 구하기 힘든 물건이라 <u>윗돈/웃돈</u>을 주고 샀다.

20 우리 집 <u>위층/윗층</u>에는 사람이 살지 않는다.

21 날씨가 추워서 <u>위옷/웃옷</u>을 셔츠 위에 걸쳐 입었다.

15회 실전동형모의고사

01 밑줄 친 부분의 맞춤법이 옳은 것은?

① 말소에게 먹일 풀을 여물통에 담았다.
② 공부를 하든지 잠을 자든지 선택은 네 몫이다.
③ 십 년 간 벼르러 온 복수의 기회를 놓치고 말았다.
④ 계절의 흐름을 통해 삶의 희노애락을 표현한 작품이다.

02 다음 중 빈칸에 들어갈 수 있는 말로 가장 적절한 것은?

> 일찍이 어느 민족 내에서나 혹은 종교로, 혹은 학설로, 혹은 경제적·정치적 이해의 충돌로 인하여 두 파, 세 파로 갈려서 피로써 싸운 일이 없는 민족이 없거니와 지내 놓고 보면 그것은 바람과 같이 지나가는 일시적인 것이요, 민족은 필경 바람 잔 뒤에 초목 모양으로 뿌리와 가지를 서로 걸고 한 수풀을 이루어 살고 있다. 오늘날 소위 좌우익이란 것도 결국 영원한 혈통의 바다에 일어나는 일시적인 풍파(風波)에 불과하다는 것을 잊어서는 아니 된다.
> 이 모양으로 모든 사상도 가고 신앙(信仰)도 변한다. 그러나 혈통적인 민족만은 영원히 _____의 공동 운명의 인연에 얽힌 한 몸으로 이 땅 위에 사는[生] 것이다.

① 坐不安席
② 興亡盛衰
③ 他山之石
④ 公明正大

03 밑줄 친 어휘 중 잘못 사용된 것은?

① 그는 나이가 지긋이 들어 보였다.
② 김장철이 되어 배추를 밭떼기로 샀다.
③ 일이 흐지부지 진행되더니만 결국 사단이 났다.
④ 부모님께 문안 전화를 자주 드리는 것도 안갚음의 하나이다.

04 다음 중 띄어쓰기가 잘못된 것은?

① 미나리 삼천 원어치만 주세요.
② 시간당 얼마씩 받을 수 있습니까?
③ 지갑을 찾기 위해 온 집 안을 다 뒤졌다.
④ 그 영화를 보기 위해 내일은 꼭 영화관에 갈테다.

05 ㉠에 나타난 표현 방식에 대한 설명으로 가장 적절한 것은?

> 미망인(未亡人) 모씨(某氏)는 두어 자 글로써 침자(針者)에게 고하노니, 인간 부녀(人間婦女)의 손 가운데 중요한 것이 바늘이로되, 세상 사람이 귀히 아니 여기는 것은 도처에 흔한 바이로다. 〈중 략〉
> 나의 신세 박명(薄命)하여 슬하에 한 자녀(子女) 없고, 인명(人命)이 흉완(凶頑)하여 일찍 죽지 못하고, 가산(家産)이 빈궁하여 침선(針線)에 마음을 붙여, 널로 하여 생애를 도움이 적지 아니하더니, 오늘날 너를 영결(永訣)하니, 오호통재라, 이는 귀신이 시기하고 하늘이 미워하심이로다.
> ㉠아깝다 바늘이여, 어여쁘다 바늘이여, 너는 미묘한 품질(品質)과 특별한 재치(才致)를 가졌으니, 물중(物中)의 명물(名物)이요, 철중(鐵中)의 쟁쟁(錚錚)이라. 민첩하고 날래기는 백대(百代)의 협객이요, 굳세고 곧기는 만고(萬古)의 충절(忠節)이라. 추호(秋毫) 같은 부리는 말하는 듯하고, 뚜렷한 귀는 소리를 듣는 듯한지라. 능라(綾羅)와 비단에 난봉(鸞鳳)과 공작을 수놓을 제, 그 민첩하고 신기함은 귀신이 돕는 듯하니, 어찌 인력(人力)이 미칠 바리오.
> – 유씨 부인, '조침문'

① 부러진 바늘의 모습을 비유적으로 표현하고 있다.
② 바늘과 말을 주고받으며 비통한 심정을 강조하고 있다.
③ 바늘의 훌륭함을 예찬하며 부러진 바늘에 애도를 표하고 있다.
④ 부러진 바늘에 감정을 이입하여 안타까운 현실을 드러내고 있다.

06 밑줄 친 단어의 표기가 옳지 않은 것은?

㉠연말년시를 맞아 포천시에서 다양한 행사를 준비하고 있다는 소식입니다. 오는 31일부터 1일까지는 지난 해를 정리하고 ㉡신년도를 축하하기 위한 행사로, '송구영신 놀이 한마당'이 열릴 예정입니다. 본 행사는 올해를 시작으로 ㉢연 1회씩 매년 개최될 행사로, 아이들부터 ㉣연로하신 분들까지 즐기실 수 있도록 구성되었으니 많은 참여 바랍니다.

① ㉠
② ㉡
③ ㉢
④ ㉣

07 문장의 의미를 고려할 때, 밑줄 친 부분의 한자가 잘못 표기된 것은?

'엥겔 계수(Engel coefficient)'는 가계의 소비 지출 가운데 식료품비가 차지하는 비율을 뜻하는 것으로, 가계의 생활 수준 정도를 나타내는 ㉠지표(指標)로 활용되고 있다. 엥겔 계수는 19세기 독일의 통계학자 엥겔의 연구를 통해 발표되었는데, 엥겔은 가계의 ㉡소득(所得)이 올라도 식료품의 소비량은 크게 늘어나지 않는다는 점에 ㉢착안(着眼)하였다. 하지만 엥겔 계수는 외식비나 식료품 가격의 변동 등을 고려하지 않으므로 이것만으로 가계의 생활 수준을 ㉣측정(測程)하는 데에는 한계가 있다.

① ㉠
② ㉡
③ ㉢
④ ㉣

08 다음 글에 대한 설명으로 가장 적절한 것은?

"엄마, 엄마, 사랑 아저씨도 나처럼 삶은 달걀을 제일 좋아한대."
하고 소리를 질렀지요.
"떠들지 마라."
하고 어머니는 눈을 흘기십니다.
그러나 사랑 아저씨가 달걀을 좋아하는 것이 내게는 썩 좋게 되었어요. 그다음부터는 어머니가 달걀을 많이씩 사게 되었으니까요. 달걀 장수 노파가 오면 한꺼번에 열 알도 사고 스무 알도 사고, 그래선 두고두고 삶아서 아저씨 상에도 놓고 또 으레 나도 한 알씩 주고 그래요. 그뿐만 아니라 아저씨한테 놀러 나가면 가끔 아저씨가 책상 서랍 속에서 달걀을 한두 알 꺼내서 먹으라고 주지요. 그래 그담부터는 나는 아주 실컷 달걀을 많이 먹었어요. 〈중 략〉
사랑에서는 아저씨도 어디 나가고 외삼촌도 나가고 집에는 어머니와 나와 단둘이 있었는데, 머리가 아프다고 누워 계시던 어머니가 갑자기 나를 부르시더니,
"옥희야, 너 아빠가 보고 싶니?"
하고 물으십니다.
"응, 우리도 아빠 하나 있으면."
하고 나는 혀를 까불고 어리광을 좀 부려 가면서 대답을 했습니다. 한참 동안을 어머니는 아무 말씀도 아니 하시고 천장만 바라다보시더니,
"옥희야, 옥희 아버지는 옥희가 세상에 나오기도 전에 돌아가셨단다. 옥희도 아빠가 없는 건 아니지. 그저 일찍 돌아가셨지. 옥희가 이제 아버지를 새로 또 가지면 세상이 욕을 한단다. 옥희는 아직 철이 없어서 모르지만 세상이 욕을 한단다. 사람들이 욕을 해. '옥희 어머니는 화냥년이다.' 이러고 세상이 욕을 해. '옥희 아버지는 죽었는데 옥희는 아버지가 또 하나 생겼대, 참 망측두 하지.' 이러고 세상이 욕을 한단다. 그리되면 옥희는 언제나 손가락질 받고. 옥희는 커도 시집도 훌륭한 데 못 가고. 옥희가 공부를 해서 훌륭하게 돼도 '에 그까짓 화냥년의 딸.' 이러구 남들이 욕을 한단다."
이렇게 어머니는 혼잣말하시듯 드문드문 말씀하셨습니다.

– 주요섭, '사랑손님과 어머니'

① 애정과 봉건적 윤리 사이에서 갈등하는 인물을 풍자하고 있다.
② 봉건적 윤리관에서 비롯한 부조리를 직접적으로 비판하고 있다.
③ 인물의 심리가 행동이나 대사보다 서술자의 추측에 의해 밝혀진다.
④ 서술자의 관점에서는 인물들의 미묘한 내면 심리를 해석하지 못한다.

09 밑줄 친 ㉠~㉣에 대한 설명으로 가장 적절하지 않은 것은?

> 인간과 동물을 근본적으로 달리 대하는 우리의 태도가, 종이 ㉠<u>다르다</u>는 이유만으로 정당화될 수 있는가?
> 예컨대 몸을 돌리지도 못할 정도로 비좁은 공간에 동물을 밀어 넣고 사육하는 행위는 어떠한가? 인간을 이렇게 취급한다면 당신은 이를 심각한 ㉡<u>비도덕적</u> 행위라고 여길 것이다. '종'의 다름이, 인간은 안 되고 동물은 된다는 판단의 차이를 정당화하는 유용한 기준이 될 수 있는가?
> 지금까지 동물의 권리에 관한 문제를 풀기 위해 다양한 사람들이 여러 방면에서 주장을 펼쳐 왔다. 어떤 철학자들은 공리적인 관점에서 인간이 동물을 다루는 방식을 비판한다. 이들은 동물을 도구로 ㉢<u>사용함으로서</u> 얻는 ㉣<u>즐거움</u>이 그로 인해 우리가 동물에게 주는 고통보다 크지 않기 때문에 잘못된 것이라고 주장한다. 어떤 이들은 동물에게도 자연권, 즉 마땅한 이유 없이 감금되지 않을 권리가 있다고 주장한다.

① ㉠ 다르다: '르' 불규칙 용언이다.
② ㉡ 비도덕적: 접사 '비–'는 '아님'의 뜻을 더한다.
③ ㉢ 사용함으로서: '사용함으로써'로 표기해야 한다.
④ ㉣ 즐거움: 명사형 전성 어미 '–음'이 결합한 것으로 형용사이다.

10 밑줄 친 부분의 이유에 대한 필자의 견해로 볼 수 없는 것은?

> 훌륭한 스승 밑에서 제대로 된 방법에 따라 책을 읽고, 열심히 익히면 지금도 누구나 그렇게 될 수가 있다. 하지만 지금은 방법이 잘못되고 과정이 잘못되어 십여 년을 배워도 발전이 없다.
> 옛날의 독서는 인간의 본질을 이해하고 세상의 질서를 이해하는 독서였다. 하지만 지금의 독서는 단순한 지식과 정보만 취급한다. 지식이 식견이 되고, 식견이 지혜가 되는 독서라야 하는데, 오늘날 지식 정보로만 끝날 뿐 더 이상 발전하지 않는다. 책이 쏟아져 나와도 두고두고 되풀이해 읽을 만한 책은 별로 없다. 그저 문제집 풀 듯 한 번 보고 휙 내던지는 책들뿐이다. 읽을 때는 재미있는데 읽고 나면 남는 것이 없다. 아이들은 자기 생각을 적으려 들지 않고, 인터넷에 나온 정보만 적어 숙제로 낸다. 정보를 요리하는 힘이 필요하지 않고, 정보를 가공하고 편집하는 기술만 있으면 된다. <u>그러니 무슨 발전이 있겠는가?</u>

① 오늘날의 독서는 주어진 정보만을 취하는 독서이다.
② 옛날의 독서는 인간과 세상에 대한 지혜를 배우는 독서이다.
③ 오늘날의 독서는 시간 부족으로 인해 깊이 있는 성찰이 어렵다.
④ 옛날의 독서와 오늘날의 독서는 지식을 다루는 방법에 차이가 있다.

11. 다음 글의 연결 순서로 가장 적절한 것은?

(가) 물론 중국의 통합성이 15세기에는 쇠퇴 원인으로 작용하기도 했다. 대운하는 자족적이고 통제적인 시스템을 만들어 명나라의 중앙집권화된 권위를 높여줬는데, 이 토대 위에서 황제와 관료들은 지주 계급과 결탁해 상인층을 억눌렀다. 이는 또 다른 변화를 초래했다. 산업적으로 발달하고 과학기술까지 갖췄지만 강력한 중앙집권적 국가가 시장 지향적인 정책을 펴지 못했기에 근대 산업주의로는 나아가지 못했던 것이다. 통합사회를 키운 대운하가 결국 쇠퇴의 계기로 작용한 역사의 아이러니를 보여 주는 사례. 그러고 보면 물이란 사용하기에 따라 '양날의 칼'이 되기도 한다.

(나) 중국에서는 벼를 재배하는 남부 양쯔강 유역과 북부 황허강 유역을 연결하는 대운하가 산업의 대동맥 역할을 했다. 6세기에 시작한 1800km의 대운하 건설을 통해 비옥한 남방과 건조한 북방 지역을 통합하는 데 성공했으며, 이후 13세기까지 수송과 농업, 산업 등에서 대규모 경제 혁명을 일으킬 수 있었다.

(다) 《물의 세계사》의 저자 스티븐 솔로몬은 중국의 대운하 건설에서 결정적인 차이를 발견한다. 저널리스트이자 논픽션 저술가인 그는 "대운하가 중국의 남북을 연결해 자연 자원과 인적자원을 통합하게 해줬고, 이 덕분에 화려한 중세 황금기를 열 수 있었지만 로마 제국에는 이런 통합을 이끌어 낼 광범위한 수로가 없었다"고 설명한다. 대운하 건설 이후 중국과 유럽의 역사가 달라진 것이 물길 때문이었다는 말이다.

(라) 이에 비해 로마 제국의 영토이던 유럽은 경쟁하는 국가들의 분열된 조합으로 부침을 거듭했고, 이 때문에 침체된 암흑기가 오래 계속됐다. 그는 이 같은 인류 문명의 역사를 물의 관점에서 추적하면서 "고대 문명의 발흥과 몰락부터 근대의 대양 향해가 증기기관 개발까지 인류사의 모든 전환점에는 바로 물이 있었다"고 강조한다.

(마) 로마는 제국의 통합에 실패했지만 중국은 성공했다. 로마와 중국의 대칭성은 역사학자들의 주된 관심사였다. 이들 국가는 같은 시기에 권력과 부, 영향력을 가장 크게 발휘했다. 영토 크기도 비슷했다. 같은 시대에 유라시아 양쪽 끝에서 번영한 데다 북쪽 야만족의 침입으로 쇠퇴했다는 점까지 닮았다. 그런데도 둘의 흥망성쇠가 엇갈린 이유는 무엇일까.

① (나) – (라) – (가) – (마) – (다)
② (나) – (마) – (다) – (가) – (라)
③ (마) – (나) – (다) – (가) – (라)
④ (마) – (다) – (나) – (라) – (가)

12. 표준 발음으로 가장 옳지 않은 것은?

① 헛일[허딜]
② 몰이해[몰리해]
③ 저물녘[저물력]
④ 갈 곳을[갈꼬슬]

13. 한자 성어의 쓰임이 적절하지 않은 것은?

① 多岐亡羊이라더니, 너의 노력이 이제 빛을 발한 모양이구나.
② 이유 없이 잘못의 책임을 모두 떠안은 것이 분해서 切齒腐心하였다.
③ 상황이 여의치 않아 姑息之計를 냈다고는 하지만 계속 이런 식으로 일을 처리할 수는 없다.
④ 그 사람은 종종 見蚊拔劍하는 경우가 있어 조직을 이끌어 가는 자리에는 적합하지 않은 인물이다.

14. 주장에 대한 반론으로 가장 적절한 것은?

어떤 비도덕한 인간이 아무리 지나친 행위를 했다고 하더라도 그 사람에 대한 개인적 비난의 차원을 넘어서, 인터넷이나 누리 소통망 서비스(SNS) 등 사이버 공간을 통하여 그의 정체, 즉 개인 정보를 유출시켜 또 다른 피해를 양산하는 행위는 개인의 인격과 사생활 보호 차원에서 전혀 바람직하지 않다. 그동안 등장한 각종 '○○녀'의 만행이 공개되면서 함께 문제 됐던 점이 바로 이와 같은 사생활과 인격에 대한 지나친 침해 행위였다.

이른바 마녀 사냥식 신상 털기는 정의감 및 알 권리 등의 인식에서 출발한다고 할 수 있다. 법의 잣대로 처벌할 수 없는 사건에 대해 네티즌들이라도 나서서 도덕적으로 처벌해야 한다는 인식이 강하기 때문이다. 하지만 특정인의 정체를 아무런 거리낌 없이 공개하는 것은 엄연한 범죄 행위라는 점에서 매우 위험한 행위이다. 예컨대 네티즌들이 유포한 정보가 공개된 정보가 아닐 경우 해킹, 정보통신망 무단 침입죄, 비밀 침해죄 등 각종의 죄로 처벌될 수 있다.

① 과도한 사생활 침해는 법적으로 문제가 될 수 있다.
② 공공의 이익을 위해서라도 부도덕한 행위를 한 사람에 대한 정보 공개는 필요하다.
③ SNS를 통해 개인의 정보가 유출되었을 때 또 다른 문제가 발생할 가능성은 적다.
④ 도덕적으로 옳지 못한 행위를 하였을 경우에는 사이버 공간이 아닌 현실적 공간에서의 정보 공개가 이루어져야 한다.

15 다음 중 '애써 하던 일이 실패로 돌아가거나 남보다 뒤떨어져 어찌할 도리가 없다'라는 의미로 적절한 속담은?

① 가는 날이 장날
② 고양이 목에 방울 달기
③ 닭 쫓던 개 지붕 쳐다보듯
④ 구슬이 서 말이라도 꿰어야 보배

16 밑줄 친 부분의 품사가 다른 하나는?

① 어제 친구를 못 만났다.
② 아이가 연을 높이 날렸다.
③ 그리 가면 어디에 도착하니?
④ 오늘은 다른 옷을 입고 싶다.

17 다음 대화에 대한 설명으로 가장 적절한 것은?

> A: 언니, 나 오늘 이 외투 좀 빌려 입을게.
> B: 그 옷은 오늘 내가 입을 거라서 안 될 것 같은데.
> A: 나랑 잘 어울릴 것 같았는데 아쉽다.
> B: 너는 왜 매번 갑자기 옷을 빌려 가는 거야? 심지어 깨끗하게 돌려주지도 않고 말이야. 저번에 빌려 간 바지도 엉망으로 만들고 사과 한마디 안 했잖아.
> A: 진심으로 미안해, 언니. 그때 빌려 간 바지를 엉망으로 만들고 사과조차 하지 않아서 언니 기분이 많이 상했을 거 같아. 앞으로는 언니 옷을 빌려 입을 수 있는지 미리 물어보고 입게 된다면 깨끗하게 입도록 조심할게.

① A는 요구의 이유를 밝히며 B에게 요구를 하고 있다.
② A는 B의 말을 다시 진술하며 B의 감정에 공감을 표현하고 있다.
③ B는 A의 의견 일부를 수용하며 절충안을 제시하고 있다.
④ B는 경험을 제시하며 A의 요구를 거절한 것에 대해 미안함을 표현하고 있다.

※ 다음 글을 읽고 물음에 답하시오. [18~19]

> 조국을 언제 떠났노.
> **파초**의 꿈은 가련하다.
>
> **남국(南國)**을 향한 불타는 향수(鄕愁),
> **너**의 넋은 수녀(修女)보다도 더욱 외롭구나!
>
> 소낙비를 그리는 너는 **정열의 여인**,
> 나는 샘물을 길어 네 발등에 붓는다.
>
> 이제 밤이 차다.
> 나는 또 너를 내 머리맡에 있게 하마.
>
> 나는 즐겨 너를 위해 종이 되리니,
> 너의 그 드리운 치맛자락으로 우리의 겨울을 가리우자.

18 작품에 대한 설명으로 적절하지 않은 것은?

① '파초'에 대한 화자의 헌신적 태도가 드러난다.
② 화자는 '파초'의 모습과 자신의 처지를 동일시하고 있다.
③ 공간의 대비를 통해 화자의 현실 극복 의지를 드러내고 있다.
④ 호칭의 변화를 통해 화자와 대상 간의 거리감이 좁혀지고 있다.

19 다음 중 시어가 의미하는 것이 가장 다른 하나는?

① 파초
② 남국(南國)
③ 너
④ 정열의 여인

20 다음 연설에 대한 설명으로 가장 적절한 것은?

> 얼마 전, UN 대학의 연구소는 '지구촌의 모든 재난은 서로 연결되어 있다'는 연구 보고서를 발표했습니다. 예를 들면, 북극의 폭염과 미국 텍사스의 한파, 코로나 팬데믹과 방글라데시의 사이클론이 각각 탄소 배출과 환경 파괴를 고리로 밀접하게 이어져 있다는 것입니다. 문제가 연결되어 있다면, 해법도 연결되어 있을 것입니다. 인류가 국경을 넘어 협력하는 것이야말로 위기 극복의 첫걸음입니다.

① 구체적인 예시를 들어 청자의 이해를 돕고 있다.
② 객관적인 수치를 제시하여 논지를 강화하고 있다.
③ 영탄적인 표현을 사용하여 청자의 감정에 호소하고 있다.
④ 공신력이 있는 기관의 자료를 인용하여 반론 가능성을 차단하고 있다.

21 밑줄 친 ㉠~㉢에 대한 설명으로 옳지 않은 것은?

㉠"저 계집은 무엇인다?"
형리 여짜오되,
"기생 월매 딸이온데, 관정(官庭)에 포악(暴惡)한 죄로 옥중에 있삽내다."
"무슨 죈다?"
형리 아뢰되,
"본관 사또 수청(守廳)으로 불렀더니 ㉡수절(守節)이 정절(貞節)이라 수청 아니 들려 하고, 관전(官前)에 포악한 춘향이로소이다."
어사또 분부하되,
"너만 년이 수절한다고 관정 포악하였으니 살기를 바랄쏘냐. 죽어 마땅하되 내 수청도 거역할까?"
춘향이 기가 막혀
"내려오는 관장(官長)마다 개개이 명관이로구나. 수의 사또 들으시오. ㉢층암절벽(層巖絶壁) 높은 바위 바람 분들 무너지며, 청송녹죽(靑松綠竹) 푸른 나무 눈이 온들 변하리까?
그런 분부 마옵시고 어서 바삐 죽여 주오." / 하며,
"향단아, 서방님 어디 계신가 보아라. 어젯밤에 옥문간에 와 계실 제 천만 당부하였더니 어디를 가셨는지, 나 죽는 줄 모르는가?"
어사또 분부하되,
"얼굴을 들어 나를 보라." / 하시니,
춘향이 고개를 들어 대상(臺上)을 살펴보니 걸객(乞客)으로 왔던 낭군, 어사또로 뚜렷이 앉았구나. 반 웃음 반 울음에
"얼씨구나 좋을씨고. 어사 낭군 좋을씨고. 남원 읍내 추절(秋節) 들어 떨어지게 되었더니, 객사에 봄이 들어 ㉣이화춘풍(李花春風) 날 살린다. 꿈이냐 생시냐, 꿈을 깰까 염려로다."
 – 작자 미상, '춘향전(春香傳)'

① ㉠: 춘향이 맞는지 확인하기 위한 질문이다.
② ㉡: 동음 반복을 통한 언어유희가 드러난다.
③ ㉢: '바람'과 '눈'은 뒤에 나오는 '추절(秋節)'과 의미가 유사하다.
④ ㉣: 봄바람을 의미하는 동시에 이몽룡을 의미한다.

22 국어의 로마자 표기가 옳지 않은 것은?

① 꽃게 kkotge
② 오죽헌 Ojukheon
③ 촉석루 Chokseonglu
④ 낙동강 Nakdonggang

23 다음 글의 내용에 부합하지 않는 것은?

「직지심경」을 간행한 13, 14세기 고려의 금속 활자 인쇄술은 인쇄 상태로 보면 기술적 수준이 높지 않았다. 활자도 균일하지 못하고, 글자체도 아름답지 못했다. 다만 금속 활자가 개발된 이유는 몽고의 침입으로 서적이 없어지고, 중국으로부터의 서적 수입이 일시적으로 중단된 상황에서 빠른 기간 내에 많은 종류의 서적을 간행해야 할 사회적 필요성 때문이었다. 미숙했던 고려 시대의 금속 활자 인쇄술을 개선한 15세기 조선의 금속 인쇄술도 목판 인쇄를 완전하게 대체하지는 못했다. 적어도 중앙에서는 금속 활자를 이용하여 인쇄하였다. 국립출판소인 교서관에서 간행한 「유교경전」, 「자치통감」과 같은 역사서 등의 서적은 전적으로 금속 활자로 인쇄되었다. 이러한 인쇄술의 활용으로 얻을 수 있었던 가장 큰 의의는 조선의 유교 문화를 꽃피운 가장 큰 배경이 되었다는 점이다. 중국에서 들여오는 서적이 대량으로 인쇄되어 문민 통치를 펼쳤던 중앙 정부와 유교 지식으로 무장한 사대부에게 배포되었다. 조선 왕조는 민본적인 유교적 이상 국가를 실현하기 위해 지식인층인 사대부들을 길러내는 교육을 강조하는 정책을 펼쳤고, 그럴수록 조선 사회는 학문과 교양 지식을 겸비한 사대부 지식인층이 지배하는 성숙한 유교 문화를 구축했던 것이다. 〈중 략〉
다시 말해 15세기 중엽 구텐베르크의 인쇄술이 유럽의 근대화 과정을 만족시켰던 것처럼, 유교 문화를 꽃피운 한국의 금속 활자도 역사적 의미를 충분히 지니고 있다.

① 15세기 조선 시대에도 여전히 목판을 사용하여 인쇄하였다.
② 고려의 금속 활자는 위기 상황에 대처하기 위해 제작되었다.
③ 「유교경전」, 「자치통감」은 모두 국가 기관에서 간행한 서적이다.
④ 조선 시대에는 금속 활자 인쇄술의 발달로 인해 서적이 활발하게 집필되었다.

24 다음 밑줄 친 부분에 쓰인 표현과 같은 수사법이 쓰인 것은?

> '마돈나' 언젠들 안 갈 수 있으랴, 갈 테면 우리가 가자, 끄을려 가지 말고!
> 너는 내 말을 믿는 '마리아' — 내 침실이 부활(復活)의 동굴(洞窟)임을 네야 알련만…….
> – 이상화, '나의 침실로'

① 나노 별 낚는 나무가 되고 싶은데 / 당신이라는 별을
② 달 호텔에서 지구를 보면 우편엽서 한 장 같다. / 나뭇잎 한 장 같다. / 훅 불면 날아가 버릴 것 같은
③ 사랑을 '사랑'이라고 하면 벌써 사랑은 아닙니다. / 사랑을 이름 지을 만한 말이나 글이 어디 있습니까.
④ 오늘도 뫼 끝에 홀로 오르니 / 흰 점 꽃이 인정스레 웃고, / 어린 시절에 불던 풀피리 소리 아니 나고 / 메마른 입술에 쓰디 쓰다.

25 다음 시조에 대한 설명으로 적절하지 않은 것은?

> 개야미 불개야미 준등 쏙 부러진 불개야미
> 앞발에 정종 나고 뒷발에 종긔 난 불개야미 광릉(廣陵) 심재 너머 드러 가람의 허리를 ᄀ로믈어 추혀 들고 북해(北海)를 건넌단 말이 이셔이다 님아 님아
> 온 놈이 온 말을 ᄒ여도 님이 짐작ᄒ소셔.

① 허황된 상황을 설정하여 주제를 효과적으로 전달하고 있다.
② 점층적인 시상 전개를 통해 시적 대상의 상태를 과장하고 있다.
③ 반어적인 표현을 사용하여 남을 모함하는 세태를 풍자하고 있다.
④ 말을 건네는 방식을 통해 '님'에게 자신의 결백을 표현하고 있다.

실전동형모의고사 15회
모바일 자동 채점 + 성적 분석 서비스 바로 가기

15회 핵심 어법 마무리 체크

☑ 다음 문장을 읽고 알맞은 단어에 ○표 하세요.

이론 문법

01 훈민정음의 28자모 체계에 들지 않는 것은 'ㅸ / ㅿ'이다.

02 훈민정음의 28자모 체계에 들지 않는 것은 'ㆅ / ㆁ'이다.

03 '잠이 모자라서 늘 피곤하다'에 쓰인 '모자라서'의 품사는 동사 / 형용사 이다.

04 '사업을 하기에 자금이 부족하다'에 쓰인 '부족하다'의 품사는 동사 / 형용사 이다.

05 '어느새 새벽이 지나고 날이 밝는다'에 쓰인 '밝는다'의 품사는 동사 / 형용사 이다.

06 '한 마리였던 돼지가 지금은 열 마리로 늘었다'에 쓰인 '늘었다'의 품사는 동사 / 형용사 이다.

어문 규정

07 '마을/마실'은 복수 / 별도 표준어 관계이다.

08 '예쁘다/이쁘다'는 복수 / 별도 표준어 관계이다.

09 '새초롬하다/새치름하다'는 복수 / 별도 표준어 관계이다.

10 인사말 / 인삿말 을 쓰느라 밤을 새웠다.

11 담배 가격 인상으로 인해 흡연율 / 흡연률 이 줄고 있다.

12 생각치도 / 생각지도 못한 반응 때문에 놀랐다.

13 무슨 일을 하던지 / 하든지 최선을 다해야 한다.

14 퇴임하는 직원을 위한 송별연 [송ː별련] / [송ː벼련] 을 열다.

15 그의 넓죽한 [널쭈칸] / [넙쭈칸] 얼굴이 그리웠다.

16 낙엽을 밟고 [밥ː꼬] / [발ː꼬] 지나갔다.

17 축구의 열병 [열병] / [열뼝] 이 전국을 휩쓸었다.

18 '양수리'의 로마자 표기는 'Yangsu-li / Yangsu-ri'이다.

19 '남포면'의 로마자 표기는 'Nampo-myeon / Nampo-myoun'이다.

20 '사직로'의 로마자 표기는 'Sajik-ro / Sajik-no'이다.

21 '진량읍'의 로마자 표기는 'Jillyang-eup / Jillyang-eub'이다.

16회 실전동형모의고사

01 밑줄 친 표현 중 잘못 사용된 것은?

① 그가 문을 잠가서 들어갈 수 없다.
② 값을 치루고 난 뒤 소를 끌고 왔다.
③ 그는 자신이 왕이라도 된 것처럼 으스댔다.
④ 들입다 밀어붙이기만 한다고 될 일이 아니다.

02 띄어쓰기 규정에 맞지 않는 것은?

① 그는 성격이 정말 못 됐다.
② 우산을 쓴 채 소나기를 맞았다.
③ 너 덕분에 처신을 잘할 수 있었다.
④ 그와는 단지 이름만 아는 사이일 뿐이다.

03 단어의 형성 방법이 다른 것은?

① 맨발　　　　　② 여닫다
③ 되살리다　　　④ 잠꾸러기

04 밑줄 친 단어 가운데 품사를 바꾸어 주는 접사가 포함되지 않은 것은?

① 아이들은 정말 순수하다.
② 어두운 방에 촛불을 켜서 방을 밝혔다.
③ 삼촌은 오늘도 막노동을 하러 나가셨다.
④ 에펠탑의 높이는 내가 생각한 것보다 더욱 높았다.

05 밑줄 친 부분의 쓰임이 모두 옳은 것은?

① 우유를 썩였더니 냄새가 고약하다.
　어머니 속 그만 썩히고 집으로 돌아가라.
② 저 송아지는 적당히 살져서 보기가 좋다.
　어째 저 돼지는 볼 때마다 살찌는 것 같다.
③ 팔이 절여 와서, 글을 더 쓸 수가 없다.
　배추를 반나절은 저려야 김치가 맛있게 된다.
④ 나는 옷걸이가 좋아서 뭘 입어도 태가 난다.
　어째서 건조대에 성한 옷거리가 하나도 없냐?

06 밑줄 친 부분이 어법에 맞지 않는 것은?

① 아주머니, 사과 얼마에요?
② 저의 가장 친한 친구는 공무원이에요.
③ 아니에요, 지금 먹은 것만으로도 충분해요.
④ 애교가 많은 막냇동생이 우리 집 귀염둥이이에요.

07 다음 중 사이시옷의 형성 원리가 다른 것은?

① 냇물　　　　② 깻묵
③ 두렛일　　　④ 아랫니

08 다음 중 ㉠~㉣을 사용한 예문으로 적절하지 않은 것은?

㉠ 뜨다¹: 착 달라붙지 않아 틈이 생기다.
㉡ 뜨다²: 다른 곳으로 가기 위하여 있던 곳에서 다른 곳으로 떠나다.
㉢ 뜨다³: 실 따위로 코를 얽어서 무엇을 만들다.
㉣ 뜨다⁴: 새겨진 글씨나 무늬 등을 드러나게 하다.

① ㉠: 아침에 눈을 뜬 순간 늦었다는 것을 직감했다.
② ㉡: 시험이 끝나더라도 자리를 뜨지 마시오.
③ ㉢: 어머니가 직접 뜨신 옷을 입고 나갔다.
④ ㉣: 탁본을 떠 놓은 것이 있어서 다행이다.

09 다음 시에 대한 감상으로 적절하지 않은 것은?

푸른 하늘에 닿을 듯이
세월에 불타고 우뚝 남아 서서
차라리 봄도 꽃 피진 말아라

낡은 거미집 휘두르고
끝없는 꿈길에 혼자 설레이는
마음은 아예 뉘우침 아니라

검은 그림자 쓸쓸하면
마침내 호수 속 깊이 거꾸러져
차마 바람도 흔들진 못해라
– 이육사, '교목'

① 자연물을 통해 화자의 모습을 형상화하고 있군.
② 상승과 하강의 이미지를 통해 시상을 전개하고 있군.
③ 남성적 어조를 사용하여 화자의 결의를 드러내고 있군.
④ 인간과 자연의 대비를 통해 부정적 현실을 부각하고 있군.

10 다음 글을 통해서 답을 찾을 수 없는 질문은?

한국사에서 20세기는 대단한 변화의 시기였다. 한국인들이 조상 대대로 이어오던 생활 방식을 거의 버리고 서양식으로 바꾸었기 때문이다. 그러나 이런 엄청난 격변 속에서도 한국인들이 고집하는 오래된 관습들이 있다. 그중에서 오늘 보게 될 온돌, 혹은 구들은 아주 대표적인 것이다.

전통문화에 별로 관심이 없어 보이는 한국인들이 온돌은 왜 버리지 않았을까? 이유는 아주 간단하다. '온돌'이 무척 좋기 때문이다.

온돌은 순수 우리말로 '구들'이라고 한다. 구들은 '구운돌'의 약자이다. 그러니까 온돌은 구운 돌로 바닥을 데우는 온방법(溫房法)을 말한다. 바닥을 데우는 게 왜 좋은 방법일까? 사람은 손발을 따뜻하게 하고 머리를 차갑게 하는 게 건강에 좋다. 온돌은 바로 이것을 가능하게 해 주는 온방법이다.

아울러 온돌은 대단히 경제적인 온방법이기도 하다. 서양의 벽난로는 전 열량 가운데 약 5분의 1만 방 안으로 전달된다. 이에 비해 온돌은 열량을 구들에 저축해 오랫동안 열을 뿜어내게 할 수 있다. 구들만 잘 깔면 열이 며칠을 가게 할 수도 있다. 그런가 하면 온돌은 방을 데우는 것에 그치지 않고 밥 같은 음식을 조리하는 것도 가능하게 하는 등 요리와 온방을 동시에 하니 일석이조이다.

원래 온돌은 방 전체를 데우는 온방법이 아니라 부분만 데우는 '쪽구들식 온방법'이었다. 이런 식의 구들은 고구려 고분 벽화에서도 보인다. 그러다 고려 중기가 되어서야 방 전체를 데우는 방식이 나오는데, 이 온방법이 한반도 전역에 퍼지게 된 것은 조선 초기, 그러니까 15세기 이후의 일이라고 한다. 온돌은 이와 같이 오랜 세월을 거쳐 발달해 왔기 때문에 지금과 같은 과학적이고 복잡한 구조를 갖게 되었다.

① 구들을 이용한 난방이 건강에 좋은 이유는 무엇인가?
② 20세기 한국인들이 온돌을 버리지 않은 이유는 무엇인가?
③ 온돌로 방 전체를 데우는 방식이 퍼지게 된 시기는 언제인가?
④ 온돌은 서양의 벽난로에 비해 얼마나 더 많은 열을 발산할 수 있는가?

11 문맥에 따른 배열로 가장 적절한 것은?

(가) 스마트 카드는 마그네틱 스트립 카드와 동일하게 신용 카드에 활용되지만 집적회로(IC)칩이 내장되어 있어 연산 및 정보 저장 능력을 갖는 차이가 있다.
(나) 플라스틱 카드는 뒷면에 자기의 특징을 지닌 띠를 두르고 있는 마그네틱 스트립 카드와 그보다 더 세밀하면서 다양한 기능을 가진 스마트 카드로 분류할 수 있다.
(다) 오늘날에는 편의점, 대형 마트, 백화점뿐만 아니라 작은 슈퍼에서도 카드를 사용하는 사람이 많아졌다. 여기에는 플라스틱 카드 기술이 활용되었다.
(라) 신용 카드, 현금 카드 등으로 사용할 수 있는 마그네틱 스트립 카드에는 신원 확인을 위해 사용자에게 고유 번호를 붙여 준다. 마그네틱 스트립에는 보편적으로 유효 기간, 사용 가능 금액, 카드 번호, 소유주 성명 등 약 200바이트 정도의 데이터가 저장될 수 있다.

① (나) – (라) – (가) – (다)
② (나) – (가) – (라) – (다)
③ (다) – (나) – (라) – (가)
④ (다) – (나) – (가) – (라)

12 속담의 뜻을 풀이한 것으로 옳지 않은 것은?

① 처삼촌 뫼에 벌초하듯: 정성을 들여 일을 꼼꼼히 함
② 나간 놈의 집구석이라: 집 안이 정리가 안 되어 있고 어수선함
③ 절 모르고 시주하기: 힘만 들이고 아무런 공이 나타나지 않게 됨
④ 굽은 나무가 선산을 지킨다: 쓸모없어 보이는 것이 도리어 제 구실을 하게 됨

13 다음 중 밑줄 친 단어의 한자어 표기가 옳은 것은?

① 오늘 아침에 신문 보도(報道)를 읽었다.
② 피의자에게 사실 여부(如否)를 확인하였다.
③ 비석에 새겨진 글자의 탁본(託本)을 떠냈다.
④ 화석 연료를 대체할 수 있는 자원을 개발(啓發)했다.

14 ㉠에 나타난 화자의 태도로 가장 적절한 것은?

산 너머 고운 노을을 보려고
그네를 힘차게 차고 올라 발을 굴렀지
노을은 끝내 어둠에게 잡아먹혔지
나를 태우고 날아가던 그넷줄이
오랫동안 삐걱삐걱 떨고 있었어

어릴 때는 나비를 쫓듯
아름다움에 취해 땅끝을 찾아갔지
그건 아마도 끝이 아니었을지 몰라
그러나 살면서 몇 번은 땅끝에 서게도 되지
파도가 끊임없이 땅을 먹어 들어오는 막바지에서
이렇게 뒷걸음질치면서 말야

살기 위해서는 이제
뒷걸음질만이 허락된 것이라고
파도가 아가리를 쳐들고 달려드는 곳
찾아 나선 것도 아니었지만
끝내 발 디디며 서 있는 땅의 끝,
그런데 이상하기도 하지
위태로움 속에 아름다움이 스며 있다는 것이
땅끝은 늘 젖어 있다는 것이
㉠ 그걸 보려고
또 몇 번은 여기에 이르리라는 것이

① 후회
② 인고
③ 좌절
④ 자각

15 ㉠~㉣에 대한 이해로 가장 적절하지 않은 것은?

> ㉠나 두 야 간다.
> 나의 이 젊은 나이를
> 눈물로야 보낼 거냐.
> 나 두 야 가련다.
> ㉡아늑한 이 항군들 손쉽게야 버릴 거냐.
> 안개같이 물 어린 눈에도 비치나니
> 골짜기마다 발에 익은 뫼뿌리 모양
> 주름살도 눈에 익은 아아 사랑하는 사람들.
> 버리고 가는 이도 못 잊는 마음
> 쫓겨 가는 마음인들 무어 다를 거냐.
> ㉢돌아다보는 구름에는 바람이 희살 짓는다.
> ㉣앞 대일 언덕인들 마련이나 있을 거냐.
> 나 두 야 가련다.
> 나의 이 젊은 나이를
> 눈물로야 보낼 거냐
> 나 두 야 간다.
> – 박용철, '떠나가는 배'

① ㉠은 화자의 망설임을 강조한다.
② ㉡은 화자의 정든 고향에 대한 미련을 나타낸다.
③ ㉢은 고향을 떠날 수밖에 없는 화자를 향한 위로를 의미한다.
④ ㉣은 목적지도 존재하지 않는 화자의 절망적 상황을 드러낸다.

16 띄어쓰기가 바른 것은?

① 무엇을 먼저 해야 할 지 고민이 돼.
② 담당자의 무성의한 대응이 문제시 되고 있다.
③ 돈을 흥청망청 썼더니 십만 원 밖에 남지 않았어.
④ 동생은 잔뜩 화가 나서 내 말에 대꾸 한마디 안 했다.

17 다음 글의 논지 전개 방식으로 적절한 것은?

> 사진의 시간은 셔터에 의해 결정된다. 사진의 공간 역시 셔터를 누르는 순간에 고정되기 때문에 셔터가 모든 것을 결정한다고 볼 수도 있다. 그러나 엄밀히 말하면 사진의 공간은 프레임에 의해 결정된다.
> 프레임은 일견 사진을 둘러싼 울타리에 지나지 않아 보인다. 사물과 사물 사이에 금을 그어 구분 짓는 경계선으로나 보일 뿐이다. 더욱이 이 프레임은 이미 카메라의 파인더에 의해 사각형으로 정해져 있다. 사진가는 그 파인더로 내다보면서 자기가 찍고 싶은 만큼의 범위를 정해 셔터만 누르면 된다. 그것으로 사진의 테두리는 저절로 형성된다. 따라서 파인더로 내다보고 찍으면 그 네모난 파인더의 물리적 형태가 사진에 테두리로 남는 것, 이것이 곧 프레임이라고 생각하기 쉽다.
> 그러나 프레임과 파인더는 완전히 별개의 것이다. 파인더의 네모꼴이 그대로 프레임의 네모로 이어지는 것까지는 분명하지만, 파인더는 프레임을 정하기 위한 장치이지 프레임 자체는 아니다. 파인더가 유리창이라고 한다면 프레임은 유리창을 통해 보이는 일정 범위의 세계라 할 수 있다. 유리창은 고정적이지만, 바라보는 세계는 작가의 시선에 따라 유동적이다. 파인더는 고정적이지만, 프레임은 작가의 움직이는 시선을 따라 유동한다. 프레임은 단순한 테두리가 아니라 작가가 본 세계의 테두리라는 점에서 파인더의 단순한 물리적 틀을 넘어선다.

① 비유와 유추를 동원하여 대상의 장점을 부각하고 있다.
② 질문하고 답하는 방식을 활용하여 논지를 강화하고 있다.
③ 시간적 순서에 따라 대상의 특성이 발현되는 과정을 보여주고 있다.
④ 대상과 관련한 오해를 먼저 제시한 후, 이들의 차이점을 밝히고 있다.

18 다음 중 상대 높임법의 등급이 다른 하나는?

① 가을 소풍 잘 다녀와.
② 네가 좋으면 나도 좋지.
③ 운전할 때는 앞만 보고 가.
④ 외출할 땐 창문을 꼭 닫아라.

19 다음 중 인물의 말하기 방식에 대한 설명으로 옳은 것은?

　공주는 값비싼 팔찌 수십 개를 팔에 매달고 홀로 궁궐을 나와, 길에서 만난 사람에게 온달의 집을 물었다. 그 집에 이르러 눈먼 노모(老母)가 있음을 보고, 다가가서 절하고 그 아들이 있는 곳을 물었다. 〈중 략〉
　온달이 우물쭈물하면서 결정을 내리지 못하자 그 어머니가 말하였다.
　"내 자식은 미천한 사람이니 귀인의 베필이 될 수 없고, 우리 집은 몹시 비좁아서 귀인이 살기에는 마땅치 않습니다."
　공주가 대답하였다.
　"옛사람의 말에 '한 말의 곡식도 찧어서 나눠 먹을 수 있고, 한 자의 베라도 옷을 지어 같이 입을 수 있다.'라고 하였습니다. 만약 마음만 같다면, 어찌 꼭 부귀한 다음에야 함께 지낼 수 있겠습니까?"
　그러고는 금팔찌를 팔아서 밭, 집, 종, 소, 말, 그릇 등을 사들여 살림을 온전히 장만하였다.
　　　　　　　　　　　　　　　　　　　　－ 작자 미상, '온달전'

① 평강 공주는 온달의 어머니를 설득하기 위해 옛말을 인용하고 있다.
② 평강 공주는 자신의 권위를 앞세워 주장의 정당성을 뒷받침하고 있다.
③ 온달의 어머니는 자신의 목적을 이루기 위하여 아들을 낮추는 말을 하고 있다.
④ 온달의 어머니는 평강 공주를 설득하기 위해 의사를 간접적으로 돌려 말하고 있다.

20 다음 글의 중심 내용으로 가장 적합한 것은?

　온라인에 존재한다는 것과 실존적 깊이에 대한 주관적 체험을 갖는다는 것은 서로 양립할 수 없는 상황이다. 달리 말해 전자적인 것과 내면적인 것은 조화를 이룰 수가 없다. 전자적인 것은 곧 즉각적인 것이고, 지금 이 순간의 것이다. 내면적인 것은 베르그송이 말한 '지속'의 시간 속에서만 생겨난다. 지속은 깊은 시간이며, 언제 지나가는지 의식하지 못하는 시간이다. 최근까지 인간은 지속의 시간 속에서 살았다. 그러나 이제 인간은 시간의 흐름을 깨어 버렸다.
　한편, 전자 문화 속에서는 정보나 내용의 성격도 달라지고 정보 전달의 기본 과정도 기계적인 것에서 전자적인 것으로 바뀐다. 또는 페이지로부터 스크린이나 모니터로 바뀐다. 이제 우리는 독서 방식의 변화가 우리의 정신적 삶에 어떤 변화를 초래할 것인가를 주목해야 한다. 정보를 받아들이는 방식은 실제 현실을 체험하고 해석하는 방식을 규정하기 때문이다.
　전자 문화와 문자 문화는 불화를 일으킬 수밖에 없다. 가령 전자 매체에 매우 익숙한 사람이 동시에 탁월한 언어 능력을 지니기는 거의 불가능하다. 매체는 곧 메시지이며, 매체의 변화는 삶과 문화의 바탕을 근본적으로 바꾼다.

① 전자 문화에서 발견되는 지속의 시간
② 공존해야 하는 전자 문화와 문자 문화
③ 인간의 삶에 영향을 끼치는 독서 방식의 변화
④ 실존적 깊이에 대한 주관적 체험을 갖는 전자 매체

21 어법상 바른 문장은?

① 동생과 나는 성격이 틀려.
② 그 사진을 보면 웬지 눈물이 난다.
③ 그와는 서로 알음이 있는 사이이다.
④ 맞은편에 앉은 그녀와 자꾸만 눈길이 부딪혔다.

22 <보기>에 이어질 내용으로 가장 적절한 것은?

보기
〈유재론〉에서 허균은 '하늘(天)' 개념을 원용해 자신의 주장을 전개하였다. 재주 있는 사람을 세상에 내보낸 것은 하늘이며, 내보낸 이유는 반드시 한번 써먹기 위해서라고 전제하면서 논의를 이어 나갔다. 성현의 말이나 경전보다도 더 원초적인 게 하늘이라고 보면, '하늘'을 거론하는 것이 반론을 잠재우는 데 효과적이라고 허균은 판단하였던 듯하다. 하늘은 재주 있는 사람을 내보낼 때 신분 차별을 하지 않는다고 했다. 상층 가문에만 인재를 내보내고 하층 가문에는 둔재를 내보내는 게 아니라, 평등하게 내보낸다는 것이다. 그런데도 우리나라에서는 인재를 등용할 때 평등한 조건에서 그 능력을 가려 능력대로 등용하지 않고 있어, 가문이 좋은 사람은 공부하지 않아도 높은 벼슬을 할 수 있고, 가문이 나쁜 사람은 아무리 능력이 있어도 그렇지 못함을 지적하였다. 과거 시험이 있다 해도 적서 차별 때문에 서자 출신은 과거에 응시조차 못 하게 하고 있어 아무리 재주가 있어도 초야에 묻혀 재주를 썩힐 수밖에 없다는 것이다. 이는 고금 천하에 유례가 없는 일인 바, 그러면서도 세상에 인재가 없다고 한탄들 하고 있으니 잘못이라고 나무랐다.

① 적서 차별을 철폐하기 위해 과거 시험을 없애야 한다.
② 인재를 등용할 때는 신분과 능력 모두를 살펴야 한다.
③ 하늘의 뜻을 따르기 위해서는 유능한 인재 양성을 위해 힘써야 한다.
④ 하늘이 낸 인재를 인간이 버린다면 이는 하늘의 뜻을 거스르는 것이다.

23 다음 시조에 대한 설명으로 적절하지 않은 것은?

눈 마주 휘여진 뒤를 뉘라셔 굽다던고.
구블 절(節)이면 눈 속에 프를소냐.
아마도 세한고절(歲寒孤節)은 너뿐인가 ᄒ노라.

① 지조를 지키겠다는 화자의 의지가 나타난다.
② 영탄법을 사용해 주제 의식을 나타내고 있다.
③ 색채의 대비를 통해 시어의 의미를 강조하고 있다.
④ '눈'은 시적 화자에게 압력을 가하는 대상을 상징한다.

24 카를 융의 주장에 부합하는 사례로 가장 적절한 것은?

스위스의 정신분석학자인 카를 융(Carl Jung)은 인간이 외부 환경을 판단할 때 각자 선호하는 방식에 따라 차이가 있음에 주목하여 인간의 심리적 유형을 크게 태도 유형과 기능 유형으로 구분하였다. 태도 유형은 외향적 태도와 내향적 태도로 나뉘며, 외향적 태도는 주체보다는 객체를 중시하여 외부의 기준에 따라 결정하고 행동한다. 반면, 내향적 태도는 객체보다 주체를 중시하여 판단과 행동의 기준이 주관적이다. 따라서 내향적 태도는 타인의 평가와 같은 객관적 요소보다도 자신이 보고 느낀 것을 기준으로 판단한다. 이 두 가지 태도가 과하게 강조될 경우 종종 대립 양상을 띠곤 하지만, 유형이 다를 뿐 서로 대립하는 별개의 것이 아니다. 오히려 상호 보완적인 관계로서 인간은 외향적 태도와 내향적 태도를 동시에 갖고 있다. 이는 모든 인류에게 보편적으로 나타날 뿐만 아니라 선천적인 본성이기 때문에 개인이 의식적으로 타고난 성향을 바꾸거나 선택할 수 없다.

한편 기능 유형은 인간의 정신을 기능적인 측면에서 분류한 것으로, 판단 기능과 인식 기능으로 나뉜다. 전자는 이성과 규준을 바탕으로 외부 환경을 판단하므로 합리적 기능이라고도 하며, 인식 기능은 판단 과정 없이 외부 환경을 직접 감지하여 비합리적 기능이라고도 한다. 이러한 판단 기능과 인식 기능은 각각의 기능 내에서 서로 대립적인 성격을 띠는 사고와 감정, 감각과 직관으로 세분화된다. 각 하위 기능은 개인이 외부 환경을 판단할 때 어떤 방식을 선호하느냐에 따라 한 기능이 우세할 경우 다른 기능은 약화되기도 한다.

① 유명한 영화 평론가의 평에 따라 영화의 평점을 매기는 것은 내향적 태도에 속한다.
② 내향적 성향의 사람이 사고를 전환할 만한 경험을 한다면 스스로 외향적 성향으로 바꿀 수 있다.
③ 쌍둥이 형제 중 한 명이 어릴 때 다른 나라로 입양되어 다른 환경에서 자란다면 심리적 유형이 다르게 나타난다.
④ 교통사고가 났을 때, 차의 파손으로 인한 손실이나 사고 후 처리 방안과 같은 부분을 먼저 생각하는 사람은 판단 기능의 유형에 속한다.

25 표준 언어 예절에 어긋난 것은?

① 아내 언니의 남편을 '동서'라고 이른다.
② 손위 누이의 남편을 '매형'이라고 이른다.
③ 살아 계신 남의 어머니를 높여 '자친'이라고 이른다.
④ 살아 계신 남의 아버지를 높여 '춘부장'이라고 이른다.

16회 핵심 어법 마무리 체크

☑ 다음 문장을 읽고 알맞은 단어에 ○표 하세요.

이론 문법

01 'ㅠ'는 훈민정음 28 자모 체계에 포함된다 / 포함되지 않는다.

02 'ㆁ'은 훈민정음 28 자모 체계에 포함된다 / 포함되지 않는다.

03 'ㅚ'는 훈민정음 28 자모 체계에 포함된다 / 포함되지 않는다.

04 'ㄹ'은 훈민정음 28 자모 체계에 포함된다 / 포함되지 않는다.

어문 규정

05 언니는 아버지의 딸로서 / 딸로써 부족함이 없다.

06 대화로서 / 대화로써 서로의 갈등을 풀 수 있을까?

07 드디어 오늘로서 / 오늘로써 그 일을 끝내고야 말았다.

08 시험을 치는 것이 이로서 / 이로써 세 번째가 됩니다.

09 'television'의 올바른 외래어 표기는 '텔레비전 / 텔레비젼'이다.

10 'fantasy'의 올바른 외래어 표기는 '판타지 / 환타지'이다.

11 'towel'의 올바른 외래어 표기는 '타올 / 타월'이다.

12 'nonsense'의 올바른 외래어 표기는 '넌센스 / 난센스'이다.

13 바닷물이 퍼레서 / 퍼래서 무서운 느낌이 든다.

14 또아리 / 똬리 튼 뱀은 쳐다보지 마라.

15 머릿말 / 머리말 에 쓸 내용을 생각해 둬라.

16 문을 잘 잠궈야 / 잠가야 한다.

17 너, 말 한번 / 한∨번 잘했다.

18 시간 날 때 우리 집에 한번 / 한∨번 놀러 오세요.

19 우리는 일주일에 겨우 한번 / 한∨번 밖에 못 만난다.

20 한번 / 한∨번 물면 절대 놓지 않는다.

21 '등용문'의 표준 발음은 [등용문] / [등농문] 이다.

22 '눈요기'의 표준 발음은 [누뇨기] / [눈뇨기] 이다.

23 공권력'의 표준 발음은 [공꿜력] / [공꿘녁] 이다.

24 임진란'의 표준 발음은 [임·진난] / [임·질란] 이다.

MEMO

army.Hackers.com

해커스군무원 실전동형모의고사 국어 답안지

해커스군무원 실전동형모의고사 국어 답안지

컴퓨터용 흑색사인펜만 사용

책 형

[필적감정용 기재]

*아래 예시문을 옮게 적으시오

본인은 OOO(응시자성명)임을 확인함

기 재 란

성명	
자필성명	본인 성명 기재
응시직렬	
응시지역	
시험장소	

응시번호							
	⓪	⓪	⓪	⓪	⓪	⓪	⓪
	①	①	①	①	①	①	①
	②	②	②	②	②	②	②
	③	③	③	③	③	③	③
	④	④	④	④	④	④	④
	⑤	⑤	⑤	⑤	⑤	⑤	⑤
⑥	⑥	⑥	⑥	⑥	⑥	⑥	⑥
⑦	⑦	⑦	⑦	⑦	⑦	⑦	⑦
	⑧	⑧	⑧	⑧	⑧	⑧	⑧
	⑨	⑨	⑨	⑨	⑨	⑨	⑨

생년월일					
⓪	⓪	⓪	⓪	⓪	⓪
	①	①	①	①	①
	②		②	②	②
	③		③	③	③
	④		④	④	④
⑤	⑤		⑤	⑤	⑤
⑥	⑥		⑥	⑥	⑥
⑦	⑦		⑦	⑦	⑦
⑧	⑧		⑧	⑧	⑧
⑨	⑨		⑨	⑨	⑨

※ 시험감독관 서명
(서명을 정자로 기재할 것)

적색 볼펜만 사용

문번	회	문번	회	문번	회	문번	회	문번	회	문번	회
01	① ② ③ ④	01	① ② ③ ④	01	① ② ③ ④	01	① ② ③ ④	01	① ② ③ ④	01	① ② ③ ④
02	① ② ③ ④	02	① ② ③ ④	02	① ② ③ ④	02	① ② ③ ④	02	① ② ③ ④	02	① ② ③ ④
03	① ② ③ ④	03	① ② ③ ④	03	① ② ③ ④	03	① ② ③ ④	03	① ② ③ ④	03	① ② ③ ④
04	① ② ③ ④	04	① ② ③ ④	04	① ② ③ ④	04	① ② ③ ④	04	① ② ③ ④	04	① ② ③ ④
05	① ② ③ ④	05	① ② ③ ④	05	① ② ③ ④	05	① ② ③ ④	05	① ② ③ ④	05	① ② ③ ④
06	① ② ③ ④	06	① ② ③ ④	06	① ② ③ ④	06	① ② ③ ④	06	① ② ③ ④	06	① ② ③ ④
07	① ② ③ ④	07	① ② ③ ④	07	① ② ③ ④	07	① ② ③ ④	07	① ② ③ ④	07	① ② ③ ④
08	① ② ③ ④	08	① ② ③ ④	08	① ② ③ ④	08	① ② ③ ④	08	① ② ③ ④	08	① ② ③ ④
09	① ② ③ ④	09	① ② ③ ④	09	① ② ③ ④	09	① ② ③ ④	09	① ② ③ ④	09	① ② ③ ④
10	① ② ③ ④	10	① ② ③ ④	10	① ② ③ ④	10	① ② ③ ④	10	① ② ③ ④	10	① ② ③ ④
11	① ② ③ ④	11	① ② ③ ④	11	① ② ③ ④	11	① ② ③ ④	11	① ② ③ ④	11	① ② ③ ④
12	① ② ③ ④	12	① ② ③ ④	12	① ② ③ ④	12	① ② ③ ④	12	① ② ③ ④	12	① ② ③ ④
13	① ② ③ ④	13	① ② ③ ④	13	① ② ③ ④	13	① ② ③ ④	13	① ② ③ ④	13	① ② ③ ④
14	① ② ③ ④	14	① ② ③ ④	14	① ② ③ ④	14	① ② ③ ④	14	① ② ③ ④	14	① ② ③ ④
15	① ② ③ ④	15	① ② ③ ④	15	① ② ③ ④	15	① ② ③ ④	15	① ② ③ ④	15	① ② ③ ④
16	① ② ③ ④	16	① ② ③ ④	16	① ② ③ ④	16	① ② ③ ④	16	① ② ③ ④	16	① ② ③ ④
17	① ② ③ ④	17	① ② ③ ④	17	① ② ③ ④	17	① ② ③ ④	17	① ② ③ ④	17	① ② ③ ④
18	① ② ③ ④	18	① ② ③ ④	18	① ② ③ ④	18	① ② ③ ④	18	① ② ③ ④	18	① ② ③ ④
19	① ② ③ ④	19	① ② ③ ④	19	① ② ③ ④	19	① ② ③ ④	19	① ② ③ ④	19	① ② ③ ④
20	① ② ③ ④	20	① ② ③ ④	20	① ② ③ ④	20	① ② ③ ④	20	① ② ③ ④	20	① ② ③ ④
21	① ② ③ ④	21	① ② ③ ④	21	① ② ③ ④	21	① ② ③ ④	21	① ② ③ ④	21	① ② ③ ④
22	① ② ③ ④	22	① ② ③ ④	22	① ② ③ ④	22	① ② ③ ④	22	① ② ③ ④	22	① ② ③ ④
23	① ② ③ ④	23	① ② ③ ④	23	① ② ③ ④	23	① ② ③ ④	23	① ② ③ ④	23	① ② ③ ④
24	① ② ③ ④	24	① ② ③ ④	24	① ② ③ ④	24	① ② ③ ④	24	① ② ③ ④	24	① ② ③ ④
25	① ② ③ ④	25	① ② ③ ④	25	① ② ③ ④	25	① ② ③ ④	25	① ② ③ ④	25	① ② ③ ④

army.Hackers.com

해커스군무원 실전동형모의고사 국어 답안지

army.Hackers.com

해커스군무원 실전동형모의고사 국어 답안지

army.Hackers.com

2025 전면개정판

해커스군무원
실전동형
모의고사
국어

개정 5판 2쇄 발행 2025년 6월 9일

개정 5판 1쇄 발행 2025년 4월 1일

지은이	해커스 군무원시험연구소
펴낸곳	해커스패스
펴낸이	해커스군무원 출판팀

주소	서울특별시 강남구 강남대로 428 해커스군무원
고객센터	1588-4055
교재 관련 문의	gosi@hackerspass.com
	해커스군무원 사이트(army.Hackers.com) 교재 Q&A 게시판
	카카오톡 플러스 친구 [해커스공무원 노량진캠퍼스]
학원 강의 및 동영상강의	army.Hackers.com

ISBN	979-11-7244-848-6 (13710)
Serial Number	05-02-01

저작권자 ⓒ 2025, 해커스군무원

이 책의 모든 내용, 이미지, 디자인, 편집 형태에 대한 저작권은 저자에게 있습니다.

서면에 의한 저자와 출판사의 허락 없이 내용의 일부 혹은 전부를 인용, 발췌하거나 복제, 배포할 수 없습니다.

이 책의 내용 중 일부는 국립국어원이 제공하는 '표준국어대사전', '한국어 어문 규범'을 참고하였습니다.

군무원 1위,
해커스군무원 army.Hackers.com

해커스군무원

· 해커스군무원 학원 및 인강(교재 내 인강 할인쿠폰 수록)
· 군무원 국어 무료 특강 및 필수 어휘 암기장
· 필수어휘와 사자성어를 편리하게 학습할 수 있는 **해커스 매일 국어 어플**

공무원 교육 1위,
해커스공무원 gosi.Hackers.com

해커스공무원

· 내 점수와 석차를 확인하는 **모바일 자동 채점 및 성적 분석 서비스**

[군무원 1위] 한경비즈니스 2024 한국품질만족도 교육(온·오프라인 군무원학원) 1위
[공무원 교육 1위] 한경비즈니스 2024 한국품질만족도 교육(온·오프라인 공무원학원) 1위

2025 전면개정판

해커스군무원
**실전동형
모의고사**
국어

약점 보완 해설집

해커스군무원

해커스군무원
실전동형
모의고사
국어

약점 보완 해설집

해커스군무원

01회 실전동형모의고사

▶ 실전동형문제 정답

p.14

01	④ 어법 - 표준 발음법	06	② 어법 - 한글 맞춤법	11	③ 비문학 - 글의 구조 파악	16	① 어법 - 단어	21	③ 어법 - 외래어 표기
02	③ 어법 - 한글 맞춤법	07	② 어법 - 의미	12	④ 어휘 - 한자어	17	③ 비문학 - 글의 구조 파악	22	② 문학 - 화자의 정서 및 태도
03	② 어법 - 단어	08	③ 어휘 - 고유어, 한자어	13	④ 어휘 - 한자 성어	18	③ 문학 - 서술상의 특징	23	① 비문학 - 세부 내용 파악
04	① 어법 - 한글 맞춤법	09	② 문학 - 작품의 종합적 감상	14	④ 비문학 - 내용 추론	19	① 비문학 - 글의 전략 파악	24	② 어휘 - 한자어
05	④ 어법 - 한글 맞춤법	10	② 혼합(어법+비문학) - 올바른 문장표현 작문	15	④ 비문학 - 내용 추론	20	③ 비문학 - 글의 구조 파악	25	④ 비문학 - 세부 내용 파악

▶ 취약영역 분석표

영역	어법	비문학	문학	어휘	혼합	총계
맞힌 답의 개수	/ 9	/ 8	/ 3	/ 4	/ 1	/ 25

* 취약영역 분석표를 이용해 1개라도 틀린 문제가 있는 영역은 그 영역의 문제만 골라 해설을 다시 한번 꼼꼼히 학습하세요.

---

01 어법 표준 발음법   난이도 중 ●●○

정답 설명

④ 가을일[가으릴](×) → [가을릴](○): '가을(명사) + 일(명사)'이 결합한 합성어로, 앞 단어 끝이 자음 'ㄹ'이고 뒤 단어의 첫음절이 '이'로 시작하므로 'ㄴ' 음을 첨가하여 [닐]로 발음한다. 그리고 '닐'의 초성 'ㄴ'이 '가을'의 받침 'ㄹ'을 만나 [ㄹ]로 발음되는 유음화 현상이 일어나므로 '가을일'은 [가을릴]로 발음한다.

오답 분석

① 신지[신:찌](○): 어간 받침 'ㄴ, ㅁ' 뒤에 결합하는 어미의 첫소리 'ㄱ, ㄷ, ㅅ, ㅈ'은 된소리로 발음하므로 '신지'는 [신:찌]로 발음한다.

② 첫날[천날](○): 음절의 끝소리 규칙으로 인해 '첫'의 받침 'ㅅ'이 [ㄷ]으로 발음되고, [ㄷ]이 이어지는 비음 'ㄴ'의 영향을 받아 [ㄴ]으로 발음되므로 '첫날'은 [천날]로 발음한다.

③ 많소[만:쏘](○): 자음군 단순화로 인해 겹받침 'ㄶ'의 'ㅎ'이 탈락하며 어간 받침 'ㄴ, ㅁ' 뒤에 결합하는 어미의 첫소리 'ㅅ'은 된소리 [ㅆ]으로 발음하므로 '많소'는 [만:쏘]로 발음한다.

02 어법 한글 맞춤법 (띄어쓰기)   난이도 중 ●●●

정답 설명

③ 거래처는 이제 한곳뿐이다(×) → 거래처는 이제 한∨곳뿐이다(○): 이때 '한'은 수 관형사이며 '곳'은 '일정한 자리나 지역을 세는 단위'를 뜻하는 명사이므로 서로 띄어 써야 한다. 참고로, '한곳'이 '일정한 곳. 또는 같은 곳'을 뜻할 때에는 한 단어이므로 붙여 쓴다.

오답 분석

① 시선이 한곳에 멈추었다(○): 이때 '한곳'은 일정한 곳을 뜻하는 한 단어이다.

② 한곳에서 근무했었다(○): 이때 '한곳'은 같은 곳을 뜻하는 한 단어이다.

④ 한곳에 머무르는 일이 없고(○): 이때 '한곳'은 일정한 곳을 뜻하는 한 단어이다.

03 어법 단어 (품사의 구분)   난이도 중 ●●○

정답 설명

② '안녕하다'는 형용사이고, ① '모자라다', ③ '있다', ④ '줄다'는 모두 동사이므로 밑줄 친 부분의 품사가 다른 하나는 ②이다. '안녕하다'는 '안녕하는 나라'와 같이 현재 시제 관형사형 어미 '-는'이 결합할 수 없으므로 형용사이다.

오답 분석

① '모자라다'는 '철분이 모자라는 사람'과 같이 현재 시제 관형사형 어미 '-는'이 결합할 수 있으므로 동사이다.

③ '있다'는 동사와 형용사로 통용이 가능한 단어이나, ③의 '있다'는 '사람이 어떤 직장에 계속 다니다'를 뜻하며 '그가 5년째 있는 회사'와 같이 현재 시제 관형사형 어미 '-는'이 결합할 수 있으므로 동사이다.

④ '줄다'는 '주는 것은 살림살이뿐이다'와 같이 현재 시제 관형사형 어미 '-는'이 결합할 수 있으므로 동사이다.

04 어법 한글 맞춤법 (맞춤법에 맞는 표기) 난이도 중 ●●○

정답 설명

① 설워(○): '섧다'의 어간 '섧-'과 어미 '-어'가 결합한 활용형이다. 이때 '섧다'는 어간 끝소리 'ㅂ'이 모음으로 시작하는 어미 앞에서 '우'로 바뀌는 'ㅂ' 불규칙 활용 용언이므로 '설워'는 맞는 표기이다.

오답 분석

② 섭섭치(×) → 섭섭지(○): '섭섭하지'의 준말로, 안울림소리 받침 'ㅂ' 뒤에서는 어간의 끝음절 '하'가 아주 줄어들므로 '섭섭지'로 써야 한다.

③ 노놔(×) → 노나(○): '노느다'의 어간 '노느-'와 어미 '-아'가 결합한 활용형이다. 이때 '노느다'의 어간 끝소리 'ㅡ'가 모음으로 시작하는 어미 앞에서 탈락하므로('ㅡ' 탈락 규칙 활용) '노나'로 써야 한다.

④ 잇딴(×) → 잇단(○): '잇달다' 어간 '잇달-'과 어미 '-ㄴ'이 결합한 활용형이다. 이때 '잇달다'의 어간 받침 'ㄹ'이 'ㄴ' 앞에서 탈락하므로('ㄹ' 탈락 규칙 활용) '잇단'으로 써야 한다. 참고로 같은 뜻을 지닌 '잇따르다'의 경우에는 '잇따른'으로 써야 한다.

05 어법 한글 맞춤법 (맞춤법에 맞는 표기) 난이도 중 ●●○

정답 설명

④ 뉘였다가(×) → 뉘었다가/누였다가(○): '뉘었다가/누였다가'는 '누이었다가'의 준말이다. '누'와 '이'가 줄어들면 '뉘었다가'로, '이'와 '었'이 줄어들면 '누였다가'로 표기해야 한다. 따라서 두 경우가 모두 적용된 '뉘였다가'는 잘못된 표기이다.

오답 분석

① 장맛비[장마삐/장맏삐](○): 고유어 '장마 + 비'가 결합한 합성어로, 앞말이 모음으로 끝나고 뒷말의 첫소리가 된소리로 발음되므로 사이시옷을 받쳐 적는다.

② 휴게소(休憩所)(○): '憩(쉴 게)'는 본음이 '게'이므로 '게'로 적는다.

③ 파란색(○): '파란색'은 옳은 표기로, '파랑색'으로 잘못 적지 않도록 유의한다.

06 어법 한글 맞춤법 (맞춤법에 맞는 표기) 난이도 중 ●●○

정답 설명

② 공부를 하든지 잠을 자든지(○): 나열된 동작이나 상태, 대상들 중에서 어느 것이든 선택될 수 있음을 나타내는 연결 어미 '-든지'가 옳게 쓰였다. 참고로, '-던지'는 막연한 의문이 있는 채로 그것을 뒤 절의 사실과 관련시키는 데 쓰는 연결 어미이다.

오답 분석

① 말소(×) → 마소(○): '말 + 소'가 결합한 합성어로, 합성어에서 앞 단어의 받침이 'ㄹ'인 단어가 다른 단어와 결합할 때 'ㄹ' 소리가 나지 않는 것은 'ㄹ'을 받쳐 적지 않는다. 따라서 '말과 소를 아울러 이르는 말'은 '마소'로 써야 한다.

③ 벼르러(×) → 별러(○): '벼르다'는 '르' 불규칙 활용을 하는 용언이므로 어간 '벼르-'에 연결 어미 '-어'가 결합할 때 어간의 끝음절 '르'가 'ㄹㄹ'로 바뀌므로 '별러'로 써야 한다.

④ 희노애락(×) → 희로애락(○): 한자어에서 본음으로도 나고 속음으로도 나는 것은 각각 그 소리에 따라 적으며, 이때 '喜怒哀樂(희로애락)'의 '怒'는 속음 '로'로 소리나므로 '희로애락'으로 써야 한다.

07 어법 의미 (다의어와 동음이의어) 난이도 하 ●○○

정답 설명

② '압력솥의 뚜껑을 활짝 열어 김을 빼냈다'에서 '김'은 '액체가 열을 받아서 기체로 변한 것'을 의미하지만, '김을 매는 농부의 얼굴에 땀이 비 오듯 쏟아진다'에서 '김'은 '논밭에 난 잡풀'을 의미한다. 이 두 단어는 의미상 관련이 없으며 사전에 서로 다른 표제어로 등재되어 있는 동음어이므로 답은 ②이다.

오답 분석

①③④ 모두 서로 묶인 두 단어가 의미상 관련이 있으며, 사전에 하나의 표제어로 등재되어 있는 다의 관계이다.

① · 친구들은 계곡을 바라고 내려갔다: 이때 '바라다'는 '어떤 것을 향하여 보다'를 뜻한다.
　· 네가 바라는 걸 다 들어줄 수는 없어: 이때 '바라다'는 '생각이나 바람대로 어떤 일이나 상태가 이루어지거나 그렇게 되었으면 하고 생각하다'를 뜻한다.

③ · 배고프지 않게 아침을 먹고 학교에 가렴: 이때 '아침'은 '날이 새면서 오전 반나절쯤까지의 동안에 끼니로 먹는 음식. 또는 그동안에 끼니를 먹는 일'을 뜻한다.
　· 아침마다 닭이 우는 소리에 늦잠을 잘 수가 없다: 이때 '아침'은 '날이 새면서 오전 반나절쯤까지의 동안'을 뜻한다.

④ · 지금은 비가 내리지만 곧 그친다고 했어: 이때 '내리다'는 '눈, 비, 서리, 이슬 등이 오다'를 뜻한다.
　· 그는 얼굴의 부기가 내리지 않아 몹시 걱정하고 있었다: 이때 '내리다'는 '쪘거나 부었던 살이 빠지다'를 뜻한다.

08 어휘 고유어, 한자어 난이도 상 ●●●

정답 설명

③ '너볏하다'는 '몸가짐이나 행동이 번듯하고 의젓하다'라는 뜻으로, 밑줄 친 부분과 가장 비슷한 의미를 지니고 있다.
· 멀끔하다: 지저분하지 않고 훤하게 깨끗하다.
· 점잖다: 언행이나 태도가 의젓하고 신중하다.

01회 실전동형모의고사

오답 분석
① 푼푼하다: 1. 모자람이 없이 넉넉하다. 2. 옹졸하지 않고 시원스러우며 너그럽다.
② 깨끔하다: 깨끗하고 아담하다.
④ 소쇄(瀟灑)하다: 기운이 맑고 깨끗하다.

09 문학 작품의 종합적 감상 (시조) 난이도 하 ●○○

정답 설명
② 제시된 작품은 전원에서 즐기는 풍류와 자연 속에서 느끼는 한가함과 여유로움을 드러내고 있다. 이때 당대 현실에 대한 체념은 드러나지 않으므로 적절하지 않은 설명은 ②이다.

오답 분석
① '나믄 희'는 '하루 중 남은 시간' 또는 '남은 생애'를 의미하는 중의적인 표현이다.
③ 추상적 개념인 '흥(興)'을 나귀의 등에 싣는다고 표현함으로써 구체적인 개념으로 형상화하고 있다.
④ 제시된 작품은 3장 6구 45자의 형식을 갖춘 평시조이다.

지문 풀이

> 전원에 남은 흥(전원을 즐기다가 남은 흥)을 다리 저는 나귀(의 등)에 모두 싣고
> 계곡을 낀 산의 익숙한 길로 흥겨워하며 돌아와서
> 아이야, 거문고와 책을 준비하여라. (그것으로 오늘 하루의/내 평생의) 남은 시간을 보내리라.

이것도 알면 합격!

김천택, '전원에 나믄 흥을'의 주제 및 특징
1. 주제: 전원에서 여유롭게 즐기는 풍류
2. 특징
   (1) 추상적 개념인 '흥'을 구체화하여 화자의 정서를 표현함
   (2) 중의적 표현(나믄 희)을 사용하여 여유로움과 풍류를 드러냄

10 어법 + 비문학 올바른 문장 표현, 작문 (고쳐쓰기) 난이도 하 ●○○

정답 설명
② ⓒ 앞 문장에서 제시된 '진로 교육'으로 ⓒ 뒤 문장의 내용을 기대할 수 있다는 내용이 전개되고 있다. 따라서 ⓒ에는 앞 문장의 내용을 수단 또는 방법으로 삼아 뒤 내용을 전개함을 나타내는 '이를 통해'를 쓰는 것이 적절하다.

오답 분석
① '장래'는 '다가올 앞날'을 의미하고, '진로'는 '앞으로 나아갈 길'을 의미한다. 따라서 '진로'에 이미 '장래'의 의미가 포함되어 있으므로 ㉠ '장래 진로'를 '진로'로 고치는 것은 적절하다.
③ 제시문의 중심 화제는 '진로 교육의 내용과 의의'인데, ⓒ은 '진로 교사의 역할'을 언급하고 있어 중심 화제에서 벗어난다. 따라서 ⓒ을 삭제하는 것은 적절하다.
④ 문맥상 ㉣에는 '이루다'라는 뜻의 단어가 와야 한다. 따라서 '실존' 대신 '실현'을 쓰는 것은 적절하다.
  · 실현(實現): 꿈, 기대 등을 실제로 이룸
  · 실존(實存): 실제로 존재함. 또는 그런 존재

11 비문학 글의 구조 파악 (접속어의 사용) 난이도 중 ●●○

정답 설명
② ㉠~ⓒ에 들어갈 말로 적절한 것은 순서대로 '그런데 - 더구나 - 그러나'이므로 답은 ②이다.
  · ㉠: ㉠의 앞뒤에서 영국의 루시타니아 호가 가장 빠르고 호화로운 배였으나, 1차 세계대전 당시 독일 잠수함의 어뢰에 맞아 침몰하였다는 내용이 이어지므로 ㉠에는 화제를 앞의 내용과 관련시키면서 다른 방향으로 이끌어 나갈 때 쓰는 접속 부사인 '그런데'가 들어가는 것이 적절하다.
  · ⓒ: ⓒ의 앞에서 독일 해군이 국제법을 어겼다는 비난을 받았다는 사실에 더하여 ⓒ의 뒤에서 독일이 여객선 사업에서 영국의 경쟁국이었다는 내용이 이어진다. 따라서 ⓒ에는 '이미 있는 사실에 더하여'를 뜻하는 부사인 '더구나'가 들어가는 것이 적절하다.
  · ⓒ: ⓒ의 앞 내용과 달리 ⓒ 뒤에서는 루시타니오 호 침몰로 인한 비난에 대해 독일도 반박할 말이 있었다는 내용이 이어진다. 따라서 ⓒ에는 앞의 내용과 뒤의 내용이 상반될 때 쓰는 접속 부사인 '그러나'가 들어가는 것이 적절하다.

12 어휘 한자어 (한자어의 독음) 난이도 상 ●●●

정답 설명
④ 독음이 모두 바른 것은 ④이다.
  · 형극(荊棘: 가시나무 형, 가시 극): 1. 나무의 온갖 가시, 2. '고난'을 비유적으로 이르는 말
  · 오한(惡寒: 미워할 오, 찰 한): 몸이 오슬오슬 춥고 떨리는 증상
  · 알현(謁見: 뵐 알, 뵈올 현): 지체가 높고 귀한 사람을 찾아가 뵘

오답 분석
① 멱몰(x) → 골몰(汨沒: 골몰할 골, 빠질 몰)(○): 다른 생각을 할 여유도 없이 한 가지 일에만 파묻힘
② 미주(x) → 미족(未足: 아닐 미, 발 족)(○): 아직 넉넉하지 못함
③ 해이(x) → 해태(懈怠: 게으를 해, 게으를 태)(○): 행동이 느리고 움직이거나 일하기를 싫어하는 태도나 버릇

13 어휘 한자 성어   난이도 상 ●●●

정답 설명
④ 세속오계(世俗五戒)에 해당하지 않는 것은 ④ '朋友有信(붕우유신)'이다. 참고로 '朋友有信(붕우유신)'은 유교의 기본적인 도덕 지침인 '삼강오륜'의 하나이며, 세속오계에는 제시된 것 외에도 '交友以信(교우이신)', '事親以孝(사친이효)'가 있다.
- 朋友有信(붕우유신): 벗과 벗 사이의 도리는 믿음에 있음

오답 분석
① 事君以忠(사군이충): 세속 오계의 하나. 충성으로써 임금을 섬김
② 臨戰無退(임전무퇴): 세속 오계의 하나. 전쟁에 나아가서 물러서지 않음
③ 殺生有擇(살생유택): 세속 오계의 하나. '살생하는 데에 가림이 있다'라는 뜻으로, 살생을 함부로 하지 말고 가려서 해야 함

14 비문학 내용 추론   난이도 중 ●●○

정답 설명
③ '통회(痛悔)하다'는 '몹시 뉘우치다'를 뜻하는 말로, 문맥과 어울리지 않는다. 이때 ㉢에 들어갈 말로 가장 적절한 것은 '마음에 있는 것을 죄다 드러내어서 말하다'를 뜻하는 '토로(吐露)하다'이다.

오답 분석
① ㉠이 포함된 문장의 뒤에서 은일 가사와 유배 가사의 차이점에 대해 다루고 있으므로 ㉠에 '대조'가 들어가는 것은 적절하다.
② 문맥상 ㉡에는 당시 벼슬을 하거나 부귀를 누리는 신분 계층이 들어가야 하므로 ㉡에 '사대부'가 들어가는 것은 적절하다.
④ 문맥상 ㉣이 포함된 문장의 내용이 유배 가사에서 중요시하는 부분이므로 ㉣에 '긴요한'이 들어가는 것은 적절하다.

15 비문학 내용 추론   난이도 하 ●○○

정답 설명
④ 필자는 사회에서 과학이 지니는 중요성은 높아졌지만, 과학이 전문화되면서 일반 지식인들로부터 멀어지고 있다는 점을 지적하고 있다. 따라서 문맥상 괄호 안에는 이 문제를 해결하기 위한 방안으로, 과학과 일반 지식인 사이의 관계가 가까워지는 것과 관련된 내용이 들어가는 것이 적절하다.

오답 분석
①②③ 과학과 일반 지식인들의 사이를 멀어지게 하여 문제를 더욱 심화시키는 내용이므로 적절하지 않다.

16 어법 단어 (단어의 형성)   난이도 하 ●○○

정답 설명
① 옛+사랑(합성어): 관형사 '옛'과 명사 '사랑'이 결합한 것으로, 두 어근이 결합하여 만들어진 합성어이다. 따라서 밑줄 친 부분에 해당하는 예로 가장 옳지 않은 것은 ①이다.

오답 분석
②③④ 모두 접두사가 어근과 결합하여 형성된 파생어이므로 밑줄 친 부분의 예에 해당한다.
② 생-+사람(파생어): 접두사 '생-'과 어근 '사람'이 결합한 파생어이다.
- 생-: '억지스러운' 또는 '공연한'의 뜻을 더하는 접두사
③ 뒤-+섞다(파생어): 접두사 '뒤-'와 동사 '섞다'의 어간 '섞-'이 결합한 파생어이다.
- 뒤-: '몹시, 마구, 온통'의 뜻을 더하는 접두사
④ 빗-+나가다(파생어): 접두사 '빗-'과 동사 '나가다'의 어간 '나가-'가 결합한 파생어이다.
- 빗-: '잘못'의 뜻을 더하는 접두사

17 비문학 글의 구조 파악   난이도 중 ●●○

정답 설명
③ 제시된 문장이 들어가기 가장 적절한 곳은 ㉢이다. ㉢의 앞에서는 네덜란드 노-사가 '신노선' 협약을 체결했다는 내용이 나오고, ㉢의 뒤에서는 협약 과정에서 정부가 실시한 정책들이 제시되어 있다. 이때 제시된 문장은 '신노선' 협약의 구체적인 내용을 언급하고 있으므로, 문맥상 ㉢에 오는 것이 가장 자연스럽다.

18 문학 서술상의 특징   난이도 중 ●●○

정답 설명
③ 제시된 작품은 '사실(체험) - 의견(깨달음)'의 2단 구성 방식을 취하고 있으므로 답은 ③이다.

오답 분석
① 3문단에서 '사람이 가지고 있는 것이 어느 것이나 빌리지 아니한 것이 없다'라는 주장을 제시한 뒤, 임금과 백성 간의 관계, 신하와 임금 간의 관계 등의 구체적인 예를 들어 주장을 뒷받침하고 있다.
② 말을 빌려 탄 개인적 체험을 통해 사람에게 자신의 소유물이란 없다는 보편적 깨달음에 이르렀으며, 이 과정에서 '유추'의 방식이 쓰였다.
- 유추: 두 대상이 여러 면에서 비슷하다는 것을 근거로 하여 다른 속성도 유사할 것이라고 추론하는 일
④ 권위 있는 사람인 '맹자'의 말을 논거로 사용해 주장을 강화하고 있다.

01회 실전동형모의고사

이것도 알면 합격!

이곡, '차마설'의 특징

1. 말을 빌려 탄 경험을 바탕으로 '소유'에 대해 성찰하고 무소유의 참뜻을 깨닫는 내용의 설(說)임
2. 유추의 방법을 통해 일상적 경험에서 '소유'에 대한 진리를 끌어내고 있으며, 말을 빌려 탄 경험에 빗대어 진리를 우의적으로 전달함

> 말에 따라 대하는 태도가 달라짐
> ↓ 유추
> 소유한 것일 때는 기분의 변화가 더함
> ↓ 반성적 사고
> • 모든 것은 남에게 빌린 것
> • 소유에 집착하는 어리석음 경계

---

19 비문학 글의 전략 파악 난이도 중 ●●○

정답 설명

① 변절한 자들의 잘못된 행실을 열거한 부분은 나타나지 않는다.

오답 분석

② 2문단에서 점점 어지러워지면서 망국(亡國)의 길로 가고 있던 집필 당시의 세태를 '도도히 밀려 오는 망국의 탁류'에 비유하고 있다.
③ 1문단에서 '차돌에 바람이 들면 백 리를 날아간다'라는 속담과 황매천이 민충정공과 이용익을 헐뜯은 사례를 들어, 만년(晩年)에 지조를 지켜야 한다는 주장에 대해 독자의 공감을 불러일으키고 있다.
  • 차돌에 바람이 들면 백 리를 날아간다: '차돌에 바람 들면 석돌보다 못하다'와 같은 뜻의 속담으로, 야무지고 알찬 사람일수록 한번 타락하면 걷잡을 수 없게 된다는 말
④ 글 전체에서 명령형 어미와 설의적 표현을 사용하였다.
  • 명령형 어미 사용: ~번연히 깨우치라, ~지조의 함성을 높이 외치라, ~조금 더 참으라
  • 설의적 표현 사용: ~욕하는 이 있겠는가, ~무슨 어처구니없는 말인가

이것도 알면 합격!

조지훈, '지조론'의 특징

1. 다양한 일화를 제시하여 지조와 변절의 의미를 쉽게 이해시킴
2. 지조 없이 변절을 일삼는 정치인의 옳지 못한 행태를 비판함
3. 과거 변절한 행적을 반성한 후에는 용서할 수 있다는 유연한 태도를 보임
4. 단정적인 어투와 힘 있는 문체로 독자의 공감을 유도함
5. 고어투(古語套)와 호흡이 긴 문장을 구사함

---

20 비문학 글의 구조 파악 (문단 배열) 난이도 중 ●●○

정답 설명

③ 글을 알맞은 순서대로 배열한 것은 '(다) - (나) - (라) - (가)'이다.

순서	중심 내용	순서 판단의 단서와 근거
(다)	인구증가 속도에 비해 식량 증가 속도가 느려서 기아와 빈곤 문제가 심각해짐	지시 표현이나 접속 표현으로 시작하지 않으며 문제 상황의 원인을 제시하여 논의를 시작함
(나)	유전자변형식품(GMO)은 식량 문제의 해결책으로 오늘날 사람들의 이목을 끌고 있음	지시 표현 '이런 상황': (다)에서 제시한 문제 상황을 의미함
(라)	GMO에 대한 사람들의 우려가 커지고 있으며 비판도 쏟아지고 있음	접속 표현 '반면': (나)의 내용과 상반되는 내용을 언급하고 있음
(가)	GMO의 정의와 GMO에 적용된 기술	(라)에서 언급한 GMO와 관련된 논쟁이 끊이지 않는 이유를 설명하기 위해 GMO의 정의를 밝히고 있음

---

21 어법 외래어 표기 난이도 중 ●●○

정답 설명

③ 외래어 표기가 옳은 것은 '요구르트(yogurt)'이다.
  • 요구르트(O): 이미 굳어진 외래어로, 관용을 존중하여 표기한 예이다.

오답 분석

① 본네트(×) → 보닛(O): 'bonnet[bɔnit]'에서 모음 [ɔ]는 '오'로, 모음 '[i]'는 '이'로 적으므로 '보닛'이 옳은 표기이다.
② 윈도우(×) → 윈도(O): 'window[windou]'에서 중모음 [ou]는 '오'로 적으므로 '윈도'가 옳은 표기이다.
④ 스테인레스(×) → 스테인리스(O): 'stainless[steinlis]'에서 모음 [i]는 '이'로 적으므로 '스테인리스'가 옳은 표기이다.

---

22 문학 화자의 정서 및 태도 난이도 중 ●●○

정답 설명

② <제1수>와 <제2수>에 자연 속에서 유유자적한 삶을 사는 화자의 모습이 드러나 있다. 그러나 이를 임금의 은혜라고 생각하고 감사해 하는 부분은 나타나 있지 않다. 따라서 답은 ②이다.

오답 분석

① <제1수> 종장의 '人世(인세)를 다 니젯거니'와 <제2수> 중장의 '十丈紅塵(십장 홍진)이 언매나 ᄀ렷ᄂ고'와 같은 표현을 통해 화자가 속세를 멀리하고 싶어 함을 알 수 있다. 그러나 <제5수> 초·중장의 '長安(장안)을 도라보니 ~ 漁舟(어주)에 누어신들 니즌 스치 이시랴'와 같은 표현을 통해 속세를 잊지 못하는 모습을 보이고 있으므로 화자가 속세에 대해 이중적인 태도를 보이고 있음을 알 수 있다.

③ 화자는 <제1수>에서 '漁父(어부)'가 되어 '一葉片舟(일엽편주)'를 띄워 놓고 싶다고 하였고, <제2수>에서 '千尋綠水(천심 녹수)', '萬疊靑山(만첩청산)'과 같은 자연에 둘러싸인 채 '江湖(강호)'에 가득한 달빛을 즐기고 있다. 이를 통해 화자는 자연을 벗 삼아 한가롭게 사는 삶을 바라고 있음을 알 수 있다.

④ <제5수>에서 임금이 있는 '北闕(북궐)'을 잊은 적이 없다고 하는 것으로 보아 화자가 속세에 대한 미련을 버리지 못하였음을 알 수 있다.

지문 풀이

<제1수>
이런 속에(인간 세상 중에) 걱정할 것 없는 것은 어부의 생활이로다.
한 척의 조그마한 배를 끝없이 넓은 바다 위에 띄워 놓고
인간 세상의 일을 다 잊었으니 세월 가는 줄을 알겠는가?

<제2수>
(아래로) 굽어보니 천 길이나 되는 푸른 물, 돌아보니 겹겹이 둘러싸인 푸른 산
열 길이나 되는 속세의 티끌(어수선한 세상사)이 얼마나 가려졌는가.
강호에 밝은 달이 밝게 비치니 더욱 무심하구나.

<제5수>
서울을 돌아보니 궁궐(임금님 계신 곳)이 천 리로구나.
고기잡이배에 누워 있은들 (나랏일을) 잊은 적이 있으랴.
두어라. 내가 걱정할 일 아니다. 세상을 구제할 현인이 없겠느냐?

― 이현보, '어부가'

---

23 비문학 세부 내용 파악 난이도 하 ●○○

정답 설명

① 3문단 2~3번째 줄에서 '공공장소에서는 강제력을 동원한 휴대폰 사용 규제가 일부 도입되어야 할 것이다'라고 하였으나, 그 다음 문장에서 그 이전에 스스로 바람직한 휴대폰 사용 문화를 정착시키려는 노력이 선행되어야 한다고 언급하였다. 따라서 필자는 강제력을 동원한 휴대폰 사용 규제가 시급하다고 보고 있지는 않으므로 답은 ①이다.

오답 분석

② 3문단 첫 번째 줄의 '다만 지금처럼 휴대폰 예절이 제대로 지켜지지 않는다면'을 통해, 휴대폰 예절이 문화로 아직 정착되지 못하고 있음을 알 수 있다.

③ 1문단 5~6번째 줄에서 확인할 수 있다.
[관련 부분] 인간의 생활에 편리함을 더해 준 휴대폰은 역설적으로 편리함을 감소시키는 매체로 작용하거나

④ 3문단 끝에서 1~5번째 줄에서 확인할 수 있다.
[관련 부분] 우리 스스로 바람직한 휴대폰 사용 문화를 정착시키려는 노력이 선행되어야 하지 않을까. 통신 서비스 회사들도 ~ 휴대폰 예절에 대한 캠페인에도 힘쓰는 것이 휴대폰 이용자들에 대한 최소한의 예의가 아닐까 생각한다.

---

24 어휘 한자어 (한자어의 표기) 난이도 중 ●●○

정답 설명

② 浪讀(물결 낭, 읽을 독)(×) → 朗讀(밝을 낭, 읽을 독)(○): '글을 소리 내어 읽음'을 뜻하는 '낭독'의 '낭'은 '朗(밝을 낭)'을 쓴다.

오답 분석

① 音讀(소리 음, 읽을 독)(○): 글 등을 소리 내어 읽음
③ 默讀(묵묵할 묵, 읽을 독)(○): 소리를 내지 않고 속으로 글을 읽음
④ 多讀(많을 다, 읽을 독)(○): 많이 읽음

---

25 비문학 세부 내용 파악 난이도 중 ●●○

정답 설명

④ 2문단 2~3번째 줄에서 유럽 수도원의 필경사들 사이에서 묵독이 시작되었음을 확인할 수 있으며, 2문단 끝에서 1~3번째 줄을 통해 묵독이 시작되자 띄어쓰기와 문장 부호가 발달했음을 알 수 있다. 그러나 유럽 수도원의 필경사들이 띄어쓰기와 문장 부호의 기초를 정립했다는 내용은 제시문을 통해 알 수 없다.
[관련 부분]
· 유럽 수도원의 필경사들 사이에서 시작된, 소리를 내지 않고 읽는 묵독의 발명이었다.
· 묵독이 시작되자 낱말의 간격이나 문장의 경계 등을 표시할 필요성이 생겨 띄어쓰기와 문장 부호가 발달했다.

오답 분석

① 2문단의 4~6번째 줄을 통해 두루마리 책에서 책자형 책으로 책의 형태가 변화한 것이 묵독에 영향을 미쳤음을 알 수 있다.
[관련 부분] 비슷한 시기에 두루마리 책을 완전히 대체하게 된 책자형 책은 주석을 참조하거나 앞부분을 다시 읽는 것을 가능하게 하여 묵독을 도왔다.

② 3문단의 2~5번째 줄을 통해 금속 활자와 인쇄술의 발전으로 인해 독자층이 여성들까지로 확대되었음을 알 수 있다.
[관련 부분] 금속 활자와 인쇄술의 보급으로 ~ 이전에 책을 접하지 못했던 여성들이 대거 독자로 유입되었고

③ 1문단 1번째 줄에서 초기의 독서는 소리를 내어 읽는 방식이 보편적이었음을 언급하고 있다.
[관련 부분] 초기의 독서는 소리 내어 읽는 음독 중심이었다.

02회 실전동형모의고사

◉ 실전동형문제 정답

p.22

01	④ 어법 – 표준어 사정 원칙	06	③ 문학 – 표현상의 특징과 효과	11	① 혼합(어법+어휘) – 단어, 고유어	16	③ 비문학 – 논지 전개 방식	21	④ 문학 – 작품의 종합적 감상
02	③ 어법 – 한글 맞춤법	07	② 어법 – 단어	12	④ 어휘 – 한자 성어	17	④ 어법 – 문장	22	② 어법 – 표준 언어 예절
03	② 어법 – 말소리	08	④ 문학 – 작품의 종합적 감상	13	④ 문학 – 시어의 의미	18	② 비문학 – 주제 및 중심 내용 파악	23	③ 문학 – 작품에 대한 지식
04	③ 어휘 – 혼동하기 쉬운 어휘	09	② 어법 – 한글 맞춤법	14	② 비문학 – 세부 내용 파악	19	④ 어법 – 한글 맞춤법	24	① 문학 – 작품의 종합적 감상
05	③ 어법 – 한글 맞춤법	10	② 비문학 – 세부 내용 파악	15	② 혼합(문학+어휘) – 내용 추리, 속담	20	① 문학 – 표현상의 특징과 효과	25	③ 어법 – 국어의 로마자 표기

◉ 취약영역 분석표

영역	어법	비문학	문학	어휘	혼합	총계
맞힌 답의 개수	/ 10	/ 4	/ 7	/ 2	/ 2	/ 25

* 취약영역 분석표를 이용해 1개라도 틀린 문제가 있는 영역은 그 영역의 문제만 골라 해설을 다시 한번 꼼꼼히 학습하세요.

---

01 어법 표준어 사정 원칙 (표준어의 구분)   난이도 하 ●○○

정답 설명

④ 억울하지만서도(×) → 억울하지마는/지만(○): '-지마는' 또는 '-지마는'의 준말 '-지만'이 표준어이며, '-지만서도'는 비표준어이다. 참고로 이는 '의미가 똑같은 형태가 몇 가지 있을 경우, 그중 어느 하나가 압도적으로 널리 쓰이면, 그 단어만을 표준어로 삼는다'라는 표준어 규정에 따른 것이다.
- -지마는/-지만: 어떤 사실이나 내용을 시인하면서 그에 반대되는 내용을 말하거나 조건을 붙여 말할 때에 쓰는 연결 어미

오답 분석

①②③ 모두 표준어이며, '한 가지 의미를 나타내는 형태 몇 가지가 널리 쓰이며 표준어 규정에 맞으면, 그 모두를 표준어로 삼는다'라는 표준어 규정에 따른 복수 표준어가 존재하는 단어이다.

① 보조개(○): '말하거나 웃을 때에 두 볼에 움푹 들어가는 자국'을 뜻하는 '보조개'는 표준어이며, 이와 동일한 의미의 '볼우물'도 표준어이다.

② 삵(○): '고양잇과의 포유류'를 뜻하는 '삵'은 표준어이며, 동일한 의미의 '살쾡이'도 표준어이다.

③ 알은체(○): '사람을 보고 인사하는 표정을 지음'을 뜻하는 '알은체'는 표준어이며, 동일한 의미의 '알은척'도 표준어이다.

이것도 알면 합격!

같은 의미를 나타내는 말을 복수 표준어로 삼은 경우

가는-허리	잔-허리
가락-엿	가래-엿
가뭄	가물
가엾다	가엽다
감감무소식	감감소식
개수-통	설거지-통
개숫-물	설거지-물
갱-엿	검은-엿
-거리다	-대다
거위-배	횟-배
게을러-빠지다	게을러-터지다
고깃-간	푸줏-간
관계-없다	상관-없다
교정-보다	준 보다
기세-부리다	기세-피우다
꽃-도미	붉-돔

02 어법 한글 맞춤법 (띄어쓰기)   난이도 중 ●●○

정답 설명

③ · 한∨입거리(×) → 한∨입∨거리(○): 이때 '거리'는 주로 수를 나타내는 말 뒤에 쓰여 '제시한 수가 처리할 만한 것'을 뜻하는 의존 명사이므로 앞말과 띄어 쓴다.
- 못∨되었다(○): 이때 '못'은 상태가 이루어지지 않았다는 단순 부정을 나타내는 부사이므로 뒷말과 띄어 쓴다.

오답 분석

① · 제3회(○): 이때 '제(第)-'는 '그 숫자에 해당되는 차례'의 뜻을 더하는 접두사이므로 뒷말과 붙여 쓴다. 또한 '회(回)'는 '돌아오는 차례'를 뜻하는 의존 명사이므로 앞말과 띄어 쓰는 것이 원칙이나, 수 관형사나 숫자 뒤에 붙어 차례를 나타내는 경우에는 붙여 쓸 수 있다.

- 할걸(○): 이때 '-(으)ㄹ걸'은 '그렇게 했으면 좋았을 것이나 하지 않은 어떤 일에 대해 가벼운 뉘우침이나 아쉬움'을 나타내는 종결 어미이므로 앞말과 붙여 쓴다.
② • 갈∨적에(○): 이때 '적'은 그 동작이 진행되거나 그 상태가 나타나 있는 때, 또는 지나간 어떤 때를 뜻하는 의존 명사이므로 앞말과 띄어 쓴다.
- 바람같이(○): 이때 '같이'는 '앞말이 보이는 전형적인 어떤 특징처럼'의 뜻을 나타내는 조사이므로 앞말과 붙여 쓴다.
④ • 패거리(○): '패거리'는 '같이 어울려 다니는 사람의 무리'를 낮잡아 이르는 말로, 명사 '패'에 '비하'의 뜻을 더하는 접미사 '-거리'가 결합한 것이므로 붙여 쓴다.
- 아니라는∨듯이(○): 이때 '듯이'는 '유사하거나 같은 정도'의 뜻을 나타내는 의존 명사이므로 앞말과 띄어 쓴다.

이것도 알면 합격!

의존 명사가 결합한 형태가 하나의 단어로 인정된 경우

간	부부간, 부자간, 부녀간, 모자간, 모녀간, 남매간, 동기간, 고부간, 얼마간
녘	동녘, 저녘녘, 새벽녘, 저물녘
중	무의식중, 은연중, 한밤중
판	노름판, 씨름판, 웃음판
거리	국거리, 반찬거리, 먹을거리, 볼거리, 읽을거리, 골칫거리

03 어법 말소리 (음운의 변동) 난이도 중 ●●○

정답 설명
② '색연필[색년필 → 생년필]'은 '색(명사) + 연필(명사)'이 결합한 합성어이다. 'ㄴ' 첨가 현상에 따라 앞말이 자음 'ㄱ'으로 끝나고 뒷말의 첫 음절이 '여'로 시작하므로 'ㄴ' 음이 첨가된 후, 앞말의 받침 'ㄱ'이 [ㄴ]의 영향을 받아 비음 [ㅇ]으로 발음되는 비음화 현상이 나타나므로 답은 ②이다.

오답 분석
① 부엌문(음절의 끝소리 규칙, 비음화): '부엌문[부엉문]'은 음절의 끝소리 규칙에 따라 '엌'의 받침 'ㅋ'이 대표음 [ㄱ]으로 바뀌어 발음된 후 비음 'ㅁ'과 만나 비음 [ㅇ]으로 발음되는 비음화 현상이 나타난다.
③ 솜이불(ㄴ 첨가): '솜이불[솜:니불]'은 '솜(명사) + 이불(명사)'이 결합한 합성어이다. 앞말이 자음 'ㅁ'으로 끝나고 뒷말의 첫 음절이 '이'이므로 [ㄴ] 소리가 첨가되는 'ㄴ' 첨가 현상이 나타난다.
④ 물놀이(유음화): '물놀이[물로리]'는 '놀'의 첫소리 'ㄴ'이 '물'의 받침 'ㄹ'의 영향을 받아 [ㄹ]로 바뀌어 발음되는 유음화 현상이 나타난다.

04 어휘 혼동하기 쉬운 어휘 난이도 중 ●●○

정답 설명
③ 늘비하게(×) → 즐비하게(○): '빗살처럼 줄지어 빽빽하게 늘어서 있다'를 뜻하는 '즐비하다'를 써야 한다. '늘비하다'는 '질서 없이 여기저기 많이 늘어서 있거나 놓여 있다'를 뜻하므로 사람들이 한 줄로 서 있다는 문맥에 어울리지 않는다.

오답 분석
① 제쳤다(○): '경쟁 상대보다 우위에 서다'를 뜻하는 '제치다'가 바르게 쓰였다.
② 쏠린(○): '한쪽으로 비스듬히 기울어지다'를 뜻하는 '쏠리다'가 바르게 쓰였다.
④ 비낀(○): '비스듬히 놓이거나 늘어지다'를 뜻하는 '비끼다'가 바르게 쓰였다.

05 어법 한글 맞춤법 (맞춤법에 맞는 표기) 난이도 중 ●●○

정답 설명
③ 햇볕을 쬤다(○): '쬤다'는 '볕이나 불기운 등을 몸에 받다'를 뜻하는 동사 '쬐다'의 어간 '쬐-'에 '-었-'이 결합하여 '쬤-'으로 줄어든 것이다. 'ㅚ' 뒤에 '-었-'이 어울려 'ㅙㅆ'으로 되는 경우에는 준 대로 적으므로 '쬤다'는 어문 규정에 맞는 표현이다.

오답 분석
① 년간(×) → 연간(○): 한자음 '녀'가 단어 첫머리에 오는 경우, 두음 법칙에 따라 '여'로 적으므로 '年間'은 '연간'으로 적어야 한다.
② 본색을 들어냈다(×) → 드러냈다(○): 문맥상 숨겼던 본색을 보였다는 의미이므로, '알려지지 않은 사실을 보이거나 밝히다'를 뜻하는 '드러내다'로 고쳐 써야 한다.
• 들어내다: 물건을 들어서 밖으로 옮기다.
④ 빨래돌(×) → 빨랫돌(○): 고유어 '빨래'와 '돌'이 결합한 합성어로, 앞말이 모음으로 끝나고 뒷말이 된소리 [ㄸ]으로 발음된다. 따라서 '빨랫돌'과 같이 사이시옷을 받쳐 적어야 한다.

06 문학 표현상의 특징과 효과 난이도 중 ●●○

정답 설명
③ 제시된 부분에서 반어적 표현은 사용되지 않았고, 부정적 인물로 볼 수 있는 '놀보'와 '놀보 기집'을 풍자하는 부분도 드러나지 않으므로 답은 ③이다.

오답 분석
① '아주뱀/도마뱀'에서 '뱀'과 '뱀'의 유사한 발음을 활용한 언어유희가 나타난다.

② 1문단에서 열거와 대구를 사용하여 흥보가 놀보에게 매를 맞는 장면을 확장하여 묘사하고 있다.
- 열거: 좁은 골 벼락 치듯 강짜 싸움에 기집 치듯 담에 걸친 구렁이 치듯
- 대구: 아이구 형수씨 날 좀 살려 주오, 아이구 형수씨 사람 좀 살려 주오.

④ 2문단 1~2번째 줄에서 서술자가 작품에 개입하여 놀보 부인의 성품을 평가하고 있다.

07 어법 단어 (단어의 형성) 난이도 하 ●○○

정답 설명

② '알짜배기, 덮이다, 겁쟁이'는 모두 파생어이므로 답은 ②이다.
- 알짜배기: 알짜(명사) + -배기(접미사)
- 덮이다: 덮-(용언의 어간) + -이-(접미사) + -다(어미)
- 겁쟁이: 겁(명사) + -쟁이(접사)

오답 분석

① '숯염소', '막노동'은 파생어이지만 '감투'는 단일어이다.
- 숯염소: 숯-(접두사) + 염소(명사)
- 막노동: 막-(접두사) + 노동(명사)
- 감투: 감투(명사)

③ '엇나가다'는 파생어이지만 '건널목'은 합성어, '구르다'는 단일어이다.
- 엇나가다: 엇-(접두사) + 나가-(용언의 어간) + -다(어미)
- 건널목: 건너-(용언의 어간) + -ㄹ(관형사형 어미) + 목(명사)
- 구르다: 구르-(용언의 어간) + -다(어미)

④ '팔다리', '길들다', '굶주리다' 모두 합성어이다.
- 팔다리: 팔(명사) + 다리(명사)
- 길들다: 길(명사) + 들-(용언의 어간) + -다(어미)
- 굶주리다: 굶-(용언의 어간) + 주리-(용언의 어간) + -다(어미)

이것도 알면 합격!

단어의 형성

유형		개념	예
단일어		하나의 어근으로만 이루어진 단어	산, 강, 하늘, 크다
복합어	파생어	어근과 파생 접사가 결합하여 이루어진 단어	날고기, 막노동, 좁히다, 지우개
	합성어	둘 이상의 어근이 결합하여 만들어진 단어 • 통사적 합성어: 어근의 배열이 국어의 일반적인 배열법과 같음 • 비통사적 합성어: 어근의 배열이 국어의 일반적인 배열법과 다름	• 통사적 합성어: 새해, 작은형, 길짐승, 본받다 • 비통사적 합성어: 접칼, 오르내리다, 부슬비, 섞어찌개, 검붉다

08 문학 작품의 종합적 감상 (시) 난이도 중 ●●○

정답 설명

④ ㉢은 반어적 표현을 통해, 자신의 안위만을 생각하여 부정적인 현실에 침묵하는 소시민적 태도에 대해 비판하고 있다. 따라서 ㉢이 부정적인 현실에 침묵해야 하는 소시민의 모습을 합리화한 표현이라는 ④의 설명은 적절하지 않다.

오답 분석

① 서민들의 삶과 유리된 원색 지붕의 모습을 ㉠ '황혼 속에 고함치는'과 같이 표현함으로써 서민들의 삶을 고려하지 않고 겉모습에만 치중하는 근대화를 비판하고 있다.

② ㉡은 반어적 표현을 통해, 모든 언론이 정권에 의해 통제되고 있는 현실을 비판하고 있다.

③ ㉢은 반어법을 사용하여 현실 문제에 대해 의견을 내지 말라고 말함으로써 현실 비판이 허용되지 않는 시대 분위기를 비판하고 있다.

09 어법 한글 맞춤법 (맞춤법에 맞는 표기) 난이도 중 ●●○

정답 설명

② 밑줄 친 단어의 표기가 옳은 것은 'ㄱ, ㄷ'이다.
- ㄱ. 이 일은 나로서 시작된 것이다: 이때 '로서'는 어떤 동작이 일어나거나 시작되는 곳을 나타내는 조사이므로 문맥상 단어의 표기가 올바르게 쓰였다.
- ㄷ. 비용을 지불함으로써: 이때 '으로써'는 어떤 일의 이유를 나타내는 조사이므로 문맥상 단어의 표기가 올바르게 쓰였다.

오답 분석

- ㄴ. 선생으로써(×) → 선생으로서(○): 지위나 신분 또는 자격을 나타낼 때에는 조사 '으로서'를 써야 한다.
- ㄹ. 일념으로서(×) → 일념으로써(○): 어떤 일의 수단이나 도구를 나타낼 때에는 조사 '으로써'를 써야 한다.

이것도 알면 합격!

격 조사 '(으)로서'와 '(으)로써'의 쓰임

(으)로서	1. 지위나 신분 또는 자격을 나타냄 예 나는 지역 대표로서 대회에 참석했다. 2. 어떤 동작이 일어나거나 시작되는 곳을 나타냄 예 모든 문제는 그로서 시작되었다. 남쪽으로서 햇빛이 들어온다.
(으)로써	1. 어떤 물건의 재료나 원료를 나타냄 예 밀가루로써 빵을 만든다. 2. 어떤 일의 수단이나 도구를 나타냄 예 대화로써 사태를 원만히 해결하자. 3. 시간을 셈할 때 셈에 넣는 한계를 나타내거나 어떤 일의 기준이 되는 시간임을 나타냄 예 이 일을 시작한 지도 올해로써 10년째이다. 4. 어떤 일의 이유를 나타냄 예 안내를 따르지 않음으로써 발생하는 문제는 책임지지 않습니다.

10 비문학 세부 내용 파악   난이도 중 ●●○

정답 설명
② 1문단 끝에서 1~2번째 줄을 통해 자기개념이 불안정해지면 자기 인식 욕구가 강하게 표출된다는 것은 알 수 있으나, 자기 인식 욕구가 강해질수록 자기개념이 불안정해진다는 내용은 제시문을 통해 알 수 없다.

오답 분석
① 2문단 끝에서 1~2번째 줄을 통해 확인할 수 있다. 자기 인식 욕구는 자기개념이 불안정해지면 나타나서 자기에 관한 정보를 수집함으로써 약화된다.
③ 1문단 1~3번째 줄을 통해 확인할 수 있다. 자기개념은 주위의 평가에 따라, 혹은 자기 생각의 변화에 따라 얼마든지 바뀔 수 있다.
④ 2문단 첫 번째 줄 내용을 통해 '자기 인식 요구'가 자기를 알고 싶다는 욕구임을 알 수 있으며, 1문단 끝에서 1~2번째 줄을 통해 자기개념이 불안정해지면 자기 인식 욕구가 강하게 표출된다는 사실을 확인할 수 있다.

11 어법 + 어휘 단어 (용언의 활용), 고유어   난이도 중 ●●○

정답 설명
① 내딛었다(×) → 내디뎠다(○): '내딛다'는 '내디디다'의 준말로, 이미 본말 '내디디다'에서 모음 'ㅣ'가 줄어든 형태이다. 준말의 어간 '내딛-'에는 모음으로 시작하는 어미를 연결해 쓰지 않으므로 '내디디다'에 모음 어미가 결합한 형태인 '내디뎠다(내디디 + 었다)'로 적어야 한다.

오답 분석
② 널브러져(○): '널브러지다'는 '몸에 힘이 빠져 몸을 추스르지 못하고 축 늘어지다'라는 뜻이므로 문맥상 적절한 어휘이다.
③ 버르집는(○): '버르집다'는 '작은 일을 크게 부풀려 떠벌리다'라는 뜻이므로 문맥상 적절한 어휘이다.
④ 머물렀다가(○): '머무르다'는 모음으로 시작하는 어미가 결합할 때 '르'가 'ㄹㄹ'로 바뀌는 '르' 불규칙 용언이다. 따라서 어간 '머무르-'에 선어말 어미 '-었-'과 어미 '-다가'가 결합한 형태인 '머물렀다가'는 적절한 표기이다. 참고로, '머무르다'의 준말 '머물다'에는 모음으로 시작하는 어미를 연결하여 쓰지 않으므로 '머물었다가'와 같은 표기는 인정되지 않는다.

12 어휘 한자 성어 (한자 성어의 표기)   난이도 상 ●●●

정답 설명
④ 주객전도(主客顚倒)(○): '倒(넘어질 도)'가 올바르게 쓰였다.
- 주객전도(主客顚倒: 임금 주, 손 객, 엎드러질 전, 넘어질 도): '주인과 손의 위치가 서로 뒤바뀐다'라는 뜻으로, 사물의 경중·선후·완급 등이 서로 뒤바뀜을 이르는 말

오답 분석
① 격물치지(格物致志)(×) → 格物致知(○): '격물치지'의 '지'는 '志(뜻 지)'가 아닌 '知(알 지)'를 써야 한다.
- 격물치지(格物致知: 격식 격, 물건 물, 이를 치, 알 지): 실제 사물의 이치를 연구하여 지식을 완전하게 함
② 외유내강(外柔內强)(×) → 外柔內剛(○): '외유내강'의 '강'은 '强(강할 강)'이 아닌 '剛(굳셀 강)'을 써야 한다.
- 외유내강(外柔內剛: 바깥 외, 부드러울 유, 안 내, 굳셀 강): 겉으로는 부드럽고 순하게 보이나 속은 곧고 굳셈
③ 발본색원(拔本塞元)(×) → 拔本塞源(○): '발본색원'의 '원'은 '元(으뜸 원)'이 아닌 '源(근원 원)'을 써야 한다.
- 발본색원(拔本塞源: 뽑을 발, 근본 본, 막힐 색, 근원 원): 좋지 않은 일의 근본 원인이 되는 요소를 완전히 없애 버려서 다시는 그러한 일이 생길 수 없도록 함

13 문학 시어의 의미   난이도 상 ●●●

정답 설명
④ ㉠ '고기'는 화자가 얻고자 하는 대상이고, ㉡ '그믈'은 대상을 얻기 위해 필요한 것이다. ④의 '문명 기화' 역시 화자가 이루고자 하는 대상이고, '실상 일'은 개화를 이루기 위해 필요한 것이므로, ④가 ㉠:㉡의 관계와 가장 유사하다.

오답 분석
① '잠'과 '꿈'은 모두 화자가 부정적으로 여기는 대상이다.
② '놈으 부강'은 화자가 부러워하는 대상이고, '회빈(回賓)'은 개화를 이루기 위해 지양해야 할 대상이다.
- 회빈(回賓): '회빈작주(回賓作主)'의 준말. 다른 사람의 의견을 무시하고 자기 마음대로 처리함
③ '구구세절'은 화자가 배제하는 대상이고, '동심결'은 개화를 이루기 위해 필요한 것이다.
- 동심결(同心結): 두 고를 내고 맞죄어 매는 매듭. 합심과 협력을 뜻함

02회 실전동형모의고사

지문 풀이

> 잠을 깨세, 잠을 깨세, / 사천 년이 꿈 속이라.
> 모든 나라가 함께 모여서 사니
> 온 세상이 모두 한 집안이로다.
>
> 이런저런 잡다한 일들 다 버리고
> 윗사람과 아랫사람이 한마음으로 함께 덕을 닦으세.
> 남의 부강을 부러워하고
> 근본도 없이 제 주장대로 하랴.
>
> 범을 보고 개 그리고 / 봉황을 보고 닭 그린다.
> 문명을 개화하려고 하면
> 실제 형상대로의 일이 제일이라.
>
> 연못의 고기를 부러워만 하지 말고
> 그물 맺어 잡아 보세.
> 그물을 맺기 어려우랴
> 두 고를 맞죄어 맺어 보세.
> — 이중원, '동심가'

14 비문학 세부 내용 파악   난이도 중 ●●○

정답 설명

② (가)의 2~6번째 줄을 통해 화이론이 '화(華)'라는 문명의 이상을 추구하는 보편주의였으며, 이에 따라 '이'가 발전했음을 알 수 있다. 따라서 민족문화의 발전이 개성적으로 이루어졌다는 내용은 제시문의 내용과 부합하지 않는다.

오답 분석

① (다)의 내용을 통해 알 수 있다. 청나라가 등장하자, 화이의 구분을 어떻게 해야 하는가 하는 문제를 두고 견해가 대립되었고, 중세보편주의를 비판하는 민족주의 등장 후 문제가 더욱 복잡해져 화이론은 혼란을 겪게 되었다.
③ (나)의 끝에서 3~4번째 줄에 따르면 조선 전기 사람들이 '화'라고 자부하였음을 알 수 있다.
④ (나)의 1~3번째 줄을 통해 양자강 남쪽으로 밀려난 남송사람의 패배의식을 만회하려고, 주자가 중국 한족문화의 우월성을 강조하는 의미를 보태었음을 알 수 있다.

15 문학+어휘 내용 추리, 속담   난이도 중 ●●○

정답 설명

② 노인(어머니)이 '나'를 떠나 보내고 혼자 눈길을 돌아오던 기억을 이야기하는 부분으로, 자식의 건강과 행복을 바라는 어머니의 사랑을 확인할 수 있다. 따라서 '노인'과 관련된 속담으로 가장 적절한 것은 '부모는 늘 자식의 신변을 걱정함'을 이르는 ② '자식 둔 부모는 알 둔 새 같다'이다.

오답 분석

① 부모가 반팔자: 어떤 부모에게서 태어나느냐 하는 것이 사람의 운명을 결정하는 중요한 요소임을 비유적으로 이르는 말
③ 자식을 겉 낳았지 속은 못 낳는다: 부모는 자식의 육체를 낳은 것이지 그의 사상이나 속마음을 낳은 것은 아니라는 뜻으로, 자기의 자식이라도 그 속에 품은 생각은 알 수 없음을 이르는 말
④ 드는 정은 몰라도 나는 정은 안다: 1. 정이 들 때는 드는 줄 모르게 들어도 정이 떨어져 싫어질 때는 역력히 알 수 있다는 말 2. 정이 들 때는 드는 줄 몰라도 막상 헤어질 때는 그 정이 얼마나 두터웠던가를 새삼 알게 된다는 말

16 비문학 논지 전개 방식   난이도 하 ●○○

정답 설명

③ 우리나라에 석탑이 발달하였다는 결과를 화강암이 풍부했기 때문이라는 원인을 들어 설명하고 있으므로 제시문의 논지 전개 방식은 '인과'이다.

오답 분석

① 유추: 친숙한 대상의 특징을 제시한 후, 그와 일부 속성이 일치하는 다른 생소한 대상도 그러한 특징을 가질 것이라고 비교하여 설명하는 방식
② 예시: 사례를 들어 일반적이거나 추상적인 원리, 법칙, 진술을 구체화하는 설명 방식
④ 분석: 하나의 관념이나 대상을 그 구성 요소로 나누어 진술하는 방식

이것도 알면 합격!

논지 전개 방식

인과	어떤 결과를 가져온 원인과 그로 인해 초래된 결과에 초점을 두는 진술 방식 예 경제 성장이 둔화되었기 때문에 일자리가 늘지 않았다.
정의	용어의 뜻을 분명하게 규정하는 설명 방식 예 초는 불빛을 내는 데 쓰는 물건이다.
묘사	대상을 그림 그리듯이 구체적으로 진술하는 방식 예 친구의 얼굴은 달걀형이고 귀가 크며 곱슬머리이다.
예시	사례를 들어 일반적이거나 추상적인 원리, 법칙, 진술을 구체화하는 방식 예 개미는 냄새로 서로 의사소통을 한다. 예를 들어, 먼 장소에 먹이가 있다면 개미는 '페로몬'이라는 화학 물질을 이용하여 냄샛길을 만들고 다른 개미가 그 길을 따라 오도록 만든다.
서사	일정한 시간 내에 일어나는 일련의 행동이나 시간의 흐름에 따라 전개되는 사건에 초점을 두는 진술 방식 예 나는 살금살금 발소리를 죽여 가며 창가로 다가가서, 누군지 모를 여학생의 팔을 살짝 꼬집었다. 그러고는 얼른 창문에 바짝 붙어 섰다.
비교	사물의 비슷한 점을 밝혀내어 설명하는 방식 예 야구는 축구처럼 공을 가지고 하는 경기이다.
대조	사물의 차이점을 밝혀내어 설명하는 방식 예 동사와 형용사는 모두 용언이지만 동사는 주어의 동작을, 형용사는 주어의 성질을 나타낸다.

분석	하나의 관념이나 대상을 그 구성 요소로 나누어 진술하는 방식
	예 식물은 뿌리, 줄기, 잎, 꽃으로 구성되어 있다.
유추	친숙한 대상의 특징을 제시하고 이와 일부 속성이 일치하는 다른 대상도 그러한 특징을 가질 것이라고 비교하여 설명하는 방식
	예 척박한 환경에서는 몇몇 특별한 종들만이 득세한다는 점에서 자연 생태계와 우리 사회는 닮았다.

17 어법 문장 (사동 표현) 난이도 중 ●●○

정답 설명

④ 문맥상 '그의 얼굴'이 나에게 '그때의 사건'을 다시 생각나게 했다는 의미이므로 '상기하다'에 사동 접미사 '-시키다'를 결합한 '상기시키다'는 올바른 사동 표현이다.

오답 분석

① '유발하다'는 '어떤 것이 다른 일을 일어나게 하다'라는 사동의 의미가 포함된 동사이므로, '유발시켰다'는 '유발하였다'로 표현하는 것이 적절하다.

② 문맥상 그가 스스로 주어진 일을 해결하거나 처리하였다는 문장이므로 '소화시켰다'는 '소화하였다'로 표현하는 것이 적절하다.

③ 문맥상 사장이 직원을 직접 내보냈다는 문장이므로 '해고시켰다'는 '해고하였다'로 표현하는 것이 적절하다.

18 비문학 주제 및 중심 내용 파악 난이도 하 ●○○

정답 설명

② 1문단 3~5번째 줄을 통해 필자는 국격을 높이기 위해 성장 제일주의에 대한 성찰의 시간을 가져야 한다고 주장하고 있음을 알 수 있다. 따라서 필자의 주장으로 가장 적절한 것은 ②이다.

19 어법 한글 맞춤법 (사이시옷의 표기) 난이도 상 ●●●

정답 설명

④ '노잣돈[노:잗똔]'은 '노자(路資) + 돈'이 결합한 한자어와 순우리말로 된 합성어로, 뒷말의 첫소리가 된소리로 나므로 사이시옷을 받쳐 적는 경우에 해당한다. 반면에, ① ② ③은 모두 고유어끼리 결합한 합성어에서 뒷말의 첫소리가 된소리로 날 때 사이시옷을 받쳐 적는 경우에 해당한다. 따라서 사이시옷을 받쳐 적는 이유가 다른 하나는 ④이다.

이것도 알면 합격!

사이시옷의 표기

1. 사이시옷이 쓰이는 조건
   (1) 순우리말로 된 합성어로서 앞말이 모음으로 끝난 경우
      ① 뒷말의 첫소리가 된소리로 나는 것
         예 고랫재[고래째/고랟째], 귓밥[귀빱/귇빱], 햇볕[해뼏/핻뼏]
      ② 뒷말의 첫소리 'ㄴ, ㅁ' 앞에서 [ㄴ] 소리가 덧나는 것
         예 멧나물[멘나물], 아랫니[아랜니], 텃마당[턴마당]
      ③ 뒷말의 첫소리 모음 앞에서 [ㄴㄴ] 소리가 덧나는 것
         예 도리깻열[도리깬녈], 뒷윷[뒨:뉻], 두렛일[두렌닐]
   (2) 순우리말과 한자어로 된 합성어로서 앞말이 모음으로 끝난 경우
      ① 뒷말의 첫소리가 된소리로 나는 것
         예 귓병(-病)[귀뼝/귇뼝], 머릿방(-房)[머리빵/머릳빵]
      ② 뒷말의 첫소리 'ㄴ, ㅁ' 앞에서 [ㄴ] 소리가 덧나는 것
         예 곗날(契-)[곈:날/겐:날], 제삿날(祭祀-)[제:산날]
      ③ 뒷말의 첫소리 모음 앞에서 [ㄴㄴ] 소리가 덧나는 것
         예 사삿일(私私-)[사산닐], 가욋일(加外-)[가왼닐/가웬닐]

2. 사이시옷이 쓰이지 않는 조건
   (1) 사잇소리 현상이 일어나지 않는 경우
      예 머리말[머리말], 예사말[예:사말]
   (2) 뒷말이 된소리나 거센소리로 시작하는 경우
      예 뒤뜰, 뒤꿈치, 위쪽, 뒤편, 뒤통수, 뒤처리, 위층
   (3) 외래어가 결합된 합성어의 경우
      예 핑크빛, 피자집
   (4) 한자어로만 이루어진 단어의 경우
      단 아래의 6개 단어는 예외로서 사이시옷을 받쳐 적음

곳간(庫間)	셋방(貰房)	숫자(數字)
찻간(車間)	툇간(退間)	횟수(回數)

20 문학 표현상의 특징과 효과 난이도 중 ●●○

정답 설명

① 제시된 작품에서 역설법은 사용되지 않았으므로 답은 ①이다.

오답 분석

② 시어의 반복과 연쇄법을 통해 리듬감을 형성하고 있다.
   • 반복: 마을, 콩깍지, 외딴집, 새, 웁니다 등
   • 연쇄: 해가, 노루 꼬리 해가 지면 / 콩깍지, 콩깍지처럼 후미진 외딴집, 외딴집에도 불빛은 앉아 / 이름 모를 새, 새들의 온기(溫氣)를 생각합니다.

③ 1연과 4연에서 각각 '마을', '월훈(月暈)'이라는 명사로 문장을 종결하여 정감의 깊이를 더하고 있다.

④ 시각적, 청각적 이미지를 통해 노인의 고독감과 그리움을 심화하고 있다.
   • 시각적 심상: 시 전체에서, 겨울밤 깊은 산속의 외딴집에서 고독하게 지내는 노인의 모습을 시각적으로 묘사하였다.
   • 청각적 심상: 4연에서 고요한 밤 산중에 울려 퍼지는 귀뚜라미의 울음소리를 통해, 고독하고 적막한 산중의 밤을 형상화하였다. 여기서 귀뚜라미의 울음소리는 외로움에 통곡하는 노인의 울음으로 해석되기도 한다.

02회 실전동형모의고사

21 문학 작품의 종합적 감상 (소설)   난이도 하 ●○○

정답 설명

④ '노새'는 매일 연탄을 끄는 고단한 일을 했던 존재이다. 그런데 '아버지'는 '이제부터 내가 노새다'라고 이야기함으로써 자신과 노새를 동일시하고 있으므로, '노새'는 고단한 삶을 사는 '아버지'를 상징한다고 볼 수 있다. 따라서 답은 ④이다.

오답 분석

① '나'는 자신과 가족들을 노새에 비유하면서 '술 취한 사람마냥 턱없이 즐거웠다'라고 말하고 있다. 따라서 '나'가 자신과 가족들의 처지를 비관하고 있다는 반응은 적절하지 않다.

② 아버지가 술을 마시면서 '이제부터 내가 노새다'라고 한 것은, 본인이 노새 몫까지 일하겠다는 의미이다. 즉 아버지는 의지적 태도를 보이고 있으므로 자포자기하였다는 반응은 적절하지 않다.

③ '노새'가 도망가면서 '아버지'와 '나'는 더 힘들게 일해야 하는 처지가 되었다. 따라서 노새가 도망친 것이 오히려 전화위복(轉禍爲福)이 되었다는 반응은 적절하지 않다.
- 전화위복(轉禍爲福): 재앙과 화가 바뀌어 오히려 복이 됨

22 어법 표준 언어 예절   난이도 중 ●●○

정답 설명

② 통화하려는 사람이 없을 때 '말씀 좀 전해 주십시오'와 같은 표현은 명령조이므로 피하는 것이 바람직하다. 참고로, 통화하고 싶은 사람이 없을 때는 '말씀 좀 전해 주시겠습니까?' 등과 같은 표현을 사용할 수 있다.

오답 분석

① 전화를 끊을 때는 '안녕히 계십시오', '고맙습니다', '이만/그만 끊겠습니다. 안녕히 계십시오' 등의 인사를 하고 끊는다. 참고로 '들어가세요'는 명령형이고, 일부 지역에서만 사용하기 때문에 피하는 것이 좋다.

③ 회사에서 전화를 받을 때 '네, ○○○[회사/부서/받는 사람]입니다.'로 말하는 것이 표준이지만, '네' 대신에 '고맙습니다'와 같은 말을 쓰는 것이 친절한 느낌을 줄 수 있으므로 쓸 수 있다.

④ 전화가 잘못 걸려 오면 '아닌데요, 전화 잘못 걸렸습니다' 또는 '아닙니다, 전화 잘못 걸렸습니다'와 같이 말하는 것이 좋다. 참고로, 이때 '전화 잘못 거셨습니다'와 같은 표현은 상대방에게 '전화도 제대로 못 거느냐'는 느낌을 줄 수 있으므로 지양하는 것이 좋다.

23 문학 작품에 대한 지식   난이도 중 ●●○

정답 설명

③ 제시된 작품은 이광수의 '무정'으로, 한글 문체를 처음으로 완성시킨 언문일치체를 통해 이전에 창작되었던 신소설의 문체적 한계를 극복했다는 평가를 받는다. 따라서 전대 신소설의 문체를 극복하지 못했다는 ③의 설명은 적절하지 않다.

이것도 알면 합격!

이광수, '무정'의 문학사적 의의

1917년부터 《매일신보》를 통해 연재된 '무정'은 국문학사상 최초의 근대적 장편 소설이라는 문학사적 의의를 지니는 작품으로, 형식과 내용면에서 모두 기존의 소설이 이루지 못한 성과를 거두었다.

형식	(1) 전대 신소설의 문체적인 한계를 극복함 (2) 편집자적 서술보다 산문적인 서술을 중시함 (3) 사건의 역순행적 구성과 인물의 내면 심리 묘사 강조
내용	(1) 개인보다는 민족 공동체 중시 (2) 과학과 신문물에 대한 개방적 태도 (3) 계몽적 사상(신교육, 자유연애) 강조

24 문학 작품의 종합적 감상 (시조)   난이도 중 ●●○

정답 설명

① 제시된 작품은 송강 정철의 '훈민가'로, 백성들을 교화하기 위한 목적의 연시조이다. 이때 각 수의 주제는 각각 '부모에 대한 효', '상부상조의 자세', '도박과 송사 금지', '노인 공경'과 같이 독립적으로 이루어져 있다. 따라서 작품에 대한 설명으로 적절하지 않은 것은 ①이다.

오답 분석

② 제13수는 근면성실한 자세와 서로서로 돕는 '상부상조(相扶相助)'의 덕목을 강조하고 있다.

③ '훈민가(訓民歌)'는 '백성을 가르치는 노래'라는 뜻으로, 송강 정철이 강원도 관찰사로 재직하던 당시 유교적 윤리의 실천을 권장하고 백성들을 교화하기 위해 지은 계몽적, 교훈적 성격의 작품이다.

④ '-쟈스라', '-지 마라'와 같은 청유형, 명령형 어미를 사용하여 전달하고자 하는 내용에 설득력을 더하고 있다.

지문 풀이

> 어버이 살아 계실 때 섬기는 일랑 다하여라.
> 돌아가신 후면 애달파한들 어찌하리.
> 평생에 다시 못할 일이 이것뿐인가 하노라.   〈제4수〉
>
> 오늘도 날이 밝았다. 호미 메고 가자꾸나.
> 내 논 다 매거든 네 논도 좀 매어 주마.
> 오는 길에 뽕을 따다가 누에 먹여 보자꾸나.   〈제13수〉
>
> 쌍륙 장기 하지 마라. 송사 글을 올리지 마라.
> 집을 망쳐(가산을 탕진하여) 무엇할 것이며 남의 원수 될 줄 어찌 (알겠는가?)
> 나라가 법을 만들었는데 죄 있는 줄을 모르느냐?   〈제15수〉
>
> (짐을 머리에) 이고 (등에) 진 노인이여, 그 짐을 풀어 나를 주시오.
> 나는 젊었으니 돌인들 무거울까?
> 늙기도 서러운데 짐까지 지실까?   〈제16수〉

> 이것도 알면 **합격!**

정철, '훈민가'의 주제 및 특징
1. 주제: 유교 윤리의 실천 권장
2. 특징
   (1) 유교 윤리 실천을 권장하는 일종의 목적 문학
   (2) 연시조의 형태를 취하고 있지만 각 수가 독립적인 주제를 지님
   (3) 평이하고 정감있는 어휘를 사용하여 이해하기 쉬움
   (4) 명령형·청유형 어미를 적절하게 사용하여 설득 효과를 높임

25 어법 국어의 로마자 표기   난이도 하 ●○○

정답 설명

③ 동송읍: Dongsong-eub(×) → Dongsong-eup(○): 행정 구역 단위 '읍'은 'eup'으로 적어야 하므로 '동송읍'은 'Dongsong-eup'으로 표기해야 한다.

오답 분석

① ② ④ 행정 구역 단위 '면, 시, 동'은 각각 'myeon, si, dong'으로 적고 그 앞에 붙임표(-)를 넣으며, 붙임표(-) 앞뒤에서 일어나는 음운 변화는 표기에 반영하지 않으므로 모두 옳은 표기이다.

03회 실전동형모의고사

▶ 실전동형문제 정답

p.30

01	④ 어휘 – 혼동하기 쉬운 어휘	06	③ 어법 – 한글 맞춤법	11	① 혼합(비문학+어휘) – 내용 추론, 속담	16	③ 문학 – 작품의 내용 파악	21	③ 비문학 – 글의 전략 파악
02	③ 어법 – 단어	07	④ 어법 – 한글 맞춤법	12	③ 어법 – 표준어 사정 원칙	17	④ 문학 – 수사법	22	① 비문학 – 세부 내용 파악
03	② 혼합(문학+어휘) – 주제 및 중심 내용 파악, 한자 성어	08	① 어휘 – 한자어	13	③ 비문학 – 글의 구조 파악	18	② 문학 – 시구의 의미	23	④ 어법 – 문장 부호
04	④ 어법 – 국어의 로마자 표기	09	② 어법 – 단어	14	② 문학 – 작품의 종합적 감상	19	④ 문학 – 주제 및 중심 내용 파악	24	② 문학 – 관점과 태도 파악
05	④ 어휘 – 혼동하기 쉬운 어휘	10	③ 비문학 – 주제 및 중심 내용 파악	15	① 문학 – 화자의 정서 및 태도	20	④ 비문학 – 내용 추론	25	① 비문학 – 글의 구조 파악

▶ 취약영역 분석표

영역	어법	비문학	문학	어휘	혼합	총계
맞힌 답의 개수	/ 7	/ 6	/ 7	/ 3	/ 2	/ 25

* 취약영역 분석표를 이용해 1개라도 틀린 문제가 있는 영역은 그 영역의 문제만 골라 해설을 다시 한번 꼼꼼히 학습하세요.

---

01 어휘 혼동하기 쉬운 어휘 난이도 중 ●●○

정답 설명

④ 조려(O): '양념을 한 고기나 생선, 채소 등을 국물에 넣고 바짝 끓여서 양념이 배어들게 하다'를 뜻하는 '조리다'가 적절하게 쓰였다. 참고로, '졸이다'는 '찌개, 국, 한약 등의 물을 증발시켜 분량을 적어지게 하다' 또는 '속을 태우다시피 초조해하다'를 뜻하는 말이다.

오답 분석

① 들려서(×) → 들러서(O): '지나가는 길에 잠깐 들어가 머무르다'의 의미로 쓸 때는 '들러서(기본형 '들르다')'가 바르다. '들려서(기본형 '들리다')'는 '듣다' 또는 '들다'의 피동사, 사동사이다.

② 바랬다(×) → 바랐다(O): '생각이나 바람대로 어떤 일이나 상태가 이루어지거나 그렇게 되었으면 하고 생각하다'의 의미로 쓸 때는 '바랐다(기본형 '바라다')'가 바르다. '바랬다(기본형 '바래다')'는 '볕이나 습기를 받아 색이 변하다'를 뜻한다.

③ 그을렸다(×) → 그슬렸다(O): '불에 겉만 약간 타다'의 의미로 쓸 때는 '그슬렸다(기본형 '그슬리다')'가 바르다. '그을렸다(기본형 '그을리다')'는 '햇볕이나 불, 연기 등을 오래 쬐어 검게 되다'를 뜻한다.

02 어법 단어 (품사의 구분) 난이도 하 ●○○

정답 설명

③ 제시된 문장에 쓰인 '자라는'의 기본형 '자라다'는 '생물이 생장하거나 성숙하여지다'를 뜻하는 말로, 현재 시제 선어말 어미 '-ㄴ-'과 결합할 수 있으므로 품사는 동사이다. ③에 쓰인 '삼은'의 기본형 '삼다'는 '무엇을 무엇이 되게 하거나 여기다'를 뜻하는 말로, 현재 시제 선어말 어미 '-는-'과 결합할 수 있으므로 품사는 동사이다. 따라서 제시된 문장의 밑줄 친 부분과 품사가 동일한 것은 ③이다.

오답 분석

① 이때 '짧은'의 기본형 '짧다'는 '이어지는 시간상의 한 때에서 다른 때까지의 동안이 오래지 않다'를 뜻하는 말로, 현재 시제 선어말 어미 '-는-'과 결합할 수 없으므로 품사는 형용사이다.

② 이때 '갖은'은 '골고루 다 갖춘. 또는 여러 가지의'를 뜻하는 말로, 기본형이 '갖은'이며 서술성이 없으므로 품사는 관형사이다.

④ 이때 '애먼'은 '일의 결과가 다른 데로 돌아가 억울하게 느껴지는'을 뜻하는 말로, 기본형이 '애먼'이며 서술성이 없으므로 품사는 관형사이다.

03 문학 + 어휘 주제 및 중심 내용 파악, 한자 성어 난이도 중 ●●○

정답 설명

② 제시된 작품에서 화자는 '자기 처지에 만족하는 것이 행복이라'고 하였다. 이를 통해 자신에게 주어진 것에 만족하는 삶의 멋스러움이 제시 글의 중심 생각임을 알 수 있다. 따라서 답은 ② '安分知足(안분지족)'이다.
· 安分知足(안분지족): 편안한 마음으로 제 분수를 지키며 만족할 줄을 앎

오답 분석

① 四面春風(사면춘풍): 누구에게나 좋게 대하는 일. 또는 그런 사람을 비유적으로 이르는 말

③ 一望無際(일망무제): 한눈에 바라볼 수 없을 정도로 아득하게 멀고 넓어서 끝이 없음

④ 左衝右突(좌충우돌): 1. 이리저리 마구 찌르고 부딪침 2. 아무에게나 또는 아무 일에나 함부로 맞닥뜨림

04 어법 국어의 로마자 표기   난이도 중 ●●○

정답 설명
④ 청량리 Cheongnyangni(○): '청량리'는 '량'과 '리'의 초성 'ㄹ'이 각각 앞말의 받침 'ㅇ'의 영향을 받아 [ㄴ]으로 발음되는 'ㄹ'의 비음화 현상이 나타난다. 따라서 '청량리'는 [청냥니]로 발음하며, 자음 동화의 결과는 로마자 표기에 반영하므로 'Cheongnyangni'로 표기해야 한다.

오답 분석
① 연무대 Yeonmudai(×) → Yeonmudae(○): 모음 'ㅐ'는 'ae'로 적으므로 '연무대'는 'Yeonmudae'로 표기해야 한다.

② 월출산 Wolchoolsan(×) → Wolchulsan(○): 모음 'ㅜ'는 'u'로 적으므로 '월출산'은 'Wolchulsan'으로 표기해야 한다.

③ 당산동 Tangsandong(×) → Dangsan-dong(○): 자음 'ㄷ'는 모음 앞에서 'D'로 적으며, 행정 구역 단위 '동'은 'dong'으로 적고 그 앞에는 붙임표(-)를 넣어야 한다. 따라서 '당산동'은 'Dangsan-dong'으로 표기해야 한다.

05 어휘 혼동하기 쉬운 어휘   난이도 하 ●○○

정답 설명
③ 띄고(×) → 띠고(○): '빛깔이나 색채 따위를 가지다'라는 뜻으로 쓰이는 어휘는 '띠다'이다. 참고로 '띄다'는 '뜨이다' 또는 '띄우다'의 준말이다.
- 띄다¹: '눈에 보이다'의 뜻인 '뜨이다'의 준말
  예 눈에 띄는 대로 음식을 집었다.
- 띄다²: '공간적으로 거리를 꽤 멀게 하다'의 뜻인 '띄우다'의 준말
  예 한 칸 띄고 적어라.

오답 분석
① ・ 닫혀(○): '열린 문짝, 뚜껑, 서랍 따위가 도로 제자리로 막히다'를 뜻할 때에는 '닫다'의 피동사인 '닫히다'를 써야 한다. 이때 '닫치다'로 적지 않도록 유의한다.
 ・ 닫치다: 1. 열린 문짝, 뚜껑, 서랍 따위를 꼭꼭 또는 세게 닫다. 2. 입을 굳게 다물다.

② ・ 가리키고(○): '손가락 따위로 어떤 방향이나 대상을 집어서 보이거나 말하거나 알리다'라는 뜻으로 쓰이는 어휘는 '가리키다'이다. 이때 '가르치다'로 적지 않도록 유의한다.
 ・ 가르치다: 1. 지식이나 기능, 이치 따위를 깨닫게 하거나 익히게 하다. 2. 상대편이 아직 모르는 일을 알도록 일러 주다.

④ ・ 맞혀서(○): '문제에 대한 답을 틀리지 않게 하다'를 뜻할 때에는 '맞다'의 사동사인 '맞히다'를 써야 한다. 이때 '맞추다'로 적지 않도록 유의한다.
 ・ 맞추다: 1. 서로 떨어져 있는 부분을 제자리에 맞게 대어 붙이다. 2. 둘 이상의 일정한 대상들을 나란히 놓고 비교하여 살피다. 3. 어떤 기준이나 정도에 어긋나지 아니하게 하다. 4. 일정한 수량이 되게 하다.

06 어법 한글 맞춤법 (맞춤법에 맞는 표기)   난이도 중 ●●○

정답 설명
③ 한글 맞춤법에 맞는 문장은 ③이다.
- 부치고(○): '편지나 물건 등을 일정한 수단이나 방법을 써서 상대에게로 보내다'를 뜻하는 '부치다'가 올바르게 쓰였다.
- 싶다마는(○): 어떤 사실이나 내용을 인정하면서 그에 반대되는 내용을 덧붙여 말할 때 쓰는 연결 어미 '-다마는'이 올바르게 쓰였다.

오답 분석
① ・ 배게(×) → 베개(○): '누울 때, 베개 등을 머리 아래에 받치다'를 뜻하는 '베다'의 어간 '베-'에 '그러한 행위를 하는 간단한 도구'의 뜻을 더하는 접미사 '-개'가 결합한 것이므로 '베개'로 적어야 한다.
 ・ 베어(×) → 배어(○): 문맥상 '냄새가 스며들어 오래도록 남아 있다'를 뜻하는 '배다'의 활용형이 들어가야 한다.

② ・ 뒤쳐졌지만(×) → 뒤처졌지만(○): 문맥상 '어떤 수준이나 대열에 들지 못하고 뒤로 처지거나 남게 되다'를 뜻하는 '뒤처지다'의 활용형이 들어가야 한다. '뒤쳐지다'는 '물건이 뒤집혀서 젖혀지다'를 뜻한다.
 ・ 고왔다(○): '곱다'는 어간의 끝소리 'ㅂ'이 모음 앞에서 '오'로 바뀌는 'ㅂ' 불규칙 활용을 하는 용언이므로, '곱다'의 어간 '곱-'에 과거 시제 선어말 어미 '-았-'이 결합한 활용형은 '고왔다'로 적는다.

④ ・ 부셨지만(×) → 부쉈지만(○): 문맥상 '단단한 물체를 여러 조각이 나게 두드려 깨뜨리다'를 뜻하는 '부수다'의 활용형이 들어가야 한다. '부시다'는 '그릇 등을 씻어 깨끗하게 하다'를 뜻한다.
 ・ 항아리만은(○): '다른 것으로부터 제한하여 어느 것을 한정함'을 뜻하는 보조사 '만'과 강조의 뜻을 나타내는 보조사 '은'이 결합한 형태인 '만은'이 올바르게 쓰였다.

07 어법 한글 맞춤법 (띄어쓰기)   난이도 중 ●●○

정답 설명
④ 멀리에서나마(○): '멀리(명사) + 에서(부사격 조사) + 나마(보조사)'가 결합한 형태이다. 조사는 앞말에 붙여 쓰며, 조사가 둘 이상 연속되는 경우에도 붙여 쓰므로 '멀리에서나마'의 띄어쓰기는 옳다.

오답 분석
① 너∨더러(×) → 너더러(○): 이때 '더러'는 어떤 행동이 미치는 대상을 나타내는 격 조사이므로 앞말과 붙여 써야 한다.

② 한바퀴(×) → 한∨바퀴(○): 단위를 나타내는 명사는 띄어 써야하므로 의존 명사 '바퀴'는 앞말인 수 관형사 '한'과 띄어 써야 한다.

③ 세∨시간남짓을(×) → 세∨시간∨남짓을(○): 단위를 나타내는 명사는 띄어 써야 하므로 의존 명사 '시간'은 앞말인 수 관형사 '세'와 띄어 쓴다. 또, '크기, 수효, 부피 등이 어느 한도에 차고 조금 남는 정도임을 나타내는 말'인 '남짓'은 의존 명사이므로 앞말과 띄어 써야 한다.

08 어휘 한자어 (한자어의 표기) 난이도 중 ●●○

정답 설명

① ㉠ 價値(가치: 값 가, 값 치)(○): '사물이 지니고 있는 쓸모'를 뜻하는 '가치'는 '價値'로 표기하므로 한자 표기가 옳은 것은 ①이다.

오답 분석

② ㉡ 給餘(급여: 줄 급, 남을 여)(×) → 給與(급여: 줄 급, 더불 여)(○): '돈이나 물품 등을 줌. 또는 그 돈이나 물품'을 뜻하는 '급여'는 '給與'로 표기한다.

③ ㉢ 損解(손해: 덜 손, 풀 해)(×) → 損害(손해: 덜 손, 해할 해)(○): '물질적으로나 정신적으로 밑짐'을 뜻하는 '손해'는 '損害'로 표기한다.

④ ㉣ 貿譯(무역: 무역할 무, 번역할 역)(×) → 貿易(무역: 무역할 무, 바꿀 역)(○): '나라와 나라 사이에 서로 물품을 매매하는 일'을 뜻하는 '무역'은 '貿易'으로 표기한다.

09 어법 단어 (품사의 구분) 난이도 중 ●●○

정답 설명

② 대명사를 포함한 체언은 문장 내에서 형태의 변화가 없는 불변어의 성격을 지니므로 설명이 옳지 않은 것은 ②이다. 참고로, 가변어는 문장 내에서 형태의 변화가 있는 말로, 동사와 형용사, 서술격 조사 '이다'가 이에 속한다.

오답 분석

① 체언은 문장 내에서 주어의 기능을 주로 수행하는 말로, 명사, 대명사, 수사가 이에 속한다.

③ '것, 만, 지' 등과 같은 의존 명사는 체언이지만 문장에서 홀로 쓰일 수 없고, 관형어의 꾸밈을 받아야만 쓰일 수 있다.

④ 수사는 복수를 나타내는 접미사 '-들'과 결합하여 '셋들, 넷들'과 같이 쓰일 수 없다.

10 비문학 주제 및 중심 내용 파악 난이도 하 ●○○

정답 설명

③ 제시문은 한국인 영문학자가 외국인 문학자로서 겪을 수밖에 없는 태생적 한계와 언어적, 문화적 어려움에 대해 설명하고 있다. 따라서 글의 중심 내용으로 가장 적절한 것은 ③이다.

11 비문학+어휘 내용 추론, 속담 난이도 중 ●●○

정답 설명

① ㉠의 뒤 문장을 통해 ㉠에는 수입은 늘리고 지출은 줄여야 한다는 뜻을 가진 속담이 들어가야 함을 추론할 수 있으므로 답은 ① '소같이 벌어서 쥐같이 먹어라'이다.
- 소같이 벌어서 쥐같이 먹어라: 소같이 꾸준하고 힘써 일하여 많이 벌어서는 쥐같이 조금씩 먹으라는 뜻으로, 일은 열심히 하여서 돈은 많이 벌고 생활은 아껴서 검소하게 하라는 말

오답 분석

② 개같이 벌어서 정승같이 산다: 돈을 벌 때는 천한 일이라도 하면서 벌고 쓸 때는 떳떳하고 보람 있게 씀을 비유적으로 이르는 말

③ 돈 있으면 활량 돈 못 쓰면 건달: 경제적으로 넉넉하여야 삶을 즐길 수 있음을 이르는 말

④ 돈 한 푼을 쥐면 손에서 땀이 난다: 수전노처럼 돈을 끔찍이 알고 돈밖에 모름을 이르는 말

12 어법 표준어 사정 원칙 (표준어의 구분) 난이도 중 ●●○

정답 설명

③ 삭월세(×) → 사글세(○): 어원에서 멀어진 형태로 굳어져서 널리 쓰이는 것은 널리 쓰이는 형태를 표준어로 삼으므로 표준어는 '사글세'이다.

오답 분석

① 글귀(○): 한자 '구(句)'가 붙어서 이루어진 단어는 '귀'로 읽는 것을 인정하지 않고 '구'로 통일하나, '글귀(글句)'와 '귀글(句글)'에 한해서는 '귀'로 발음되는 형태를 표준어로 삼으므로 '글귀'는 표준어이다.

② 오뚝이(○): 양성 모음이 음성 모음으로 바뀌어 굳어진 단어는 그 형태를 표준어로 삼으므로, '오뚝이'는 표준어이다.

④ 여간내기(○): 'ㅣ' 모음 역행 동화 현상에 의한 발음은 원칙적으로 표준 발음으로 인정하지 않으나, '여간내기'는 '-나기'에 'ㅣ' 모음 역행 동화가 적용된 '-내기'의 형태를 표준어로 삼는다.

13 비문학 글의 구조 파악 (문단 배열) 난이도 중 ●●○

정답 설명

② (가) - (다) - (나) - (라)의 순서가 가장 자연스럽다.

순서	중심 내용	순서 판단의 단서와 근거
(가)	기술 유출의 발생 원인인 기술 이전과 합법적인 기술 이전의 방법	지시 및 접속 표현으로 시작하지 않으면서 '기술 유출과 기술 이전'이라는 글의 화제를 제시함
(다)	기술 이전 계약 단계에서 기술 공개가 이루어질 수밖에 없는 이유	접속 부사 '그러나': (가)의 내용과 상반되게 기술 이전 제약 단계에서 기술이 공개될 수밖에 없는 이유를 제시함

(나)	기술이 이미 유출되었으나 기술 이전 계약이 금지되었을 경우에 발생하는 문제	접속 부사 '예컨대': (다)에서 언급한 내용과 관련된 구체적인 사례가 제시됨
(라)	기업의 기술 유출을 사전에 예방하기 위한 제도적 장치의 필요성	접속 부사 '따라서': (가), (다), (나)에서 언급한 내용을 바탕으로 필자의 주장을 밝히며 마무리됨

14 문학 작품의 종합적 감상 (시)   난이도 중 ●●○

정답 설명

② '明月(명월)'이 千山萬落(천산만락)'의 아니 비친 뒤 업다'는 '밝은 달이 온 세상을 비추고 있다'라는 뜻으로, 임금의 은혜가 온 세상에 미치고 있음을 노래한 것이다. 따라서 이때 '明月(명월)'은 '임금의 은혜'를 비유적으로 표현한 것임을 알 수 있다.

오답 분석

① 제시된 부분은 시간의 흐름이 아닌 화자와 신선의 대화를 통해 시상이 전개되고 있다.

③ 제시된 부분은 화자의 꿈속에서 일어난 일을 다루고 있지만, 이를 통해 관리로서의 모습과 인간 본래로서 화자의 모습 사이에서의 갈등이 해소되는 과정을 보여주고 있을 뿐, 도덕적인 교훈을 전달하고 있지는 않다.

④ 신선의 대화를 통해 화자의 애민 정신과 선정에 대한 포부를 드러낼 뿐, 자연에 귀의하고자 하는 의지를 드러내고 있지는 않다.

이것도 알면 합격!

정철, '관동별곡'에 나타나는 화자의 내적 갈등

'관동별곡'의 화자는 강원도 관찰사라는 관리로서의 책임감과 자연을 즐기고 싶은 인간으로서의 소망 사이에서 갈등한다. 이러한 갈등은 결사 부분의 신선을 만나는 꿈을 통해 해결되는데, 신선과의 대화에서 화자는 먼저 나라를 걱정하고 나중에 자연을 즐기겠다는 '선우후락(先憂後樂)'의 자세와 좋은 것을 백성과 함께 즐기고 싶다는 애민 정신을 보여 준다.

15 문학 화자의 정서 및 태도   난이도 중 ●●○

정답 설명

① ㉠은 온 세상에 술을 나누어 주어 모두를 취하게 만들고 싶다는 의미를 지닌다. 화자는 이를 통해 좋은 것이 생기면 백성들과 함께 나누겠다는 애민 정신과 위정자(관리)로서 선정을 베풀겠다는 포부를 드러내고 있다.

지문 풀이

소나무 뿌리를 베고 누워 선잠이 얼핏 들었는데,
꿈에 한 사람(신선)이 나에게 이르기를,
"그대를 내가 모르랴? 그대는 하늘의 신선이라.
황정경 한 글자를 어찌 잘못 읽고
인간 세상에 내려와서 우리를 따르는가?
잠시 가지 말고 이 술 한 잔 먹어 보오."
북두칠성과 같은 국자를 기울여 동해물 같은 술을 부어
저 먹고 나에게도 먹이거늘, 서너 잔을 기울이니
온화한 봄바람이 산들산들 불어 양 겨드랑이를 추켜 올리니.
아득한 하늘도 웬만하면 날 것 같구나.
㉠"이 신선주를 가져다가 온 세상에 고루 나눠
온 백성을 다 취하게 만든 후에,
그때에야 다시 만나 또 한 잔 하자꾸나."
말이 끝나자, 신선은 학을 타고 높은 하늘에 올라가니
공중의 옥피리 소리 어제던가 그제던가 어렴풋하니.
나도 잠을 깨어 바다를 굽어보니.
깊이를 모르는데 하물며 끝인들 어찌 알리?
명월이 온 세상에 아니 비친 곳이 없다.

16 문학 작품의 내용 파악   난이도 하 ●○○

정답 설명

③ 중년 사내는 피어오르는 불꽃 속에서 누군가의 얼굴을 본 순간 그리움을 느끼는 것으로 보아 자신의 과거를 떠올리고 있다는 것을 알 수 있으나, 가족을 떠올리고 있지는 않으므로 적절하지 않은 것은 ③이다.

오답 분석

① 2문단 1~2번째 줄에 대학생이 모여 있는 사람들의 얼굴을 눈여겨본다는 내용을 통해 알 수 있다.

② 1문단 끝에서 1~2번째 줄에 사람들이 각기 골똘한 얼굴로 생각에 빠져 있다는 내용을 통해 알 수 있다.

④ 대학생과 중년 사내는 난로에 톱밥을 뿌려 넣으며 불빛 속에서 그리운 이들의 얼굴을 떠올리고 있으므로 난로의 불꽃을 바라보는 행위는 사색과 회상으로 이어진다고 볼 수 있다.

17 문학 수사법   난이도 하 ●○○

정답 설명

④ '역설법'은 논리에 어긋나는 표현을 통해 진실된 뜻을 드러내는 수사법이다. 이때 '세상에서 가장 아름다운 상처'는 '상처가 아름답다'는 논리에 어긋나는 표현을 통해, 성숙한 사랑의 경지는 이별을 겪은 후에야 도달할 수 있음을 드러내고 있다. 따라서 '역설법'이 사용된 것은 ④이다.

03회 실전동형모의고사

오답 분석
① 눈이 도전을 멈추지 않았다는 표현을 통해 사람이 아닌 대상을 사람처럼 표현한 의인법과 의문형 종결 어미 '-으랴'를 활용하여 뜻을 강조하는 설의법이 사용되었음을 알 수 있다.
② '싸그락', '난분분'과 같은 시어를 반복적으로 활용하여 운율을 형성하는 반복법이 사용되었다.
③ '눈'의 헌신적인 마음을 '햇솜'에 비유한 직유법과 눈꽃을 '황홀'에 비유한 은유법이 사용되었다.

이것도 알면 합격!

비유법의 종류

직유 (直喩)	'처럼, 같이, 듯' 등의 연결어를 사용하여, 원관념을 보조 관념에 직접적으로 연결하는 표현법 예 새악시 볼에 떠오는 부끄럼같이
은유 (隱喩)	연결어 없이 원관념과 보조 관념을 'A는 B이다'의 형태로 연결하는 표현법 예 • 수필은 청자연적이다. • 오월은 금방 찬물로 세수를 한 스물 한 살 청신한 얼굴이다.
의인 (擬人)	인간이 아닌 사물이나 관념을 인간처럼 나타내는 표현법 예 샘물이 혼자서 웃으며 간다.
활유 (活喩)	생명체가 아닌 대상에 생명이나 동작을 부여해서 살아 있는 것처럼 나타내는 표현법 예 청산이 깃을 친다.
대유 (代喩) 환유 (換喩)	대상의 속성과 밀접한 관계를 지닌 단어를 통해 대상을 나타내는 표현법 예 사람은 빵만으로는 살 수 없다. → 음식의 한 종류인 빵을 통해 '음식 전체'를 나타냄
제유 (提喩)	대상의 일부분으로 그 사물 전체를 대표하는 표현법 예 빼앗긴 들에도 봄은 오는가? → 국토의 일부인 '들'을 통해 조국 전체를 표현함
풍유 (諷喩)	원관념을 숨기고 보조 관념만으로 뒤에 숨겨진 본래의 의미를 암시하는 표현법. 동물이나 무생물에 빗대어 표현하는 경우가 많으며, 속담이나 격언에서 보편적으로 사용됨 예 원숭이도 나무에서 떨어진다.
인유 (引喩)	고전, 역사, 고사, 전설 등에서 널리 알려진 인물, 이야기, 시구 등을 인용하는 표현법 예 蘇仙(소선) 赤壁(적벽)은 秋七月(추칠월)이 됴타 호되 → 소동파의 적벽부에서 가을 칠월이 좋다고 한 고사를 인용함
중의 (重義)	하나의 말로 두 가지 이상의 의미를 나타내는 표현법 예 首陽山(수양산) 바라보며 夷齊(이제)를 恨(한)하노라. → '수양산'이 산 이름과 수양 대군(세조)의 두 가지 의미를 지님

18 문학 시구의 의미 난이도 하 ●○○

정답 설명
② 제시된 작품은 고재종의 '첫사랑'으로, 한겨울 나뭇가지에 눈꽃이 피고, 봄이 되면 그 나뭇가지에 다시 꽃이 피는 자연 현상을 통해 '첫사랑'의 의미를 드러내고 있다. 이때 ⓒ '바람 한 자락 불면 휙 날아갈 사랑'은 바람 한 번이면 사라질 눈꽃처럼 첫사랑이 언제든지 쉽게 끝날 수 있음을 뜻하는 시구로, 첫사랑의 기쁨이 허구적이라는 인식으로는 보기 어렵다. 따라서 의미가 가장 적절하지 않은 것은 ②이다.

19 문학 주제 및 중심 내용 파악 난이도 중 ●●○

정답 설명
④ 제시된 작품의 1~3연에서 인내와 헌신으로 이루어 낸 첫사랑의 아름다움을 예찬하고 있으며, 4연에서는 이별이라는 아픈 경험을 통해 더욱 성숙한 사랑을 얻을 수 있음을 강조하고 있다. 따라서 작품의 주제로 가장 적절한 것은 ④이다.

이것도 알면 합격!

고재종, '첫사랑'
1. 주제: 인내와 헌신으로 피워 낸 아름다운 사랑
2. 특징:
   (1) 자연물에서 사랑의 의미를 발견함
   (2) 시어의 반복을 통해 운율감을 형성함
   (3) 역설적 표현을 통해 주제를 효과적으로 드러냄
3. '눈꽃'과 '첫사랑'의 공통점

눈꽃	첫사랑
햇솜 같은 마음을 퍼부음	온 마음을 다해 상대를 사랑함
바람 한 자락 불면 날아감	쉽게 헤어질 가능성이 높음
마침내 피워 낸 저 황홀	첫사랑을 이루었을 때의 기쁨
세상에서 가장 아름다운 상처	이별을 겪은 후에 더 성숙한 사랑을 하게 됨

20 비문학 내용 추론 난이도 중 ●●○

정답 설명
④ 관용적(×) → 음악적(○): ㉣이 포함된 문장의 내용으로 보아 시어가 가지는 소리의 특성에 따라 시의 효과가 달라짐을 알 수 있는데, 관용적 효과는 소리의 특성과는 관계가 없다. 따라서 '관용적'은 ㉣에 들어갈 말로 적절하지 않다.
• 관용적: 오랫동안 써서 굳어진 대로 늘 쓰는

오답 분석

① 문맥상 작품의 시구와 그 안에 내포된 의미를 뜻하므로 '텍스트'는 ㉠에 들어갈 말로 적절하다.
② 겉으로 드러난 공간과 숨은 공간은 반대되는 속성을 지닌 대상이므로 '대립된'은 ㉡에 들어갈 말로 적절하다.
③ ㉢의 뒤 문장에서 시어의 변화로 인한 차이를 유음과 격음이라는 소리의 특성으로 설명하고 있으므로 '소리'는 ㉢에 들어갈 말로 적절하다.

21 비문학 글의 전략 파악   난이도 중 ●●○

정답 설명

③ '에우다이모니아'가 시간의 흐름에 따라 변화한 과정은 제시문에 드러나 있지 않다.

오답 분석

① 1문단 끝에서 2~4번째 줄을 통해 '에우다이모니아'를 '시간적 속성'을 기준으로 나누어 제시하고 있음을 알 수 있다.
② 1문단 끝에서 1~2번째 줄을 통해 '에우다이모니아'에 대한 '막스 뮬러'의 견해를 인용하고 있음을 알 수 있다.
④ 1문단 4~7번째 줄을 통해 '에우다이모니아'에 대한 아리스토텔레스의 정의를 제시하고, 이것이 현대인들이 일반적으로 생각하는 행복의 개념과 다르다는 것을 밝히고 있음을 알 수 있다.

22 비문학 세부 내용 파악   난이도 중 ●●○

정답 설명

① 5문단 끝에서 1~4번째 줄을 통해 순간성, 역사성, 영원성이라는 세 가지 에우다이모니아의 속성이 서로 무관하지 않으며, 인간은 세 가지 에우다이모니아를 모두 구현하기 위해 노력해야 한다는 뮬러의 견해를 언급하고 있을 뿐, 세 가지 에우다이모니아의 배타성은 제시문에 언급되지 않았다.
• 배타성(排他性): 남을 배척하는 성질

오답 분석

② 3문단 3~4번째 줄을 통해 공동체는 훈육을 통해 인간의 이성을 개발한다는 것을 알 수 있다.
③ 2문단 5~6번째 줄을 통해 감각적 향유가 부정적으로 인식되는 경우가 있음을 알 수 있다.
④ 4문단의 끝에서 2~4번째 줄을 통해 가장 궁극적인 에우다이모니아는 이성을 통한 관조의 삶으로써 구현할 수 있음을 알 수 있다.

23 어법 문장 부호   난이도 하 ●○○

정답 설명

③ '1 대 0', '청군 대 백군'과 같이 의존 명사 '대(對)'가 쓰이는 자리 대신 들어갈 수 있는 문장 부호는 빗금(/)이 아니라 쌍점(:)이다.

이것도 알면 합격!

쌍점(:)의 쓰임

1. 표제 다음에 해당 항목을 들거나 설명을 붙일 때 씀
   예 일시: 2022년 7월 19일
2. 희곡 등에서 대화 내용을 제시할 때 말하는 이와 내용 사이에 씀
   예 아버지: 더는 못 참겠다.
3. 시와 분, 장과 절 등을 구별할 때 씀
   예 오후 2:20 두시언해 6:15
4. 의존 명사 '대(對)'가 쓰일 자리에 씀
   예 63:53 청군:백군
5. 쌍점의 앞은 붙여 쓰고 뒤는 띄어 쓰지만 3.과 4.에서는 앞뒤를 붙여 씀

24 문학 관점과 태도 파악   난이도 중 ●●○

정답 설명

② '나'는 외형에 얽매여 사물의 본질을 파악하지 못하는 손님의 태도를 비판하고 있으므로 '외형에 집착하는 태도를 버리는 것'은 '나'의 생각과 관계가 있다. 하지만 '내실을 갖추는 것'은 '나'의 생각과는 관계가 없으므로 적절하지 않은 것은 ②이다.

오답 분석

① 손님이 '개'와 '이'는 크기가 다르므로 생명의 가치 또한 다르다고 생각한 것과 달리, '나'는 모든 생명의 가치가 동물의 크기와 상관없이 동일한 것으로 보고 있다.
③ ④ '나'는 눈에 보이는 표면적 사실(사물의 크기)에 따라 갖게 되는 편견을 버리고, 사물의 이면(본질)을 파악할 수 있어야 함을 말하고 있다.
• 편견: 크기가 큰 동물의 죽음은 불쌍하나, 작은 동물의 죽음은 하찮다.
• 본질: 크기에 상관없이 모든 생명의 가치는 동일하다.

이것도 알면 합격!

이규보, '슬견설'

1. 갈래: 한문 수필, 설(說)
2. 주제: 사물에 대한 편견을 버리고 생명의 소중함을 깨달아야 함
3. 특징
   (1) 변증법적 대화를 통해 논지를 전개함
   (2) 일상적인 사물을 통해 교훈을 전달함

25 비문학 글의 구조 파악 (문장 배열) 난이도 하 ●○○

정답 설명

① ㄹ - ㄱ - ㄷ - ㄴ의 순서가 가장 자연스럽다.

순서	중심 내용	순서 판단의 단서와 근거
ㄹ	조선 백자의 독특한 모습	접속 부사나 지시 표현으로 시작하지 않으면서, '조선 백자의 모습'이라는 화제를 제시함
ㄱ	찌그러진 듯한 느낌을 주는 백자 항아리	지시 표현 '그중': ㄹ의 '조선 백자'를 가리킴
ㄷ	백자 항아리가 찌그러진 듯한 느낌을 주는 이유: 서로 다른 사발 두 개를 붙여 만들었기 때문임	지시 표현 '그것': ㄱ의 '묘하게 찌그러진 것 같은 느낌'을 가리킴
ㄴ	둥그스름한 백자 항아리의 자연스러운 매력	키워드 '때문에': 앞의 ㄷ이 원인이 되어 ㄴ의 결과가 나타났음을 드러냄

04회 실전동형모의고사

실전동형문제 정답

p.38

01	② 어법 – 표준어 사정 원칙	06	② 비문학 – 내용 추론	11	② 어법 – 외래어 표기	16	③ 문학 – 화자의 정서 및 태도	21	③ 비문학 – 글의 전략 파악
02	② 어휘 – 한자어	07	④ 어법 – 말소리	12	② 어휘 – 혼동하기 쉬운 어휘	17	③ 문학 – 시어 및 시구의 의미	22	② 비문학 – 글의 구조 파악
03	④ 비문학 – 주제 및 중심 내용 파악	08	② 어법 – 한글 맞춤법	13	④ 어휘 – 한자어	18	④ 문학 – 인물의 심리 및 태도, 내용 추리	23	④ 혼합(비문학+어휘) – 내용 추론, 한자어
04	② 어법 – 표준 발음법	09	④ 비문학 – 주제 및 중심 내용 파악	14	② 문학 – 화자의 정서 및 태도	19	① 어법 – 한글 맞춤법	24	③ 문학 – 인물의 심리 및 태도
05	② 혼합(문학+어휘) – 내용 추리, 한자 성어	10	③ 어법 – 문장	15	① 문학 – 내용 추리	20	③ 비문학 – 세부 내용 파악	25	④ 문학 – 서술상의 특징

취약영역 분석표

영역	어법	비문학	문학	어휘	혼합	총계
맞힌 답의 개수	/ 7	/ 6	/ 7	/ 3	/ 2	/ 25

* 취약영역 분석표를 이용해 1개라도 틀린 문제가 있는 영역은 그 영역의 문제만 골라 해설을 다시 한번 꼼꼼히 학습하세요.

01 어법 표준어 사정 원칙 (복수 표준어) 난이도 중 ●●○

정답 설명

② '메우다'와 '메꾸다'는 의미나 어감에 차이가 있는 별도의 표준어 관계이다. 참고로 '메꾸다'는 2011년에 표준어로 인정된 단어이다.
- 메우다: 1. 뚫려 있거나 비어 있는 곳을 막거나 채우다 2. 어떤 장소를 가득 채우다
- 메꾸다: 1. 시간을 적당히 또는 그럭저럭 보내다 2. 부족하거나 모자라는 것을 채우다

오답 분석

① '목물'과 '등물'은 '상체를 굽혀 엎드린 채로 다른 사람의 도움을 받아 허리에서부터 목까지 물로 씻는 일'을 뜻하는 말로, 동일한 의미의 복수 표준어이다. 참고로 '등물'은 2011년에 기존 표준어 '목물'의 복수 표준어로 인정된 단어이다.
③ '쌉싸래하다'와 '쌉싸름하다'는 '조금 쓴 맛이 있는 듯하다'를 뜻하는 말로, 동일한 의미의 복수 표준어이다. 참고로 '쌉싸름하다'는 2011년에 기존 표준어 '쌉싸래하다'의 복수 표준어로 인정된 단어이다.
④ '남우세스럽다'와 '남사스럽다'는 '남에게 놀림과 비웃음을 받을 듯하다'를 뜻하는 말로, 동일한 의미의 복수 표준어이다. 참고로 '남사스럽다'는 2011년에 기존 표준어 '남우세스럽다'의 복수 표준어로 인정된 단어이다.

02 어휘 한자어 (한자어의 의미) 난이도 중 ●●○

정답 설명

② 문맥상 괄호 안에 들어갈 어휘로 적절한 것은 ⊙ '계제', ⓒ '후송'이므로 답은 ②이다.
- 계제(階梯): 어떤 일을 할 수 있게 된 형편이나 기회
- 후송(後送): 적군과 맞대고 있는 지역에서 부상자, 전리품, 포로 등을 후방으로 보냄

오답 분석

⊙ 개재(介在): 어떤 것들 사이에 끼여 있음
ⓒ 송수(送受): 1. 보냄과 받음 2. 송신과 수신을 아울러 이르는 말

03 비문학 주제 및 중심 내용 파악 난이도 하 ●○○

정답 설명

④ 3문단에서 아이와의 약속이 이행된 신뢰 환경을 경험한 집단과 그렇지 않은 집단 중 신뢰 환경을 경험한 집단의 아이가 더 큰 절제력을 발휘하였음을 언급하고 있다. 따라서 지시문의 내용을 모두 포괄할 수 있는 제목으로는 ④가 가장 적절하다.

04 어법 표준 발음법 난이도 중 ●●○

정답 설명

② 가욋일을[가웬니를](○): 합성어에서 앞말이 자음으로 끝나고 뒷말의 첫음절이 '이'이므로 'ㄴ' 첨가가 일어나고, 받침 [ㄷ]은 후행하는 [ㄴ]에 동화되어 [가욋닐 → 가웬닐]로 발음된다. 또한 단모음 'ㅚ'는 이중 모음 [ㅞ]로도 발음할 수 있으므로 '가욋일'은 [가웬닐]로도 발음함을 허용한다.

실전동형모의고사 04회 23

04회 실전동형모의고사

오답 분석

① 드넓게[드넙께](×) → [드널께](○): 겹받침 'ㄼ'은 어말 또는 자음 앞에서 [ㄹ]로 발음하는 것을 원칙으로 한다. 예외적으로 '넓'이 [넙]으로 발음되는 경우는 '넓적하다[넙쩌카다]', '넓죽하다[넙쭈카다]', '넓둥글다[넙뚱글다]' 등이다.

③ 설익은[서리근](×) → [설리근](○): '설익다'는 '설- + -익다'가 결합한 파생어이다. 파생어에서 앞 단어의 끝이 자음 'ㄹ'이고 뒤 단어의 첫음절이 '이'인 경우 'ㄴ' 음을 첨가하여 발음한다. 또한 'ㄹ' 받침 뒤에 첨가되는 'ㄴ' 음은 유음화로 인해 [ㄹ]로 발음되므로 '설익다'의 표준 발음은 [설릭따]이며, 활용형 '설익은'은 받침 'ㄱ'을 연음하여 [설리근]으로 발음한다.

④ 뜻있는[뜨신는](×) → [뜨딘는](○): 받침 'ㅅ' 뒤에 실질 형태소 '있는'이 연결되었으므로, 음절의 끝소리 규칙에 따라 받침 'ㅅ'이 대표음 'ㄷ'으로 바뀌고 뒤 음절 첫소리로 연음해 [뜨딛는]으로 발음한다. 이때 받침 'ㄷ'은 뒤 음절의 'ㄴ'에 동화되어 [ㄴ]으로 발음하므로 '뜻있는'은 [뜨딘는]으로 발음한다.

---

05 문학+어휘 내용 추리, 한자 성어 난이도 상 ●●●

정답 설명

② 제시된 부분은 화자가 꿈에서 봉선화의 꽃귀신을 만나는 장면으로, 봉선화가 지는 상황을 여인이 하직 인사를 하는 모습에 빗대어 표현하고 있다. 따라서 괄호 안에 들어갈 한자 성어로는 여자의 옷차림을 뜻하는 ② '綠衣紅裳(녹의홍상)'이 가장 적절하다.

- 綠衣紅裳(녹의홍상): 1. 연두저고리와 다홍치마 2. 곱게 차려입은 젊은 여자의 옷차림을 이르는 말

오답 분석

① 黃口乳臭(황구유취): 젖내 나는 어린아이같이 어려서 아직 젖비린내가 난다는 뜻으로, 어리고 하잘것없음을 비난조로 이르는 말

③ 獨也靑靑(독야청청): 남들이 모두 절개를 꺾는 상황 속에서도 홀로 절개를 굳세게 지키고 있음을 비유적으로 이르는 말

④ 紅爐點雪(홍로점설): 1. 빨갛게 달아오른 화로 위에 한 송이의 눈을 뿌리면 순식간에 녹아 없어지는 데에서, 도를 깨달아 의혹이 일시에 없어짐을 비유적으로 이르는 말 2. 사욕(私慾)이나 의혹(疑惑)이 일시에 꺼져 없어짐을 비유적으로 이르는 말

지문 풀이

여자 친구를 불러서 즐겁게 자랑하고 봉선화 앞에 가서 꽃과 손톱을 비교하니, 쪽 잎에서 나온 푸른 물이 쪽 빛보다 푸르단 말, 이것이 아니 옳겠는가?
은근히 풀을 매고 돌아와서 누웠더니 푸른 저고리와 붉은 치마를 입은 한 여자가 홀연히 내 앞에 와서, 웃는 듯, 찡그리는 듯, 고마움을 전하는 듯, 작별을 고하는 듯하다. 어렴풋이 잠을 깨어 곰곰이 생각하니, 아마도 꽃귀신이 내게 와서 작별을 고한 것이다. 문을 급히 열고 꽃수풀을 살펴보니, 땅 위에 붉은 꽃이 떨어져서 가득히 수를 놓았다.

---

06 비문학 내용 추론 난이도 중 ●●○

정답 설명

② 괄호 다음 문장을 통해 괄호 안에 들어갈 내용을 추론할 수 있으며, 괄호 안에 들어갈 내용을 순서대로 배열하면 ⓒ - ㉠ - ㉢이 되므로 답은 ②이다.

- ⓒ: 첫 번째 괄호의 다음 문장에 언급된 '주된 요소와 부속이 되는 요소', '역할에 경중(輕重)의 차이를 둠'은 모두 중심 요소 주위에 주변 요소를 종속적으로 배치하는 것에 해당하므로, 첫 번째 괄호에는 중심 요소와 주변 요소를 설정해 배치하는 '우세'가 와야 한다.

- ㉠: 두 번째 괄호의 다음 문장에 언급된 '대소(大小), 원근(遠近), 고저(高低)', '많은 직선 속에 하나의 곡선'은 모두 현저한 차이를 보이는 두 요소를 배치하는 것에 해당하므로, 두 번째 괄호에는 '대비'가 와야 한다.

- ㉢: 세 번째 괄호의 다음 문장에 언급된 '중심 또는 중심의 약간 위쪽에 요소를 배치', '핵심 요소에 주목'은 시선을 초점이 되는 것으로 끌어오기 위해 요소를 특정 부분에 배치하는 것에 해당하므로, 세 번째 괄호에는 '집중'이 와야 한다.

---

07 어법 말소리 (음운의 분류) 난이도 상 ●●●

정답 설명

④ 'ㅣ'는 고모음, 전설 모음, 평순 모음이며, 'ㅟ'는 고모음, 전설 모음, 원순 모음이므로 두 모음을 조건에 따라 순서대로 나타낼 때 모두 옳은 것은 ④이다.

- ㅣ: [+고모음], [+전설 모음], [+평순 모음]
- ㅟ: [+고모음], [+전설 모음], [+원순 모음]

오답 분석

① 'ㅏ'는 저모음, 후설 모음, 평순 모음이며 'ㅣ'는 고모음, 전설 모음, 평순 모음이므로, 'ㅣ'의 특성으로 [+전설 모음] 또는 [-후설 모음]이 와야 한다.

② 'ㅗ'는 중모음, 후설 모음, 원순 모음이며 'ㅜ'는 고모음, 후설 모음, 원순 모음이므로, 'ㅜ'의 특성으로 [+원순 모음] 또는 [-평순 모음]이 와야 한다.

③ 'ㅐ'는 저모음, 전설 모음, 평순 모음이며 'ㅓ'는 중모음, 후설 모음, 평순 모음이므로, 'ㅐ'의 특성으로 [+전설 모음] 또는 [-후설 모음]이 와야 한다.

이것도 알면 합격!

국어의 단모음 체계

혀의 앞뒤	앞(전설 모음)		뒤(후설 모음)	
입술의 모양 혀의 높낮이	둥글지 않은 입술 모양 (평순 모음)	둥근 입술 모양 (원순 모음)	둥글지 않은 입술 모양 (평순 모음)	둥근 입술 모양 (원순 모음)
높음(고모음)	ㅣ	ㅟ	ㅡ	ㅜ
중간(중모음)	ㅔ	ㅚ	ㅓ	ㅗ
낮음(저모음)	ㅐ		ㅏ	

08 어법 한글 맞춤법 (띄어쓰기) | 난이도 하 ●○○

정답 설명
② 한계∨치(×) → 한계치(○): 이때 '-치'는 '값'의 뜻을 더하는 접미사이므로 앞말과 붙여 써야 한다.

오답 분석
① 죽을∨뻔했다(○): 이때 '뻔'은 보조 형용사 '뻔하다'의 일부로, '어떤 일이 자칫 일어날 수 있었으나 그렇게 되지 않았다'라는 뜻을 나타내는 의존 명사이므로 앞말과 띄어 쓴다.
③ 속는∨셈∨치고(○): 이때 '셈'은 '미루어 가정함'을 나타내는 의존 명사이므로 동사 '치다'와 띄어 쓴다.
④ 말마따나(○): '마따나'는 '말한 대로, 말한 바와 같이' 등의 뜻을 나타내는 격 조사이므로 앞말과 붙여 쓴다.

09 비문학 주제 및 중심 내용 파악 | 난이도 중 ●●○

정답 설명
④ 1~3문단은 모두 유리 창문이 가져온 인식 변화와 의의를 다루고 있으므로 제목으로 가장 적절한 것은 ④이다.
- 1문단: 밖을 내다볼 수 있는 창과 그렇지 않은 창의 차이점
- 2문단: 유리의 대량 생산으로 인해 창문이 세상을 객관적으로 바라보는 기능을 하게 되었음
- 3문단: 외부를 내다볼 수 있는 창문의 탄생으로 인식의 주체와 객체가 구분되었음

오답 분석
① '원근법'은 1문단에서만 언급되었으므로 글의 전체 내용을 포괄하지 못한다.
② 제시문에서 확인할 수 없는 내용이다.
③ 3문단 끝에서 1~3번째 줄에서 알베르티가 '그림'을 '열린 창'에 빗대어 표현했음을 알 수 있을 뿐, 그림과 유리 창문의 공통점은 제시문에서 다루고 있지 않다.

10 어법 문장 (높임 표현) | 난이도 하 ●○○

정답 설명
③ 서술의 주체를 높이는 특수한 어휘인 '주무시다'를 통해 주체인 '할아버지'를 높이고 있으므로 답은 ③이다.

오답 분석
①②④ 모두 주체 높임을 실현하고 있으나, 제시문에서 설명하고 있는 특수한 어휘가 사용되지 않았다.

① 주격 조사 '께서'를 사용하고, 주체와 관련된 대상(살림)을 서술하는 '넉넉하다'에 선어말 어미 '-(으)시-'를 붙여 주체 높임을 실현하였다.
② 주격 조사 '께서'를 사용하고, 서술어 '오다'에 선어말 어미 '-(으)시-'를 붙여 서술의 주체인 '선생님'을 높이고 있다.
④ 서술어 '치다'에 선어말 어미 '-(으)시-'를 붙여 서술의 주체인 '아버지'를 높이고 있다.

11 어법 외래어 표기 | 난이도 중 ●●○

정답 설명
② 외래어 표기법에 따라 바르게 표기된 것은 ⓒ, ⓒ, ⓑ이므로 답은 ②이다.
- ⓒ 잉글리시(○): 'English[ɪŋglɪʃ]'에서 어말의 [ʃ]는 '시'로 적으므로 '잉글리시'는 올바른 외래어 표기이다.
- ⓒ 로봇(○): 'robot[roubɔt]'에서 짧은 모음 다음의 어말 무성 파열음 [t]는 받침으로 적으므로 '로봇'은 올바른 외래어 표기이다.
- ⓑ 텔레비전(○): 'television[teləvɪʒən]'에서 모음 [ə]는 'ㅓ'로 적고 모음 앞의 [ʒ]는 'ㅈ'으로 적으므로 '텔레비전'은 올바른 외래어 표기이다.

오답 분석
- ㉠ 롭스터(×) → 로브스터/랍스터(○): 'lobster[lɔbstər]'에서 모음 [ɔ]는 '오'로 적으며, 자음 앞에 오는 유성 파열음 [b]는 '으'를 붙여 적으므로 '로브스터'가 올바른 표기이며, 관용에 따라 '랍스터'도 인정된다.
- ㉣ 알콜(×) → 알코올(○): 'alcohol[ælkəhɔl]'은 관용에 따라 '알코올'로 표기해야 한다.
- ㉤ 레포트(×) → 리포트(○): 'report[ripɔːt]'에서 모음 [i]는 '이'로 적으므로 '리포트'로 표기해야 한다.
- ㉥ 앙케이트(×) → 앙케트(○): 'enquête[ɑːŋket]'에서 모음 [e]는 '에'로 적으므로 '앙케트'로 표기해야 한다.

12 어휘 혼동하기 쉬운 어휘 | 난이도 중 ●●○

정답 설명
② 홀몸(×) → 홑몸(○): '임신하고 있다'는 뜻으로 '홑몸이 아니다'라는 표현을 써야 하므로 ② '홀몸'은 쓰임이 옳지 않다.
- 홑몸: 1. 딸린 사람이 없는 혼자의 몸 2. 아이를 배지 않은 몸
- 홀몸: 배우자나 형제가 없는 사람

오답 분석
① 돋우는(○): '입맛을 당기게 하다'를 뜻할 때는 '돋우다'가 옳다.
③ 고샅(○): '시골 마을의 좁은 골목길. 또는 골목 사이'를 뜻할 때는 '고샅'이 옳다.
④ 결딴나(○): '살림이 망하여 거덜 나다'를 뜻할 때는 '결딴나다'가 옳다.

04회 실전동형모의고사

이것도 알면 합격!

'돋우다'와 '돋구다'의 구분

돋우다	1. 위로 끌어 올려 도드라지거나 높아지게 하다.
	  예 등잔불을 돋우어 방을 더 밝히었다.
	2. 밑을 괴거나 쌓아 올려 도드라지거나 높아지게 하다.
	  예 벽돌을 돋우니 담장이 더 높아졌다.
	3. 감정이나 기색 따위를 생겨나게 하다.
	  예 흥을 돋우니 가는 길이 덜 힘들었다.
	4. 입맛을 당기게 하다.
	  예 봄나물 무침은 입맛을 돋우게 하는 음식으로 제격이다.

돋구다	안경의 도수 따위를 더 높게 하다. 예 시력이 갑자기 나빠져 안경의 도수를 더 돋구었다.

---

13 어휘 한자어 (한자어의 의미) 난이도 상 ●●●

정답 설명

④ 단어의 뜻이 올바르지 않은 것은 ④이다. 참고로, '이치나 사리에 맞지 아니한 말'을 뜻하는 한자어는 '망언(妄言)'이다.
- 췌언(贅言: 혹 췌, 말씀 언): 쓸데없는 군더더기 말

오답 분석

① 졸속(拙速: 옹졸할 졸, 빠를 속): 어설프고 빠름. 또는 그런 태도
② 사사(些事: 적을 사, 일 사): 조그마하거나 하찮은 일
③ 해명(解明: 풀 해, 밝을 명): 까닭이나 내용을 풀어서 밝힘

---

14 문학 화자의 정서 및 태도 난이도 중 ●●○

정답 설명

② 제시된 작품은 정극인의 '상춘곡'으로, 아름다운 봄의 정경을 보며 느낀 흥취를 노래한 가사이다. 제시된 부분은 화자가 속세를 벗어나 자연 속에서 누리는 안빈낙도의 삶을 드러내고 있는 내용이므로 답은 ②이다.

지문 풀이

공명도 날 꺼리고, 부귀도 나를 꺼리니,
맑은 바람과 밝은 달 외에 어떤 벗이 있겠는가?
소박한 시골 생활에도 헛된 생각 아니하네.
아무튼 평생 누리는 즐거움이 이 정도면 만족스럽지 않은가?

이것도 알면 합격!

정극인, '상춘곡'

1. 주제: 봄의 경치를 즐기며 안빈낙도하는 삶
2. 특징
   (1) 화자의 시선 이동에 따라 시상이 전개됨
   (2) 대구법, 의인법, 고사 인용 등 다양한 표현법이 사용됨

---

3. 의의
   (1) 강호가도를 노래한 첫 작품
   (2) 조선 시대 최초의 양반 가사

---

15 문학 내용 추리 난이도 중 ●●○

정답 설명

① ㉠과 ㉡에는 각각 '겨울'과 '바로 저 나목이었음'이 순서대로 들어가는 것이 적절하므로 답은 ①이다.
- ㉠: 8~9번째 줄의 김장철 여인들이 나무 옆을 지나간다는 문장을 통해 ㉠에 언급된 계절이 겨울임을 추리할 수 있다. 따라서 ㉠에 들어갈 말로 가장 알맞은 것은 '겨울'이다.
- ㉡: 제시문의 끝에서 1~2번째 줄을 통해 옥희도 씨가 불우했던 시절을 김장철의 나목처럼 희망을 가지고 의연하게 살았음을 알 수 있다. 따라서 ㉡에 들어갈 말로 가장 알맞은 것은 '바로 저 나목이었음'이다.

---

16 문학 화자의 정서 및 태도 난이도 중 ●●○

정답 설명

③ 6행의 '천손은 지금 어느 곳에 노니는가'를 통해 화자는 고구려의 동명 성왕(천손)과 같은 영웅이 나타나 쇠약해진 고려의 국운을 일으켜 주기를 바라고 있음을 알 수 있다. 따라서 화자가 소망하는 바로 적절한 것은 ③ '나라의 형편이 이전과 같이 강성해지는 것'이다.

오답 분석

① 제시된 작품에 임과 이별한 상황은 드러나지 않는다.
② 마지막 행에서 자연의 영원함을 언급하고 있으나, 자연 속에서 사는 것을 바라고 있지는 않다.
④ 쇠락한 고려의 국운에 대한 안타까움이 드러날 뿐, 새로운 나라를 세우길 바라는 마음은 나타나지 않는다.

이것도 알면 합격!

이색, '부벽루'

1. 주제: 인간 역사의 유한성과 고려 국운의 회복에 대한 소망
2. 갈래: 한시, 5언 율시
3. 특징
   (1) 선경 후정의 시상 전개 방식
   (2) 시간의 흐름을 시각적으로 표현함
   (3) 자연의 무한성과 인간의 유한성의 대조를 통해 무상감을 드러냄
   (4) '천손, 기린마' 같은 동명왕 신화를 배경으로 한 시어를 사용함

17 문학 시어 및 시구의 의미   난이도 중 ●●○

정답 설명
③ ㉢은 인식 변화의 계기가 아닌 희망과 자유를 잃어버린 절망적인 식민지 현실을 드러내는 시구이므로 설명이 적절하지 않은 것은 ③이다.

오답 분석
① ㉠ '햇빛'은 희망과 광명을 뜻하며, 화자가 올바르다고 생각하는 가치와 삶의 목표를 의미하는 시어이다.
② ㉡은 화자가 느끼는 이상과 현실의 거리가 멀어 이상에 도달하기 어려움을 나타내는 시구이다.
④ ㉣ '피'는 순결하고 고귀한 희생을 의미하는 시어로, 화자는 자기 희생으로 어두운 현실을 극복하려는 의지를 표현하고 있다.

이것도 알면 합격!

윤동주, '십자가'의 주제 및 특징
1. 주제: 조국 광복을 위한 자기희생의 의지
2. 특징
   (1) 역설적 표현을 사용함
   (2) 비유와 상징을 통해 주제를 형상화함
   (3) 식민지 지식인의 고뇌가 드러남

18 문학 인물의 심리 및 태도, 내용 추리   난이도 하 ●○○

정답 설명
④ 점순은 '나'에게 자신의 호의를 거절당한 뒤 닭싸움을 통해 복수하는 한편 '나'의 관심을 끌고자 하지만 '나'는 이러한 점순의 마음을 전혀 짐작하지 못하고 있으므로 적절하지 않은 추론이다.
[관련 부분] 고놈의 계집애가 요새로 들어서서 왜 나를 못 먹겠다고 그렇게 아르릉거리는지 모른다. / 나흘 전 감자 쪼간만 하더라도 나는 저에게 조금도 잘못한 것은 없다.

오답 분석
① 평소에 이야기도 하지 않고 만나도 본척만척 하는 사이였다는 내용을 통해 '나'와 점순은 내외하던 사이임을 알 수 있다.
[관련 부분] 어제까지도 저와 나는 이야기도 잘 않고 서로 만나도 본척만척하고 이렇게 점잖게 지내던 터이련만
② '나'는 점순이 감자를 주면서 했던 말에 자존심이 상해 감자를 받지 않았음을 알 수 있다.
[관련 부분] "느 집엔 이거 없지?" ~ 나는 고개도 돌리려 하지 않고 일하던 손으로 그 감자를 도로 어깨너머로 쑥 밀어버렸다.
③ 점순은 '나'가 감자를 거절하자 화가 났고 그 이후로 닭싸움을 붙이며 '나'를 괴롭히고 있음을 알 수 있다.
[관련 부분]
• 고놈의 계집애가 요새로 들어서서 왜 나를 못 먹겠다고 고렇게 아르릉거리는지 모른다.
• "난 감자 안 먹는다, 니나 먹어라." ~ 그랬더니 그래도 가는 기색이 없고, 뿐만 아니라 쌔근쌔근하고 심상치 않게 숨소리가 점점 거칠어진다.

이것도 알면 합격!

'돋우다'와 '돋구다'의 구분

시간 순서	사건	구성 단계
현재	'나'가 나무를 하기 위해 잠시 집을 비운 사이에 점순이 닭끼리 싸움을 붙임	발단
과거	일하고 있는 '나'에게 점순이 감자를 주지만 자존심이 상한 '나'는 감자를 거절함	전개
	'나'는 매번 싸움에서 지는 자신의 수탉에게 고추장까지 먹이지만 점순의 수탉을 이기지 못함	위기
현재	점순이 닭싸움을 붙인 것을 보고 화가 난 '나'는 그만 점순이네 닭을 죽이고 울음을 터뜨림	절정
	'나'와 점순이 동백꽃 속으로 쓰러지면서 화해함	결말

19 어법 한글 맞춤법 (띄어쓰기)   난이도 중 ●●○

정답 설명
① 한번쯤(×) → 한∨번쯤(○): 이때 '한 번'은 문맥상 일의 횟수를 나타내고 있으므로 띄어 써야 한다. 또한 '-쯤'은 '알맞은 한도, 그만큼가량'을 더하는 접미사이므로 앞말과 붙여 쓴다. 따라서 답은 ①이다.

오답 분석
② 수백분(○): 이때 '수백'은 '백의 여러 배가 되는 수'를 뜻하는 수사이므로 붙여 쓰고, '-분'은 '전체를 그 수만큼 나눈 부분'의 뜻을 더하는 접미사이므로 앞말에 붙여 쓴다.
③ 여러∨가지(○): '여러'는 '수효가 한둘이 아니고 많은'을 뜻하는 관형사이며 '가지'는 '사물을 그 성질이나 특징에 따라 종류별로 낱낱이 헤아리는 말'을 뜻하는 의존 명사이므로 앞말과 띄어 써야 한다.
④ 저장할∨때보다(○): 이때 '보다'는 서로 차이가 있는 것을 비교하는 경우, 비교의 대상이 되는 말에 붙어 '~에 비해서'의 뜻을 나타내는 격 조사이므로 앞말과 붙여 써야 한다.

이것도 알면 합격!

'한번'과 '한 번'의 띄어쓰기
'한번'을 '두 번'으로 바꾸었을 때 뜻이 통하면 '한 번'으로 띄어 쓰고, 그렇지 않으면 '한번'으로 붙여 쓴다.

의존 명사 '번'	'번'이 일의 차례를 나타내거나 일의 횟수를 세는 단위로 쓰일 때에는 의존 명사이므로 앞말과 띄어 씀 예 둘째 번 / 누구나 한 번은 겪는 일
명사·부사 '한번'	'한번'이 '지난 어느 때나 기회' 또는 '어떤 일을 시험 삼아 시도함'과 같이 '시도', '강조', '기회'를 뜻할 때는 한 단어이므로 붙여 씀 예 • 한번은 이런 일이 있었다. (기회) • 한번 먹어 보다. (시도) • 너, 말 한번 잘했다. (강조)

20 비문학 세부 내용 파악   난이도 중 ●●○

정답 설명

③ (라)의 2~6번째 줄을 통해 통계적 중복인 데이터 값 중 자주 나오는 값을 생략하는 것이 아니라, 더 짧은 코드로 변환하여 저장하는 방식으로 데이터 양을 줄인다는 것을 알 수 있다. 따라서 글의 내용과 일치하지 않는 것은 ③이다.

[관련 부분] 통계적 중복은 ~ 자주 나오는 값일수록 더 짧은 코드로 변환하여 저장하면, 데이터 값을 그대로 저장할 때보다 저장하는 양을 크게 줄일 수 있다.

오답 분석

① (다)의 끝에서 5~6번째 줄을 통해 확인할 수 있다.
[관련 부분] 화면이 단순할수록 또 규칙적일수록 화소 간 중복이 많아서

② (다)의 끝에서 3~5번째 줄을 통해 확인할 수 있다.
[관련 부분] 이들 성분을 너무 많이 제거하면 화면이 흐려지거나 얼룩이 지는 등 동영상의 화질이 나빠진다.

④ (나)의 끝에서 1~3번째 줄을 통해 확인할 수 있다.
[관련 부분] 현재 화면을 모두 저장하지 않고 변화된 영역에 해당하는 정보만 저장하면 데이터의 양을 크게 줄일 수 있다.

21 비문학 글의 전략 파악   난이도 하 ●○○

정답 설명

③ (라)의 앞에서 한계점을 제시하고 있는 부분은 드러나지 않으며, (라)에 해결책으로 제시되는 내용 또한 없다.

오답 분석

① (가)의 끝에서 1~2번째 줄에서 이후에 설명할 화제들을 나열하고 있다.
[관련 부분] 동영상 압축에서는 일반적으로 화면 간 중복, 화소 간 중복, 통계적 중복 등을 이용한다.

② (나)는 화면 간 중복을 설명하기 위해 아나운서의 뉴스 보도 동영상을 예시로 들고 있다.
[관련 부분] 스튜디오를 배경으로 아나운서가 뉴스를 보도하는 동영상을 생각해 보자.

④ (나), (다), (라)는 각 문단의 중심 화제가 되는 개념을 정의하고 있다.
[관련 부분]
- (나): 화면 간 중복은 물체가 출현, 소멸, 이동하는 영역을 제외하고는 현재 화면과 이전 화면이 비슷한 것을 말한다.
- (다): 화소 간 중복은 한 화면 안에서 서로 가까이 있는 화소들끼리 화소 값의 차이가 별로 없거나 변화가 규칙적인 것을 말한다.
- (라): 통계적 중복은 이들 데이터에서 몇몇 특정한 값이 나오는 빈도가 통계적으로 매우 높은 것을 말한다.

22 비문학 글의 구조 파악 (접속어의 사용)   난이도 중 ●●○

정답 설명

② 괄호 안에 들어갈 접속어를 순서대로 나열한 것은 ② 'ㄱ 예컨대 - ㄴ 더욱이 - ㄷ 그런데'이다.

- ㄱ: ㄱ 뒤의 내용은 ㄱ 앞의 '권력은 일상적 지배 속에서 자연스럽게 자리를 잡는다'라는 진술에 대한 예시이므로 ㄱ에는 '예컨대'가 들어가야 한다.
- ㄴ: ㄴ 뒤의 '학생들 사이에서도 재생산되는 권위주의적인 관계'는 ㄴ 앞의 '교사와 학생의 관계에서 공고해지는 권위주의'에 더해져 나타나는 현상이다. 따라서 ㄴ에는 '그러한 데다가 더'를 뜻하는 '더욱이'가 들어가야 한다.
- ㄷ: 부당함에 대들거나 복수할 수 없었던 후배들이 ㄷ 뒤에서 권위주의적인 지배와 종속 관계를 없애지 않고 오히려 자신들의 후배에게 계속 대물림한다는 내용이 이어지고 있다. 따라서 ㄷ에는 화제를 앞의 내용과 관련시키면서 다른 방향으로 이끌거나, 앞의 내용과 상반되는 내용을 이끌 때 사용하는 '그런데'가 들어가야 한다.

23 비문학+어휘 내용 추론, 한자어   난이도 중 ●●○

정답 설명

④ 제시문에서 '단군 신화'가 기록되어 있는 역사책('삼국유사', '제왕운기')은 몽골의 침입으로 우리나라가 혼란했던 시기에 편찬되었다는 것을 확인할 수 있다. 이를 통해 '단군 신화'는 고려가 당면했던 문제적 상황을 해결할 수 있도록 민족의식을 고취하는 역할을 하였음을 추론할 수 있다. 따라서 문맥상 괄호 안에 들어갈 말로 가장 적절한 것은 ④ '시대적(時代的)'이다.
- 시대적(時代的): 그 시대에 특징적인 것

오답 분석

① 가시적(可視的): 눈으로 볼 수 있는 것
② 본질적(本質的): 본질에 관한 것
③ 고식적(姑息的): 근본적인 대책을 세우지 아니하고 임시변통으로 하는 것

24 문학 인물의 심리 및 태도   난이도 하 ●○○

정답 설명

③ 제시된 작품의 3문단을 통해 '동욱'은 대학까지 나왔으나 먹고 살기 어려운 처지에 놓여 여동생 '동옥'에게 그림을 그리게 하고 자신은 주문을 받으러 다니고 있음을 알 수 있다. 따라서 밑줄 친 부분에 드러난 '동욱'의 웃음은 무기력한 자신의 처지를 스스로 비웃고 있는 자조적인 웃음이므로 답은 ③이다.

이것도 알면 **합격!**

손창섭, '비 오는 날'

1. 주제: 전후(戰後)의 무기력한 삶과 허무의식
2. 특징:
   (1) 객관적인 묘사가 배제된 심리 중심의 서술
   (2) 무기력한 삶을 살아가는 인물을 통해 전쟁의 후유증을 드러냄
3. 줄거리

> 비 내리는 날이면 원구는 동욱 남매를 회상한다. 원구는 동욱을 피란지 부산에서 우연히 만나게 되었는데, 여동생 동옥이가 힘드니 위로해 달라는 동욱의 부탁을 받는다. 원구는 황폐한 동욱의 집을 방문하여 동옥을 만나게 되고, 그녀의 다리가 불편하다는 사실을 알게 된다. 그 후 원구는 비 오는 날이면 동욱의 집을 방문하고 원구에 대한 동옥의 적대적 태도는 점차 누그러진다. 그러던 중 동욱 남매는 유일한 생계 수단인 초상화 작업을 못하게 되고 동옥이 같은 집에 사는 노파에게 돈을 떼여, 세들어 살던 집마저 떠나게 된다. 원구가 다시 남매의 집을 찾았을 때 이미 그들은 떠난 상태였고, 원구는 자책감에 빠진다.

25 문학 서술상의 특징   난이도 하 ●○○

정답 설명

④ 제시된 작품은 작품 밖의 서술자가 인물의 심리까지 서술하는 전지적 작가 시점을 취하고 있으며, 특히 서술자가 '원구'의 관점에서 이야기를 전개하고 있으므로 답은 ④이다.

오답 분석

① 1인칭 주인공 시점에 대한 설명이다.
② 1인칭 관찰자 시점에 대한 설명이다.
③ 3인칭 관찰자 시점에 대한 설명이다.

이것도 알면 **합격!**

소설의 시점

시점	특징
1인칭 주인공 시점	주인공 '나'가 자신의 이야기를 하는 시점으로, 독자에게 신뢰감과 친근감을 주며 주인공의 내면세계를 드러내는 데에 효과적임
1인칭 관찰자 시점	'나'가 관찰자의 입장에서 주인공에 대해 이야기하는 시점으로, 인물의 초점은 '나'가 아닌 주인공에게 있는 것이 특징이며, '나'가 관찰한 외부 세계만을 다룰 수밖에 없다는 특징을 가짐
전지적 작가 시점	서술자가 인물의 심리나 행동을 분석하여 서술하는 시점으로, 서술자가 작품 속에 직접 개입하여 사건을 진행시키고 인물을 논평하는 것이 특징이며, 독자의 상상적 참여를 제한할 가능성이 있음
3인칭 관찰자 시점	작가가 외부 관찰자의 입장에서 객관적으로 서술하는 시점으로, 서술자의 태도가 객관적이므로 독자의 상상력이 개입할 부분이 많음

05회 실전동형모의고사

◎ 실전동형문제 정답

p.46

01	④ 어법 – 한글 맞춤법	06	④ 어법 – 한글 맞춤법	11	① 비문학 – 내용 추론	16	① 비문학 – 논지 전개 방식	21	④ 문학 – 작품의 종합적 감상
02	① 어법 – 단어	07	② 비문학 – 주제 및 중심 내용 파악	12	④ 혼합(문학+어휘) – 주제 및 중심 내용 파악, 한자 성어	17	① 어법 – 문장	22	③ 어휘 – 한자어
03	① 어휘 – 한자 성어	08	① 비문학 – 내용 추론	13	② 어휘 – 고유어, 한자어	18	④ 비문학 – 글의 구조 파악	23	③ 어법 – 의미
04	③ 어휘 – 한자어	09	① 문학 – 주제 및 중심 내용 파악	14	④ 문학 – 주제 및 중심 내용 파악	19	① 문학 – 수사법	24	① 비문학 – 화법의 원리
05	① 비문학 – 관점과 태도 파악	10	① 비문학 – 주제 및 중심 내용 파악	15	③ 어법 – 표준어 사정 원칙	20	③ 어법 – 한글 맞춤법	25	③ 어법 – 국어의 로마자 표기법

◎ 취약영역 분석표

영역	어법	비문학	문학	어휘	혼합	총계
맞힌 답의 개수	/ 8	/ 8	/ 4	/ 4	/ 1	/ 25

* 취약영역 분석표를 이용해 1개라도 틀린 문제가 있는 영역은 그 영역의 문제만 골라 해설을 다시 한번 꼼꼼히 학습하세요.

---

01 어법 한글 맞춤법 (띄어쓰기)   난이도 하 ●○○

정답 설명

④ 예상∨밖의(O): 이때 '밖'은 '일정한 한도나 범위에 들지 않는 나머지 다른 부분이나 일'을 뜻하는 명사이므로 앞말과 띄어 쓴다.

오답 분석

① 단∨한명(×) → 단∨한∨명(O): 이때 '단'은 '오직 그것뿐임'을 나타내는 관형사이므로 뒷말과 띄어 쓰며, '명'은 사람을 세는 단위를 뜻하는 의존 명사이므로 수 관형사 '한'과 띄어 써야 한다.

② 뒤집어∨썼다(×) → 뒤집어썼다(O): 이때 '뒤집어썼다'는 '남의 허물이나 책임을 넘겨 맡다'를 뜻하는 동사 '뒤집어쓰다'의 활용형이므로 붙여 써야 한다.

③ 안∨됐다(×) → 안됐다(O): 이때 '안됐다'는 문맥상 '섭섭하거나 가엾어 마음이 언짢다'를 뜻하는 형용사 '안되다'의 활용형이므로 붙여 써야 한다.

---

02 어법 단어 (파생어와 합성어)   난이도 하 ●○○

정답 설명

① '풋사랑'은 '풋-(접두사) + 사랑(명사)'이 결합한 파생어이고, '톱질'은 '톱(명사) + -질(접미사)'이 결합한 파생어이므로 답은 ①이다.
- 풋-: '미숙한', '깊지 않은'의 뜻을 더하는 접두사
- -질: '그 도구를 가지고 하는 일'의 뜻을 더하는 접미사

오답 분석

② · 애호박(파생어): '애-(접두사) + 호박(명사)'이 결합한 파생어로, 이때 '애-'는 '어린' 또는 '작은'의 뜻을 더하는 접두사이다.
· 구슬(단일어)

③ · 정답다(파생어): '정(명사) + -답다(접미사)'가 결합한 파생어로, 이때 '-답다'는 '성질이 있음'의 뜻을 더하는 접미사이다.
· 힘쓰다(합성어): 힘(명사) + 쓰다(동사)

④ · 여러분(합성어): 여러(관형사) + 분(의존 명사)
· 열하나(합성어): 열(수사) + 하나(수사)

---

03 어휘 한자 성어   난이도 중 ●●○

정답 설명

① 문맥상 한자 성어의 쓰임이 적절하지 않은 것은 ①이다.
· 與世推移(여세추이): 세상이 변하는 대로 따라 변함

오답 분석

② 去頭截尾(거두절미): 어떤 일의 요점만 간단히 말함

③ 脣亡齒寒(순망치한): '입술이 없으면 이가 시리다'라는 뜻으로, 서로 이해관계가 밀접한 사이에 어느 한쪽이 망하면 다른 한쪽도 그 영향을 받아 온전하기 어려움을 이르는 말

④ 類類相從(유유상종): 같은 무리끼리 서로 사귐

---

04 어휘 한자어 (한자어의 표기)   난이도 상 ●●●

정답 설명

③ 段階(단계: 층계 단, 섬돌 계)(O): '일의 차례를 따라 나아가는 과정'을 뜻하는 '단계'는 '段階'로 표기하므로 ③은 한자가 올바르게 쓰였다.

오답 분석
① 檢鎭(검진: 검사할 검, 진압할 진)(×) → 檢診(검진: 검사할 검, 진찰할 진)(○): '건강 상태와 질병의 유무를 알아보기 위해 증상이나 상태를 살피는 일'을 뜻하는 '검진'의 '진'은 '診(진찰할 진)'을 쓴다.
② 素毒(소독: 본디 소, 독 독)(×) → 消毒(소독: 사라질 소, 독 독)(○): '병의 감염이나 전염을 예방하기 위해 병원균을 죽이는 일'을 뜻하는 '소독'의 '소'는 '消(사라질 소)'를 쓴다.
④ 格離(격리: 격식 격, 떠날 리)(×) → 隔離(격리: 사이 뜰 격, 떠날 리)(○): '다른 것과 통하지 못하게 사이를 막거나 떼어 놓음'을 뜻하는 '격리'의 '격'은 '隔(사이 뜰 격)'을 쓴다.

05 비문학 관점과 태도 파악   난이도 중 ●●○

정답 설명
① 제시문과 ①은 모두 다른 사람의 비판이나 지적을 받아들여야 한다는 생각을 보이고 있다. 따라서 제시문의 견해와 가장 가까운 것은 ①이다.

오답 분석
② 일을 다음으로 미루지 않는 부지런함을 강조하고 있다.
③ 효도와 공손을 권하고 있다.
④ 덕업을 닦고 공명을 성취하기 위해 끊임없이 노력해야 함을 주장하고 있다.

06 어법 한글 맞춤법 (띄어쓰기)   난이도 중 ●●○

정답 설명
④ ㉣ 보는데(×) → 보는∨데(○): 이때 '데'는 '일'이나 '것'의 뜻을 나타내는 의존 명사이므로 앞말과 띄어 써야 한다.

오답 분석
① ㉠ 다를 바 없다(○): 이때 '바'는 앞에서 말한 내용 그 자체나 일 등을 나타내는 의존 명사이므로 앞말과 띄어 써야 한다.
② ㉡ 못한다(○): 이때 '못하다'는 앞말이 뜻하는 행동에 대하여 그것이 이루어지지 않거나 그것을 이룰 능력이 없음을 나타내는 보조 동사이므로 붙여 써야 한다.
③ ㉢ 안 되는(○): 이때 '안'은 뒷말을 부정하는 부사이므로 띄어 써야 한다.

이것도 알면 합격!

'안'과 '못'의 띄어쓰기

1. 부정문에 쓰인 경우 '부사+용언'의 형태이므로 띄어 씀
   예) 이제 다시는 그 사람을 안∨만나겠다. / 바빠서 사람을 못∨만난다.
2. 특수한 의미로 쓰인 경우에는 한 단어이므로 붙여 씀

단어	뜻	예
안되다 (동사)	일, 현상, 물건 등이 좋게 이루어지지 않다.	비가 너무 많이 와서 과일 농사가 안되어 걱정이다.
	사람이 훌륭하게 되지 못하다.	자식이 안되기를 바라는 부모는 없다.
	일정한 정도 또는 수준에 이르지 못하다.	시험에서 우리 중 안되어도 열 명은 합격할 것 같다.
안되다 (형용사)	섭섭하거나 가엾어 마음이 언짢다.	어린 나이에 부모를 잃고 고생하는 것을 보니 마음이 안됐다.
	근심이나 병 때문에 얼굴이 많이 상하다.	감기에 걸렸다더니 얼굴이 정말 많이 안됐구나.
못되다 (형용사)	성질, 품행 등이 좋지 않거나 고약하다.	못되게 굴다.
	일이 뜻대로 되지 않은 상태에 있다.	이번 일이 못된 게 남의 탓이겠어?
못지아니하다 (형용사)	일정한 수준이나 정도에 뒤지지 않다.	실력은 대졸 못지아니하다.
못하다 (동사)	어떤 일을 일정한 수준에 못 미치게 하거나, 그 일을 할 능력이 없다.	술을 못하다.
못하다 (형용사)	비교 대상에 미치지 않다.	젊은 시절만 못하다.
	아무리 적게 잡아도	잡은 고기가 못해도 열 마리는 되겠다.
못하다 (보조 동사)	앞말이 뜻하는 행동에 대하여 그것이 이루어지지 않거나 그것을 이룰 능력이 없음을 나타내는 말	눈물 때문에 말을 잇지 못하다.
못하다 (보조 형용사)	앞말이 뜻하는 상태에 미치지 않음을 나타내는 말	편안하지 못하다.
	앞말이 뜻하는 행동이나 상태가 극에 달해 그것을 더 이상 유지할 수 없음을 나타내는 말	먹다 못해 음식을 남기다.

07 비문학 주제 및 중심 내용 파악   난이도 하 ●○○

정답 설명
② 1문단 2~4번째 줄에서 현대 신문에서 진실 보도가 어렵다고 주장하고 있으며, 이후에는 진실 보도가 어려운 이유에 대해 다루고 있으므로 글의 제목으로 가장 적절한 것은 ②이다.

08 비문학 내용 추론   난이도 하 ●○○

정답 설명
① 2문단 끝에서 1~4번째 줄에서 진실 보도가 이루어지지 않는 이유가 문제에 얽힌 이해관계 때문임을 밝히고 있으므로 이후에 이어질 내용으로 가장 적절한 것은 ① '진실 보도를 방해하는 이해관계'이다.

09 문학 주제 및 중심 내용 파악   난이도 중 ●●○

정답 설명
① 제시된 작품의 공통적인 주제로 가장 적절한 것은 ① '세태에 대한 비판 의식'이다.
- (가): 김시습의 '사청사우(乍晴乍雨)'로, 세상 사람들의 변덕스러운 인정을 자연 현상에 빗대어 비판한 작품이다.
- (나): 김창협의 '산민(山民)'으로, 산골에서의 고된 삶보다 관리들의 횡포를 더 두려워하는 백성들의 모습을 통해 탐관오리에 대한 비판 의식을 드러낸 작품이다.
- (다): 정약용의 '애절양(哀絶陽)'으로, 지배층의 부당한 세금 수탈과 당대의 부조리한 세태를 비판한 작품이다.

이것도 알면 합격!

제시된 작품(한시)의 주제 및 특징

작품	주제 및 특징
김시습, '사청사우(乍晴乍雨)'	1. 주제: 변덕스러운 인정(人情)에 대한 비판 2. 특징 (1) 대조적인 소재를 통해 주제를 효과적으로 전달함 (2) 사람들의 변덕스러운 인정을 자연 현상에 빗대어 표현함
김창협, '산민(山民)'	1. 주제: 산민들의 힘든 삶에 대한 안타까움과 관리들의 횡포에 대한 비판 2. 특징: '산'과 '평지'라는 대비적인 공간을 통해 주제 의식을 드러냄
정약용, '애절양(哀絶陽)'	1. 주제: 사회의 불평등한 제도로 인한 농민들의 비극적인 현실 고발 2. 특징: 문란한 군정으로 인한 농민들의 처참한 사연을 통해 현실을 비판함

10 비문학 주제 및 중심 내용 파악   난이도 하 ●○○

정답 설명
① 제시문은 '수필'이라는 문학 장르가 성립하기 위한 전제를 설명하고 있으므로 제목으로 가장 적절한 것은 ①이다.
- 1문단: 수필은 일상적인 소재를 기록하는 것 이상의 가치를 지녀야 함
- 2문단: 수필은 삶을 의미화하는 문학임
- 3문단: 수필은 어느 장르보다 철학성을 요구함

오답 분석
④ 1문단에서 수필의 소재에 대해 언급하고 있으나 글의 내용을 포괄하는 내용은 아니므로 제시문의 제목으로 적절하지 않다.

11 비문학 내용 추론   난이도 하 ●○○

정답 설명
① ㉠의 뒤에서 세벌식 자판은 초성, 중성, 종성 자판이 각기 따로 있다고 하였으므로, 자음과 모음으로만 나누어진 두벌식 자판은 초성과 종성에 들어가는 자음을 구별하지 않고 같은 자판으로 친다는 사실을 추론할 수 있다. 따라서 ㉠에 들어갈 말은 ① '초성과 종성을 같은 자판으로 치기 때문에'이다.

오답 분석
② 제시문을 통해 알 수 없는 내용이다.
③ 각각의 음소를 한 음절로 모아쓰는 것은 한글 자체의 특성이므로 두벌식 자판에만 해당되는 것은 아니다.
④ 초성, 중성, 종성 글자의 자판이 모두 다른 것은 두벌식 자판이 아닌 세벌식 자판이다.

12 문학 + 어휘 주제 및 중심 내용 파악, 한자 성어   난이도 중 ●●○

정답 설명
④ 제시된 작품은 '가마귀'와 '백로'를 대조하여 겉과 속의 색이 다른 '백로'를 비판한 시조이다. 따라서 이와 가장 관련 있는 한자 성어는 ④ '表裏不同(표리부동)'이다.
- 表裏不同(표리부동): 겉으로 드러나는 언행과 속으로 가지는 생각이 다름

오답 분석
① 群鷄一鶴(군계일학): '닭의 무리 가운데에서 한 마리의 학'이란 뜻으로, 많은 사람 가운데서 뛰어난 인물을 이르는 말
② 近墨者黑(근묵자흑): '먹을 가까이하는 사람은 검어진다'라는 뜻으로, 나쁜 사람과 가까이 지내면 나쁜 버릇에 물들기 쉬움을 비유적으로 이르는 말
③ 難兄難弟(난형난제): '누구를 형이라 하고 누구를 아우라 하기 어렵다'라는 뜻으로, 두 사물이 비슷하여 낫고 못함을 정하기 어려움을 이르는 말

지문 풀이

까마귀가 검다고 백로야 웃지 마라.
겉이 검다고 해서 속조차 검을 것 같으냐.
아마도 겉은 희고 속 검은 이는 너뿐인가 하노라. - 이직

이것도 알면 합격!

이직, '가마귀 검다 하고'

이 작품은 고려의 신하였지만 조선 개국에 참여한 작가가 자신의 행위를 정당화하기 위해 지은 시조로, 검은 까마귀와 하얀 백로를 대조하여 겉과 속이 다른 소인배를 비판하고 있다.

가마귀	조선 개국 공신
백로	고려의 유신

13 어휘 고유어, 한자어 난이도 중 ●●○

정답 설명

② '조금'은 고유어인 반면, ① '방금', ③ '어차피', ④ '대관절'은 한자어이다.
  · 조금: 1. 정도나 분량이 적게 2. 시간적으로 짧게

오답 분석

① 방금(方今): 말하고 있는 시점보다 바로 조금 전에
③ 어차피(於此彼): 이렇게 하든지 저렇게 하든지. 또는 이렇게 되든지 저렇게 되든지
④ 대관절(大關節): 여러 말 할 것 없이 요점만 말하건대

14 문학 주제 및 중심 내용 파악 난이도 하 ●○○

정답 설명

④ 제시된 작품은 사대부 여인인 남평 조씨가 병자호란 때 쓴 일기인 '병자일기'의 일부로, 피란 중의 비참한 생활상과 위태로움에 빠진 나라에 대한 글쓴이의 걱정이 드러난다. 따라서 글의 주제로 가장 적절한 것은 ④이다.

이것도 알면 합격!

남평 조씨, '병자일기'의 특징 및 의의

1. 특징
   (1) 병자호란 당시의 사회상이 구체적으로 묘사됨
   (2) 인조 때 좌의정을 지낸 남이웅의 부인 남평 조씨가 쓴 일기로, 자신의 감회와 생활 주변의 일들을 솔직하게 드러냄
2. 의의
   (1) 작자와 창작 연대가 분명한 여성 실기 문학
   (2) 병자호란 당시의 생활사를 연구하는 자료로 큰 가치를 지님

15 어법 표준어 사정 원칙 (표준어의 구분) 난이도 중 ●●○

정답 설명

③ 웃돈(O): '본래의 값에 덧붙이는 돈'을 뜻하는 표준어는 '웃돈'으로, 아래, 위의 대립이 없는 단어는 '웃-'으로 발음되는 형태를 표준어로 삼는다.

오답 분석

① 으례(×) → 으레(O): '틀림없이 언제나'를 뜻하는 표준어는 '으레'로, 모음이 단순화된 형태를 표준어로 삼은 경우에 해당한다.
② 나무랠(×) → 나무랄(O): '흠을 지적하여 말하다'를 뜻하는 표준어는 '나무라다'로, 모음의 발음 변화를 인정하여 발음이 바뀌어 굳어진 형태를 표준어로 삼은 경우에 해당한다.
④ 지리하다(×) → 지루하다(O): '시간이 오래 걸리거나 같은 상태가 오래 계속되어 따분하고 싫증이 나다'를 뜻하는 표준어는 '지루하다'로, 모음의 발음 변화를 인정하여 발음이 바뀌어 굳어진 형태를 표준어로 삼은 경우에 해당한다.

16 비문학 논지 전개 방식 난이도 하 ●○○

정답 설명

① 제시글에는 구체적인 예가 나타나지 않으므로 답은 ①이다.

오답 분석

② 1~2번째 줄에서 개미와 거미의 개념을 정의하고 있다.
  [관련 부분] '개미'는 벌목 개밋과의 곤충을 이르는 말이고, '거미'는 절지동물문 거미강 거미목의 동물을 이르는 말이다.
③ 2~4번째 줄에서 개미와 거미의 공통점을 밝혀 설명하고 있다.
  [관련 부분] 개미와 거미는 모두 곤충을 주 먹이로 삼으며, 전 세계적으로 수많은 종이 분포되어 있다.
④ 4~8번째 줄에서 개미와 거미의 차이점을 밝혀 설명하고 있다.
  [관련 부분] 개미는 집단생활을 하는 생물로, ~ 이에 비해 거미는 새끼일 때는 부모 곁에 있거나 공동생활을 하지만, 성체가 된 후에는 대부분 독립생활을 한다는 특징이 있다.

17 어법 문장 (높임 표현) 난이도 하 ●○○

정답 설명

① 부사격 조사 '께'와 객체를 높이는 특수 어휘 '드리다'를 통해 서술의 객체인 '아저씨'를 높이고 있을 뿐, 주체를 높이는 표현이 사용되지 않았으므로 정답은 ①이다.

오답 분석

② 주격 조사 '께서'와 주체 높임 선어말 어미 '-시-'를 통해 서술의 주체인 '할머니'를 높이고 있다.

③ 주격 조사 '께서'와 주체를 높이는 데에 쓰는 특수 어휘 '편찮다', 주체 높임 선어말 어미 '-시-'를 통해 서술의 주체인 '선생님'을 높이고 있다.
④ 주격 조사 '께서'와 주체 높임 선어말 어미 '-시-'를 사용하여 '작은아버지'와 관계된 '고민'을 높임으로써 서술의 주체인 '작은아버지'를 간접적으로 높이고 있다.

이것도 알면 합격!

주체 높임법과 객체 높임법

		서술상의 주체가 화자보다 나이가 많거나 사회적 지위가 높을 때 서술의 주체를 높이는 표현
주체 높임법	직접 높임	주체를 직접적으로 높이는 방법으로, 높임의 표지가 주어에게 향해 있을 때 예 • 아버지께서 노하셨나 보다. • 할머니께서 집에 계신다.
	간접 높임	주체를 간접적으로 높이는 방법으로, 높임의 표지가 주체의 신체 부분이나 생활에 필수적인 사물, 개인적인 소유물 등과 같이 주체와 관련된 것일 때 예 • 곧 선생님의 말씀이 있으시겠습니다. • 할머니께서는 손가락이 아프시다. • 사장님, 시간 좀 있으십니까?
객체 높임법		목적어나 부사어가 지시하는 대상, 즉 서술의 객체를 높이는 표현 예 • 나는 아버지를 모시고 집으로 왔다. • 나는 어머님께 용돈을 드렸다.

---

18 비문학 글의 구조 파악 (문장 배열)   난이도 중 ●●○

정답 설명

④ 제시문을 논리적 순서에 맞게 나열한 것은 ④ '(나) - (마) - (가) - (다) - (라)'이다.

순서	중심 내용	순서 판단의 단서와 근거
(나)	인류 문명이 발달하면서 문자가 담아야 하는 (약속)의 양이 늘어남	지시어나 접속어로 시작하지 않으면서 중심 화제에 대한 배경을 설명하고 있음
(마)	문자에 담긴 공동체의 약속이 복잡하고 방대해짐	키워드 '공동체의 약속': (나)에서 언급한 '수많은 약속'을 의미함
(가)	언어공동체는 새로운 사물과 개념을 표현할 문자를 끊임없이 만들어 내야 했음	(마)의 현상으로 인해 (가) 현상이 발생함
(다)	문자와 문자가 가리키는 개념의 대응 관계를 기록해 놓을 필요가 생김	지시 표현 '이에 따라': (가)에서 언급된 현상으로 인해 (다) '기록의 필요성'이 제시됨
(라)	문자와 이에 대응하는 개념을 기록한 기록물을 '사전'이라고 부름	키워드 '이러한 기록물, 사전': (다)에서 설명한 '기록의 필요성'에 대한 결과물이 '사전'임을 밝힘

---

19 문학 수사법   난이도 중 ●●○

정답 설명

① (가)의 종장에서 노래를 통해 시름을 풀 수 있다면 화자도 노래를 불러 보겠다고 하는 것을 통해 시름이 많은 상태임을 알 수 있다. 그러나 제시된 작품에서 냉소적 어조는 드러나지 않는다.

오답 분석

② (나): '내 버디 몃치나 ᄒ니'라는 물음에 '수석(水石)과 송죽(松竹)이라'고 답하는 문답법을 활용하여 '물과 돌, 소나무와 대나무'를 벗으로 소개하고 있다.
③ (다): '절로절로'의 반복을 통해 경쾌한 리듬감을 형성하고 있다.
④ (라): 초장의 끝과 중장의 처음에 '백구(白鷗)'를, 중장의 끝과 종장의 처음에 '도화(桃花)'를 연쇄적으로 배치하여 자연과 더불어 사는 기쁨을 강조하고 있다.

지문 풀이

> (가) 노래를 (처음으로) 만든 사람, 시름이 많기도 많았구나.
> 말로 하려 하나 다 못 하여 (노래로) 불러서 풀었단 말인가?
> 진실로 풀릴 것이면 나도 불러 보리라.   - 신흠의 시조
> (나) 내 벗이 몇인가 하니 물과 바위와 소나무와 대나무이다.
> 동산에 달이 떠오르니 그 더욱 반갑구나.
> 두어라, 이 다섯밖에 또 더하여 무엇하리.   - 윤선도의 시조
> (다) 푸른 산도 저절로 (된 것이며) 푸른 물도 저절로(된 것이다.)
> (이처럼) 산과 물이 자연 그대로이니 그 속에서 자란 나도 역시 자연 그대로다.
> 자연 속에서 저절로 자란 몸이니, 이제 늙는 것도 자연의 순리에 따라가리라.   - 송시열의 시조
> (라) 청량산 열두 봉우리를 아는 사람이 나와 흰 갈매기뿐이로다.
> 흰 갈매기야 야단스럽게 떠들겠냐마는 복숭아꽃은 믿지 못하겠다.
> 복숭아꽃아, 떠나지 마렴. 어부가 너를 보고 이곳을 알까 걱정되는구나.   - 이황의 시조

---

20 어법 한글 맞춤법 (맞춤법에 맞는 표기)   난이도 중 ●●○

정답 설명

③ 법썩(×) → 법석(○): 한 단어 안에서 뚜렷한 까닭 없이 나는 된소리는 다음 음절의 첫소리를 된소리로 적으나, 'ㄱ, ㅂ' 받침 뒤에 나는 된소리는 같은 음절이나 비슷한 음절이 겹쳐 나는 경우가 아니면 된소리로 적지 않는다.

오답 분석

① 맛깔(○): 명사 '맛'에 '상태 또는 바탕'의 뜻을 더하는 접미사 '-깔'이 결합한 말이므로 '맛깔'은 맞춤법에 맞는 표기이다.
② 깊다란(○): '깊다'의 어간 '깊-'에 접미사 '-다랗다'가 결합한 '깊다랗다'의 활용형으로, 어간 뒤에 자음으로 시작된 접미사가 붙어서 된 말은 그 명사나 어간의 원형을 밝히어 적으므로 '깊다란'은 맞춤법에 맞는 표기이다.

④ 얄팍한(○): '얇다'의 어간 '얇-'에 자음으로 시작된 접미사가 붙어서 된 말이나, 겹받침의 끝소리가 드러나지 않는 말은 소리대로 적으므로 '얄팍한'은 맞춤법에 맞는 표기이다.

21 문학 작품의 종합적 감상 (시) 난이도 중 ●●○

정답 설명

④ 8~10행에서 화자는 '님'이 반드시 돌아올 것이라고 믿고 있으므로 ④는 시에 대한 해석으로 적절하지 않다.
- 8행 '떠날 때에 다시 만날 것을 믿습니다': 화자는 '님'이 돌아와 다시 만날 수 있을 것이라고 굳게 믿고 있다.
- 10행 '님의 침묵': '님'이 부재하는 현재의 상황을 그저 '님'이 침묵하는 것으로 표현한 것은, '님'이 돌아올 것이라고 믿는 화자의 굳은 믿음에서 비롯된 것이다.

오답 분석

① 1~4행 '님은 갔습니다. 아아, 사랑하는 나의 님은 갔습니다. ~ 차마 떨치고 갔습니다': '님'이 떠난 상황을 점층적으로 반복하여 말함으로써 정서가 고조되고 있다.

② 5행 '나는 향기로운 님의 말소리에 귀먹고, 꽃다운 님의 얼굴에 눈멀었습니다': 향기로운 말소리에 귀먹고 꽃다운 얼굴에 눈멀었다는 것은 표면적으로 모순되는 말이다. 이러한 역설적 표현을 통해 화자는 '님'에 대한 절대적 사랑을 극단적으로 드러내었다.

③ 7~8행 '걷잡을 수 없는 슬픔의 힘을 옮겨서 새 희망(希望)의 정수박이에 들어부었습니다', '우리는 ~ 떠날 때에 다시 만날 것을 믿습니다': '슬픔'이라는 부정적 감정에서 '희망'과 '만남에 대한 믿음'이라는 긍정적 태도로 시상을 전환시키고 있다.

이것도 알면 합격!

한용운, '님의 침묵'의 특징

1. '만남은 이별을, 이별은 만남을 전제한다'라는 역설적 진리를 바탕으로 하여, 임과의 이별에서 오는 슬픔의 극복과 새로운 만남에 대한 희망을 드러냄
2. 표현상의 특징

역설적 표현 사용	• 5행 '나는 향기로운 님의 ~ 눈멀었습니다' • 9행 '아아, 님은 갔지마는 나는 님을 보내지 아니 하였습니다'
경어체 사용	'-ㅂ니다'의 존칭 어미 사용
대구법 사용	'나는 ~한 님의 ~에 ~하고'의 문장 구조 반복
대조적 이미지 사용	• 푸른 산빛(희망) ↔ 단풍나무 숲(절망) • 옛 맹서(굳고 빛나는 것) ↔ 차디찬 티끌(소용이 없는 것)
점층적 반복	님은 갔습니다. 아아, 사랑하는 나의 님은 갔습니다. / 푸른 산빛을 깨치고 단풍나무 숲을 향하여 난 작은 길을 걸어서, 차마 떨치고 갔습니다.
기승전결 구조	이별 → 슬픔 → 7행의 '그러나' (정서의 반전) → 희망 → 만남에 대한 확신

22 어휘 한자어 (한자어의 표기) 난이도 상 ●●●

정답 설명

③ ⓑ '源泉(원천)'의 표기는 바르나, ⓔ '鏡戒(경계)'의 표기가 틀리므로 답은 ③이다.
- ⓔ 鏡戒(경계: 거울 경, 경계할 계)(×) → 警戒(경계: 경계할 경, 경계할 계)(○): 문맥상 '뜻밖의 사고가 생기지 않도록 조심하여 단속함'을 뜻하는 '警戒'를 쓰는 것이 적절하다. '鏡戒'는 '분명히 타일러 다시는 같은 잘못을 저지르지 않도록 함'이라는 뜻이다.
- ⓑ 源泉(원천: 근원 원, 샘 천): 1. 물이 흘러나오는 근원 2. 사물의 근원

오답 분석

㉠ 盟誓(맹서: 맹세 맹, 맹세할 서): '맹세(일정한 약속이나 목표를 꼭 실천하겠다고 다짐함)'의 원말

㉡ 追憶(추억: 쫓을 추, 생각할 억): 지나간 일을 돌이켜 생각함. 또는 그런 생각이나 일

㉢ 指針(지침: 가리킬 지, 바늘 침): 1. 지시 장치에 붙어 있는 바늘. 시계의 바늘이나 나침반의 바늘, 계량기의 바늘 등이 있음 2. 생활이나 행동 등의 지도적 방법이나 방향을 인도하여 주는 준칙

㉣ 念慮(염려: 생각 염, 생각할 려): 앞일에 대하여 여러 가지로 마음을 써서 걱정함. 또는 그런 걱정

㉥ 希望(희망: 바랄 희, 바랄 망): 1. 앞일에 대하여 어떤 기대를 가지고 바람 2. 앞으로 잘될 수 있는 가능성

㉦ 沈默(침묵: 잠길 침, 잠잠할 묵): 아무 말도 없이 잠잠히 있음. 또는 그런 상태

23 어법 의미 (다의어의 의미) 난이도 중 ●●○

정답 설명

③ '감기 치료에 쓸 약'에서의 '쓰다'는 '어떤 일을 하는 데에 재료나 도구, 수단을 이용하다'를 뜻한다. 이와 의미가 동일한 것은 ③ '나는 쓰다 남은 양초를 찾아 불을 밝혔다'의 '쓰다'이다.

오답 분석

① 영어를 유창하게 쓴다: 이때 '쓰다'는 '어떤 말이나 언어를 사용하다'를 뜻한다.

② 신경 쓰지 않아도 된다: 이때 '쓰다'는 '어떤 일에 마음이나 관심을 기울이다'를 뜻한다.

④ 억지를 썼다: 이때 '쓰다'는 '합당치 못한 일을 강하게 요구하다'를 뜻한다.

24 비문학 화법의 원리 (공손성의 원리) 난이도 중 ●●○

정답 설명

① '나'는 '가'가 준 자료를 이해하지 못한 이유를 화자 자신의 탓으로 돌림으로써 자신에게 부담을 주는 표현을 최대화하고 있다. 따라서 '관용의 격률'을 사용한 대화문은 ①이다.

05회 실전동형모의고사

오답 분석
② '나'는 '가'의 그림 실력에 대한 칭찬을 극대화하고 있으므로 '칭찬(찬동)의 격률'을 사용하고 있다.
③ '가'는 창문을 닫아 달라는 부탁을 간접적이고 우회적으로 표현하여 '나'의 부담을 최소화하고 있으므로 '요령의 격률'을 사용하고 있다.
④ '나'는 '가'와 의견이 일치하지 않지만, 먼저 상대의 말에 동의를 표현한 후 자신의 의견을 제시하고 있으므로 '동의의 격률'을 사용하고 있다.

이것도 알면 합격!

공존성의 원리

구분	설명	예
요령의 격률	• 상대방에게 부담을 주는 표현은 최소화하고 상대방에게 혜택을 주는 표현은 최대화함 • 듣기 좋고 도움이 되는 말과, 간접적이고 우회적인 표현법을 사용함	• 죄송합니다만, 문 좀 닫아 주시겠습니까? • 어디서 찬바람이 들어오네요.
관용의 격률	• 화자 자신에게 혜택을 주는 표현은 최소화하고 부담을 주는 표현은 최대화함 • 요령의 격률을 화자의 관점에서 말한 것임	제가 잘 이해하지 못해서 그러는데 다시 한 번 설명해 주시겠습니까?
칭찬(찬동)의 격률	다른 사람에 대한 비방을 최소화하고 칭찬을 극대화함	너는 어쩌면 그렇게 그림을 잘 그리니? 정말 대단해.
겸양의 격률	• 화자 자신에 대한 칭찬은 최소화하고 비방은 극대화함 • 자신을 내세우거나 자랑하지 않고, 겸손한 표현을 사용함 • 칭찬(찬동)의 격률을 화자의 관점에서 말한 것임	A: 이 늦은 시간까지 공부를 하다니 대단해. B: 낮에 집중해서 공부하지 않아 그렇지 뭐. 대단한 것은 아니야.
동의의 격률	• 자신의 의견과 다른 사람의 의견 사이의 차이점을 최소화하고 일치점을 극대화함 • 다른 사람과 의견이 일치하지 않는 경우, 먼저 상대의 말에 동의를 표현한 후에 자신의 의견을 제시함	그래, 그 점에서는 네 말이 맞아. 그런데 듣는 사람 입장에서는 조금 기분 나쁠 수도 있지 않았을까?

---

25 어법 국어의 로마자 표기 · 난이도 하 ●○○

정답 설명
③ 계룡산 Gye-ryongsan(×) → Gyeryongsan(○): '계룡산'은 발음상 혼동의 우려가 있는 단어가 아니므로 붙임표(-)를 붙여 쓰지 않는다. 또한 자연 지물명은 붙임표(-) 없이 붙여 쓰므로 '계룡산'은 'Gyeryongsan'으로 써야 한다.

오답 분석
① ② ④ 모두 발음상 혼동의 우려가 있는 단어이므로 붙임표(-)를 붙여 쓸 수 있다. 참고로, 자연 지물명, 문화재명, 인공 축조물명은 붙임표(-) 없이도 표기할 수 있다.

① 개운포 Gae-unpo(○): '개운포'는 '가은포(Ga-eunpo)'로 발음할 우려가 있으므로 붙임표(-)를 붙여 쓸 수 있다.
② 탄금대 Tan-geumdae(○): '탄금대'는 '탕음대(Tang-eumdae)'로 발음할 우려가 있으므로 붙임표(-)를 붙여 쓸 수 있다.
④ 만경강 Man-gyeonggang(○): '만경강'은 '망영강(Mang-yeonggang)'으로 발음할 우려가 있으므로 붙임표(-)를 붙여 쓸 수 있다.

06회 실전동형모의고사

실전동형문제 정답

p.54

01	② 어법 - 단어, 문장	06	④ 문학 - 작품의 종합적 감상	11	④ 문학 - 작품의 종합적 감상	16	③ 어법 - 단어	21	② 비문학 - 내용 추론
02	① 어휘 - 한자어	07	③ 비문학 - 글의 전략 파악	12	② 어법 - 문장	17	② 비문학 - 관점 및 태도 파악	22	③ 문학 - 시어의 의미
03	③ 문학 - 서술상의 특징	08	② 비문학 - 작문	13	③ 비문학 - 글의 구조 파악	18	② 비문학 - 세부 내용 파악	23	④ 어법 - 한글 맞춤법
04	④ 어휘 - 한자 성어	09	② 비문학 - 주제 및 중심 내용 파악	14	③ 어휘 - 한자어	19	① 어법 - 단어	24	④ 어법 - 문장
05	③ 어휘 - 속담	10	② 비문학 - 내용 추론	15	③ 비문학 - 주제 및 중심 내용 파악	20	② 비문학 - 세부 내용 파악	25	④ 문학 - 작품의 내용 파악

취약영역 분석표

영역	어법	비문학	문학	어휘	혼합	총계
맞힌 답의 개수	/ 6	/ 10	/ 5	/ 4	/ -	/ 25

* 취약영역 분석표를 이용해 1개라도 틀린 문제가 있는 영역은 그 영역의 문제만 골라 해설을 다시 한번 꼼꼼히 학습하세요.

---

01 어법 단어 (품사의 구분), 문장 (문장 성분) 난이도 중 ●●○

정답 설명

② '붐비는'의 기본형 '붐비다'는 '붐빈다'와 같이 현재 진행 선어말 어미 '-ㄴ-'과 결합할 수 있으므로 품사는 동사이다. 또 문장에서 명사 '틈'을 수식하고 있으므로 '붐비는'의 문장 성분은 관형어이다.

02 어휘 한자어 (한자어의 표기) 난이도 중 ●●○

정답 설명

① 背馳(등 배, 달릴 치)(×) → 配置(나눌 배, 둘 치)(○): '사람이나 물자 등을 일정한 자리에 나누어 둠'을 뜻하는 '배치'는 '配置'로 표기하므로 한자가 옳지 않은 것은 ①이다.
 • 背馳(배치: 등 배, 달릴 치): 서로 반대로 되어 어그러지거나 어긋남

오답 분석

② 思想(생각 사, 생각 상)(○): 어떠한 사물에 대하여 가지고 있는 구체적인 사고나 생각
③ 實施(열매 실, 베풀 시)(○): 실제로 시행함
④ 結論(맺을 결, 논할 론)(○): 최종적으로 내린 판단

03 문학 서술상의 특징 난이도 중 ●●○

정답 설명

③ 작가는 초저녁 주택가에서 아주머니가 남편을 기다리는 모습이나 어린 자녀들이 아빠를 기다리는 모습을 보면서, 어두운 고개에서 아버지를 기다렸던 과거를 떠올리며 그리워하고 있다. 따라서 글에 대한 설명으로 적절한 것은 ③이다.

오답 분석

① 상징적 기법이나 몽환적 분위기는 드러나지 않는다.
② 형제가 아버지를 기다리던 추억은 제시되어 있으나, 이를 통해 인생의 무상감을 드러내고 있지는 않다.
④ 제시글에서는 현대 서울의 풍경을 묘사하고 있다. 그러나 과거 아버지를 기다리던 형제의 모습과, 현대 서울에서 아주머니가 남편을 기다리는 모습, 어린 자녀들이 아빠를 기다리는 모습은 서로 유사하게 나타난다. 따라서 현대 서울의 풍경이 과거와 대조된다는 설명은 옳지 않다.

04 어휘 한자 성어 난이도 중 ●●○

정답 설명

④ 제시문은 출판사들이 각자 생존을 위한 전략을 찾는다는 내용이므로 ㉠에 들어갈 가장 적절한 한자 성어는 '암중모색(暗中摸索)'이다.
 • 암중모색(暗中摸索): 1. 어림으로 무엇을 알아내거나 찾아내려 함 2. 은밀한 가운데 일의 실마리나 해결책을 찾아내려 함

오답 분석

① 허장성세(虛張聲勢): 실속은 없으면서 큰소리치거나 허세를 부림
② 좌고우면(左顧右眄): '이쪽저쪽을 돌아본다'라는 뜻으로, 앞뒤를 재고 망설임을 이르는 말
③ 송구영신(送舊迎新): 묵은해를 보내고 새해를 맞음

05 어휘 속담   난이도 하 ●○○

정답 설명

③ 밑줄 친 부분에 들어갈 속담으로 적절한 것은 ③ '개밥에 도토리'이다.
- 개밥에 도토리: '개는 도토리를 먹지 않기 때문에 밥 속에 있어도 먹지 않고 남긴다'라는 뜻으로, 따돌림을 받아서 여럿의 축에 끼지 못하는 사람을 비유적으로 이르는 말

오답 분석

① 설 쇤 무: '가을에 뽑아 둔 무가 해를 넘기면 속이 비고 맛이 없다'라는 뜻으로, 한창때가 지나 볼 것이 없게 됨을 이르는 말
② 개천에 든 소: '도랑 양편에 우거진 풀을 다 먹을 수 있는 소라는 뜻으로, 이리하거나 저리하거나 풍족한 형편에 놓인 사람 또는 그런 형편을 비유적으로 이르는 말
④ 서리 맞은 구렁이: 1. 행동이 굼뜨고 힘이 없는 사람을 비유적으로 이르는 말 2. 세력이 다하여 모든 희망이 좌절된 사람을 비유적으로 이르는 말

06 문학 작품의 종합적 감상 (시조)   난이도 하 ●○○

정답 설명

④ 제시된 작품은 이황의 '도산십이곡(陶山十二曲)' 중 제11수로, 자연의 불변성과 영원성을 예찬하며 자신도 이를 본받아 학문 수양에 꾸준히 정진할 것을 다짐하고 있다. 또한 종장에서 다른 학자들에게도 학문 수양에 정진할 것을 권유하고 있을 뿐, 자연과 대비되는 인간 세태를 비판하고 있지는 않다.

오답 분석

① ③ 초장과 중장에서는 각각 '청산(靑山)'과 '유수(流水)'의 불변성과 영원성을 예찬하고 있으며, 종장에서는 이러한 자연물의 속성을 닮아 언제나 변함없이 학문을 수양하겠다는 다짐을 드러내고 있다.
② 초장과 중장에서 '청산'과 '유수'의 불변성과 영원함을 대구법을 통해 표현하며 시상을 전개하고 있다.

지문 풀이

> 푸른 산은 어찌하여 오랫동안 푸르며
> 흐르는 물은 어찌하여 밤낮으로 그치지 않는가?
> 우리도 그치지 말아 영원히 푸르리라.

이것도 알면 합격!

이황, '도산십이곡(陶山十二曲)'의 구성

구분	전6곡 – 언지(言志)	구분	후6곡 – 언학(言學)
제1수	자연에 대한 깊은 애정	제7수	독서하는 즐거움
제2수	자연에의 동화	제8수	진리 터득의 중요성
제3수	후덕하고 순박한 풍습 강조	제9수	성현의 도리를 본받고자 함
제4수	임금을 그리워하는 마음	제10수	벼슬길을 떠나 학문 수양에 힘쓸 것을 다짐
제5수	자연을 멀리하는 현실 개탄	제11수	청산과 유수를 본받아 학문 정진에 힘쓸 것을 다짐
제6수	대자연의 웅대함과 오묘함	제12수	영원한 학문 수양의 길을 강조

07 비문학 글의 전략 파악   난이도 중 ●●○

정답 설명

③ (다) 문단은 올바른 훈련을 받은 사람은 올바른 일을 하고 싶어하게 되며, 이를 통해 '성품의 탁월함'이 사람들이 '하고 싶어하는 것'과 관련된다는 것을 밝히고 있다. 이때 '성품의 탁월함'에 대한 정의를 밝히고 있지는 않으므로 적절하지 않은 설명은 ③이다.

오답 분석

① (가) 문단은 '탁월함의 습득'이라는 글의 중심 화제에 대한 아리스토텔레스의 견해를 제시하고 있다.
② (나) 문단은 좋은 성품을 얻는 것을 리라를 켜는 법과 말을 타는 법에 비유하여 설명하고 있다.
④ (라) 문단은 성품의 탁월함에 대한 아리스토텔레스의 견해를 적용할 수 있는 예로, 갑돌이와 병식이의 상황을 보여 주고 있다.

08 비문학 작문 (조건에 맞는 글쓰기)   난이도 하 ●○○

정답 설명

② '사전 준비 부족'과 '자만'에 관한 내용을 '수영'에 빗대어 설명한 것으로 가장 적절한 것은 ②이다.
- 사전 준비 부족: 수영모와 수경을 준비하지 않고 수영장에 뛰어듦
- 자만: 자신의 실력을 고려하지 않고 고급 코스에 진입함

오답 분석

① '사전 준비의 필요성'에 대해 설명하고 있을 뿐, '사전 준비 부족'이나 '자만'을 설명하고 있지는 않다.
③ '겸손한 자세'에 대해 말하고 있을 뿐, '사전 준비 부족'이나 '자만'을 설명하고 있지는 않다.
④ '사전 준비'를 권유하고 '바다 수영의 묘미'에 대해 말하고 있을 뿐, '사전 준비 부족'이나 '자만'을 설명하고 있지는 않다.

09 비문학 주제 및 중심 내용 파악 난이도 상 ●●●

정답 설명

② 제시문의 9~10번째 줄에서 앞에서 제시한 일들이 이루어지기 위해서는 민족적 독립이 필요하다고 밝힘으로써 독립의 필요성을 주장하고 있다. 또한 끝에서 1~3번째 줄에서 독립에 대한 의지와 자신감을 보여 주고 있으므로 제목으로 가장 적절한 것은 ② '독립의 필요성과 자신감'이다.

[관련 부분]
- 最大急務(최대 급무)가 民族的(민족적) 獨立(독립)을 確實(확실)케 함이니,
- 吾人(오인)은 進(진)하야 取(취)하매 何强(하강)을 挫(좌)치 못하랴. 退(퇴)하야 作(작)하매 何志(하지)를 展(전)치 못하랴.

지문 풀이

슬프다! 오래 전부터의 억울을 떨쳐 펴려면, 눈앞의 고통을 헤쳐 벗어나려면, 장래의 위협을 없애려면, 억눌린 민족의 양심과 사라진 국가 정의를 다시 일으키려면, 각자의 인격을 정당하게 발전시키려면, 가엾은 아들딸들에게 부끄러운 현실을 물려주지 않으려면, 자자손손에게 영구하고 완전한 경사와 행복을 끌어 대어 주려면, 가장 크고 급한 일이 민족의 독립을 확실하게 하는 것이니, 2천만의 사람마다 마음의 칼날을 품어 굳게 결심하고, 인류 공통의 옳은 성품과 이 시대를 지배하는 양심이 정의라는 군사와 인도라는 무기로써 도와 주고 있는 오늘날, 우리는 나아가 취하매 어느 강자인들 꺾지 못하며, 물러가서 일을 꾀하매 무슨 뜻인들 펴지 못하랴!
- '기미독립선언서'

10 비문학 내용 추론 난이도 중 ●●○

정답 설명

② 3문단 5~7번째 줄을 통해 '정합설'은 새로운 지식이 기존의 체계에 모순될 때에 한해 이 지식을 옳지 않은 것으로 보았음을 알 수 있다. 따라서 '정합설'이 새로운 형태로 이루어진 지식 자체를 옳지 않은 것으로 볼 것이라고 추론하는 것은 적절하지 않으므로, 답은 ②이다.

[관련 부분] 즉, 새로운 지식이 기존의 지식 체계에 모순됨이 없이 들어 맞는지 여부에 의해 지식의 옳고 그름을 가릴 수밖에 없다는 주장이 바로 정합설이다.

오답 분석

① 1문단에서 '대응설'은 대상을 있는 그대로 정확하게 파악한다고 믿는 것이며, 우리가 파악한 관념은 앞에 있는 대상이 지니고 있는 성질을 그대로 반영한 것이라고 설명한다. 이를 통해 ①의 내용을 추론할 수 있다.

③ 2문단 끝에서 1~2번째 줄과 3문단 1~2번째 줄 내용에 따르면, 인간의 감각은 외부의 사물을 있는 그대로 모사하지는 못하며, '정합설'은 관념과 대상의 일치가 불가능하다는 반성에서 출발한다. 이를 통해 ③의 내용을 추론할 수 있다.

④ 3문단 끝에서 1~2번째 줄 내용에 따르면, 고차원적인 과학적 판단들의 진위를 가려내는 데 적합한 이론이 '정합설'임을 알 수 있다. 이를 통해 ④의 내용을 추론할 수 있다.

11 문학 작품의 종합적 감상 (소설) 난이도 중 ●●○

정답 설명

④ 제시된 작품은 박지원의 한문 소설인 '예덕선생전'으로, 작가의 일상적인 경험이 아니라 허구적인 이야기를 통해 주제를 전달하고 있으므로 옳지 않은 설명은 ④이다.

오답 분석

① '예덕선생전'은 '선귤자'의 관점을 통해 양반의 우월 의식을 비판하고 참된 사귐에 대한 교훈을 제시한 작품이다.
② '예덕 선생'에 대한 '선귤자'와 '자목'의 평가가 상반되고 있다.
③ '자목'이 묻고 '선귤자'가 답하는 문답 형식의 대화를 중심으로 내용이 전개되고 있다.

이것도 알면 합격!

박지원, '예덕선생전'
1. 주제: 주어진 자신의 삶에 순응하고 만족하며 살아가는 삶의 자세
2. 특징
   (1) 대화를 중심으로 사건이 전개됨
   (2) '엄 행수'에 대한 인물들의 상반된 평가가 드러남
3. 인물의 태도 및 가치관

자목	• 스승인 '선귤자'가 사대부와 어울리지 않고 비천한 신분의 '엄 행수'와 교유하는 것에 불만을 가지고 있음 • 당시 양반들이 가진 우월 의식을 보여주며 인물의 내면보다 명분과 체면을 중시하는 고루한 가치관을 가지고 있음
선귤자	• '엄 행수'가 천한 일을 하는 사람이나, 가식이 없으며 근면 성실하게 자신의 삶에 만족하며 사는 덕이 높은 인물로 평가하고 있음 • 자목의 물음에 대한 답을 통해 바람직한 인간상을 가지고 있으며 당시 사회적으로 성장하고 있던 계급 타파 의식과 평등 사상을 가지고 있음을 알 수 있음

12 어법 문장 (문장의 짜임) 난이도 중 ●●○

정답 설명

② '손잡이를 잡다'와 '속도를 늦출 수 있다'가 뒤의 사실이 실현되기 위한 단순한 근거 등을 나타낼 때 쓰는 연결 어미 '-으면'에 의해 종속적으로 이어진 문장이므로 ②는 안긴문장이 없다.

오답 분석

① '나무가 잘 자라다'가 부사형 어미 '-도록'에 의해 부사절로 안긴 문장이다.
③ '(아버지께서) 화분에 물(을) 주다'가 명사형 어미 '-기'에 의해 명사절로 안긴 문장이다.
④ '(숙소가) 깔끔하게 정리되다'가 관형사형 어미 '-ㄴ'에 의해 관형절로 안긴 문장이다.

06회 실전동형모의고사

13 비문학 글의 구조 파악 (문장 배열) 난이도 하 ●○○

[정답 설명]
③ ㄹ - ㄱ - ㅁ - ㄴ - ㄷ의 순서가 가장 자연스럽다.

순서	순서 판단의 단서와 근거
ㄹ	사건의 발단을 제시함
ㄱ	'미술품 경매'를 주관하고자 하는 두 경매 회사가 등장함
ㅁ	두 회사의 경쟁을 해결할 수단인 '가위바위보'를 제시함
ㄴ	'가위바위보'의 과정을 제시함
ㄷ	'가위바위보'의 결과를 제시함

14 어휘 한자어 난이도 중 ●●○

[정답 설명]
③ 서글픈 웃음을 웃었다는 내용으로 보아, 괄호 안에는 '처량하고 슬픈'을 뜻하는 ③ '추연(惆然)한'이 들어가야 한다.

[오답 분석]
① 안이(安易)하다: 1. 너무 쉽게 여기는 태도나 경향이 있다. 2. 근심이 없이 편안하다.
② 양양(揚揚)하다: 뜻한 바를 이룬 만족한 빛을 얼굴이나 행동에 나타내는 면이 있다.
④ 건경(健勁)하다: 아주 힘차고 씩씩하다.

15 비문학 주제 및 중심 내용 파악 난이도 하 ●○○

[정답 설명]
③ 1~2문단에서는 현대 자본주의 사회는 신용 사회이므로 대부분의 사람들이 신용 소비자로 살아가지만, 서민층들은 금융 소외자의 위치에 놓일 가능성이 높음을 설명하고 있다. 그리고 3문단에서 서민층은 낮은 신용 등급으로 인해 매우 높은 이자율을 부담해야 하는 사금융을 이용할 수밖에 없는 실상을 설명하고 있으므로 다음 글의 중심 내용으로 적절한 것은 ③이다.

[오답 분석]
① 3문단 끝에서 1~3번째 줄에서 사금융 피해가 늘어나고 있음을 설명하고 있으나, 제시문의 일부에 해당하는 내용이므로 중심 내용으로 보기 어렵다.
② ④는 제시문을 통해 확인할 수 없는 내용이다.

16 어법 단어 (조사의 쓰임) 난이도 중 ●●○

[정답 설명]
③ '밥에 술에'에 쓰인 '에'는 둘 이상의 사물을 같은 자격으로 이어 주는 접속 조사이다. 이때 ① ② ④에 쓰인 '에'는 모두 앞말이 원인의 부사어임을 나타내는 격 조사이므로 의미가 가장 다른 하나는 ③이다.

17 비문학 관점 및 태도 파악 난이도 중 ●●○

[정답 설명]
② 필자는 1, 2문단에서 뇌물로 인한 문제가 심각함을 제시하고 있고 3, 4문단을 통해 조정 차원에서 이를 해결해야 함을 주장하고 있으므로 ㉠에 대한 필자의 견해로 가장 적절한 것은 ②이다.

18 비문학 세부 내용 파악 난이도 중 ●●○

[정답 설명]
② 2문단 2~4번째 줄을 통해 영화는 시간의 흐름에 따라 대상을 재현함으로써 사진의 기술적 객관성을 완성하였음을 알 수 있으므로, 사진을 통해 실현할 수 없었던 시간의 흐름을 영화에서 재현하였다는 설명은 적절하다.
[관련 부분] 영화를, 사진의 기술적 객관성을 시간 속에서 완성함으로써 대상의 살아 숨 쉬는 재현을 가능케 한 진일보한 예술로 본다. 시간의 흐름에 따른 재현이 가능해진 결과

[오답 분석]
① 1문단 2~5번째 줄을 통해 미라는 회화를 비롯한 조형 예술에 영향을 미친 복제의 욕망을 드러내는 것일 뿐, 조형 예술의 시초가 된 예술 작품은 아니다.
[관련 부분] 미라에는 ~ '복제의 욕망'은 회화를 비롯한 조형 예술에도 강력한 힘으로 작용해 왔다고 한다.
③ 1문단 끝에서 3~4번째 줄을 통해 사진은 인간의 주관성을 배제하고 대상을 재현하는 것임을 알 수 있으므로 적절하지 않은 설명이다.
[관련 부분] 인간의 주관성을 배제한 채 대상을 기계적으로 재현하는 사진
④ 1문단 5~8번째 줄을 통해 르네상스 이전까지는 작가의 자기표현 의지와 대상의 사실적 재현 간의 일정한 균형을 이루었으나, 원근법이 등장하면서 회화의 관심이 복제의 욕망 쪽으로 기울었음을 알 수 있으므로 적절하지 않은 설명이다.
[관련 부분] 르네상스 시대 이전까지 작가의 자기표현 의지와 일정한 균형을 이루어 왔다. 하지만 원근법이 등장하여 ~ 회화의 관심은 복제의 욕망 쪽으로 기울게 되었다.

19 어법 단어 (품사의 구분) 난이도 중 ●●○

정답 설명
① '젊어서'의 품사는 형용사이나, ② '늙어서', ③ '닮았다', ④ '늦어'의 품사는 모두 동사이므로 답은 ①이다.
- 젊어서(형용사): '나이가 한창때에 있다'를 뜻하는 형용사 '젊다'에 어미 '-어서'가 붙은 활용형으로, '젊는다'와 같이 현재 시제 선어말 어미 '-는-'과의 결합이 어색하므로 품사는 형용사이다.

오답 분석
② ③ ④ 모두 '늙는다', '닮는다', '늦는다'와 같이 현재 시제 선어말 어미 '-는-'과의 결합이 자연스러우므로 품사는 동사이다. 참고로, '늦다'는 문맥에 따라 형용사로 쓰이는 경우도 있으므로 유의해야 한다.
예 올해는 꽃이 늦게 핀다. (형용사)

이것도 알면 합격!

동사와 형용사로 모두 쓰이는 단어

단어	동사 예	형용사 예
크다	• 키가 제법 컸구나. • 착하고 바르게 크거라.	• 반에서 키가 제일 크다. • 실망이 크다.
밝다	• 새벽이 밝아 온다.	• 조명이 밝다. • 눈이 밝다.
있다	• 집에 있을 예정이다. • 가만히 있어라.	• 외계인은 있다. • 잘할 수 있다.
늦다	• 그는 약속 시간에 항상 늦는다. • 버스 시간에 늦었다.	• 시계가 늦게 간다. • 늦은 점심을 먹었다.

20 비문학 세부 내용 파악 난이도 중 ●●○

정답 설명
② 제시문의 1문단 끝에서 1~4번째 줄을 통해 가로 풀어쓰기와 관련 있는 문법 요소는 '사이표(')'임을 확인할 수 있다. 따라서 제시문의 내용과 부합하지 않는 것은 ②이다.

오답 분석
① 2문단 끝에서 1~2번째 줄 내용에 따르면, 북한은 된소리를 자음 14자의 끝에 배치하므로 'ㅎ' 뒤에 'ㄲ'이 위치하는 사실을 알 수 있다.
③ 1문단 4~6번째 줄 내용에 따르면 북한은 초기에 '냇가', '댓잎'과 같은 합성어에서 사이시옷 대신 사이표(')를 사용한 것을 알 수 있다.
④ 2문단 1~4번째 줄 내용에 따르면 같은 음운이라도 남한은 '기역, 디귿, 시옷'이라고 하며, 북한은 '기윽, 디읃, 시읏'이라고 함을 알 수 있다.

21 비문학 내용 추론 난이도 하 ●○○

정답 설명
② ㉠의 앞에서 브랜드는 기업의 매출뿐만 아니라 존속 여부까지 영향을 미침을 설명하며 소비자들에게 인식되는 '브랜드 이미지'가 매우 중요하다는 것을 알 수 있다. 그리고 ㉠의 뒤에서 소비자에게 신뢰를 주고 긍정적인 브랜드 이미지를 가진 곳으로 인식되기 쉽지 않으므로 기업은 꾸준하고 지속적으로 브랜드 이미지를 관리해야 한다고 주장하고 있다. 이를 통해 ㉠에는 소비자들에게 한 번 형성된 브랜드 이미지는 쉽게 바뀌지 않는다는 내용이 들어가야 함을 알 수 있다. 따라서 답은 ②이다.

[관련 부분]
- 브랜드는 기업의 이미지를 형성하는 데 매우 큰 역할을 하고 있으며, 소비자가 브랜드 이미지를 어떻게 인식하느냐에 따라 매출을 넘어 기업의 존속에도 영향을 미칠 수 있다.
- 기업이 소비자에게 신뢰성 높고 긍정적인 브랜드 이미지를 가진 곳으로 인식되려면 신중하게 브랜드 이미지를 관리하여야만 한다.

22 문학 시어의 의미 난이도 중 ●●○

정답 설명
③ 제시된 작품에서 ㉢ '벌레'는 화자 내면의 쓸쓸함과 공허함을 감각적으로 표현한 시어일 뿐이므로 답은 ③이다.

오답 분석
① ㉠ '청동 비둘기'는 도시의 쓸쓸하고 황량한 분위기를 고조시키는 소재이다.
② ㉡ '늘어선 고층'은 도회와 문명을 상징하는 소재로, 차가운 도회지의 모습을 형상화하고 있다.
④ ㉣ '광장'은 타인들의 시선을 피할 수 없는 공간으로, 모자도 없이 흐트러진 모습으로 광장에 섰다는 표현을 통해 화자의 불안감이 ㉣ '광장'에서 최고조에 이르렀음을 알 수 있다.

이것도 알면 합격!

김광균, '광장'의 주제 및 특징
1. 주제: 도시 문명 속에서 느끼는 개인의 불안감
2. 특징
   (1) 감각적인 표현을 활용하여 화자의 내면을 제시함
   (2) '대낮'에서 '황혼', '비인 방'에서 '광장'의 시간적·공간적 이동에 따라 시상이 전개됨

23 어법 한글 맞춤법 (띄어쓰기)   난이도 하 ●○○

정답 설명

④ 여기에서부터(○): 이때 '에서부터'는 '범위의 시작 지점이나 어떤 행동의 출발점, 비롯되는 대상임'을 나타내는 격 조사이므로 앞말에 붙여 쓴다. 참고로, '에서부터'는 격 조사 '에서'와 보조사 '부터'가 결합한 말이다.

오답 분석

① 것이∨라야(×) → 것이라야(○): 이때 '이라야'는 '대수롭지 않게 여기며 그것을 들어 말함'을 나타내는 보조사이므로 서로 붙여 써야 한다.
② 간∨밤(×) → 간밤(○): '바로 어젯밤'을 뜻하는 '간밤'은 한 단어이므로 붙여 써야 한다.
③ 나름∨대로(×) → 나름대로(○): 이때 '대로'는 앞에 오는 말에 근거하거나 달라짐이 없음을 나타내는 보조사이므로 앞말인 의존 명사 '나름'에 붙여 쓴다.

24 어법 문장 (피동 표현)   난이도 하 ●○○

정답 설명

④ 이때 '골리다'는 '상대편을 놀리어 약을 올리거나 골이 나게 하다'를 뜻하는 동사로, 피동의 의미가 없다. 따라서 피동 표현이 아닌 것은 ④이다.

오답 분석

① 이때 '뜯기다'는 '벌레 등에게 피가 빨리다'를 뜻하는 말로, '뜯다'에 피동 접미사 '-기-'가 결합하여 형성된 피동사이다.
② 이때 '적히다'는 '어떤 내용이 글로 쓰이다'를 뜻하는 말로, '적다'에 피동 접미사 '-히-'가 결합하여 형성된 피동사이다.
③ 이때 '끊기다'는 '관계가 이어지지 않게 되다'를 뜻하는 말로, '끊다'에 피동 접미사 '-기-'가 결합하여 형성된 피동사이다.

25 문학 작품의 내용 파악   난이도 중 ●●○

정답 설명

④ 제시된 작품의 마지막 문단에서 필자는 옛 가지를 잘라내고 새 가지로 접붙이듯 악한 생각을 꼬집어 내어 버리고, 착한 실마리가 싹이 터져 나오도록 하여 그 뿌리를 잘 길러 자신의 타고난 이치에 맞게 어진 것이 퍼질 수 있도록 해야 함을 말하고 있다. 따라서 '새로운 가지 접붙이기'라는 경험을 통해 '이치를 살펴 어짊을 퍼지게 함'을 깨달았다는 ④의 내용이 가장 적절하다.

오답 분석

① '뿌리 고쳐 심기'는 필자가 경험한 일에 해당하지 않으므로 ㉠으로 적절하지 않다. 하지만 옛 가지를 잘라내고 새 가지를 접붙이는 것처럼, 인간도 악한 생각을 끊고 어진 생각을 덧붙여야 함을 깨달았으므로 '마음의 악한 바를 제거해야 함'은 ㉡으로 적절하다.

② '열매 굵게 만들기'는 필자가 나무 접붙이기를 통해 경험한 일이긴 하지만, 필자가 궁극적으로 말하고자 하는 바에 해당하는 경험으로 볼 수 없으므로 ㉠으로 적절하지 않다. 또한 제시된 작품 속에 나무 접붙이기를 통해 꽃다운 꽃이 밖으로 피어나서 얼굴빛이 전혀 딴 것으로 변했다는 내용이 드러나 있으나 '얼굴빛을 좋게 만들어야 함'은 필자가 궁극적으로 말하고자 하는 바는 아니므로 ㉡으로 적절하지 않다.

③ '새로운 흙으로 바꾸기'는 필자가 경험한 일에 해당하지 않으므로 ㉠으로 적절하지 않다. 또한 필자는 나무 접붙이기를 통해 초목에서 일어난 일을 인간사에 적용할 수 있다고 생각하므로 '초목과 인간의 삶은 서로 다름'은 ㉡으로 적절하지 않다.

> **이것도 알면 합격!**
>
> 한백겸, '나무 접붙이기'의 주제와 특징
> 1. 주제: 나무 접붙이기를 통해 느낀 바와 수신(修身)의 다짐
> 2. 특징
>   (1) 일상적 소재로부터 얻은 깨달음을 드러냄
>   (2) 자신의 깨달음을 독자들이 받아들여 경계로 삼기를 바라는 교훈적 성격을 지님
>   (3) 정전(正傳)을 인용하여 글의 권위를 살림

07회 실전동형모의고사

실전동형문제 정답

p.62

01	② 어휘 – 혼동하기 쉬운 어휘	06	④ 비문학 – 글의 구조 파악	11	② 문학 – 화자의 정서 및 태도	16	④ 어법 – 국어의 로마자 표기	21	② 혼합(문학+어휘) – 화자의 정서, 한자 성어
02	④ 어법 – 한글 맞춤법	07	① 어법 – 한글 맞춤법	12	② 어휘 – 문맥에 적절한 어휘	17	④ 혼합(어법+어휘) – 단어	22	② 어휘 – 관용 표현, 속담
03	④ 어법 – 단어	08	② 비문학 – 글의 구조 파악	13	③ 비문학 – 글의 구조 파악	18	④ 어법 – 문장 부호	23	② 어법 – 표준 발음법
04	③ 어법 – 의미	09	② 어법 – 외래어 표기	14	④ 비문학 – 세부 내용 파악	19	③ 문학 – 소재의 의미	24	④ 문학 – 시구의 의미
05	④ 어휘 – 한자어	10	④ 문학 – 작품의 종합적 감상	15	④ 어법 – 올바른 문장 표현	20	② 문학 – 주제 및 중심 내용 파악, 시구의 의미	25	③ 비문학 – 주제 및 중심 내용 파악

취약영역 분석표

영역	어법	비문학	문학	어휘	혼합	총계
맞힌 답의 개수	/ 9	/ 5	/ 5	/ 4	/ 2	/ 25

* 취약영역 분석표를 이용해 1개라도 틀린 문제가 있는 영역은 그 영역의 문제만 골라 해설을 다시 한번 꼼꼼히 학습하세요.

---

01 어휘 혼동하기 쉬운 어휘   난이도 중 ●●○

정답 설명

② 새가며(×) → 새워 가며(○): 문맥상 '한숨도 자지 않고 밤을 지내다'를 뜻하는 '새우다'를 써야 한다. 참고로 '새다'는 목적어를 취하지 않는 자동사이므로 '밤을 새다'는 어법에 맞지 않는 표현이다.

오답 분석

① 금세(○): '지금 바로'를 뜻하는 '금시에'가 줄어든 말로, 문맥에 맞게 쓰였다.
· 금새: 물건의 값. 또는 물건값의 비싸고 싼 정도

③ 늘릴(○): '시간이나 기간을 길게 하다'를 뜻하는 '늘리다'가 문맥에 맞게 쓰였다.
· 늘이다: 본디보다 더 길어지게 하다.

④ 너머(○): '높이나 경계로 가로막은 사물의 저쪽. 또는 그 공간'을 뜻하는 '너머'가 문맥에 맞게 쓰였다.
· 넘어: '높은 부분의 위를 지나가다'를 뜻하는 동사 '넘다'의 활용형

02 어법 한글 맞춤법 (띄어쓰기)   난이도 중 ●●○

정답 설명

④ · 관계∨상(×) → 관계상(○): 이때 '-상'은 '그것과 관계된 입장' 또는 '그것에 따름'의 뜻을 더하는 접미사이므로 앞말에 붙여 써야 한다.
· 생략하는∨편(○): 이때 '편'은 '대체로 어떤 부류에 속함'을 뜻하는 의존 명사이므로 앞말과 띄어 쓴다.

오답 분석

① · 도착한∨순으로(○): 이때 '순'은 '무슨 일을 행하거나 여러 대상을 나열할 때 매겨지는 순서'를 뜻하는 의존 명사이므로 앞말과 띄어 쓴다.

· 착석해∨있었다(○): 본용언 '착석하다'와 보조 용언 '있다'가 결합한 구성으로, 본용언이 파생어이고 3음절 이상인 경우 본용언과 보조 용언을 띄어 쓴다.

② · 세∨시쯤(○): 이때 '시(時)'는 차례가 정하여진 시각을 이르는 의존 명사이므로 앞말과 띄어 쓰고, '-쯤'은 '알맞은 한도, 그만큼가량'의 뜻을 더하는 접미사이므로 앞말에 붙여 쓴다.
· 찾아올∨듯싶다(○): 본용언 '찾아오다'와 보조 용언 '듯싶다'가 결합한 구성으로, 본용언이 합성어이고 3음절 이상이므로 본용언과 보조 용언을 띄어 쓴다.

③ 발생∨시에는(○): 이때 '시'는 '어떤 일이나 현상이 일어날 때나 경우'를 뜻하는 의존 명사이므로 앞말과 띄어 쓴다. 참고로, '비상시, 유사시, 평상시, 필요시'는 사전에 등재된 한 단어이므로 붙여 쓴다.

03 어법 단어 (용언의 활용)   난이도 중 ●●○

정답 설명

④ 펐다(○): '푸-+-었-+-다'가 결합한 것으로, 이때 '푸다'는 모음으로 시작하는 어미와 결합할 때 어간의 'ㅜ'가 탈락하는 '우' 불규칙 용언이다. 따라서 ④ '펐다'는 옳은 표기이다.

오답 분석

① 붇을(×) → 불을(○): '붇다'의 어간 '붇-'에 어미 '-을'이 결합한 것으로, '붇다'는 모음으로 시작하는 어미와 결합할 때 어간 받침 'ㄷ'이 'ㄹ'로 변하는 'ㄷ' 불규칙 용언이다. 따라서 '불을'로 표기해야 한다.

② 당황스런(×) → 당황스러운(○): '당황스럽다'의 어간 '당황스럽-'에 어미 '-은'이 결합한 것으로, '당황스럽다'는 모음으로 시작하는 어미와 결합할 때 'ㅂ'이 '우'로 변하는 'ㅂ' 불규칙 용언이다. 따라서 '당황스러운'으로 표기해야 한다. 참고로, 접미사 '-답다', '-롭다', '-스럽다' 등이 결합하여 형성된 형용사는 모두 'ㅂ' 불규칙 용언이다.

실전동형모의고사 07회   43

③ 눌르고(×) → 누르고(○): '누르다'의 어간 '누르-'에 어미 '-고'가 결합한 것으로, '누르다'는 자음으로 시작하는 어미와 결합할 때 어간이 변화하지 않는다. 참고로, '누르다'는 모음으로 시작하는 어미와 결합할 때 '르'가 'ㄹㄹ'로 변하는 '르' 불규칙 용언이다.

04 어법 의미 (다의어와 동음이의어) 난이도 상 ●●●

정답 설명
③ '족보에 이름을 새겨 넣다'에 쓰인 '새기다'는 '적거나 인쇄하다'라는 뜻으로, 이것과 가장 가까운 의미로 사용된 것은 ③ '공책의 표지에 새겨 둔 문구는 나의 좌우명이다'에 쓰인 '새기다'이다.

오답 분석
① 이 책은 라틴어를 우리말로 새긴 번역서이다: 이때 '새기다'는 '다른 나라의 말이나 글을 우리말로 번역하여 옮기다'를 뜻한다.
② 그 말이 지닌 뜻을 제자에게 다시 새겨 주었다: 이때 '새기다'는 '글이나 말의 뜻을 알기 쉽게 풀이하다'를 뜻한다.
④ 비석에 새겨진 글자는 오래되어 더 이상 알아볼 수 없다: 이때 '새기다'는 '글씨나 형상을 파다'를 뜻한다.

05 어휘 한자어 (한자어의 표기) 난이도 상 ●●●

정답 설명
④ ㉣宣考(베풀 선, 생각할 고)(×) → 宣告(베풀 선, 알릴 고)(○): '선언하여 널리 알림' 또는 '공판정에서 재판장이 판결을 알리는 일'을 뜻하는 '선고'는 '宣告'로 써야 한다.

오답 분석
① ㉠抗訴(겨룰 항, 호소할 소)(○): 1. 민사 소송에서, 제일심의 종국 판결에 대하여 불복하여 상소함. 또는 그 상소. 2. 형사 소송에서, 제일심 판결에 대하여 불복하여 제이심 법원에 상소함. 또는 그 상소.
② ㉡提起(끌 제, 일어날 기)(○): 소송을 일으킴
③ ㉢事案(일 사, 책상 안)(○): 법률이나 규정 등에서 문제가 되는 일이나 안

06 비문학 글의 구조 파악 난이도 하 ●○○

정답 설명
④ 제시된 문장은 '자신을 위한 교육'이 '의무 교육'과는 대조적인 관계에 있음을 밝히고 있다. 이때 '의무 교육'은 문맥상 1문단에서 설명하고 있는 '타율 단계'의 교육에 가까우므로 이와 대조되는 '자신을 위한 교육'은 2문단에서 설명하는 '자율 단계'의 교육임을 알 수 있다. 따라서 제시된 문장이 들어가기에 가장 적절한 위치는 (라)이다.

07 어법 한글 맞춤법 (맞춤법에 맞는 표기) 난이도 중 ●●○

정답 설명
① 연둣빛(○): '연둣빛[연ː두삗/연ː둗삗]'은 한자어 '연두(軟豆)'와 순우리말 '빛'이 결합한 합성어이다. 앞말이 모음 'ㅜ'로 끝나고 뒷말의 첫소리 'ㅂ'이 된소리 [ㅃ]으로 소리 나므로 사이시옷을 받쳐 적는다.

오답 분석
② 얼룩이(×) → 얼루기(○): 어근 '얼룩'에 접미사 '-이'가 붙어서 된 말로, '-하다'나 '-거리다'가 붙을 수 없는 어근에 접미사 '-이'가 결합하여 명사가 된 경우 그 원형을 밝혀 적지 않는다.
· 얼루기: 얼룩얼룩한 점이나 무늬. 또는 그런 점이나 무늬가 있는 짐승이나 물건
③ 서슴치(×) → 서슴지(○): '서슴다'의 어간 '서슴-'에 어미 '-지'가 결합한 것이므로 '서슴지'가 올바른 표기이다.
· 서슴다: 결단을 내리지 못하고 머뭇거리며 망설이다.
④ 기입난(×) → 기입란(○): 한자음 '란(欄)'이 한자어 뒤에 올 때에는 두음 법칙을 적용하지 않고 본음대로 적는다. 참고로, '어린이난, 가십(gossip)난'과 같이 고유어 또는 외래어 뒤에 이어지는 한자음 '란(欄)'은 두음 법칙을 적용하여 적는다.

08 비문학 글의 구조 파악 (접속어의 사용) 난이도 중 ●●○

정답 설명
② ㉠과 ㉡에 들어갈 접속 부사로 가장 적절한 것은 각각 ㉠ '하지만', ㉡ '따라서'이므로 정답은 ②이다.
· ㉠: ㉠의 앞에서는 최대한 많은 정보를 받아들여야 한다고 주장하는 반면, ㉠의 뒤에서는 정보량이 일정 수준을 넘었을 때 오히려 활용이 어렵다는 점을 설명하고 있다. 따라서 ㉠에는 앞뒤 내용이 상반될 때 쓰는 접속 부사 '하지만', '그러나'가 들어가야 한다.
· ㉡: 4문단에서는 정보량이 넘칠 경우 활용이 어렵다는 3문단의 내용을 근거로 하여 적합하다고 생각되는 정보만 받아들여야 한다고 주장한다. 즉, 3문단의 내용이 4문단 내용의 '이유'가 되므로 ㉡에는 앞에서 말한 일이 뒤에서 말할 일의 원인, 이유, 근거가 됨을 나타내는 '따라서'가 들어가는 것이 적절하다.

09 어법 외래어 표기 난이도 중 ●●○

정답 설명
② '카탈로그', '크리스털'은 모두 외래어 표기법에 맞는 표기이다.
· 카탈로그(○): 'catalog[kætəlɔg]'는 관용에 따라 '카탈로그'로 적는다.
· 크리스털(○): 'crystal[krɪstəl]'에서 모음 [ə]는 'ㅓ'로 적는다.

07회 정답·해설 — 해커스군무원 실전동형모의고사 국어

오답 분석

① ・카스타드(×) → 커스터드(○): 'custard[kʌstərd]'에서 모음 [ʌ]와 [ə]는 모두 'ㅓ'로 적는다.
・도넛(○): 'doughnut[dounʌt]'에서 짧은 모음 [ʌ] 다음에 오는 [t]는 받침 'ㅅ'으로 적는다.

③ ・카디건(○): 'cardigan[kɑːdigən]'에서 모음 앞에 오는 자음 [k]는 'ㅋ'으로 적는다.
・내프킨(×) → 냅킨(○): 'napkin[næpkɪn]'에서 짧은 모음 [æ] 다음의 어말 무성 파열음 [p]는 받침 'ㅂ'으로 적는다.

④ ・커피숍(○): 'coffee[kɔfi]'는 관용에 따라 '커피'로 적으며, 'shop[ʃɔp]'에서 모음 앞의 [ʃ]는 뒤따르는 모음 [ɔ]와 결합하여 '쇼'로 적으며, 어말의 [p]는 받침 'ㅂ'으로 적으므로 '숍'으로 적는다.
・나레이션(×) → 내레이션(○): 'narration[næreiʃən]'에서 모음 [æ]는 'ㅐ'로 적는다.

---

10 문학 작품의 종합적 감상 (시) 난이도 중 ●●○

정답 설명

④ 제시된 작품에서 화자는 가난한 생활에 만족하며 지내겠다는 의지를 노래하고 있다. 따라서 '貧而無怨(빈이무원)'에 화자가 지향하는 삶의 태도가 드러난다는 설명은 적절하다.
・貧而無怨(빈이무원): 가난하더라도 세상이나 남을 원망하지 않음을 이르는 말

오답 분석

① 제시된 작품은 4음보 연속체로, 3·4조의 음수율을 형성하고 있다. 참고로 이는 가사 갈래의 일반적 특징이다.
② 이때 '有斐君子(유비군자)'는 '교양있는 선비'를 이르는 말로, 화자는 이들에게 자연을 함께 즐길 것을 제안하고 있다.
③ 제시된 작품에는 화자가 꿈에서 사건을 겪는 내용이 드러나지 않는다.

---

11 문학 화자의 정서 및 태도 난이도 중 ●●○

정답 설명

② ㉠은 화자가 자연물인 '갈매기'와 한 몸이 되어 풍류를 즐기며 물아일체의 경지에 올랐음을 표현한 부분이다. 따라서 ㉠에 드러나는 화자의 정서로 가장 적절한 것은 ②이다.

지문 풀이

자연과 더불어 살겠다는 꿈을 꾼 지도 오래더니,
먹고사는 것이 누가 되어, 아아 잊었도다.
저 물가를 보니 푸른 대나무가 많기도 하구나.
교양 있는 선비들아, 낚싯대 하나 빌리자꾸나.
갈대꽃 깊은 곳에서 밝은 달과 맑은 바람의 벗이 되어,
임자가 없는 자연 속에서 근심 없이 늙으리라.

㉠ 욕심 없는 갈매기야, (나더러) 오라고 하며 말라고 하랴?
다툴 이가 없는 것은 다만 이뿐인가 생각하노라.
보잘것없는 이 몸이 무슨 뜻과 취향이 있으랴마는,
두어 이랑의 밭과 논을 다 묵혀 던져 두고,
있으면 죽이요, 없으면 굶을망정
남의 집, 남의 것은 전혀 부러워하지 않겠노라.
내 가난과 천함을 싫게 여겨 손을 내젓는다고 물러가겠으며,
남의 부귀를 부럽게 여겨 손짓을 한다고 오겠는가?
인간의 어느 일이 운명과 상관없이 생겼으랴?
가난하지만 원망하지 않는 것을 어렵다고 하지마는,
내 삶이 이렇다 해서 서러운 뜻은 없노라.
가난한 생활이지만, 이것도 만족스럽게 여기고 있노라.

---

12 어휘 문맥에 적절한 어휘 난이도 하 ●○○

정답 설명

② ㉠의 앞뒤 문맥을 고려했을 때, ㉠에 들어갈 단어로 가장 적절한 것은 ② '전술(戰術)'이다.
・전술(戰術): 전쟁 또는 전투 상황에 대처하기 위한 기술과 방법

오답 분석

① 강령(綱領): 1. 일의 근본이 되는 큰 줄거리 2. 정당이나 사회단체 등이 그 기본 입장이나 방침, 운동 규범 등을 열거한 것
③ 공작(工作): 어떤 목적을 위하여 미리 일을 꾸밈
④ 공략(攻略): 군대의 힘으로 적의 영토나 진지를 공격하여 빼앗음

---

13 비문학 글의 구조 파악 (문단 배열) 난이도 중 ●●○

정답 설명

③ (가) 이후에 이어질 내용의 순서로 가장 적절한 것은 ③ '(다) - (마) - (라) - (나)'이다.

순서	중심 내용	순서 판단의 단서와 근거
(가)	조선 전기 조선군의 전술과 그 효과	–
(다)	16세기 중반 일본에 도입된 조총으로 인해 조선군의 전술적 우위가 상쇄됨	・접속 부사 '하지만': 조선 전기 조선군의 전술이 효과적이었다는 (가)의 내용과 상반된 내용을 제시함 ・지시 표현 '이러한': (가)에서 설명한 조선 전기 조선군의 전술을 의미함
(마)	중국의 절강병법과 그 특징	접속 부사 '한편': (다)에서 언급한 일본군의 조총 공격에 대응하기 위해 고안된 전술을 설명하고 있음

실전동형모의고사 07회 45

(라)	중국의 절강병법을 일부 수용함으로써 변화한 조선군의 전술	키워드 '절강병법': (마)에서 언급한 절강병법을 조선군이 수용한 결과에 대해 설명하고 있음
(나)	조선의 군사적 변화로 인해 발생한 정치적, 경제적 변화	앞서 언급된 군사적 변화의 결과가 초래한 정치적, 경제적 변화가 언급되고 있으므로 가장 마지막에 제시되는 것이 자연스러움

③ 어디에서 접수하는지(×) → 원서를 어디에서 접수하는지(○): '접수하다'와 호응하는 목적어가 생략되었으므로 '원서를'과 같은 목적어를 넣어주는 것이 자연스럽다.

16 어법 국어의 로마자 표기   난이도 중 ●●○

정답 설명

④ 한려수도 Hallyeosudo(○): '한려수도[할려수도]'는 '한'의 받침 'ㄴ'이 'ㄹ'의 영향을 받아 [ㄹ]로 발음되며(유음화), 자음 동화의 결과는 로마자 표기에 반영하므로 'Hallyeosudo'로 표기한다.

오답 분석

① 가의도 Gaido(×) → Gauido(○): 모음 'ㅢ'는 'ㅣ'로 소리 나더라도 'ui'로 적으므로 '가의도[가의도/가이도]'는 'Gauido'로 표기해야 한다.
② 연천 Youncheon(×) → Yeoncheon(○): 모음 'ㅕ'는 'Yeo'로 적으므로 '연천[연천]'은 'Yeoncheon'으로 표기해야 한다.
③ 삼랑진 Samrangjin(×) → Samnangjin(○): '삼랑진[삼낭진]'은 '랑'의 초성 'ㄹ'이 '삼'의 받침 'ㅁ'의 영향을 받아 [ㄴ]으로 발음되며('ㄹ'의 비음화), 자음 동화의 결과는 로마자 표기에 반영하므로 'Samnangjin'으로 표기해야 한다.

14 비문학 세부 내용 파악   난이도 중 ●●○

정답 설명

④ (다)의 4~5번째 줄을 통해 16세기 중반 이후 일본군의 조총 무장 보병은 신분이 낮은 계층이었음을 알 수 있다. 따라서 ④의 설명은 적절하지 않다.
[관련 부분] 신분이 낮은 계층인 조총 무장 보병이 주요한 전투원으로 등장할 수 있었다.

오답 분석

① (나) 문단의 내용을 통해 조선군의 조총 사용에 따라 군의 규모가 커졌고, 이러한 군사력을 유지하기 위해 호패 제도가 시행되었음을 알 수 있다.
② (다) 문단 4~5번째 줄을 통해 조총 무장 보병이 일본군의 주요한 전투원으로 등장했음을 알 수 있고, (마) 문단의 1~2번째 줄을 통해 절강병법이 일본군의 조총 사용에 대응하기 위한 전술임을 알 수 있다.
[관련 부분]
  • (다): 신분이 낮은 계층인 조총 무장 보병이 주요한 전투원으로 등장할 수 있었다.
  • (마): 중국의 절강병법은 이러한 일본군에 대응하기 위해 고안된 전술로
③ (라)의 끝에서 1~5번째 줄을 통해 알 수 있다.
[관련 부분] 17세기 중반 이후 조총의 신뢰성과 위력이 높아지면서 ~ 조총이 차지하는 비중이 점점 증가했다.

17 어법 + 어휘 단어 (단어의 형성), 고유어   난이도 중 ●●○

정답 설명

④ '몸가축(몸+가축)'은 고유어 '몸'과 '가축'이 결합한 합성어이다.
  • 몸가축: 몸을 매만지고 다듬음

오답 분석

① '꼭짓점(꼭지+點)'은 고유어 '꼭지'와 한자어 '점(點)'이 결합한 합성어이다.
  • 꼭짓점: 각을 이루고 있는 두 변이 만나는 점
② '단벌옷(단-+벌+옷)'은 한자어 접두사 '단-(單-)'과 고유어 '벌'이 결합한 '단벌'에 고유어 '옷'이 결합한 합성어이다.
  • 단벌옷: 단 한 벌밖에 없는 옷
③ '고봉밥(高捧+밥)'은 한자어 '고봉(高捧)'과 고유어 '밥'이 결합한 합성어이다.
  • 고봉밥: 그릇 위로 수북하게 높이 담은 밥

15 어법 올바른 문장 표현   난이도 중 ●●○

정답 설명

④ 아무리 생각해도 지난밤 그의 행동은 실수라기보다는 고의였다(○): 각 문장 성분이 적절하게 호응하며, 비교의 뜻을 나타내는 조사 '보다'를 통해 연결된 말의 구조가 적절하게 대응한다.

오답 분석

① 이유는 여행을 간다는 사실이다(×) → 이유는 여행을 가기 때문이다(○): 주어 '이유는'과 서술어 '사실이다'의 호응이 어색하다. 문맥상 서술어를 '때문이다'로 고쳐 쓰는 것이 자연스럽다.
② 절대로 오늘까지 신청서를 제출해야 한다(×) → 반드시 오늘까지 신청서를 제출해야 한다(○): 부사 '절대로'는 부정의 서술어와 호응한다. 따라서 '-해야 한다'와 같은 당위의 서술어와 호응하는 부사 '반드시'로 고쳐 쓰는 것이 자연스럽다.

18 어법 문장 부호   난이도 중 ●●○

정답 설명

④ 한나/주연, 소라/지혜(×) → 한나·주연, 소라·지혜(○): 열거한 어구들을 일정한 기준으로 묶어서 나타낼 때, 같은 묶음에 속한 어구들 사이에는 빗금(/)이 아닌 가운뎃점(·)을 써야 한다.

오답 분석

① 대비되는 두 개 이상의 어구를 묶어 나타낼 때 그 사이에 빗금(/)을 쓴다.
② 시의 행이 바뀌는 부분임을 나타낼 때 빗금(/)을 쓴다.
③ 기준 단위당 수량을 표시할 때, 해당 수량과 기준 단위 사이에 빗금(/)을 쓴다.

이것도 알면 합격!

빗금(/)의 쓰임

1. 대비되는 두 개 이상의 어구를 묶어 나타낼 때 그 사이
   예 • 금메달/은메달/동메달
   • 문과 대학/이과 대학(o)
   문과 대학 / 이과 대학(o)
2. 기준 단위당 수량을 표시할 때 해당 수량과 기준 단위 사이
   예 100미터/초
3. 시의 행이 바뀌는 부분임을 나타낼 때
   예 산에 / 산에 / 피는 꽃은 / 저만치 혼자서 피어 있네

참고로, 빗금의 앞뒤는 1과 2에서는 붙여 쓰며, 3에서는 띄어 쓰는 것을 원칙으로 하되 붙여 쓰는 것을 허용함. 단, 1에서 대비되는 어구가 두 어절 이상인 경우에는 빗금의 앞뒤를 띄어 쓸 수 있음

19 문학 소재의 의미 난이도 중 ●●○

정답 설명

③ ⓒ의 뒷 문장을 통해 '구례'는 역마살을 막기 위해 결혼하려던 그녀(계연)가 '성기'와 결혼하지 않고 체 장수 영감과 함께 떠난 방향임을 알 수 있다. 따라서 '구례'는 성기가 자신의 운명을 극복하기 위해 노력한 과거의 삶이 아닌, 자신의 운명을 거역하는 삶을 의미하므로 답은 ③이다.

오답 분석

① ㉠ '엿판'은 떠돌이의 삶을 상징하는 소재이므로, 성기가 자신의 타고난 역마살을 받아들이고 떠돌이의 삶을 살기로 결정하였음을 드러내는 소재이다.
② ㉡ '화개 장터 삼거리 길'은 옥화의 주막이 있는 '화갯골'과 계연이 떠난 '구례', 역마살을 받아들이는 '하동' 세 갈래로 갈라져 있다. 이곳에서 성기가 한 가지 길을 선택하여 떠나면 그의 운명이 결정되므로 적절한 설명이다.
④ ㉣ '콧노래'는 운명에 순응하는 길인 하동으로 발걸음을 옮기면서 흥얼거린 것으로, 운명에 순응한 성기의 홀가분함을 드러내는 소재이다.

이것도 알면 합격!

'세 갈래의 길'의 의미

화갯골(쌍계사)	성기가 살던 곳 → 과거의 삶
구례	계연이 떠나간 길 → 운명을 거스르는 삶
하동	성기가 떠난 방향 → 운명에 순응하는 삶

20 문학 주제 및 중심 내용 파악, 시구의 의미 난이도 중 ●●○

정답 설명

② 제시된 작품은 역마살을 타고난 성기가 운명을 거스르기 위해 노력했지만, 결국 운명에 순응하고 떠돌이의 삶을 살아가게 되는 이야기이다. 즉 제시된 작품의 주제는 '운명에 순응하는 삶'이다. ②는 '인간의 어느 일이 운명과 상관없이 생겼으랴'라는 뜻으로, 인간의 일은 모두 운명에 따른 것임을 노래하고 있다. 따라서 이 글의 주제를 표현한 시구로 가장 적절한 것은 ②이다.

오답 분석

① ③ ④ 모두 제시된 작품의 주제를 표현한 시구로 적절하지 않다.
① '임금의 은혜인 것을 이제 더욱 알 것 같구나'라는 뜻으로, 임금의 은혜에 감사함을 노래하고 있다.
③ '어리석고 시골뜨기인 내 생각은 이것이 내 분수인가 하노라'라는 뜻으로, 자기 자신을 겸손하게 표현하고 있다.
④ '무심한 달빛만 싣고 빈 배 저어 오노라'라는 뜻으로, 물욕이나 명예와 같은 세속적 가치를 초월한 삶의 경지를 나타내고 있다.

21 문학+어휘 화자의 정서 및 태도, 한자 성어 난이도 상 ●●●

정답 설명

② 제시된 작품은 임제의 '무어별'로, 사랑하는 사람과 이별한 소녀의 슬픔을 표현한 한시이다. 따라서 제시된 작품의 주된 정조를 가장 잘 나타내는 한자 성어는 ② '愛別離苦(애별리고)'이다.
• 愛別離苦(애별리고): 사랑하는 사람과 헤어지는 괴로움

오답 분석

① 佳人薄命(가인박명): 미인은 불행하거나 병약하여 요절하는 일이 많음
③ 風樹之歎(풍수지탄): 효도를 다하지 못한 채 어버이를 여읜 자식의 슬픔을 이르는 말
④ 刻苦勉勵(각고면려): 어떤 일에 고생을 무릅쓰고 몸과 마음을 다하여, 무척 애를 쓰면서 부지런히 노력함

이것도 알면 합격!

임제, '무어별(無語別)'의 주제 및 특징

1. 주제: 이별한 소녀의 애틋한 마음
2. 특징
   (1) 관찰자적인 입장에서 객관적으로 상황을 전달함
   (2) '배꽃 사이 달(梨花月)'이라는 소재를 통해 애상적 분위기를 형성함

22 어휘 관용 표현, 속담 난이도 상 ●●●

[정답 설명]
② 문맥상 ㉠에는 앞서 얘기했던 말을 자꾸 되풀이한다는 의미를 가진 표현이 들어가는 것이 적절하다. 따라서 ㉠에 들어갈 말로 가장 적절한 것은 '끈질기게 조르거나 자꾸 되풀이해서 말을 늘어놓음'을 비유적으로 이르는 ② '실이 노가 되도록'이다.
- 노: 실, 삼, 종이 등을 가늘게 비비거나 꼬아 만든 줄

[오답 분석]
① 눈자리가 나도록 보다: 1. 한곳을 뚫어지게 보는 것을 비유적으로 이르는 말 2. 실컷 보는 것을 비유적으로 이르는 말
- 눈자리: 뚫어지게 또는 실컷 바라본 자취를 비유적으로 이르는 말
③ 용수가 채반이 되도록 우긴다: 사리에 맞지 않는 의견을 끝까지 주장하는 경우를 비꼬아 이르는 말
- 용수: 싸리나 대오리로 만든 둥글고 긴 통
④ 노적 담불에 싸이다: 곡식을 많이 쌓아 두다.
- 노적: 곡식 등을 한데에 수북이 쌓음. 또는 그런 물건
- 담불: 곡식이나 나무를 높이 쌓아 놓은 무더기

23 어법 표준 발음법 난이도 중 ●●○

[정답 설명]
② 임진란[임:질란](×) → [임:진난](○): '임진란'은 '진'의 받침 'ㄴ'이 'ㄹ'과 만났을 때 유음화가 일어나지 않고 [ㄴㄴ]으로 발음되는 유음화의 예외에 해당하는 단어이다. 따라서 '임진란'의 표준 발음은 [임:진난]이다.

[오답 분석]
①③④ '무한량', '난류권', '변론인' 모두 받침 'ㄴ'이 'ㄹ'과 만나 [ㄹㄹ]로 발음되는 유음화가 일어나는 단어이다. 따라서 ①③④는 각각 [무할량], [날:류꿘], [별:로닌]이 표준 발음이다.

24 문학 시구의 의미 난이도 중 ●●○

[정답 설명]
④ ㉣은 아침 해가 떠오르듯 농촌에도 희망이 있음을 의미하는 시구이나, ㉠ ㉡ ㉢은 모두 농촌에 닥친 시련과 그로 인해 피폐해진 농촌의 현실을 드러내는 시구이다. 따라서 내포하는 의미가 다른 것은 ④이다.

[이것도 알면 합격!]

고재종, '세한도'의 주제 및 특징
1. 주제: 힘겨운 농촌의 현실을 극복하려는 의지와 희망
2. 특징
   (1) 색채 이미지를 통해 주제를 강조함
   (2) '청솔'을 통해 현실 극복 의지와 희망을 표현함
   (3) 김정희의 '세한도'를 차용하여 농촌 현실을 드러냄

25 비문학 주제 및 중심 내용 파악 난이도 하 ●○○

[정답 설명]
③ 1~2문단에서는 전 세계의 음식 문화가 비슷해지고 있음을 밝히고 있으며, 3~4문단에서는 그 이유가 '공장식 농장'을 통해 저렴한 육류 생산이 가능해졌기 때문임을 밝히고 있다. 따라서 제시문의 중심 내용으로 가장 적절한 것은 ③이다.

[오답 분석]
①② 제시문과 관련 없는 내용이다.
④ 5문단의 내용을 통해 '공징식 농징'으로 인해 육류 소비가 오히려 단순화되었음을 알 수 있다.

08회 실전동형모의고사

● 실전동형문제 정답

p.70

01	② 어법 – 한글 맞춤법	06	④ 문학 – 작품의 종합적 감상	11	② 어법 – 한글 맞춤법	16	④ 어휘 – 한자 성어	21	② 문학 – 내용 추리
02	④ 비문학 – 논지 전개 방식	07	③ 문학 – 화자의 정서 및 태도	12	② 어휘 – 한자 성어	17	① 어법 – 표준 발음법	22	① 어법 – 표준 발음법
03	④ 어법 – 표준어 사정 원칙	08	① 어법 – 올바른 문장 표현	13	③ 비문학 – 주제 및 중심 내용 파악	18	③ 어법 – 국어의 로마자 표기	23	③ 비문학 – 글의 구조 파악
04	② 문학 – 작품의 종합적 감상	09	② 어법 – 외래어 표기	14	③ 어휘 – 한자어	19	② 혼합(어법+어휘) – 국어 순화, 한자어	24	② 비문학 – 내용 추론
05	③ 어휘 – 속담	10	④ 문학 – 문학의 미적 범주	15	④ 문학 – 시어의 의미	20	④ 문학 – 작품에 대한 지식	25	① 어법 – 한글 맞춤법

● 취약영역 분석표

영역	어법	비문학	문학	어휘	혼합	총계
맞힌 답의 개수	/ 9	/ 4	/ 7	/ 4	/ 1	/ 25

* 취약영역 분석표를 이용해 1개라도 틀린 문제가 있는 영역은 그 영역의 문제만 골라 해설을 다시 한번 꼼꼼히 학습하세요.

---

01 어법 한글 맞춤법 (띄어쓰기)   난이도 하 ●○○

정답 설명

② 척ˇ한다(×) → 척한다(○): 의존 명사 '척' 뒤에 접미사 '-하다'가 결합된 형태인 보조 동사 '척하다'는 한 단어이므로 붙여 쓴다.
  · 척하다: 앞말이 뜻하는 행동이나 상태를 거짓으로 그럴듯하게 꾸밈을 나타내는 말

오답 분석

① 얼토당토않은(○): '얼토당토않다'는 '전혀 합당하지 않다'를 뜻하는 '얼토당토아니하다'의 준말이므로 붙여 쓴다.
③ 한ˇ명꼴로(○): '명'은 '사람을 세는 단위'를 뜻하는 의존 명사이므로 수 관형사 '한'과 띄어 쓰고, '-꼴'은 '그 수량만큼 해당함'의 뜻을 더하는 접미사이므로 앞말과 붙여 쓴다.
④ 부산ˇ등지에서(○): '등지(等地)'는 '그 밖의 곳들을 줄임'을 나타내는 의존 명사이므로 앞말과 띄어 쓴다.

---

02 비문학 논지 전개 방식   난이도 중 ●●○

정답 설명

④ ㉠은 하위 개념인 각각의 품사들을 상위 개념인 '체언, 용언, 수식언'으로 묶어 가며 설명하고 있으므로 '분류'의 설명 방법이 사용되었고, ㉡은 대상인 '시계'를 그 구성 요소로 나누어 설명하고 있으므로 '분석'의 설명 방법이 사용되었다.
  · ㉠ 분류: 하위 개념을 비슷한 특성에 따라 상위 개념으로 묶어 가면서 설명하는 방식
  · ㉡ 분석: 어떤 대상을 그 구성 요소나 성질로 나누어 설명하는 방식

오답 분석

· 구분: 어떤 대상이나 생각을 비슷한 특성에 따라 상위 개념에서 하위 개념으로 나누어 설명하는 방식

이것도 알면 합격!

분류와 분석의 차이점

'분류'가 어떤 대상을 공통된 특성으로 묶어 종류를 나누는 것이라면, '분석'은 어떤 대상을 그 구성 요소나 성질로 나누는 것이다. 따라서 만약 나누기 전의 것은 A, 나눈 후의 것은 B라고 한다면 분류는 'B는 A의 종류'가 되고, 분석은 'B는 A의 일부'가 된다.

---

03 어법 표준어 사정 원칙 (표준어의 구분)   난이도 중 ●●○

정답 설명

④ '발목쟁이, 허우적허우적, 튀기'는 모두 표준어이다.
  · 발목쟁이(○): 기술자에게는 '-장이', 그 외에는 '-쟁이'가 붙는 형태를 표준어로 삼으므로, '발 혹은 발목을 속되게 이르는 말'은 '발목쟁이'가 표준어이다.
  · 허우적허우적(○): 모음이 단순화한 형태를 표준어로 삼은 경우로, '허위적허위적'이 아닌 '허우적허우적'이 표준어이다.
  · 튀기(○): 모음의 발음 변화를 인정하여 발음이 바뀌어 굳어진 형태를 표준어로 삼은 경우로, '종(種)이 다른 두 동물 사이에서 난 새끼'를 이르는 말은 '트기'가 아닌 '튀기'가 표준어이다.

오답 분석

① 뽄새(×) → 본새(○): 비슷한 발음의 몇 가지 형태가 쓰이는 경우에 그 의미에 아무런 차이가 없고 그중 하나가 더 널리 쓰이면 그 형태만을 표준어로 삼은 경우로, '본새'가 표준어이다.
  · 본새: 1. 어떤 물건의 본디의 생김새 2. 어떠한 동작이나 버릇의 됨됨이

② 막동이(×) → 막둥이(○): 양성 모음이 음성 모음으로 바뀌어 굳어진 단어는 음성 모음 형태를 표준어로 삼으므로 '막둥이'가 표준어이다.

③ 허드래(×) → 허드레(○): 모음의 발음 변화를 인정하여 발음이 바뀌어 굳어진 형태를 표준어로 삼은 경우로, '허드레'가 표준어이다.

04 문학 작품의 종합적 감상 (시) 난이도 중 ●●○

정답 설명

② 화자는 '이 강물 어느 지류에 조각처럼 서서'라는 시구를 통해 자신이 역사의 중심에서 떨어져 나와 현실에 적극적으로 대응하지 않고 살아왔음을 드러내고 있다. 따라서 설명이 적절하지 않은 것은 ②이다.

오답 분석

① 1연에서 '검은 밤', '은하수' 등의 시어를 통해 암담한 현실에 대한 인식을 드러내고 있는 반면, 3연에서 '어두운 강물' 아래로 '빛나는 태양'이 다 다른다는 표현을 통해 화자의 인식이 희망적으로 바뀌고 있음을 드러내고 있다.

③ 4연의 마지막 행을 통해 화자가 암울한 현실 속에서도 밝은 미래에 대한 소망을 의지적으로 노래하고 있음을 알 수 있다.

④ '어두운 이 강물, 검은 밤, 낮은 밤, 은하수'는 일제 강점기 식민지 현실을 의미하는 부정적 시어이고, '빛나는 태양, 푸른 하늘'은 시적 화자가 지니고 있는 희망을 드러내는 긍정적 시어이다. 제시된 작품은 이러한 시어의 대립을 통해 '암담한 현실에 대한 인식과 밝은 미래에 대한 의지'라는 작품의 주제를 효과적으로 표현하고 있다.

이것도 알면 합격!

신석정, '어느 지류(支流)에 서서'
1. 주제: 암담한 현실에 대한 인식과 밝은 미래에 대한 소망
2. 특징
   (1) 반복적인 표현을 통한 율격 형성
   (2) 어둠과 밝음의 대립적 이미지를 활용한 시상 전개
3. 시어의 의미

어두움	어두운 이 강물, 검은 밤, 낮은 밤, 은하수	암울한 식민지 현실
밝음	빛나는 태양, 푸른 하늘	조국 광복, 희망, 소망

05 어휘 속담 난이도 중 ●●○

정답 설명

③ 제시된 내용은 '포도청의 문고리 빼겠다'의 뜻풀이이다.

오답 분석

① 가랑잎에 불붙듯: 1. '바싹 마른 가랑잎에 불을 지르면 걷잡을 수 없이 잘 탄다'라는 뜻으로, 성미가 조급하고 도량이 좁아 걸핏하면 발끈하고 화를 잘 내는 것을 비유적으로 이르는 말 2. 어떤 주장에 호응하거나, 자극에 대하여 빠르게 반응함을 비유적으로 이르는 말

② 나루 건너 배 타기: 1. 무슨 일에나 순서가 있어 건너뛰어서는 할 수 없음을 비유적으로 이르는 말 2. 가까운 데 있는 것을 버리고 먼 데 있는 것을 취함을 비유적으로 이르는 말

④ 남산골샌님이 역적 바라듯: 1. 가난한 사람이 엉뚱한 일을 바람을 비유적으로 이르는 말 2. '몰락하여 가난하게 사는 남촌 지방의 양반들이 반역할 뜻을 품는다'라는 뜻으로, 불평이 많고 불우한 처지에 있는 사람들이 반역의 뜻을 품기 마련임을 비유적으로 이르는 말

06 문학 작품의 종합적 감상 (시조) 난이도 중 ●●○

정답 설명

④ 제시된 작품은 윤선도의 '오우가'로, 지조, 절개와 같은 유교적 이념을 자연물의 속성을 통해 표현한 연시조 작품이다. 따라서 작품에 대한 설명으로 적절한 것은 ④이다.

오답 분석

① 제시된 작품은 각 수마다 각각 다른 자연물의 속성을 대구와 대조를 통해 예찬하는 방식으로 시상을 전개하고 있을 뿐 시간의 흐름은 드러나지 않는다.

② 속물적인 세태에 대한 해학과 풍자는 드러나지 않는다.

③ 다섯 가지 자연물(물, 바위, 소나무, 대나무, 달)을 벗으로 의인화하여 그들이 가진 속성을 예찬하고 있을 뿐 현실 비판은 드러나지 않는다.

07 문학 화자의 정서 및 태도 난이도 중 ●●○

정답 설명

③ 밑줄 친 부분을 통해 화자는 다섯 벗(물, 바위, 소나무, 대나무, 달) 외에 다른 것이 없어도 만족한다는 안분지족(安分知足)의 태도를 드러내고 있다.
   · 안분지족(安分知足): 편안한 마음으로 제 분수를 지키며 만족할 줄을 앎

지문 풀이

내 벗이 몇인가 하니 물과 바위와 소나무와 대나무이다.
동산에 달 오르니 그 더욱 반갑구나.
두어라 이 다섯 밖에 더하여 무엇하리.   〈제1수〉

꽃은 무슨 일로 피자마자 쉽게 지고,
풀은 어찌하여 푸르러지자 곧 누른빛을 띠는가?
아마도 변하지 않는 것은 바위뿐인가 하노라.   〈제3수〉

나무도 아닌 것이, 풀도 아닌 것이,
곧기는 누가 시켰으며, 속은 어찌 비었느냐?
저러고도 사시사철 푸르니 그를 좋아하노라.   〈제5수〉

작은 것이 높이 떠서 만물을 다 비추니
밤중에 밝은 빛이 너만한 것이 또 있겠느냐?
보고도 말을 하지 않으니 내 벗인가 하노라. 〈제6수〉

이것도 알면 합격!

윤선도, '오우가'의 시상 전개 방식

수	내용	수사법
제1수	다섯 벗을 소개함	문답법
제2수	구름, 바람의 가변성에 대조되는 물의 불변성 예찬	대구법, 대조법
제3수	꽃과 풀의 순간성에 대조되는 바위의 영원성 예찬	대구법, 대조법
제4수	눈서리를 이겨내는 소나무의 지조와 절개 예찬	대구법, 대조법
제5수	사시사철 푸른 대나무의 지조와 절개 예찬	대구법
제6수	광명의 상징인 달의 포용력과 과묵함 예찬	

08 어법 올바른 문장 표현 난이도 상 ●●●

정답 설명

① 이때 '짙다'는 '드러나는 기미, 경향, 느낌 등이 보통 정도보다 뚜렷하다'라는 뜻으로, 주어 '사고 가능성이'와의 호응이 자연스럽다.

오답 분석

② 행정 정보에 접근하고 참여할 수(×) → 행정 정보에 접근하고 수정에 참여할 수(○): 서술어 '참여하다'와 호응하는 부사어가 생략되어 있으므로 '수정에'와 같은 적절한 부사어를 넣어 주어야 한다.

③ 회의에 있어서는(×) → 회의에서는(○): '~에 있어서'는 일본어 번역 투이므로 '에서'로 고쳐 써야 한다.

④ 운동을 해야겠다는 생각이다(×) → 운동을 해야겠다고 생각한다(○): 생략된 주어 '나는'과 서술어 '생각이다'의 호응이 어색하다. 따라서 '운동을 해야겠다' 또는 '운동을 해야겠다고 생각한다'와 같은 형식으로 고쳐 써야 한다.

09 어법 외래어 표기 난이도 하 ●○○

정답 설명

② 타깃(○): 'target[tɑːgit]'에서 모음 [i]는 'ㅣ'로 적으므로 '타깃'은 옳은 표기이다.

오답 분석

① 컨셉(×) → 콘셉트(○): 'concept[kɔnsept]'에서 모음 [ɔ]는 'ㅗ'로 적어야 하며, 짧은 모음 다음에 오는 경우를 제외한 어말의 [t]는 '으'를 붙여 적으므로 '콘셉트'로 표기해야 한다.

③ 스카웃(×) → 스카우트(○): 'scout[skaut]'에서 중모음 [au]는 각 단모음의 음가를 살려 적되, 짧은 모음 다음에 오는 경우를 제외한 어말의 [t]는 '으'를 붙여 적으므로 '스카우트'로 표기해야 한다.

④ 칼럼리스트(×) → 칼럼니스트(○): 'columnist[kɑləmnist]'에서 자음 [n]은 'ㄴ'으로 적어야 하므로 '칼럼니스트'로 표기해야 한다.

10 문학 문학의 미적 범주 난이도 중 ●●○

정답 설명

④ 괄호 안에 들어갈 단어를 순서대로 나열하면 '㉠ 미의식(美意識) - ㉡ 숭고미(崇高美) - ㉢ 비장미(悲壯美)'이므로 답은 ④이다.

- ㉠: 이상과 현실 간의 상관관계를 융합과 상반의 원리에 따라 숭고미, 우아미, 비장미, 골계미로 체계화된 것은 한국 문학의 미의식 범주와 관련된 내용이므로 ㉠에는 '미의식'이 들어가는 것이 적절하다.
- ㉡: 숭고미는 '있어야 할 것(이상)'과 '있는 것(현실)'이 융합을 이루면서 현실을 자신이 바라는 이상과 일치시키려는 상황에서 드러나는 것이므로 ㉡에는 '숭고미'가 들어가는 것이 적절하다.
- ㉢: 비장미는 '있어야 할 것(이상)'과 '있는 것(현실)'이 서로 상반 관계를 이루면서 현실과 이상이 조화를 이루지 못해 어긋나는 상황에서 드러나는 것이므로 ㉢에는 '비장미'가 들어가는 것이 적절하다.

이것도 알면 합격!

문학의 미적 범주

숭고미	• 고고한 정신의 경지를 체험할 수 있게 해 주는 미의식 • 현실을 자신이 바라는 이상과 일치시키려는 상황에서 드러남
우아미	• 고전적인 기품과 멋을 드러내는 미의식 • 현실이 이상과 융합되어 일치하는 상황에서 드러남
비장미	• 슬픔이 극에 달한 상태나 한의 정서 표출로 인해 형상화되는 미의식 • 현실과 이상이 조화를 이루지 못해 어긋나는 상황에서 드러남
골계미	• 풍자나 해학 등의 수법에 의해 우스꽝스러운 상황이나 인간상을 구현하는 미의식 • 현실의 규범이나 부정적인 대상을 비판하거나 추락시켜 웃음을 자아냄

11 어법 한글 맞춤법 (띄어쓰기) 난이도 중 ●●○

정답 설명

② • 이분(○): '이분'은 '이 사람'을 아주 높여 이르는 3인칭 대명사로, 한 단어이므로 붙여 쓴다.
- 삼촌뻘(○): '-뻘'은 '그런 관계'의 뜻을 더하는 접미사이므로 앞말에 붙여 쓴다.
- 인사드리거라(○): 이때 '-드리다'는 '공손한 행위'의 뜻을 더하고 동사를 만드는 접미사이므로 앞말에 붙여 쓴다.

오답 분석

① • 돈V깨나(×) → 돈깨나(○): 이때 '깨나'는 '어느 정도 이상'의 뜻을 나타내는 보조사이므로 앞말에 붙여 쓴다.
  • 해질녘(×) → 해V질V녘(○): '해 질 녘'은 '해질녁, 해지다'와 같은 한 단어가 없으므로, 명사 '해'와 동사 '지다'의 활용형 '질', 그리고 의존 명사 '녘'을 각각 띄어 '해V질V녘'으로 써야 한다.

③ • 사건이래(×) → 사건V이래(○): '이래(以來)'는 '지나간 어느 일정한 때로부터 지금까지. 또는 그 뒤'를 뜻하는 의존 명사이므로 앞말과 띄어 쓴다.
  • 경직화V하였다(×) → 경직화하였다(○): 이때 '경직화하다'는 명사 '경직화(硬直化)'에 동사를 만드는 접미사 '-하다'가 결합한 말이므로 붙여 쓴다.

④ 번역투(×) → 번역V투(○): 이때 '투(套)'는 '말이나 글, 행동 등에서 버릇처럼 일정하게 굳어진 본새나 방식'을 뜻하는 의존 명사이므로 앞말과 띄어 쓴다.

12 어휘 한자 성어   난이도 중 ●●○

정답 설명

② 중소기업이 어려워지면서 협력 업체인 대기업 또한 성과가 저조해진 상황이므로, '입술이 없으면 이가 시리다'라는 뜻으로, 서로 이해관계가 밀접한 사이에 어느 한쪽이 망하면 다른 한쪽도 그 영향을 받아 온전하기 어려움을 이르는 말인 ② '순망치한(脣亡齒寒)'이 제시된 상황과 가장 가깝다.

오답 분석

① 가렴주구(苛斂誅求): 세금을 가혹하게 거두어들이고, 무리하게 재물을 빼앗음
③ 욕속부달(欲速不達): 일을 빨리하려고 하면 도리어 이루지 못함
④ 각자무치(角者無齒): '뿔이 있는 짐승은 이가 없다'라는 뜻으로, 한 사람이 여러 가지 재주나 복을 다 가질 수 없다는 말

13 비문학 주제 및 중심 내용 파악   난이도 중 ●●○

정답 설명

③ 제시문은 1문단에서 상대방을 용서할 때 내 삶이 정상으로 돌아갈 수 있음을 설명하고 있고, 2문단에서 증오에서 벗어나기 위해서는 용서하기 어렵더라도 상대를 용서해야 한다고 주장하고 있다. 따라서 글의 주제로 가장 적절한 것은 '용서의 가치와 필요성'이다.

오답 분석

① 제시문에서 확인할 수 없다.
② 1문단 1~3번째 줄에서 용서와 화해의 차이점이 언급되지만, 글의 주제로 보기는 어렵다.
④ 1문단 4~6번째 줄에서 상대방을 용서하는 방법이 언급되지만, 글의 주제로 보기는 어렵다.

14 어휘 한자어 (한자어의 표기)   난이도 상 ●●●

정답 설명

③ 氣分(기분: 기운 기, 나눌 분)(○): 문맥상 '대상·환경 등에 따라 마음에 절로 생기며 한동안 지속되는, 유쾌함이나 불쾌함 등의 감정'을 뜻하는 '氣分(기분)'이 바르게 쓰였으므로 한자의 표기가 옳은 것은 ③이다.

오답 분석

① 舍則(사칙: 집 사, 법칙 칙)(×) → 社則(사칙: 모일 사, 법칙 칙)(○): 회사나 결사 단체의 규칙
  • 舍則(사칙): 기숙사나 숙사 등의 규칙
② 顯在(현재: 나타날 현, 있을 재)(×) → 現在(현재: 나타날 현, 있을 재)(○): 지금의 시간
  • 顯在(현재): 겉으로 나타나 있음
④ 器具(기구: 그릇 기, 갖출 구)(×) → 機構(기구: 틀 기, 얽을 구)(○): 많은 사람이 모여 어떤 목적을 위하여 구성한 조직이나 기관의 구성 체계
  • 器具(기구): 세간, 도구, 기계 등을 통틀어 이르는 말

15 문학 시어의 의미   난이도 중 ●●○

정답 설명

④ 제시된 작품은 일시적인 존재인 '꽃', '웃음'과 근원적인 존재인 '열매', '눈물'을 대비하여 시의 주제를 형상화하고 있다. 따라서 '꽃'과 시적 의미가 가장 가까운 것은 '웃음'이다. 참고로, 제시된 작품이 자식이 먼저 세상을 떠났다는 비극적인 상황 속에서 느끼는 슬픔을 종교적 믿음으로 견디면서 쓴 시라는 점을 고려하면 '꽃'과 '웃음'은 '죽은 아이와의 삶'으로, '열매'와 '눈물'은 '신의 섭리와 은총'으로 볼 수도 있다.

이것도 알면 합격!

김현승, '눈물'

1. 주제: 슬픔의 종교적 승화와 순결한 삶의 추구
2. 특징
   (1) 대립적 이미지로 '눈물'의 이미지를 부각시킴
   (2) 종교적 세계관에 근거하여 대상에 새로운 의미를 부여함
3. 시어의 의미

시어	의미
꽃, 웃음	현상적인 것, 일시적인 기쁨
열매, 눈물	내면적이고 근원적인 것, 본질적인 가치

16 어휘 한자 성어   난이도 중 ●●○

정답 설명
④ '能小能大(능소능대)'는 '모든 일에 두루 능함'을 뜻한다. 이는 문맥상 국어도 못하고 한자도 잘 모르는 영주를 수식하는 말로 적절하지 않으므로 답은 ④이다.

오답 분석
① 東奔西走(동분서주): '동쪽으로 뛰고 서쪽으로 뛴다'라는 뜻으로, 사방으로 이리저리 몹시 바쁘게 돌아다님을 이르는 말
② 各自圖生(각자도생): 제각기 살아 나갈 방법을 꾀함
③ 錦衣夜行(금의야행): 1. '비단옷을 입고 밤길을 다닌다'라는 뜻으로, 자랑삼아 하지 않으면 생색이 나지 않음을 이르는 말. 2. 아무 보람이 없는 일을 함을 이르는 말

17 어법 표준 발음법   난이도 하 ●○○

정답 설명
① 뚫는[뚤는](×) → [뚤른](○): 겹받침 'ㄿ' 뒤에 'ㄴ'이 결합할 때 'ㅎ'은 발음되지 않으므로, '뚫는'의 '뚫-'은 [뚤]로 발음한다. 또한 '는'의 'ㄴ'은 'ㄹ' 뒤에서 [ㄹ]로 발음되므로(유음화) '뚫는'은 [뚤른]으로 발음해야 한다. 따라서 발음이 옳지 않은 것은 ①이다.

오답 분석
② 반대말[반ː대말](○): '반대말'은 사잇소리 현상이 일어나지 않는 단어이므로 [반ː대말]로 발음한다.
③ 불법[불법/불뻡](○): '불법(不法)'의 표준 발음은 [불법/불뻡]이다. 참고로 기존에는 [불법]만이 표준 발음으로 인정되었으나, 2017년 3분기 표준국어대사전 수정 내용에 따라 [불법]과 [불뻡] 모두 표준 발음으로 인정되었다.
④ 결단력[결딴녁](○): 한자어에서 'ㄹ' 받침 뒤에 연결되는 'ㄷ'은 된소리로 발음하므로 '결단(決斷)'은 [결딴]으로 발음한다. 또한 '결단력'은 '딴'의 받침 'ㄴ'이 이어지는 초성 'ㄹ'과 만날 때 [ㄹㄹ]로 발음되지 않고 [ㄴㄴ]로 발음되는 유음화의 예외에 해당하므로 [결딴녁]으로 발음한다.

18 어법 국어의 로마자 표기   난이도 하 ●○○

정답 설명
③ 속리산[송니산] Songrisan(×) → Songnisan(○): '속리산'은 '리'의 'ㄹ'이 'ㄱ'의 뒤에서 [ㄴ]으로 발음되며('ㄹ'의 비음화), [ㄴ]으로 인해 '속'의 받침 'ㄱ'이 [ㅇ]으로 발음되므로(비음화) [송니산]으로 발음한다. 자음 동화의 결과는 로마자 표기에 반영하므로 '속리산'의 올바른 로마자 표기는 'Songnisan'이다.

오답 분석
① 합덕[합떡] Hapdeok(○): 된소리되기는 국어의 로마자 표기에 반영하지 않는다.
② 해돋이[해도지] haedoji(○): 구개음화가 일어나는 경우 변화의 결과를 표기에 반영한다.
④ 광희문[광히문] Gwanghuimun(○): 모음 'ㅢ'는 'ㅣ'로 소리 나더라도 'ui'로 적는다.

19 어법+어휘 국어 순화, 한자어   난이도 중 ●●○

정답 설명
② 정주(定住: 정할 정, 살 주): '정주'는 '일정한 곳에 자리를 잡고 삶'을 뜻하는 단어이므로 '부지런히 일함'을 뜻하는 '근로'로 바꿔 쓰기에 적절하지 않다.

오답 분석
① 혁파(革罷: 가죽 혁, 마칠 파): '묵은 기구, 제도, 법령 등을 없앰'이라는 뜻이므로 문맥상 '없앰'으로 바꿔 쓸 수 있다.
③ 양형(量刑: 헤아릴 양, 형벌 형): '형벌의 정도를 정하는 일'이라는 뜻이므로 '형량 결정'으로 바꿔 쓸 수 있다.
 · 형량: 죄인에게 내리는 형벌의 정도
④ 익일(翌日: 다음날 익, 날 일): '어느 날 뒤에 오는 날'이라는 뜻이므로 '다음 날' 또는 '이튿날'로 바꿔 쓸 수 있다.

20 문학 작품에 대한 지식 (시조)   난이도 중 ●●○

정답 설명
④ 제시된 작품은 한호의 시조로, 4음보를 기본으로 3장 6구 45자 내외의 형식적 특징을 가진 평시조이다. 따라서 작품에 대한 설명으로 적절한 것은 ④이다.

오답 분석
① '고려 가요'에 대한 설명이다.
② '민요'에 대한 설명이다.
③ '가사'에 대한 설명이다.

지문 풀이
> 짚으로 만든 방석으로 내오지 마라, 낙엽엔들 못 앉겠느냐.
> 솔불도 켜지 마라, 어제 진 달이 다시 떠오르고 있구나.
> 아이야, 변변하지 못한 술과 산나물일망정 없다 말고 내어 오너라.

21 문학 내용 추리   난이도 중 ●●○

정답 설명

② 제시문의 필자는 1문단 끝에서 1~2번째 줄을 통해 이름이 없는 아이가 세상을 떠나게 되면 추억의 매체로 삼을 수 있는 것이 없다고 말하고 있으며, 3문단 4~6번째 줄에서 아이가 태어나면 세상의 다른 모든 것들과 구별되기 위해서 이름이 필요하다고 말하고 있다. 따라서 필자가 밑줄 친 바와 같이 말한 이유로 가장 적절한 것은 ②이다.

[관련 부분]
- 우리는 그 때 과연 무엇을 매체로 삼고 그들에 대한 좋은 추억을 가슴에 품을 수 있을까?
- 그가 그의 존재를 작은 형식으로서라도 주장한 이상엔 그날로 그가 다른 모든 것과 구별되기 위해서는 한 개의 명목을 갖지 않으면 아니 될 것은 두말할 것이 없다.

22 어법 표준 발음법   난이도 중 ●●○

정답 설명

① 단어의 발음이 옳은 것끼리 묶인 것은 ①이다.
- 빚다[빋따](O): '빚'의 받침 'ㅈ'은 자음 앞에서 대표음 [ㄷ]으로 발음되며(음절의 끝소리 규칙), 이때 받침 [ㄷ] 뒤에 연결되는 'ㄷ'은 된소리로 발음하므로 '빚다'는 [빋따]로 발음한다(된소리되기).
- 외곬[외골](O): '곬'의 겹받침 'ㄼ'은 어말에서 [ㄹ]로 발음되므로 '외곬'은 [외골]로 발음한다. 참고로 '외곬'은 [웨골]로도 발음할 수 있다.

오답 분석

② ・ 얹지[언찌](O): '얹'의 겹받침 'ㄵ'은 자음 앞에서 [ㄴ]으로 발음된다. 또한 용언 어간의 끝소리인 [ㄴ] 뒤에 연결되는 'ㅈ'은 된소리로 발음하므로 '얹지'는 [언찌]로 발음한다(된소리되기).
- 뱉다[배:따](×) → [밷:따](O): '뱉'의 받침 'ㅌ'은 자음 앞에서 대표음 [ㄷ]으로 발음되며(음절의 끝소리 규칙), 이때 받침 [ㄷ] 뒤에 연결되는 'ㄷ'은 된소리로 발음하므로 '뱉다'는 [밷:따]로 발음해야 한다(된소리되기).

③ ・ 굵는[극는](×) → [궁는](O): '굵'의 겹받침 'ㄺ'은 자음 'ㄴ' 앞에서 [ㄱ]으로 발음되며, 이때 받침 [ㄱ]이 뒤 음절 초성 'ㄴ'의 영향으로 인해 [ㅇ]으로 발음되므로(비음화) '굵는'은 [궁는]으로 발음해야 한다.
- 땀받이[땀바지](O): '받'의 받침 'ㄷ'이 모음 'ㅣ'로 시작되는 형식 형태소를 만나 구개음 [ㅈ]으로 발음되므로(구개음화) '땀받이'는 [땀바지]로 발음한다.

④ ・ 할는지[할는지](×) → [할른지](O): '는'의 초성 'ㄴ'은 'ㄹ' 뒤에서 [ㄹ]로 발음되므로 '할는지'는 [할른지]로 발음해야 한다(유음화).
- 들일[들:닐](×) → [들:릴](O): '들일'은 '들(어근) + 일(어근)'이 결합한 합성어로, 앞 단어의 끝이 자음 'ㄹ'이고 뒤 단어가 '이'로 시작하므로 'ㄴ' 음을 첨가하여 발음한다. 이후 '들'의 받침 [ㄹ]로 인해 '닐'의 [ㄴ]이 [ㄹ]로 발음되므로(유음화) '들일'은 [들:릴]로 발음해야 한다.

23 비문학 글의 구조 파악 (문장 배열)   난이도 하 ●○○

정답 설명

③ 'ㄷ - ㄹ - ㄱ - ㄴ'의 순서가 가장 자연스럽다.

순서	중심 내용	순서 판단의 단서와 근거
ㄷ	SNS는 우리 삶의 한 부분이 되었음	지시 표현이나 접속 부사가 없으며 글의 중심 제재가 제시되고 있으므로 첫 문장으로 적절함
ㄹ	대부분의 사람들이 SNS를 통해 일상을 공유함	ㄷ의 주장을 뒷받침하고 있음
ㄱ	SNS는 현대 문명의 특혜임	지시 표현 '이러한': ㄹ에 나열된 여러 SNS를 가리킴
ㄴ	SNS로 인해 '사생활 침해'라는 불안도 유발되었음	접속 부사 '하지만': ㄱ의 내용과 상반되는 내용이 이어짐

24 비문학 내용 추론   난이도 하 ●○○

정답 설명

② 괄호 뒤에서 제시된 신흥 공업 도시에 거주하는 사람들의 특성을 고려하였을 때 괄호 안의 내용으로 가장 적절한 것은 ②임을 추론할 수 있다.

25 어법 한글 맞춤법 (맞춤법에 맞는 표기)   난이도 하 ●○○

정답 설명

① 머리숯(×) → 머리숱(O): '머리털의 수량'을 뜻하는 말은 '머리숱'이므로 맞춤법에 맞지 않는 것은 ①이다.

오답 분석

② 숱하게(O): '아주 많다'를 뜻하는 말은 '숱하다'이므로 '숱하게'는 맞춤법에 맞는 표기이다.

③ 숯(O): '나무를 숯가마에 넣어 구워 낸 검은 덩어리의 연료'를 뜻하는 말은 '숯'이므로 맞춤법에 맞는 표기이다.

④ 숫기(O): '활발하여 부끄러워하지 않는 기운'을 뜻하는 말은 '숫기'이므로 맞춤법에 맞는 표기이다.

09회 실전동형모의고사

◆ 실전동형문제 정답

p.76

01	② 어법 – 표준어 사정 원칙	06	③ 혼합(문학+어휘) – 인물의 태도, 고유어	11	② 어법 – 외래어 표기	16	④ 문학 – 서술상의 특징	21	③ 어휘 – 속담
02	② 어휘 – 한자어	07	① 비문학 – 내용 추론, 세부 내용 파악	12	① 어휘 – 혼동하기 쉬운 표기	17	④ 비문학 – 세부 내용 파악	22	④ 문학 – 화자의 정서 및 태도
03	① 비문학 – 주제 및 중심 내용 파악	08	② 어법 – 말소리	13	③ 문학 – 인물의 태도	18	④ 어휘 – 문맥에 적절한 어휘	23	③ 문학 – 시구의 의미
04	① 비문학 – 주제 및 중심 내용 파악	09	② 어법 – 한글 맞춤법	14	② 어휘 – 한자어	19	③ 비문학 – 글의 구조 파악	24	③ 문학 – 수사법
05	② 어법 – 표준 발음법	10	③ 어법 – 올바른 문장 표현	15	① 문학 – 작품에 대한 지식	20	④ 비문학 – 세부 내용 파악	25	③ 문학 – 시어의 의미

◆ 취약영역 분석표

영역	어법	비문학	문학	어휘	혼합	총계
맞힌 답의 개수	/6	/6	/7	/5	/1	/25

* 취약영역 분석표를 이용해 1개라도 틀린 문제가 있는 영역은 그 영역의 문제만 골라 해설을 다시 한번 꼼꼼히 학습하세요.

---

01 어법 표준어 사정 원칙 (표준어의 구분) 난이도 중 ●●○

정답 설명

② 표준어인 것끼리 묶은 것은 '㉠, ㉢, ㉤'이므로 답은 ②이다.
- ㉠ 귀밑머리(○): '귀밑머리'는 '이마 한가운데를 중심으로 좌우로 갈라 귀 뒤로 넘겨 땋은 머리'를 뜻하는 말로, 방언이던 단어가 표준어보다 더 널리 쓰이게 됨에 따라 이를 표준어로 삼은 경우이며 표준어이던 '귓머리' 대신 표준어로 인정된 단어이다.
- ㉢ 우렁쉥이(○): '우렁쉥이'는 방언이던 '멍게'가 더 널리 쓰이게 되어 '멍게'를 표준어로 인정하고, 원래의 표준어 '우렁쉥이'도 표준어로 남겨 둔 단어이다.
- ㉤ 어린순(○): '어린순'은 방언이던 '애순'이 더 널리 쓰이게 되어 '애순'을 표준어로 인정하고, 원래의 표준어 '어린순'도 표준어로 남겨 둔 단어이다.

오답 분석

- ㉡ 빈자떡(×) → 빈대떡(○)
- ㉣ 까무넜다(×) → 까뭉갰다(○): '높은 데를 파서 깎아 내리다'를 뜻하는 표준어는 '까뭉개다'이다.
- ㉥ 코보(×) → 코주부(○): '코가 큰 사람을 놀림조로 이르는 말'을 뜻하는 표준어는 '코주부'이다.

02 어휘 한자어 (한자어의 의미) 난이도 중 ●●○

정답 설명

② 훤화(×) → 헌화(○): 문맥상 '주로 신전이나 영전에 꽃을 바침. 또는 그 꽃'을 뜻하는 '헌화(獻花: 드릴 헌, 꽃 화)'가 들어가는 것이 적절하다.
- 훤화(喧譁: 지껄일 훤, 시끄러울 화): 시끄럽게 지껄이며 떠듦

오답 분석

① 작당(作黨: 지을 작, 무리 당): 떼를 지음. 또는 무리를 이룸
③ 불고(不顧: 아닐 불, 돌아볼 고): 돌아보지 않음
④ 재계(齋戒: 재계할 재, 경계할 계): 종교적 의식 등을 치르기 위해 몸과 마음을 깨끗이 하고 부정한 일을 멀리함

03 비문학 주제 및 중심 내용 파악 난이도 중 ●●○

정답 설명

① 제시문에서는 지식 경영의 필요성이 대두되고 있는 현실과 지식 경영의 개념을 언급한 뒤, 지식 경영이 이루어지기 위해서는 어떤 요소들이 필요한지를 설명하고 있다. 따라서 제시문의 중심 생각으로는 ①이 가장 적절하다.

오답 분석

②③④ 모두 제시문에서 확인할 수 있으나, 부분적인 내용이므로 중심 생각으로 적절하지 않다.

② 1문단 1~2번째 줄을 통해 확인할 수 있다.
[관련 부분] 현대 사회에서 지식의 중요성이 커지면서 기업에서도 지식 경영을 강조하는 목소리가 높다.

③ 2문단 1~2번째 줄을 통해 확인할 수 있다.
[관련 부분] 지식 경영이 실현되기 위해서는 지식 공유 과정에 대한 구성원들의 참여가 전제되어야 한다.

④ 2문단 2~5번째 줄을 통해 확인할 수 있다.
[관련 부분] 인간에게 체화된 무형의 지식을 ~ 계량화하여 평가하는 것도 어렵다.

04 비문학 주제 및 중심 내용 파악　　난이도 중 ●●○

정답 설명
③ 제시문은 하이퍼리얼리즘 대표 작가 핸슨의 작품을 예로 들어 작품이 재현하고자 한 대상과 표현 기법을 구체적으로 설명하고 있다. 이를 바탕으로 리얼리즘 미술의 목적과 달성 방법을 밝히고 있으므로 제시문의 화제로 적절한 것은 ③ '리얼리즘 미술의 목적과 표현 기법'이다.

05 어법 표준 발음법　　난이도 상 ●●●

정답 설명
② ㉠~㉣에 해당하는 예를 바르게 연결한 것은 ②이다.
- ㉠ 각성[각썽]: 받침 'ㄱ' 뒤에 연결되는 'ㅅ'이 된소리 [ㅆ]으로 발음된다.
- ㉡ 감고[감꼬]: 어간 '감-'의 받침 'ㅁ' 뒤에 연결되는 'ㄱ'이 된소리 [ㄲ]으로 발음된다.
- ㉢ 도착할 곳[도착할 꼳]: 관형사형 '도착할' 뒤에 연결되는 'ㄱ'이 된소리 [ㄲ]으로 발음된다.
- ㉣ 그믐달[그믐딸]: '그믐'과 '달'이 결합한 합성 명사로, 앞의 명사가 뒤의 명사의 시간적 의미를 나타내는 기능을 하므로 뒤 단어의 첫소리 'ㄷ'이 [ㄸ]으로 발음된다.

오답 분석
① ㉣ 논밭[논받]: '논'과 '밭'이 결합한 합성 명사이나, 서로 대등한 자격으로 이어진 합성어이므로 뒤 단어의 첫소리 'ㅂ'을 된소리로 발음하지 않는다.
③ ㉢ 더할 나위[더할 나위]: 관형사형 '더할' 뒤에 'ㄴ'이 연결되므로 된소리 되기가 일어나지 않는다.
④ ㉣ 콩밥[콩밥]: '콩'과 '밥'이 결합한 합성 명사이나, 앞의 명사가 뒤의 명사의 '재료'임을 나타내므로 뒤 단어의 첫소리 'ㅂ'을 된소리로 발음하지 않는다.

06 문학 + 어휘 인물의 태도, 고유어　　난이도 중 ●●○

정답 설명
③ 제시된 작품에서 '그'는 싸움, 칼부림과 같이 못된 짓만 일삼고 다니는 인물임을 알 수 있으므로 '그'에 대한 평가로 가장 옳은 것은 ③이다.
- 발김쟁이: 못된 짓을 하며 마구 돌아다니는 사람

오답 분석
① 얼금뱅이: 얼굴이 얼금얼금 얽은 사람을 낮잡아 이르는 말
② 궁도련님: 부유한 집에서 자라나 세상의 어려운 일을 잘 모르는 사람을 비유적으로 이르는 말
④ 고삭부리: 1. 음식을 많이 먹지 못하는 사람 2. 몸이 약하여서 늘 병치레를 하는 사람.

07 비문학 내용 추론, 세부 내용 파악　　난이도 중 ●●○

정답 설명
① 제시문의 2문단 끝에서 3~5번째 줄을 통해 오늘날 소설의 관습이 바뀌어 신소설을 시시하고 재미없다고 여김을 알 수 있을 뿐, 탐정 소설이 신소설의 서사 관습을 일부 흡수했다는 내용은 제시문을 통해 추론할 수 없다. 따라서 제시문에 대한 추론으로 적절하지 않은 것은 ①이다.

오답 분석
② 4문단 3~5번째 줄을 통해 서사 능력은 서사 관습을 따로 배우지 않아도 서사를 많이 접함으로써 습득됨을 알 수 있다. 따라서 책을 통해 서사를 많이 접한 아이는 자연히 서사 능력이 생길 것임을 추론할 수 있다.
③ 2문단 1~3번째 줄을 통해 서사 관습은 불변하는 것이 아니라 시대, 지역 또는 계층에 따라서 변화할 수 있음을 알 수 있다. 따라서 제주도의 설화와 함경도의 설화가 동시대에 창작되었다고 하더라도 지역이 다르기 때문에 서사 관습이 다를 수 있음을 추론할 수 있다.
④ 3문단 1번째 줄을 통해 서사 관습이 비(非)서사와 서사를 구분해 주므로 서사 관습에서 벗어나면 비(非)서사임을 알 수 있으나, 3문단 끝에서 1~3번째 줄을 통해 서사 관습에서 벗어난 서사들이 인기를 얻어 많이 나오게 된다면 관습이 바뀌기도 함을 알 수 있다. 따라서 비(非)서사도 서사 관습이 바뀌게 된다면 서사가 되기도 한다는 설명은 적절하다.

08 어법 말소리 (음운의 변동)　　난이도 중 ●●○

정답 설명
② 추워서: '춥- + -어서'의 결합으로, 어간의 끝소리 'ㅂ'이 모음으로 시작하는 어미 '-어서' 앞에서 ㅜ로 교체되고 ㅜ와 ㅓ는 ㅝ로 축약되는 현상이 나타난다. 따라서 '추워서'는 음운의 탈락 현상이 아닌 교체 및 축약 현상의 예이므로 답은 ②이다.

오답 분석
① 나았다: '낫- + -았- + -다'의 결합으로, 어간의 끝소리 'ㅅ'이 모음으로 시작하는 어미 '-았-' 앞에서 탈락한다.
③ 커서: '크- + -어서'의 결합으로, 어간의 끝소리 'ㅡ'가 모음으로 시작하는 어미 '-어서' 앞에서 탈락한다.
④ 둥근: '둥글- + -ㄴ'의 결합으로, 어간의 끝소리 'ㄹ'이 어미 'ㄴ' 앞에서 탈락한다.

09 어법 한글 맞춤법 (띄어쓰기)　　난이도 중 ●●○

정답 설명
② 막내∨마저(×) → 막내마저(○): 이때 '마저'는 '이미 어떤 것이 포함되고 그 위에 더함'의 뜻을 나타내는 보조사이므로 앞말과 붙여 써야 한다.

오답 분석

① 먹은∨김에(O): 이때 '김'은 '어떤 일의 기회나 계기'를 뜻하는 의존 명사이므로 앞말과 띄어 써야 한다.
③ 만∨원대의(O): 이때 '원'은 화폐 단위를 나타내는 의존 명사이므로 앞말과 띄어 쓰고, '-대'는 '그 값 또는 수를 넘어선 대강의 범위'의 뜻을 더하는 접미사이므로 앞말과 붙여 쓴다.
④ 불이∨꺼진∨걸(O): 이때 '걸'은 '것을'의 구어적 표현이며, '것'은 의존 명사이므로 앞말과 띄어 쓴다.

10 어법 올바른 문장 표현   난이도 하 ●○○

정답 설명

③ 까닭은 책 한 권 때문이었다(O): 주어 '까닭은'과 서술어 '때문이었다'의 호응이 자연스러운 문장이다.

오답 분석

① 건어물이 ~ 속여졌다(x) → 건어물을 ~ 속였다(O): '속다'의 사동사 '속이다'에 피동 표현 '-어지다'를 결합한 '속여지다'는 어색한 표현이므로, '건어물'을 목적어로 바꾸고 사동사 '속이다'를 활용한 사동문으로 고쳐 쓰는 것이 자연스럽다.
② 그저께 계약서를 작성한 담당자와 만났다(x) → 계약서를 그저께 작성한 담당자/담당자와 그저께 만났다(O): 부사 '그저께'가 수식하는 서술어가 '작성하다'인지 '만나다'인지 명확하지 않아 중의적으로 해석되는 문장이다. 따라서 '그저께'를 수식 받는 서술어 앞으로 옮겨야 한다.
④ 시간을 ~ 투자한다고(x) → 사람을 만나는 일에 시간을 ~ 투자한다고(O): 서술어 '투자하다'와 호응하는 부사어가 생략되었으므로 '사람을 만나는 일에'와 같은 부사어를 넣어 주는 것이 자연스럽다.

11 어법 외래어 표기   난이도 하 ●○○

정답 설명

② 로터리(O): 'rotary[routəri]'에서 중모음 [ou]는 'ㅗ'로, 모음 [ə]는 'ㅓ'로 적으므로 '로터리'는 옳은 표기이다.

오답 분석

① 심볼(x) → 심벌(O): 'symbol[simbəl]'에서 [ə]는 'ㅓ'로 적으므로 '심벌'로 표기해야 한다.
③ 애드립(x) → 애드리브(O): 'ad lib[æd lib]'에서 어말에 오는 유성 파열음 [b]는 '으'를 붙여 적으므로 '애드리브'로 표기해야 한다.
④ 브로셔(x) → 브로슈어(O): 'brochure[brouʃuə]'에서 [ʃ]는 뒤따르는 모음 [u]와 함께 '슈'로 적으며, 모음 [ə]는 'ㅓ'로 적으므로 '브로슈어'로 표기해야 한다.

12 어휘 혼동하기 쉬운 어휘   난이도 하 ●○○

정답 설명

① 늘였다(O): '본래보다 더 길게 하다'를 뜻할 때는 '늘이다'를 쓰므로 답은 ①이다.

오답 분석

② 절대절명(x) → 절체절명(絕體絕命)(O): '몸도 목숨도 다 되었다'라는 뜻으로, 어찌할 수 없는 절박한 경우를 비유적으로 이르는 말은 '절체절명(絕體絕命)'이다. '절대절명'은 '절체절명'의 틀린 표기이다.
③ 맞추면(x) → 맞히면(O): '정답을 골라내다, 문제에 대한 답을 틀리지 않게 하다'를 뜻하는 말은 '맞히다'이다. '맞추다'는 '둘 이상의 일정한 대상들을 나란히 놓고 비교하여 살피다'를 뜻한다.
④ 하느라고(x) → 하노라고(O): '자기 나름으로는 한다고'라는 뜻을 나타낼 때는 어미 '-노라고'를 쓴다. '-느라고'는 '~하는 일로 인하여'라는 뜻이다.

🖊️ 이것도 알면 합격!

'맞히다'와 '맞추다'의 구분

맞히다	1. 문제에 대한 답이 틀리지 않게 하다. 예 정답을 맞히다. 2. 자연 현상에 따라 내리는 눈, 비 등에 닿게 하다. 예 화분에 서리를 맞히면 안 된다. 3. 어떤 좋지 않은 일을 당하게 하다. 예 첫날밤에 소박을 맞히다. 4. 침, 주사 등으로 치료를 받게 하다. 예 팔에 주사를 맞히다. 5. 쏘거나 던지거나 한 물체가 어떤 물체에 닿게 하다. 예 사과에 화살을 맞히다.
맞추다	1. 서로 떨어져 있는 부분을 제자리에 맞게 대어 붙이다. 예 깨진 조각을 맞추어 붙이다. 2. 둘 이상의 대상들을 나란히 놓고 비교하여 살피다. 예 옆 사람과 답을 맞추어 보다. 3. 서로 어긋남이 없이 조화를 이루다. 예 구령에 따라 발을 맞추어 걸었다. 4. 어떤 기준이나 정도에 어긋나지 않게 하다. 예 반주에 맞추어 노래를 했다. 5. 어떤 기준에 틀리거나 어긋남이 없이 조정하다. 예 카메라의 초점을 대상에 맞추어라. 6. 일정한 수량이 되게 하다. 예 인원을 맞추다. 7. 열이나 차례에 똑바르게 하다. 예 줄을 맞추어 서다. 8. 다른 사람의 의도나 의향에 맞게 행동하다. 예 애써 윗사람의 기분을 맞췄다. 9. 약속 시간을 넘기지 않다. 예 약속 시간에 맞추어 준비를 했다. 10. 일정한 규격의 물건을 만들도록 미리 주문을 하다. 예 양복을 맞추다. 11. 다른 어떤 대상에 닿게 하다. 예 아이의 볼에 입을 맞췄다.

13. 문학 인물의 태도 · 난이도 하

정답 설명
③ 영호는 자신의 양심을 지키기 위해 식구들을 '어처구니없이 많이' 희생시키고, 밤낮으로 쑤시는 충치를 참고 견디며 결국 '꼭 써야 할 데 못 쓰고 버리는 삶'을 살아가는 철호를 비판하고 있다. 또한 영호는 철호의 양심을 지키는 삶이 옹색하고, 숨이 막힌다고 말하고 있으므로 철호의 삶을 부정적으로 생각하고 있음을 알 수 있다. 따라서 답은 ③이다.

오답 분석
① ④ 철호가 처한 상황에 연민을 느끼거나, 철호에게 자신이 저지른 잘못의 책임을 전가하는 부분은 확인할 수 없다.
② 영호는 양심적으로 살아가고자 하는 철호의 가치관을 이해하지 못하고 있으므로 적절하지 않은 설명이다.

이것도 알면 합격!

이범선, '오발탄'의 줄거리
철호는 성실하고 양심적인 한 집안의 가장으로, 계리사 사무실 서기로 일한다. 고향에서는 지주의 집안으로 풍족하게 살았으나, 월남하여 가난하게 살게 된다. 철호에게는 실성한 어머니와 만삭의 아내, 영양실조에 걸린 어린 딸과 상이군인인 동생 영호, 그리고 양공주가 된 여동생 명숙이 있는데, 이러한 가족으로 인해 철호의 마음이 무겁다. 어느 날 철호와 영호는 삶의 방식에 대해 논쟁을 벌이게 된다. 양심과 성실함의 가치를 믿는 철호와 달리, 영호는 그것을 앓는 이와 같은 것으로 비하한다. 며칠 후 영호는 권총 강도 짓을 벌이다 경찰서에 갇히고, 만삭인 철호의 아내는 출산 중에 죽고만다. 연속된 충격으로 철호는 거리를 배회하다 치과에 들른다. 치과 의사의 만류에도 불구하고 그동안 앓던 충치를 모두 뽑는다. 그러나 갈 방향을 몰라 헤매고, 결국 자신의 어머니처럼 "가자"만을 외친다. 그리고 의식이 사라질 때 즈음 자신을 조물주의 오발탄에 비유한다.

14. 어휘 한자어 (한자어의 표기) · 난이도 상

정답 설명
② 괄호 안의 한자 표기가 옳은 것은 ② '인가(認可)'이다.
 · 인가(認可: 알 인, 옳을 가): 인정하여 허가함

오답 분석
① 시가(是價: 옳을 시, 값 가)(×) → (市價: 저자 시, 값 가)(○): 시장에서 상품이 매매되는 가격
③ 가장(加裝: 더할 가, 꾸밀 장)(×) → (假裝: 거짓 가, 꾸밀 장)(○): 태도를 거짓으로 꾸밈
④ 가입(假入: 거짓 가, 들 입)(×) → (加入: 더할 가, 들 입)(○): 조직이나 단체 등에 들어가거나, 서비스를 제공하는 상품 등을 신청함

15. 문학 작품에 대한 지식 · 난이도 중

정답 설명
① 제시된 작품은 '용비어천가'로, 갈래는 악장. '악장'은 조선 초기에 등장한 반면, '시조'는 고려 후기부터 창작되기 시작하였으므로 옳지 않은 것은 ①이다. 참고로, 시조 형식에 영향을 미친 것으로 추정되는 것은 신라 시대에 창작된 '10구체 향가'이다.

오답 분석
② '용비어천가'는 새로운 왕조의 창업이 하늘의 뜻에 따른 것임을 밝힘으로써 조선 건국의 정당성을 부각하기 위한 목적으로 창작되었다.
③ '용비어천가'는 각 장마다 2절 4구의 형식을 이루고 있으며, 앞 절과 뒤 절이 대칭 구조를 이루는 대구법이 사용된다.
④ '용비어천가'는 최초의 훈민정음 작품이며, 중국 주나라 역대 제왕들의 업적과 태조 선대의 업적을 서술한 장편 영웅 서사시 형태를 보이고 있다.

지문 풀이

우리나라의 여섯 용(임금)이 나시어 하신 일(개국 창업)마다 하늘이 내리신 복이시니
옛날 (중국의) 성인이 하신 일들과 부절을 합친 것처럼 꼭 맞으시니
— '용비어천가' 제1장

뿌리가 깊은 나무는 바람에도 흔들리지 아니하므로 꽃이 좋고 열매도 많으니
샘이 깊은 물은 가뭄에도 그치지 않고 솟아나므로 내가 되어서 바다에 이르니
— '용비어천가' 제2장

주국(주나라) 대왕이 빈곡에 사시어 제업을 여시니
우리 시조가 경흥에 사시어 왕업을 여시니
— '용비어천가' 제3장

(주나라 고공단보께서) 적인들이 모여 사는 가운데에 가시어, 적인들이 침범하거늘 기산으로 옮기신 것도 하늘의 뜻이시니
(익조께서) 야인들이 모여 사는 데에 가시어, 야인이 침범하거늘 덕원으로 옮기신 것도 하늘의 뜻이시니
— '용비어천가' 제4장

붉은 새가 글을 물어 침실 지겟문에 앉으니 이것은 그 성자(문왕)가 혁명을 일으키려 하매 하늘이 내리신 복을 보인 것이니
뱀이 까치를 물어 큰 나뭇가지에 얹으니 이것은 성손(태조)이 장차 일어나려 하매 그 아름다운 징조가 먼저 나타난 것이니
— '용비어천가' 제7장

이것도 알면 합격!

정인지 등, '용비어천가'
1. 갈래: 악장, 송축가(頌祝歌)
2. 주제: 조선 건국의 정당성
3. 형식적 특징
　(1) 서사, 본사, 결사가 유기적으로 결합된 장편 영웅 서사시
　(2) 각 장은 2절 4구체로 구성되어 있으며, 두 줄씩 대구를 이룸

4. 구성

서사	제1장~제2장	조선 건국의 정당성
본사	제3장~제8장	조선 왕조 시조의 행적 찬양
	제9장~제89장	태조의 사적 찬양
	제90장~제109장	태종의 사적 찬양
결사	제110장~제125장	후왕에 대한 경계

5. 의의
   (1) '월인천강지곡'과 더불어 악장 문학의 대표작
   (2) 훈민정음으로 기록된 최초의 문헌으로, 15세기 국어 연구의 자료가 됨

16 문학 서술상의 특징 난이도 중 ●●○

정답 설명
④ 제시된 작품에 공간적 배경을 사실적으로 묘사한 부분은 나타나 있지 않으므로 ④는 적절하지 않은 설명이다.

오답 분석
① 끝에서 1~3번째 줄에서 죄인 '김진희'는 천벌을 받아 벼락을 맞고 죽는데, 이러한 비현실적인 장면을 통해 권선징악(勸善懲惡)이라는 주제가 강조된다.
② 끝에서 7~8번째 줄의 대사를 통해 '어사또'는 정이 있는 인물임을 짐작할 수 있다.
③ 작품 밖의 서술자가 사건과 '이혈룡(어사또)'의 심리를 서술하고 있으므로 제시된 작품은 3인칭 전지적 작가 시점에 해당한다.

이것도 알면 합격!

작자 미상, '옥단춘전'의 특징
1. 우정을 배신한 친구(김진희)에 대한 복수와, 기생(옥단춘)과의 신분을 초월한 사랑이 나타남
2. 긍정적 인물(이혈룡)과 부정적 인물(김진희)의 대립 구도가 나타남
3. 기생인 옥단춘은 긍정적 인물(이혈룡)의 조력자로 나타남

17 비문학 세부 내용 파악 난이도 중 ●●○

정답 설명
④ 4문단 2~5번째 줄을 통해 '저작물의 공유' 캠페인에 참여한 저작권자들이 자신의 저작물을 일정한 이용 허락 조건 아래에서 무료로 개방한다는 것을 알 수 있다.
[관련 부분] '저작물의 공유' 캠페인이 주목을 받고 있다. 이 캠페인은 저작권자들이 자신의 저작물에 일정한 이용 허락 조건을 표시해서 이용자들에게 무료로 개방하는 것을 말한다.

오답 분석
① 2문단 2~5번째 줄을 통해 디지털 환경에서는 저작물이 개작되더라도 그 여부를 확인하기 어렵다는 것을 알 수 있다.
[관련 부분] 디지털 환경에서는 ~ 저작물이 개작되더라도 그것이 원래 창작물인지 이차적 저작물인지 알기 어렵다.
② 4문단 7~8번째 줄을 통해 캠페인에 참여하는 사람들은 자신과 타인의 저작권을 존중한다는 것을 알 수 있다.
[관련 부분] 이 캠페인을 펼치는 사람들은 기본적으로 자신과 타인의 저작권을 존중한다.
③ 3문단 2~4번째 줄을 통해 '저작물의 공정한 이용' 규정이 신설됨으로 인해 저작물을 공정하게 이용할 수 있는 영역이 확장되었음을 알 수 있을 뿐, 이를 통해 저작권이 인정되는 저작물의 범위가 넓어졌는지는 알 수 없다.
[관련 부분] '저작물의 공정한 이용' 규정이 저작권법에 별도로 신설되었다. 그리하여 저작권자의 동의가 없어도 저작물을 공정하게 이용할 수 있는 영역이 확장되었다.

18 어휘 문맥에 적절한 어휘 난이도 중 ●●○

정답 설명
④ ②자발(自發)(×) → 수동(受動)(○): 3문단의 내용을 통해 자본주의 사회의 놀이는 생산자가 이미 특정한 방식으로 만들어 놓은 상품을 소비하는 것에 불과함을 알 수 있다. 따라서 ②에는 소비자가 이미 마련된 여행 상품에 따라 간다는 의미인 '수동(受動)'이 들어가는 것이 적절하다.
· 자발(自發): 남이 시키거나 요청하지 않았는데도 자기 스스로 나아가 행함
· 수동(受動): 스스로 움직이지 않고 다른 것의 작용을 받아 움직임

오답 분석
① ㉠훼손(毁損)(○): ㉠의 앞에서 노동은 인간이 자연을 자신에게 유용하도록 만드는 속된 과정이라 하였으므로 ㉠에는 '훼손(毁損)'이 들어가는 것이 적절하다.
· 훼손(毁損): 헐거나 깨뜨려 못 쓰게 만듦
② ㉡소진(消盡)(○): 노동의 강도를 올리고 시간을 늘린 결과로 노동력이 감소하여 생산성이 떨어졌다는 문맥이므로 ㉡에는 '소진(消盡)'이 들어가는 것이 적절하다.
· 소진(消盡): 점점 줄어들어 다 없어짐. 또는 다 써서 없앰
③ ㉢방식(方式)(○): ㉢의 뒤에서 바뀐 자본주의 사회에서의 놀이 방법이 언급되고 있으므로 ㉢에는 '방식(方式)'이 들어가는 것이 적절하다.
· 방식(方式): 일정한 방법이나 형식

19 비문학 글의 구조 파악   난이도 중 ●●○

정답 설명

③ <보기>는 자본주의 사회에서 소비자의 놀이가 판매자의 돈벌이 수단이 됨을 설명하고 있으며, 이러한 현상은 2문단 끝에서 '여행'의 예시를 통해 제시되고 있다. 따라서 '여행 상품 소비'의 결론을 강조하고 있는 <보기>가 들어갈 곳으로 가장 적절한 것은 '2번째 문단 끝'이다.

20 비문학 세부 내용 파악   난이도 중 ●●○

정답 설명

④ 3문단 4~6번째 줄을 통해 생산자는 놀이 상품을 특정한 방식으로 소비하도록 만들어 놓는다는 것은 알 수 있지만, 소비자의 만족을 극대화할 수 있는 놀이 상품을 만든다는 내용은 제시문을 통해 알 수 없다.
[관련 부분] 생산자가 이미 특정한 방식으로 소비하도록 놀이 상품을 만들어 놓았기 때문이다.

오답 분석

① 1문단 끝에서 1~3번째 줄을 통해 알 수 있다.
[관련 부분] 고대인들은 신에게 바친 제물을 함께 나누며 모두 같은 신에게 속해 있다는 연대감을 느꼈다.

② 1문단 3~6번째 줄을 통해 알 수 있다.
[관련 부분] 노동은 신이 만든 자연을 인간이 자신에게 유용하게 만드는 속된 과정이다. 이는 원래 자연의 모습을 훼손하는 것이기에 신에게 죄를 짓는 것이다.

③ 2문단 끝에서 3~4번째 줄과 3문단 1번째 줄을 통해 자본주의 사회에 들어서 놀이가 상품을 소비하는 형식으로 변했음을 알 수 있다.
[관련 부분]
- 2문단: 휴식 시간마저도 대부분 상품을 소비하는 과정으로 이루어진다.
- 3문단: 놀이가 상품 소비의 형식을 띠면서

21 어휘 속담   난이도 중 ●●○

정답 설명

③ '봉사 단청 구경'은 '눈먼 봉사가 단청을 구경한다'라는 뜻으로, 사물의 참된 모습을 깨닫지 못함을 비유적으로 이르는 말이다. 따라서 뜻풀이로 가장 적절한 것은 ③이다.

22 문학 화자의 정서 및 태도   난이도 중 ●●○

정답 설명

④ 제시된 작품은 허난설헌의 '규원가'로, (가)에서 화자가 '세상의 서룬 사람(세상의 서러운 사람)'을 언급한 것은 그들과 자신의 처지를 대조함으로써 자신이 더 불행함을 강조하기 위한 것이다. 따라서 화자가 세상 사람들의 입을 빌려 자신의 서러움을 드러내고 있다는 ④의 설명은 적절하지 않다.

오답 분석

① 화자는 자신을 '박명(薄命)한 홍안(紅顔)(운명이 기구한 젊은 여자)'으로 표현함으로써 자신의 운명을 한탄하고 있다.

② ③ (가)의 마지막 줄에서 자신의 불행이 '님'의 탓임을 언급하며 '님'에 대한 원망을 적극적으로 드러내고 있음을 알 수 있다.

이것도 알면 합격!

허난설헌, '규원가(閨怨歌)'의 정서
'규원가(閨怨歌)'는 조선의 봉건적인 사회 분위기에서 여인이 느끼는 한(恨)과 원정(怨情)을 절절하게 읊은 작품이다. 가정을 돌보지 않는 가장으로 인해 고통받는 여인의 삶을 애절하게 표현하였으며, 불성실한 남편에 대한 원망을 직접적으로 드러내고 있다.

23 문학 시구의 의미   난이도 중 ●●○

정답 설명

③ ⓒ '무슨 약수(弱水) 가렷관듸'에서 '약수(弱水)'는 전설 속의 강 이름으로, 건널 수 없는 장애물을 의미하는 시어이다. 따라서 ⓒ은 '무슨 장애물이 가려졌길래'로 풀이할 수 있다.

지문 풀이

차라리 잠이 들어 ㉠꿈에나 (임을) 보려고 하였더니
바람에 지는 잎과 풀 속에 우는 벌레는
무슨 일로 원수가 되어 ㉡잠마저 깨우는가?
하늘의 견우와 직녀는 은하수가 막혔을지라도
칠월 칠석 일 년에 한 번씩 때를 어기지 않고 만나는데
우리 임 가신 후는 ㉢무슨 약수(장애물)가 가려졌길래
온다간다는 소식마저 그쳤을까?
난간에 기대어 서서 임 가신 데를 바라보니
풀 이슬은 맺혀 있고 저녁 구름이 지나가는 때이구나.
대숲 우거진 푸른 곳에 ㉣새소리가 더욱 서럽다.
┌ 세상에 서러운 사람이 많다고 하겠지만
(가) 운명이 기구한 젊은 여자야 나 같은 이가 또 있을까?
└ 아마도 임의 탓으로 살 듯 말 듯 하구나

24   문학 수사법   난이도 하 ●○○

[정답 설명]

③ 제시된 문장과 ③에는 구조적으로 비슷한 구절을 세워 표현하는 대구법을 사용하여 병행과 대칭의 미를 주었다.

[오답 분석]

① 역설법: '패배'는 '겨루어서 짐'을, '승자'는 '싸움이나 경기 따위에서 이긴 사람'을 뜻하는데, 의미상 양립할 수 없는 말을 함께 사용하여 '패배를 인정하는 자세'에 대한 긍정적인 측면을 강조하였다.
② 연쇄법: 앞 구절인 '기차', '빨라' 부분을 다음 구절인 '기차는', '빠르면' 부분으로 반복하여 강조하였다.
④ 과장법: '간'을 '콩알'만 해졌다고 실제보다 작게 과장하여 표현하였다.

25   문학 시어의 의미   난이도 중 ●●○

[정답 설명]

③ (다)의 1~2연을 통해 이별의 상황에서 화자가 망설이며 안타까워하고 있음을 확인할 수 있다. 3연에서 ⓒ '까마귀'는 서산에 해가 진다고 지저귀며 이별을 재촉하여 이별의 분위기를 조성하고 있다. 따라서 ⓒ은 이별의 안타까움을 간접적으로 드러내지만, 이별을 만류하는 대상이 아니므로 ③의 설명은 적절하지 않다.

[오답 분석]

① (가)의 1연에서 '꽃'은 산에 저만치 혼자서 피어 있는 것으로, 외로운 존재이다. 그리고 2연에서 ㉠ '작은 새' 역시 외로운 존재인 '꽃'이 좋아 산에서 산다고 표현하고 있으므로 ㉠ 역시 외로운 존재를 의미한다. 참고로 ㉠은 화자의 외로운 처지를 상징하는 감정 이입의 대상이기도 하다.
② (나)에서 의붓어미의 시샘에 죽은 누나는 죽어서 ㉡ '접동새'가 되어, 남동생을 죽어서도 잊지 못해 밤이 깊으면 슬피 운다고 표현하고 있다. 이를 통해 ㉡은 죽은 누이의 한을 상징함을 알 수 있다.
④ (라)의 화자는 자신의 고향도 차와 배를 타고 갈 수 있는 곳이지만, 오라는 곳이 없어서 가지 못함을 알 수 있다. 그러면서 ㉣ '기러기'에게 길이 있어서 잘 가느냐고 묻고 있는데, 이는 고향에 가지 못하는 자신의 처지와 상반되게 길을 떠나고 있는 ㉣을 부러워하고 있음을 드러낸다. 따라서 ㉣은 화자가 가지 못하는 길을 가는 부러움의 대상임을 알 수 있다.

[이것도 알면 합격!]

감정 이입과 객관적 상관물

감정 이입	화자의 감정을 타인이나 사물에 이입하여 마치 대상도 화자의 감정과 동일하게 느끼고 있다고 생각하고 표현하는 방법
객관적 상관물	감정을 환기시키는 모든 사물을 가리키며, 이때 감정 이입과 동일하게 화자와 동일한 정서를 대변해 주는 대상을 의미하기도 하고 혹은 화자의 정서와 대조적인 감정을 떠올리게 하기도 하는 모든 대상을 의미함

10회 실전동형모의고사

◉ 실전동형문제 정답

p.84

01	④ 어법 – 한글 맞춤법	06	③ 비문학 – 관점과 태도 파악	11	③ 비문학 – 적용하기	16	② 어법 – 올바른 문장 표현	21	② 문학 – 작품의 종합적 감상
02	③ 어법 – 단어	07	③ 비문학 – 논증의 오류	12	① 혼합(비문학+어휘) – 관점과 태도 파악, 한자 성어	17	③ 비문학 – 글의 구조 파악	22	② 어법 – 의미
03	② 어휘 – 한자 성어	08	③ 비문학 – 세부 내용 파악	13	④ 어휘 – 표기상 틀리기 쉬운 어휘	18	③ 비문학 – 글의 구조 파악	23	② 비문학 – 화법의 원리
04	② 어휘 – 한자어	09	④ 문학 – 작품의 종합적 감상	14	② 문학 – 시어의 의미	19	① 문학 – 주제 및 중심 내용 파악	24	② 어휘 – 혼동하기 쉬운 어휘
05	② 어법 – 한글 맞춤법	10	③ 비문학 – 주제 및 중심 내용 파악	15	④ 어법 – 표준어 사정 원칙	20	④ 어법 – 한글 맞춤법	25	② 어법 – 국어의 로마자 표기

◉ 취약영역 분석표

영역	어법	비문학	문학	어휘	혼합	총계
맞힌 답의 개수	/ 8	/ 8	/ 4	/ 4	/ 1	/ 25

* 취약영역 분석표를 이용해 1개라도 틀린 문제가 있는 영역은 그 영역의 문제만 골라 해설을 다시 한번 꼼꼼히 학습하세요.

01 어법 한글 맞춤법 (띄어쓰기) 난이도 중 ●●○

정답 설명
④ 본용언이 합성어나 파생어인 경우에는 본용언과 보조 용언을 띄어 쓰지만, 그 활용형이 2음절인 경우에는 붙여 쓸 수 있으므로 ④의 설명과 예문은 모두 옳지 않다.

이것도 알면 합격!

보조 용언의 띄어쓰기
1. 보조 용언은 띄어 씀을 원칙으로 하되, 경우에 따라 붙여 씀도 허용함
   예 내 힘으로 막아V낸다. (원칙) / 내 힘으로 막아낸다. (허용)
2. 앞말에 조사가 붙거나 앞말이 합성 용언인 경우, 그리고 의존 명사 뒤에 조사가 붙을 때는 그 뒤에 오는 보조 용언은 띄어 씀
   예 • 앞말에 조사가 붙는 경우: 잘도 놀아만V나는구나!
   • 앞말이 합성 용언인 경우: 네가 덤벼들어V보아라.
   • 의존 명사에 조사가 붙는 경우: 그가 올 듯도V하다.
3. 본용언이 합성어나 파생어라도 그 활용형이 2음절인 경우에는 붙여 쓴 말이 너무 길지 않으므로 본용언과 보조 용언을 붙여 쓸 수 있다.
   예 나가V버리다. (원칙) / 나가버리다. (허용)
4. 보조 용언이 거듭 나타나는 경우는 앞의 보조 용언만을 붙여 쓸 수 있다.
   예 적어V둘V만하다. / 적어둘V만하다.

02 어법 단어 (파생어와 합성어) 난이도 하 ●○○

정답 설명
③ ① '새롭다', ② '치솟다', ④ '헛디디다'는 모두 파생어이나, ③ '굳세다'는 합성어이므로 단어의 형성 방법이 다른 것은 ③이다.

• 굳세다: '굳-(용언의 어간) + 세다(용언)'는 용언의 어간이 어미 없이 다른 용언과 결합한 합성어이다.

오답 분석
① 새롭다: '새(관형사) + -롭다(접미사)'가 결합한 파생어로, '-롭다'는 '그러함'의 뜻을 더하고 형용사를 만드는 접미사이다.
② 치솟다: '치-(접두사) + 솟다(용언)'가 결합한 파생어로, '치-'는 '위로 향하게'의 뜻을 더하는 접두사이다.
④ 헛디디다: '헛-(접두사) + 디디다(용언)'가 결합한 파생어로, '헛-'은 '잘못'의 뜻을 더하는 접두사이다.

03 어휘 한자 성어 난이도 중 ●●○

정답 설명
② 밑줄 친 부분을 적절하게 표현한 한자 성어는 '屍山血海(시산혈해)'이다.
• 屍山血海(시산혈해): 사람의 시체가 산같이 쌓이고 피가 바다같이 흐름을 이르는 말

오답 분석
① 針小棒大(침소봉대): 작은 일을 크게 불리어 떠벌림
③ 桑田碧海(상전벽해): '뽕나무밭이 변하여 푸른 바다가 된다'라는 뜻으로, 세상일의 변천이 심함을 비유적으로 이르는 말
④ 刻骨難忘(각골난망): 남에게 입은 은혜가 뼈에 새길 만큼 커서 잊히지 않음

04 어휘 한자어 (한자어의 쓰임)   난이도 상 ●●●

정답 설명

② '사사(師事: 스승 사, 일 사)'는 '스승으로 섬김. 또는 스승으로 삼고 가르침을 받음'이라는 뜻이다. 따라서 ②는 제자에게 비기(자기만이 가지고 있는 재주)에 대한 가르침을 받았다는 뜻이 되므로 단어의 쓰임이 어색하다.

오답 분석

① ③ ④ 모두 단어의 쓰임이 적절한 문장이다.
① 현안(懸案: 달 현, 책상 안): 이전부터 의논하여 오면서도 아직 해결되지 않은 채 남아 있는 문제나 의안
③ 역조(逆調: 거스를 역, 고를 조): 일의 진행이 나쁜 방향으로 되어 가는 상태
④ 호사가(好事家: 좋을 호, 일 사, 집 가): 1. 남의 일에 특별히 흥미를 가지고 말하기 좋아하는 사람 2. 일을 벌이기를 좋아하는 사람

05 어법 한글 맞춤법 (맞춤법에 맞는 표기)   난이도 하 ●○○

정답 설명

② 회장이었데(×) → 회장이었대(○): 다른 사람이 말한 내용을 간접적으로 전달하는 문장이므로, '-다고 해'가 줄어든 말인 '-대'를 써야 한다. 참고로 어미 '-데'는 화자가 직접 경험한 사실을 나중에 보고하듯이 말할 때 쓰이는 말로 '-더라'와 같은 의미를 전달하는 데 쓰인다.

오답 분석

① 왜 그러는데?(○): 이때 '데'는 일정한 대답을 요구하며 물어보는 뜻을 나타내는 종결 어미 '-는데'의 일부로, 문맥상 올바르게 사용되었다.
③ 상처가 난 데(○): 이때 '데'는 '경우'의 뜻을 나타내는 의존 명사로, 문맥상 올바르게 사용되었다.
④ 돈은 없긴 한데(○): 이때 '데'는 뒤 절에서 어떤 일을 설명하거나 묻거나 시키거나 제안하기 위하여 그 대상과 상관되는 상황을 미리 말할 때에 쓰는 연결 어미 '-ㄴ데'의 일부로, 문맥상 올바르게 사용되었다.

이것도 알면 합격!

어미 '-데'와 '-대'의 구분

-데	1. '-더라'와 같은 의미 2. 화자가 과거 어느 때에 직접 경험하여 알게 된 사실을 현재의 말하는 장면에 그대로 옮겨 와서 말할 때 씀 예 그이가 말을 아주 잘하데(잘하더라).
-대	1. '-다(고) 해'의 준말 2. 화자가 직접 경험한 사실이 아니라 남이 말한 내용을 간접적으로 전달할 때 씀 예 그 여자 예쁘대(예쁘다고 해).

06 비문학 관점과 태도 파악   난이도 하 ●○○

정답 설명

③ 4문단 끝에서 1~3번째 줄에서 필자는 대학이 우리 사회의 현실과 지나간 역사, 그리고 앞으로 다가올 미래에 대해 고민할 수 있는 공간이 되어야 한다고 이야기한다. 이를 통해 필자는 ③ '대학은 사회 현실에 대해 고민하는 공간이 되어야 한다'라고 생각함을 알 수 있다.

오답 분석

① ④ 제시문에서 확인할 수 없는 내용이다.
② 1문단 1~2번째 줄에서 필자는 이 편지를 읽는 공간이 어디든 상관없다고 말하고 있다. 이는 직업의 경중에 대해 이야기하는 것이 아닌, 편지를 읽는 독자들의 다양한 상황을 존중하고자 하는 필자의 의도가 담겨 있는 것이다.

07 비문학 논리적 사고 (논증의 오류)   난이도 중 ●●○

정답 설명

③ 제시된 문장과 ③은 일부분이 유사하다고 해서 나머지도 유사할 것이라고 생각하는 '잘못된 유추의 오류'를 범한 문장이다.
- 제시문: 한국과 이탈리아가 반도 국가라는 공통점이 있다고 해서 국민들의 성향까지도 유사할 것이라고 생각하는 오류를 범하였다.
- ③: 거북이와 '나'의 행동이 느리다는 공통점이 있다고 해서 '나'도 거북이처럼 장수할 것이라고 생각하는 오류를 범하였다.

오답 분석

① 자신의 가설을 반증한 사람이 없었으므로 그 가설이 반드시 참이라고 말하는 '무지에의 호소'를 범한 문장이다.
② 개발도상국은 타국에 비해 산업의 근대화 및 경제 개발 등 평균 생활 수준이 비교적 낮으니, 개발도상국인 A국의 모든 분야가 선진국에 비해 뒤떨어질 것이라고 추론하는 '분할의 오류'를 범하고 있다.
④ '이웃' 부분을 강조하여 해석함으로써 그 본래의 뜻을 왜곡하는 '강조의 오류'를 범한 문장이다.

08 비문학 세부 내용 파악   난이도 중 ●●○

정답 설명

② 2문단 3~5번째 줄을 통해 부자가 세금을 많이 내는 것은 부자에게 고통스러운 일이지만, 부자에게서 거두어들인 세금이 빈민을 위해 쓰일 때 빈민은 행복해짐을 알 수 있으므로 ②는 옳은 설명이다.

오답 분석

① 1문단 4~5번째 줄을 통해 쾌락과 고통의 판단 주체는 사회가 아닌 개인임을 알 수 있으므로 적절하지 않다.
③ 1문단 2~3번째 줄에서 벤담은 삶의 목적을 행복 추구로 보고, 고통은 행복을 위해 피해야 하는 대상으로 여기고 있으므로 적절하지 않다.

④ 2문단 1~5번째 줄에서 에서 벤담의 공리주의에 따르면 국가는 사람들의 행복을 감소시켜서는 안 되는데, 부자를 대상으로 한 증세 정책은 부자의 행복을 감소시키는 일임을 확인할 수 있으므로 적절하지 않다.

② 2문단을 통해 유전적 결함이 오히려 인체에 도움을 주는 경우도 있음을 확인할 수 있으나, 이는 유전적 물질이 긍정적인 방향 또는 부정적인 방향 모두로 변화할 수 있다는 점을 설명하기 위한 부분적인 내용이며, 이를 통해 유전적 결함에 대한 편견을 개선해야 한다는 내용은 이끌어 낼 수 없으므로 제시문의 주장으로 적절하지 않다.

③ 제시문에서 확인할 수 없는 내용이다.

09 문학 작품의 종합적 감상 (시조) 난이도 중 ●●○

정답 설명
④ 화자는 충신의 상징인 '이제(夷齊: 백이와 숙제)'가 주나라의 땅에서 난 고사리를 캐 먹은 것을 책망하며 비판하고 있으므로, 화자의 주관적인 시각에서 백이와 숙제의 태도를 평가하고 있다고 볼 수 있다.

오답 분석
① 화자는 세조(수양 대군)의 왕위 찬탈에 반대하면서 단종을 향한 굳은 절의를 지킬 것을 다짐하고 있다.
② '수양산(首陽山)'은 중국의 산 이름이자, 수양 대군을 일컫는 소재이므로 중의법이 사용된 표현이다.
③ 두 왕을 섬기기를 거부하며 수양산에서 은거했던 백이와 숙제의 고사를 활용하여 '단종을 향한 굳은 절개'라는 주제 의식을 부각하고 있다.

지문 풀이
수양산을 바라보며 지조를 끝까지 지키지 못한 백이와 숙제를 원망하며 한탄하노라.
굶어 죽을지언정 고사리는 왜 캐어 먹었는가?
비록 산과 들의 풀인들 그것이 누구의 땅에 나왔는가?
— 성삼문

11 비문학 적용하기 난이도 중 ●●○

정답 설명
③ 1문단 5~6번째 줄의 내용에 따르면 좋은 비평이란 소재를 선택한 동기와 그 소재에 주목해야 하는 이유를 명확히 밝혀야 하는 것이다. 또한 주제가 하나여서 글에 통일성이 있어야 한다. ③은 소재를 선택한 동기로 '공권력을 둘러싼 비리가 최근 논란이 되고 있음'을 밝히고 있다. 그리고 공권력과 관련된 비리는 국민의 권리와 밀접한 관련이 있다고 언급하며 글에 주목해야 하는 이유를 명확하게 나타내므로 '좋은 비평'의 예시로 적절하다.

오답 분석
① '공산주의'에 대한 단순 설명에 그치므로 적절하지 않다.
② 비판이 없는 단순 해설성 비평이므로 적절하지 않다.
④ 필자가 '길거리 흡연 현상'을 비판하려는 것인지 '정책에 대한 시민들의 저조한 관심'을 비판하려는 것인지 주제가 일관되지 않고 산만하게 나열되어 있으므로 적절하지 않다.

10 비문학 주제 및 중심 내용 파악 난이도 중 ●●○

정답 설명
④ 3문단에서 유전자 변형체가 질병을 치료하여 긍정적인 효과를 미칠 수도 있지만 진화 과정에서 어떤 위험을 초래할지 예측 및 통제하는 것이 불가능하다고 하였다. 이를 미루어 보아 유전자 변형 기술은 위험성이 통제되지 않아 신중하게 개발되어야 함을 이끌어낼 수 있으므로 글의 주장으로 적절한 것은 ④이다.

오답 분석
① 2문단 1번째 줄을 통해 인간을 포함한 생물은 종족 보존을 위해 진화를 거듭해 왔음을 알 수 있다. 그러나 이는 진화 과정에서 유전자 변형체가 인체에 미치는 영향을 설명하기 위한 부분적인 내용이며, 3문단에서 유전자 변형을 통해 신체 기능을 향상시키는 것이 인간의 진화 과정에서 어떤 위험을 초래할지 예측할 수 없으니 신중해야 함을 강조하고 있으므로 ①은 제시문의 주장으로 적절하지 않다.

[관련 부분]
· 기계와 컴퓨터가 진화를 하지 않는 것과 달리 생물은 종족의 보존을 위해 진화를 거듭한다.
· 진화 과정을 거치며 이 행위(유전자 변형체를 인공적으로 이식하는 것)가 어떤 위험을 초래할지는 예측할 수 없으며 통제할 수도 없을 것이다.

12 비문학+어휘 관점과 태도 파악, 한자 성어 난이도 중 ●●○

정답 설명
① 필자는 백성들이 죽음을 무릅쓰고 '석이(石耳)'를 따는 이유를 설명함으로써, 목민관들을 깨우쳐 고통받는 백성을 구제하려 하고 있다. 따라서 필자의 태도로 가장 적절한 것은 ① '구세제민(救世濟民)'이다.
· 구세제민(救世濟民): 어지러운 세상을 구원하고 고통받는 백성을 구제함

오답 분석
② 반면교사(反面敎師): 사람이나 사물 따위의 부정적인 면에서 얻는 깨달음이나 가르침을 주는 대상을 이르는 말
③ 살신성인(殺身成仁): 자기의 몸을 희생하여 인(仁)을 이룸
④ 식자우환(識字憂患): 학식이 있는 것이 오히려 근심을 사게 됨

13 어휘 표기상 틀리기 쉬운 어휘 난이도 상 ●●●

정답 설명
② 부줏돈(×) → 부좃돈(○): '부조로 내는 돈'을 뜻하는 말은 '부좃돈'이다.

[오답 분석]
① 누긋한(○): 문맥상 '추위가 약간 풀린 상태이다'를 뜻하는 '누긋하다'가 바르게 쓰였다. 이때 '느긋하다'로 잘못 표기하지 않도록 유의해야 한다.
③ 누레진(○): 문맥상 '누렇게 되다'를 뜻하는 '누레지다'가 바르게 쓰였다. 참고로 '누래지다'는 '누레지다'의 틀린 표기이므로 잘못 쓰지 않도록 유의해야 한다.
④ 난삽한(○): 문맥상 '글이나 말이 매끄럽지 못하면서 어렵고 까다롭다'를 뜻하는 '난삽(難澁)하다'가 바르게 쓰였다. 이때 '난잡(亂雜)하다'로 잘못 표기하지 않도록 유의해야 한다.

14 문학 시어의 의미 난이도 중 ●●○

[정답 설명]
② 제시된 작품에서 '마음 허공'은 화자의 내면 공간을 의미하는 시어인 반면, '그리운 소식', '추억의 조각', '차단한 의상'은 모두 '흰 눈'의 보조 관념으로 사용된 시어이다. 따라서 '흰 눈'과 가장 거리가 먼 것은 ②이다.

[이것도 알면 합격!]

김광균, '설야'의 주제 및 특징
1. 주제: 눈 오는 밤에 느끼는 그리움과 애상감
2. 특징
   (1) 다양한 비유와 공감각적 표현을 통해 정서를 표현함
   (2) 시간의 경과에 따라 화자의 정서가 그리움에서 서글픔으로 심화됨

15 어법 표준어 사정 원칙 (표준어의 구분) 난이도 중 ●●○

[정답 설명]
④ 허섭스러운(×) → 허접스러운(○). '허름하고 잡스러운 느낌이 있다'를 뜻하는 단어는 '허접스럽다'이므로 표준어가 아닌 것은 ④이다. 참고로, '좋은 것이 빠지고 난 뒤에 남은 허름한 물건'을 뜻하는 '허섭스레기'와 '허접쓰레기'는 복수 표준어이다.

[오답 분석]
① 맨송맨송(○): 술을 마시고도 취하지 않아 정신이 말짱한 모양
② 개개다(○): 성가시게 달라붙어 손해를 끼치다.
③ 뜨락(○): 집 안의 앞뒤나 좌우로 가까이 딸려 있는 빈터

16 어법 올바른 문장 표현 난이도 중 ●●○

[정답 설명]
② <보기>의 조건을 모두 충족시킨 문장은 ②이다.

- 그녀는: 주어가 대명사 '그녀'이므로 첫 번째 조건을 충족시킨다.
- 동생에게서: 'from'의 번역 투 표현 '~로부터'를 사용하지 않았으므로 두 번째 조건을 충족시킨다.
- 편지를 부모님께 전달하였다: 서술어 '전달하다'와 호응하는 목적어 '편지를'과 부사어 '부모님께'가 모두 적절하게 쓰였으므로 세 번째 조건을 충족시킨다.

[오답 분석]
① '~에 있어서'는 일본어에서 한자의 어조사 '어(於)'를 가져와 쓴 표현을 직역한 것이므로 두 번째 조건을 충족시키지 않는다. '우리 역사에 있어서'를 '우리 역사에서'와 같이 고쳐 쓰는 것이 적절하다.
③ 주어가 '그 남자'로 대명사가 쓰이지 않았으므로 첫 번째 조건을 충족시키지 않으며, 서술어 '입히다'에 호응하는 부사어가 생략되었으므로 세 번째 조건을 충족시키지 않는다. '그는 ~ 지역 주민들에게 막대한 피해를 입혔다'와 같이 고쳐 쓰는 것이 적절하다.
④ '~를 필요로 한다'는 'be in need of ~'를 직역한 것이므로 두 번째 조건을 충족시키지 않으며, 주로 부정을 나타내는 서술어와 함께 쓰이는 부사 '전혀'가 쓰였으므로 세 번째 조건을 충족시키지 않는다. '경제 공부가 반드시 필요했다'와 같이 고쳐 쓰는 것이 적절하다.

17 비문학 글의 구조 파악 난이도 하 ●○○

[정답 설명]
③ 제시문은 현자와 불초한 자를 분명히 가려내는 것이 어려우며, 이를 제대로 구분하기 위해서는 후세의 판단을 기다려야 함을 설명하고 있다. 이때 <보기>의 '이렇게 한 뒤'는 '후세의 판단을 기다린 뒤'를 의미하며, 그 이후에야 비로소 옳고 그름이 결정됨을 설명하고 있으므로 <보기>의 위치로 가장 적절한 것은 ③이다.

18 비문학 글의 구조 파악 (접속어의 사용) 난이도 하 ●○○

[정답 설명]
② ㉠, ㉡에 들어갈 올바른 접속 부사로 짝지어진 것은 ② '그러나, 그러므로'이다.
- ㉠: ㉠의 앞에서는 많은 사람들이 어진 이를 좋아하고 불초한 사람을 싫어한다는 내용을 제시하고 있고, ㉠의 뒤에서는 정작 현자와 불초한 자를 제대로 구분할 수 있는 사람은 적다는 것을 언급하고 있다. 따라서 ㉠에는 앞의 내용과 뒤의 내용이 상반될 때 사용되는 접속 부사인 '그러나' 또는 '하지만'이 들어가야 한다.
- ㉡: ㉡의 앞에서는 현자와 불초한 자를 구분하기 어려운 이유가 언급되고 있고, ㉡의 뒤에서는 현자와 불초한 자를 제대로 가리기 위해서는 후세의 판단을 기다려야 한다는 결론이 제시되고 있다. 따라서 ㉡에는 앞의 내용이 뒤의 내용의 이유나 원인, 근거가 될 때 쓰는 접속 부사 '그러므로'가 들어가야 한다.

19 문학 주제 및 중심 내용 파악   난이도 중 ●●○

정답 설명

① ①은 간신을 '구롬(구름)'에, 임금을 '날빛(햇빛)'에 비유하여 임금의 총애를 믿고 나라를 어지럽게 하는 간신의 횡포를 풍자하고 있다. 이와 달리 ② ③ ④는 자연을 벗 삼아 살아가는 삶의 만족스러움을 표현하고 있으므로 답은 ①이다.

오답 분석

② 자연에 묻혀 지내는 삶의 기쁨을 노래함
③ 자연을 세속적 가치로 파악할 수 없는 귀중한 것으로 여기며 자연에서 살아가고 싶은 마음을 형상화함
④ 자연에서 소박하게 사는 삶에 대한 만족스러움을 표현함

지문 풀이

① 구름이 사심(邪心)이 없다는 것은 허무맹랑한 거짓말이다. / 하늘에 높이 떠 있어 마음대로 다니면서 / 구태여 밝은 햇빛을 따라가며 덮는구나.
② 매미가 맵다고 울고 쓰르라미가 쓰다고 우니. / 산나물이 맵다고 우는 것인가, 변변치 못한 술이 쓰다고 우는 것인가? / 우리는 시골의 궁벽한 곳에 묻혀 살고 있으니 맵고 쓴 줄을 모르겠노라.
③ 빈천(가난과 천함)을 팔려고 권세 있는 집을 찾아갔더니. / 덤 없는 흥정을 누가 먼저 하겠다고 하겠는가. / (대신) 강산과 풍월을 달라고 하니 그것(자연을 주는 것)은 그렇게 할 수 없으리라.
④ 짚으로 만든 방석을 내지 마라. 낙엽엔들 못 앉겠느냐. / 관솔불을 켜지 마라. 어제 졌던 밝은 달이 다시 떠오른다. / 아이야! 변변치 않은 술과 나물일지라도 좋으니 없다 말고 내오너라.

20 어법 한글 맞춤법 (맞춤법에 맞는 표기)   난이도 하 ●○○

정답 설명

④ 떳떳치(×) → 떳떳지(○): '떳떳하지'가 줄어든 말로, '하' 앞의 받침 소리가 [ㄱ, ㄷ, ㅂ]일 때 '하'가 통째로 줄어드는 경우이므로 '떳떳지'로 적어야 한다.

오답 분석

① ② ③ 모두 어간 끝음절 '하'의 'ㅏ'가 줄고, 'ㅎ'이 다음 음절의 첫소리와 어울려 거센소리로 된 경우이다.
① 청결타(○): '청결하다'의 준말은 '청결타'이다.
② 전달코자(○): '전달하고자'의 준말은 '전달코자'이다.
③ 명심케(○): '명심하게'의 준말은 '명심케'이다.

이것도 알면 합격!

'하'로 끝나는 용언의 준말

1. '하'의 'ㅏ'가 줄고 'ㅎ'이 다음 음절의 첫소리와 어울려 거센소리로 될 때는 거센소리로 적음

본말	준말	본말	준말
간편하게	간편케	다정하다	다정타
연구하도록	연구토록	정결하다	정결타
가하다	가타	흔하다	흔타

2. '하' 앞의 받침의 소리가 [ㄱ, ㄷ, ㅂ]이면 '하'가 통째로 줄어든 형태로 적음

본말	준말	본말	준말
거북하지	거북지	넉넉하지 않다	넉넉지 않다
생각하건대	생각건대	못하지 않다	못지않다
생각하다 못해	생각다 못해	섭섭하지 않다	섭섭지 않다
깨끗하지 않다	깨끗지 않다	익숙하지 않다	익숙지 않다

21 문학 작품의 종합적 감상 (현대 소설)   난이도 중 ●●○

정답 설명

② 1문단에서 '나'가 '그날 밤의 일'에 대해 자세히 서술하며 당시를 생각하면 지금도 마음이 아프다고 표현한 것으로 보아, 제시된 작품은 과거를 회상하는 방식으로 서술하고 있음을 알 수 있다. 참고로 제시된 작품은 '장난감 도시'로, 시골에서 생활하던 한 소년이 삼촌의 사상적인 문제로 인해 도시로 이사하게 되면서 도시 생활에 적응해 가는 과정을 회상적·자전적으로 그린 소설이다.

오답 분석

① '물장수'는 '나'의 행동을 보고 시골에서 온 아이인지 확인하고 있을 뿐, '나'를 조롱하고 있는 것으로 볼 수 없다.
③ '물장수'의 지적에 대해 '나'는 무엇이 잘못되었는지 알 수 없어 당혹감을 느끼고 있는 것일 뿐, 도시 문화를 비판하는 것은 아니다.
④ '한 잔의 물'은 '돈'을 주고 사야 하는 대상으로, 금전적 경제 생활이 기반이 되는 도시의 생활 방식을 나타내는 소재일 뿐 산업화와는 관련이 없다.

이것도 알면 합격!

이동하, '장난감 도시'의 주제와 특징

1. 주제: 도시에 적응하지 못하는 가족의 비참한 현실과 그 과정에서 겪는 소년의 성장
2. 특징
   (1) 어른이 된 주인공이 전쟁 직후 비참하고 가난했던 유년 시절을 자전적·회상적으로 그려 냄
   (2) 도시의 어둡고 삭막한 모습을 비판적으로 드러냄

22 어법 의미 (다의어의 의미) 난이도 중 ●●○

정답 설명
② 〈보기〉에 쓰인 '손'은 '어떤 일을 하는 데 드는 사람의 힘이나 노력, 기술'을 뜻한다. 이와 의미가 가장 가까운 것은 ② '이 일의 성패가 그녀의 손에 달려 있다'에 쓰인 '손'이다.

오답 분석
① 모든 것을 손에 넣을 수 없다: 이때 '손'은 '어떤 사람의 영향력이나 권한이 미치는 범위'를 뜻한다.
③ 그들의 손에 놀아나지 않게: 이때 '손'은 '사람의 수완이나 꾀'를 뜻한다.
④ 손이 부족하다: 이때 '손'은 '일을 하는 사람'을 뜻한다.

23 비문학 화법의 원리 (협력의 원리) 난이도 하 ●○○

정답 설명
② 여행 장소를 물어보는 '가'의 질문에 '나'는 여행 기간(5박 6일)까지 대답함으로써 필요 이상의 정보를 제공하고 있다. 따라서 양의 격률을 위반한 대화문은 ②이다.

오답 분석
① '나'의 답변은 사람들이 일부는 오고 일부는 오지 않았는지, 아니면 한 명도 오지 않았는지 정확히 파악하기 어려운 중의적인 답변이다. 따라서 ①은 '태도의 격률'을 위반하였다.
③ 방 청소를 다했는지 묻는 '가'의 질문에 '나'는 대화 맥락과 관련 없는 이야기를 하고 있으므로 '관련성의 격률'을 위반하였다.
④ 선수가 바람처럼 빠르기 때문에 신기록을 달성할 수 있었다는 '나'의 대답은 진실성이 떨어지므로 '질의 격률'을 위반하였다.

이것도 알면 합격!

협력의 원리

구분	설명	예
양의 격률	대화에서 필요한 만큼만 말하는 것	A: 너 체중이 몇 kg이니? B: 응, 168cm에 50kg이야. → 키는 필요 없는 정보
질의 격률	거짓 또는 적절한 증거가 부족한 것을 말하지 않는 것	A: 너 이곳까지 어떻게 왔니? B: 응, 날아서 왔어. → 진실성이 떨어지는 대답
관련성의 격률	대화의 주제와 관련성이 있는 말을 하는 것	A: 어제 본 영화 정말 재밌지 않았어? B: 오는 길에 옆 반 철수를 봤어. → 물음에 맞지 않는 대답
태도의 격률	애매하거나 중의적인 표현을 피하고 분명하며 간결하게 말하는 것	A: 우리 여행 어디로 갈까? B: 글쎄. 너무 덥지 않은 곳으로 가고 싶어. → 애매한 대답

24 어휘 혼동하기 쉬운 어휘 난이도 하 ●○○

정답 설명
② 밑줄 친 부분의 쓰임이 모두 옳은 것은 ②이다.
- 미국을 거쳐(O): 문맥상 '오가는 도중에 어디를 지나거나 들르다'를 뜻하는 '거치다'가 바르게 쓰였다.
- 안개가 걷힌(O): 문맥상 '구름이나 안개 등이 흩어져 없어지다'를 뜻하는 '걷히다'가 바르게 쓰였다.

오답 분석
① · 여행 경비를 낮잡았더니(×) → 여행 경비를 낫잡았더니(O): '금액, 나이, 수량, 수효 등을 계산할 때에, 조금 넉넉하게 치다'를 뜻할 때에는 '낫잡다'를 써야 한다.
· 물건 값을 낫잡아(×) → 물건 값을 낮잡아(O): '실제로 지닌 값보다 낮게 치다'를 뜻할 때에는 '낮잡다'를 써야 한다.
③ · 눈썰미가 갸름하다(×) → 눈맵시가 갸름하다(O): '눈이 생긴 모양새'를 뜻할 때에는 '눈맵시'를 써야 한다.
· 그녀는 눈맵시가 남달라서(×) → 그녀는 눈썰미가 남달라서(O): '한두 번 보고 곧 그대로 해내는 재주'를 뜻할 때에는 '눈썰미'를 써야 한다.
④ · 산 넘어(×) → 산 너머(O): '높이나 경계로 가로막은 사물의 저쪽. 또는 그 공간'을 뜻할 때에는 '너머'를 써야 한다.
· 삼팔선을 너머(×) → 삼팔선을 넘어(O): '경계를 건너 지나다'를 뜻할 때에는 '넘어'를 써야 한다.

25 어법 국어의 로마자 표기 난이도 중 ●●○

정답 설명
② 안압지[아ː납찌] Anapjji(×) → Anapji(O): 된소리되기의 결과는 로마자 표기에 반영하지 않으므로 로마자 표기가 옳지 않은 것은 ②이다.

오답 분석
① 노고단[노ː고단] Nogodan(O): 'ㄱ'은 모음 앞에서 'g'로 적으므로 'Nogodan'의 표기는 옳다.
③ 집현전[지편전] Jiphyeonjeon(O): 체언의 'ㄱ, ㄷ, ㅂ' 뒤에 'ㅎ'이 올 때에는 'ㅎ'을 밝혀 적으므로 'Jiphyeonjeon'의 표기는 옳다.
④ 영동군[영ː동군] Yeongdong-gun(O): 행정 구역 단위인 '군'은 'gun'으로 적고, 앞에는 붙임표(-)를 넣으므로 'Yeongdong-gun'의 표기는 옳다.

11회 실전동형모의고사

▶ 실전동형문제 정답

p.92

01	④ 어법 – 단어	06	② 비문학 – 작문	11	③ 문학 – 작품의 종합적 감상	16	② 비문학 – 주제 및 중심 내용 파악	21	② 문학 – 글의 구조 파악
02	④ 문학 – 서술상의 특징	07	② 어휘 – 표기상 틀리기 쉬운 어휘	12	② 어법 – 단어, 문장	17	② 어법 – 단어	22	② 문학 – 주제 및 중심 내용 파악
03	② 혼합(문학+어휘) – 화자의 정서, 한자 성어	08	① 비문학 – 내용 추론	13	② 비문학 – 글의 구조 파악	18	② 비문학 – 세부 내용 파악	23	④ 어법 – 한글 맞춤법
04	③ 문학 – 작품의 종합적 감상	09	④ 어휘 – 한자어	14	① 어휘 – 한자어	19	④ 어법 – 단어	24	③ 비문학 – 세부 내용 파악
05	① 비문학 – 논지 전개 방식	10	① 비문학 – 주제 및 중심 내용 파악	15	② 문학 – 관점과 태도 파악	20	① 어법 – 문장	25	③ 문학 – 글의 내용 파악

▶ 취약영역 분석표

영역	어법	비문학	문학	어휘	혼합	총계
맞힌 답의 개수	/ 6	/ 8	/ 7	/ 3	/ 1	/ 25

* 취약영역 분석표를 이용해 1개라도 틀린 문제가 있는 영역은 그 영역의 문제만 골라 해설을 다시 한번 꼼꼼히 학습하세요.

---

01 어법 단어 (통사적 합성어와 비통사적 합성어) 난이도 하 ●○○

정답 설명
④ '접칼'과 합성어의 구성 방식이 같은 것은 ④ '오르내리다'이다.
- 접칼: '접-(용언의 어간) + 칼(명사)'로 구성된 비통사적 합성어이다.
- 오르내리다: '오르-(용언의 어간) + 내리다(동사)'로 구성된 비통사적 합성어이다.

오답 분석
① 잘못: '잘(부사) + 못(부사)'으로 구성된 통사적 합성어이다.
② 봄비: '봄(명사) + 비(명사)'로 구성된 통사적 합성어이다.
③ 어린이: '어리-(용언의 어간) + -ㄴ-(관형사형 어미) + 이(의존 명사)'로 구성된 통사적 합성어이다.

🖊 이것도 알면 합격!

통사적 합성어와 비통사적 합성어의 개념과 형성 방법

1. 통사적 합성어

개념	우리말의 일반적인 단어 배열법과 일치하는 합성어
형성 방법	• 명사 + 명사 예 논밭, 소나무 • 주어 + 서술어(조사 생략 인정) 예 바람나다, 수많다 • 목적어 + 서술어(조사 생략 인정) 예 본받다, 수놓다 • 관형어 + 명사 예 새해, 작은집 • 부사 + 용언 예 가로눕다, 잘생기다 • 부사 + 부사 예 이리저리, 비틀비틀 • 감탄사 + 감탄사 예 얼씨구절씨구 • 용언의 어간 + 연결 어미 + 용언 예 들어가다, 알아보다

2. 비통사적 합성어

개념	우리말의 일반적인 단어 배열법과 일치하지 않는 합성어
형성 방법	• 어간 + 명사(관형사형 어미 생략) 예 먹거리 • 어간 + 용언(연결 어미 생략) 예 검붉다, 날뛰다, 여닫다 • 부사 + 명사 예 부슬비, 산들바람, 척척박사, 촐랑개 • 한자어 어순이 우리말과 다른 경우 예 독서(讀書), 등산(登山)

---

02 문학 서술상의 특징 난이도 중 ●●○

정답 설명
④ (가)는 용마가 죽은 장소인 '수주면 무릉리 동북쪽 강 건넛마을'이라는 구체적 배경을 제시하여 내용에 개연성을 더하고 있으나, (나)는 구체적인 배경이 제시되어 있지 않으므로 공통점으로 적절하지 않은 것은 ④이다.

오답 분석
① (가)의 '용마'가 슬프게 울부짖었다는 표현과 (나)의 '접동새'가 '까마귀'를 무서워하여 밤에만 다닌다는 표현을 통해 '용마'와 '접동새'를 감정과 의지가 있는 사람처럼 의인화하고 있음을 알 수 있다.
② (가)는 '용소(龍沼)'라는 연못을, (나)는 '접동새'와 '까마귀'의 생태를 제시하여 이야기의 객관성을 더하고 있다. 참고로 (가)는 이야기와 관련된 구체적인 증거물을 제시하는 전설이며, (나)는 특정 동물이 발생하게 된 내력을 다룬 설화(동물 유래담)이다.
③ (가)는 민중적 영웅인 아기 장수와 그를 태우기 위해 태어난 용마의 비극적인 죽음이, (나)는 계모에게 구박받던 처녀가 죽어 접동새가 되었다는 비극적인 이야기가 시간의 흐름에 따라 서술되어 있다.

03 문학+어휘 화자의 정서 및 태도, 한자 성어 난이도 중 ●●○

정답 설명

② 1구의 최근의 안부를 묻는 부분을 통해 화자는 임과 이별한 상황임을 알 수 있으며, 2구를 통해 화자는 임에 대한 그리움으로 인해 잠을 이루지 못하고 있음을 알 수 있다. 이를 통해 제시된 작품의 화자는 떠나간 임을 잊지 못하고 그리워함을 알 수 있으므로, 다음 시의 주된 정서를 가장 잘 나타낸 한자 성어는 ② '戀戀不忘(연연불망)'이다.
  · 戀戀不忘(연연불망): 그리워서 잊지 못함

오답 분석

① 輾轉反側(전전반측): 누워서 몸을 이리저리 뒤척이며 잠을 이루지 못함
③ 四顧無親(사고무친): 의지할 만한 사람이 아무도 없음
④ 南柯一夢(남가일몽): 꿈과 같이 헛된 한때의 부귀영화를 이르는 말

04 문학 작품의 종합적 감상 (소설) 난이도 중 ●●○

정답 설명

③ '잠바를 입은 사나이'는 '검은 색안경을 쓴 사람'의 색안경을 보고 자신이 더 비싼 색안경을 가지고 있다는 사실에 우월감을 느끼지만 '잠바를 입은 사나이'의 색안경도 중고로 산 것으로 '검은 색안경'은 '잠바를 입은 사나이'의 의지적인 면모가 아닌 소시민적인 모습을 확인할 수 있는 소재이다. 따라서 소설에 대한 설명으로 가장 적절하지 않은 것은 ③이다.

오답 분석

① '검은 색안경을 쓴 사람'의 물음에 아무도 대답해 주는 사람이 없는 모습에서 타인에 대한 현대인의 무관심을, '잠바를 입은 사나이'가 이천 원짜리 색안경을 사려다가 너무 비싸서 천 원을 주고 중고를 사는 모습에서 소시민적인 삶의 모습을 확인할 수 있다.
② 인물 간의 갈등이 표면적으로 드러나는 부분은 찾을 수 없으며 '잠바를 입은 사나이'의 내면 심리를 중심으로 내용이 전개되고 있다.
④ '잠바를 입은 사나이'는 '검은 색안경을 쓴 사람'에 대한 부정적인 시각을 드러냄과 동시에 자신이 더 비싼 색안경을 지니고 있는 것에 우월감을 느끼고 있다. 이를 통해 물질로 사람을 판단하는 현대인의 속물적인 모습을 확인할 수 있다.

이것도 알면 합격!

서정인, '강'의 주제와 서술상의 특징
1. 주제: 현실로부터 소외된 삶을 살아가는 사람들의 소시민적 비애
2. 서술상의 특징
   줄거리 자체보다는 주제 의식에 비중을 두고, 인물의 외양 묘사, 인물의 생각이나 정황 등을 길게 묘사하여 사건 전개를 지연시키고 서술 내용 사이의 긴밀성을 떨어뜨림

05 비문학 논지 전개 방식 난이도 하 ●○○

정답 설명

① 〈보기〉와 ⊙에는 모두 어떤 현상이나 사물을 직접 설명하지 않고 다른 비슷한 현상이나 사물에 빗대어 간접적으로 설명하는 '비유'의 방식이 사용되었으므로 답은 ①이다.
  · 〈보기〉: '베스트셀러'를 '거울'에 빗대어 간접적으로 설명하였다.
  · ⊙: '아름다움을 찾는 시인의 모습'을 '꽃을 찾아 날아다니는 나비의 모습'에 빗대어 간접적으로 설명하였다.

오답 분석

② 묘사: 짝의 모습을 그림을 그리듯이 구체적으로 진술하며 설명하였다.
③ 구분: 도형(상위 항목)을 꼭짓점의 개수에 따라 삼각형, 사각형, 오각형(하위 항목)으로 구분하여 설명하였다.
④ 유추: '지구'의 특징을 제시한 후, 그와 일부 속성이 일치하는 '화성'도 그러한 특징을 가질 것이라고 비교하여 설명하였다.

06 비문학 작문 (고쳐쓰기) 난이도 하 ●○○

정답 설명

② 제시문의 주요 내용은 '인터넷상의 정보는 이용자인 개인의 관심을 받아야만 드러날 수 있다'이다. 반면에, ⓒ은 '개인 정보 유출'과 관련된 내용이므로 제시문의 논리 전개상 불필요한 문장이다.

오답 분석

④ 인터넷상에서의 정보는 제공자들이 일방적으로 보내는 것이 아니라 이용자들의 선택을 받은 것만이 전송된다는 특성을 '쌍방향 매체'로 표현한 문장이므로 ⓔ은 논리 전개상 필요하다.

07 어휘 표기상 틀리기 쉬운 어휘 난이도 중 ●●○

정답 설명

② 보약을 달이고(○): 이때 '달이다'는 '약재 등에 물을 부어 우러나도록 끓이다'를 뜻한다.

오답 분석

① 날씨가 개이기(×) → 날씨가 개기(○): '흐리거나 궂은 날씨가 맑아지다'를 뜻하는 단어는 '개다'이므로 '개기'가 올바른 표기이다.
③ 땀이 배이어(×) → 땀이 배어(○): '스며들거나 스며 나오다'를 뜻하는 단어는 '배다'이므로 '배어'가 올바른 표기이다.
④ 설레이는 마음을(×) → 설레는 마음을(○): '마음이 가라앉지 않고 들떠서 두근거리다'를 뜻하는 단어는 '설레다'이므로 '설레는'이 올바른 표기이다.

08 비문학 내용 추론　　　　　　　　난이도 중 ●●○

정답 설명

① 괄호의 뒤에서 정보 매체가 인쇄 매체에서 전자 매체로 변하였고 이러한 추세가 가속화될 것이라고 하였으므로, 20세기 전후 문명의 가장 확실한 특징을 ① '정보 매체의 혁신'으로 추론하는 것이 문맥상 가장 적절하다.

09 어휘 한자어 (한자어의 쓰임)　　　　　난이도 중 ●●○

정답 설명

④ '승복(承服: 이을 승, 옷 복)'은 '납득하여 따름'을 뜻하는 말이므로 '이의를 제기하며'와 함께 쓰는 것은 문맥상 적절하지 않다.

오답 분석

① 개악(改惡: 고칠 개, 악할 악): 고치어 도리어 나빠지게 함
② 몽매(夢寐: 꿈 몽, 잘 매): 잠을 자면서 꿈을 꿈. 또는 그 꿈
③ 반추(反芻: 돌이킬 반, 꼴 추): 어떤 일을 되풀이하여 음미하거나 생각함. 또는 그런 일

10 비문학 주제 및 중심 내용 파악　　　　난이도 중 ●●○

정답 설명

① 제시문의 5~7번째 줄을 통해 필자는 책을 다 읽은 뒤에 그것을 실행하는 것이 큰 일이라고 말하며, 이를 행하지 않음을 비판하고 있다. 따라서 제시문의 주장으로 가장 적절한 것은 ①이다.

[관련 부분] 책을 다 읽은 뒤에는 문득 가서 이를 실행하는 큰 일이 남아 있음을 알지 못한다.

11 문학 작품의 종합적 감상 (시)　　　　난이도 중 ●●○

정답 설명

③ 제시된 작품은 유사한 통사 구조의 반복이 아닌 종결 어미 '-소, -요, -오'의 반복을 통해 운율을 형성하고 있다. 따라서 시에 대한 설명으로 적절하지 않은 것은 ③이다.

오답 분석

① 바로 옆에서 말하는 듯한 대화체 어조를 사용해 친근한 느낌을 효과적으로 드러내고 있다.
② 3연에서 '왜 사느냐'라는 물음에 웃음으로 답하는 점을 통해 질문에 굳이 대답할 필요가 없다는 뜻을 드러내며 삶의 본질이 어떠한 말로 설명할 수 없음을 깨달은 화자의 달관적 태도를 드러낸다.
④ 1연의 2행에서 작은 밭에도 만족하는 것을 통해 안분지족한 화자의 모습을 확인할 수 있으며, 3~4행에서는 전원에서의 생활을 구체적으로 표현하였다.

이것도 알면 합격!

김상용, '남으로 창을 내겠소'의 주제와 시어 및 시구의 의미

1. 주제: 전원생활을 통한 달관적인 자세와 안분지족의 삶 추구
2. 시어 및 시구의 의미

시어 및 시구	의미
구름이 꼬인다	세속적 욕망이 유혹함
괭이, 호미, 새 노래, 강냉이	자연과 함께하는 삶
강냉이가 익걸랑 ~ 좋소.	이웃과 더불어 사는 삶
왜 사냐건 / 웃지요	스스로 만족하며 사는 달관적인 삶의 태도

12 어법 단어 (품사), 문장 (문장 성분)　　난이도 중 ●●○

정답 설명

② '빛나던'은 '눈이 맑은 빛을 띠다'를 뜻하는 '빛나다'의 활용형이다. '빛나다'는 현재 시제 선어말 어미인 '-ㄴ-'과 결합하여 '빛난다' 등으로 활용이 가능하므로 품사는 동사이다. 또한 '빛나던'은 어간 '빛나-'와 앞말이 관형어 구실을 하게 하고, 과거의 어떤 상태를 나타내는 어미인 '-던'이 결합하여 명사 '눈빛'을 꾸며 주는 역할을 하므로 문장 성분은 관형어이다.

이것도 알면 합격!

동사와 형용사의 구분 방법

의미로 구분	동작이나 작용을 나타내면 동사이고, 성질이나 상태를 나타내면 형용사임	
어미의 결합 여부로 구분	현재 시제 선어말 어미 '-는-/-ㄴ-'	→ 결합 가능: 동사
	관형사형 어미 '-는'	
	의도의 어미 '-려'	→ 결합 불가능: 형용사
	목적의 어미 '-러'	

13 비문학 글의 구조 파악 (문단 배열) 난이도 중 ●●○

정답 설명

② 글의 순서로 알맞은 것은 '(가) - (마) - (라) - (나) - (다)'이다.

순서	중심 내용	순서 판단의 단서와 근거
(가)	서구문명의 기원이 로마에 있다는 말에는 서구문명이 우위를 가지고 있다는 상황 판단이 전제된 자부심이 섞여 있음	접속 부사나 지시 표현으로 시작하지 않으며, 글의 화제인 '서구문명'과 '로마'의 관계성이 제시됨
(마)	서구문명의 우위성을 인정하는 경우 생기는 서구문명의 기원을 형성하는 로마적 요소에 대한 궁금증	키워드 '그 우위성': (가)에서 언급한 '서구문명의 우위성'을 반박할 수 없다는 내용이 이어짐
(라)	사람들은 로마적인 것을 언급할 때 도덕적 판단을 하지 않음	키워드 '로마적 요소': (마)에서 언급한 '로마적 요소'에 대한 논의를 시작함
(나)	사람들은 로마의 법률체계에 대해 도덕적 정당성 등을 묻지 않음	접속 부사 '가령': (라)에서 제시된 주장에 대한 예시를 들어 설명함
(다)	사람들은 그것(로마의 법률체계)에 대해 실용성만을 평가하며, 이러한 태도는 서구의 전통에 깊숙이 자리잡고 있음	접속 부사 '다만': (나)에서 제시한 기준 대신 실용성으로만 평가한다는 상반된 내용을 제시함

14 어휘 한자어 (한자어의 독음) 난이도 중 ●●○

정답 설명

① '發見'의 '見'은 '견'으로 읽고, '謁見'의 '見'은 '현'으로 읽는다. 따라서 밑줄 친 한자의 독음이 다른 것으로 짝지어진 것은 ①이다.
- 發見(발견: 필 발, 볼 견): 미처 찾아내지 못하였거나 아직 알려지지 않은 사물이나 현상, 사실 등을 찾아냄
- 謁見(알현: 뵐 알, 뵈올 현): 지체 높고 귀한 사람을 찾아가 뵘

오답 분석

② ・寺刹(사찰: 절 사, 절 찰): 승려가 불상을 모시고 불도(佛道)를 닦으며 교법을 펴는 집
・寺塔(사탑: 절 사, 탑 탑): 절에 있는 탑

③ ・否認(부인: 아닐 부, 알 인): 어떤 내용이나 사실을 옳거나 그러하다고 인정하지 않음
・否定(부정: 아닐 부, 정할 정): 그렇지 않다고 단정하거나 옳지 않다고 반대함

④ ・精讀(정독: 정할 정, 읽을 독): 뜻을 새겨 가며 자세히 읽음
・讀書(독서: 읽을 독, 글 서): 책을 읽음

15 문학 관점과 태도 파악 난이도 하 ●○○

정답 설명

② 주옹은 인간 세상을 '거대한 물결'과 '큰 바람'에 비유하여 위험한 곳임을 역설하고 있다. 또한 세상에 휩쓸려 위태롭게 살아가는 것보다 조각배 위에서 조심하며 살아가는 것이 낫다는 견해를 드러내며, 인간 세상에서 뒷일을 생각하지 않고 욕심을 부려 죽음에 이르는 사람이 많다는 것을 이야기하고 있다. 따라서 주옹의 견해 및 태도와 일치하는 것은 ②이다.

오답 분석

① 주옹은 편안함을 추구하다가 쓸모없는 존재가 되는 것을 경계하고, 험한 상황을 경계하고 조심하며 사는 삶을 지향함을 확인할 수 있다.

③ 주옹의 노래를 통해 유유자적하고자 하는 주옹의 태도를 확인할 수 있지만 세상에 나아갈 때를 기다려야 한다는 내용은 확인할 수 없다.

④ 배 위에서의 삶은 항상 조심해야 하므로 마음이 평온할 수 없고 스스로 중심을 잡으며 쓸모없게 되지 않을 수 있음을 확인할 수 있다.

이것도 알면 합격!

권근, '주옹설'의 인물 간 견해 차이

인물	관점	인간형
손	배 위에서의 삶은 항상 위태로운 지경에 처한 것이므로 위험한 삶으로 봄	통념과 상식을 기반으로 한 인간형
주옹	배 위에서의 삶은 위태로우므로 늘 조심하고 경계해야 하므로 더 안전함	새로운 관점으로 삶을 바라보며, 이치를 통달한 인간형

16 비문학 주제 및 중심 내용 파악 난이도 중 ●●○

정답 설명

② 제시문은 서민 문화에 담긴 해학성에 대해 설명하고 있다. 1문단에서는 '해학'이 서민 문화의 중요한 특징이자 정서임을 밝혔으며, 2문단에서는 서민 문화에 '해학'의 정서가 담기게 된 이유에 대해 설명하고 있다. 따라서 제시문의 중심 내용으로 가장 적절한 것은 ②이다.

오답 분석

① 서민 문화의 존재 가치에 대해 말하고 있는 부분은 찾을 수 없다.

③ 서민 문화에 '해학'의 정서가 담기게 된 배경으로 서민의 '신분'을 언급했을 뿐, 서민 문화에 드러난 신분 제약에 대한 내용은 제시문에서 찾을 수 없다.

④ 1문단 3~5번째 줄을 통해 서민 문화의 특징을 궁중 문화와의 비교를 통해 설명하였을 뿐, 제시문의 전체 내용을 포괄하지 못한다.

17 어법 단어 (품사의 구분)   난이도 중 ●●○

정답 설명

② 제시된 문장에서 '맞다'는 동사이고, 이와 품사가 같은 것은 ② '마르다'이다. '맞다'와 '마르다'는 '맞-+-는', '마르-+-는'과 같이 현재 시제 관형사형 어미 '-는'이 결합할 수 있으므로 동사이다.

오답 분석

① ③ ④ '즐겁다', '좋다', '힘들다'는 '즐겁-+-는', '좋-+-는', '힘들-+-는'과 같이 현재 시제 관형사형 어미 '-는'과 결합할 수 없으므로 모두 형용사이다.

18 비문학 세부 내용 파악   난이도 하 ●○○

정답 설명

② 2문단 1~2번째 줄을 통해 두려움 극복에 대한 태도는 방어적인 태도에서 공격적인(대담한) 태도로 바뀐다는 것을 확인할 수 있다. 따라서 답은 ②이다.

오답 분석

① ④ 제시문에서 확인할 수 없는 내용이다.

③ 2문단 끝에서 3~5번째 줄을 통해 공격적이고 대담한 태도를 지닌 사람은 옛것을 익히는 것이 아니라 옛것을 버리고 새로운 것을 창출하는 삶을 살아감을 확인할 수 있으므로 적절하지 않다.
- 온고지신(溫故知新): 옛것을 익히고 그것을 미루어서 새것을 앎

19 어법 단어 (조사의 쓰임)   난이도 중 ●●○

정답 설명

④ 〈보기〉의 '에서'는 단체 명사 '환경부' 뒤에 붙어 주어임을 나타내는 주격 조사이다. ④의 '에서'도 단체 명사 '회사' 뒤에 붙어 앞말이 주어임을 나타내는 주격 조사로 쓰였으므로 답은 ④이다.

오답 분석

① 외국에서: 이때 '에서'는 앞말이 어떤 일의 출처임을 나타내는 부사격 조사이다.

② 9등급에서: 이때 '에서'는 앞말이 비교의 기준이 되는 점의 뜻을 갖는 부사어임을 나타내는 부사격 조사이다.

③ 도서관에서: 이때 '에서'는 앞말이 행동이 이루어지고 있는 처소의 부사어임을 나타내는 부사격 조사이다.

20 어법 문장 (피동 표현과 사동 표현)   난이도 중 ●●○

정답 설명

① '죽다'는 어간 '죽-'에 사동 접미사 '-이-'가 결합한 사동사 '죽이다'가 쓰인다. 그러나 어간 '죽-'에 피동 접미사가 결합한 피동사는 존재하지 않고 '죽임을 당하다'와 같이 피동 표현을 나타낼 수 있으므로 답은 ①이다.

오답 분석

② '씻다'는 어간 '씻-'에 접미사 '-기-'가 결합한 '씻기다'의 형태로 피동·사동이 실현되는 단어이다.
- 사동사 '씻기다' 예 아버지가 아들을 씻기다.
- 피동사 '씻기다' 예 글자가 비에 씻겨 지워졌다.

③ '날다'는 어간 '날-'에 접미사 '-리-'가 결합한 '날리다'의 형태로 피동·사동이 실현되는 단어이다.
- 사동사 '날리다' 예 그는 그녀에게 노란 종이비행기를 날렸다.
- 피동사 '날리다' 예 눈발이 날리자 그들은 우산을 폈다.

④ '듣다'는 어간 '듣-'에 접미사 '-이-'가 결합한 '들리다'의 형태로 피동·사동이 실현되는 단어이다.
- 사동사 '들리다' 예 아기의 귀에 딸랑이 소리를 들렸더니 방긋 웃었다.
- 피동사 '들리다' 예 클럽에서 음악 소리가 들린다.

21 문학 글의 구조 파악   난이도 중 ●●○

정답 설명

② 〈보기〉에서 필자는 평강 공주의 주체적 삶에 민중의 소망과 언어가 담겨 있다고 밝히고 있다. 이는 온달 장군과 평강 공주의 이야기가 당시의 정서를 정확히 담아내고 있다고 주장하는 (나) 문단의 마지막 문장과 연결되므로 〈보기〉는 (나) 문단 뒤에 들어가는 것이 가장 적절하다.

22 문학 주제 및 중심 내용 파악   난이도 하 ●○○

정답 설명

② (라) 문단 끝에서 2~4번째 줄을 통해 필자는 어리석은 사람들의 우직함이 세상이 조금씩 더 나아지게 만든다고 주장하고 있음을 알 수 있다. 따라서 글의 주제로 가장 적절한 것은 ②이다.

오답 분석

① (다) 문단 4~7번째 줄을 통해 현대 사회에서 평가되는 '경쟁적 능력'은 인간적 품성이 도외시되어 있으며, 타인의 낙오와 좌절 이후에 얻을 수 있는 비정한 것으로 설명하고 있음을 알 수 있다. 따라서 ①은 글의 주제로 적절하지 않다.

③ '온달 설화'가 국제 사회에 시사하는 바에 대한 내용은 제시문에 드러나지 않는다.

④ (라) 문단 3번째 줄을 통해 자신을 세상에 맞추는 것은 현명한 사람의 특징임을 알 수 있으며, 이는 제시문에서 주장하는 바와 거리가 멀다.

23 어법 한글 맞춤법 (띄어쓰기)   난이도 하 ●○○

정답 설명
④ 쉴V틈(O): 이때 '틈'은 '어떤 일을 하다가 생각 등을 다른 데로 돌릴 수 있는 시간적인 여유'를 뜻하는 의존 명사이므로 앞말과 띄어 쓴다.

오답 분석
① 착할V뿐더러(x) → 착할뿐더러(O): '-ㄹ뿐더러'는 어떤 일이 그것만으로 그치지 않고 나아가 다른 일이 더 있음을 나타내는 연결 어미이므로 붙여 써야 한다.
② 할V수록(x) → 할수록(O): '-ㄹ수록'은 앞 절 일의 어떤 정도가 그렇게 더하여 가는 것이, 뒤 절 일의 어떤 정도가 더하거나 덜하게 되는 조건이 됨을 나타내는 연결 어미이므로 붙여 써야 한다.
③ 가세V그려(x) → 가세그려(O): '그려'는 청자에게 문장의 내용을 강조함을 나타내는 보조사이므로 앞말인 종결 어미 '-세'와 붙여 써야 한다.

24 비문학 세부 내용 파악   난이도 중 ●●○

정답 설명
③ 1문단의 1~4번째 줄을 통해 현 사회의 교육 과정이 창의적인 인재를 육성하는 방향으로 개정되고 있음은 알 수 있지만, 현재의 교육과정이 형식주의와 권위주의 등의 규범을 타파하였는지는 제시되어 있지 않다. 다만 2문단의 1~3번째 줄을 통해 창의성이 중시되는 사회가 될수록 형식주의와 권위주의 등의 규범이 점점 사라져갈 것임을 알 수 있다. 따라서 ③은 글의 내용과 부합하지 않는다.
[관련 부분]
· 과연 현 사회에서도 조금씩 그 조짐이 보이고 있다. 교육 과정이 창의적인 인재를 육성하는 방향으로 개정되고 있다는 것은 이미 익숙한 사실이다.
· 창의성이 중시되는 사회로 변화할수록 자유로운 사고를 방해하던 전통적 성차별 의식, 형식주의, 권위주의 등의 규범들은 차츰 사라져 갈 것이다.

오답 분석
① 2문단 1~3번째 줄에서 확인할 수 있다.
[관련 부분] 창의성이 중시되는 사회로 변화할수록 자유로운 사고를 방해하던 ~ 규범들은 차츰 사라져 갈 것이다.
② 1문단 1~3번째 줄에서 확인할 수 있다.
[관련 부분] 앨빈 토플러는 창의적 인재가 배출되도록 시스템을 통째로 바꿔야 미래가 있다고 논한 바 있다.
④ 3문단 전체에서 확인할 수 있다.
[관련 부분] 전국 컴퓨터 경진 대회의 초등부에서 최우수상을 받은 어린이의 ~ 컴퓨터 프로그래밍이나 축구 못지않게 ~ 빵을 직접 만드는 것도 좋아하고 ~ 수를 놓는 것도 좋아한다는 내용이었다.

25 문학 글의 내용 파악   난이도 중 ●●○

정답 설명
③ 음악 반주 소리(삼현)는 장면이나 상황이 전환되었음을 자연스럽게 알려주는 역할을 한다. 따라서 쇠뚝이가 의막을 정한 사실을 음악을 통해 알리고 있는 것이 아니라 음악은 의막을 정하기 전과 후의 장면이 전환됨을 알려주는 것이므로 답은 ③이다.

오답 분석
① 말뚝이의 2번째 말을 통해 알 수 있다.
② 말뚝이의 마지막 말과 지시문을 통해 말뚝이는 양반을 모시자고 말하는 것과 달리 돼지 몰아넣듯 채찍질을 하고 있음을 알 수 있다. 이는 양반을 조롱한 것으로 지배층에 대한 서민의 비판 의식을 표출한 것으로 볼 수 있다.
④ 쇠뚝이의 3번째 말을 통해 정해놓은 의막이 '돼지우리'와 같은 모습임을 알 수 있다. 하지만 말뚝이는 이에 대해 '고래당 같은 기와집'이라고 치켜세우며 능청스럽게 맞받아치고 있다.

이것도 알면 합격!

작자 미상, '양주 별산대(楊州別山臺)놀이'의 주제 및 특징
1. 주제: 양반에 대한 풍자와 조롱
2. 특징
   (1) 각기 독립적인 내용으로 전체 8과장이 구성됨
   (2) 익살스럽고 과장된 표현이 나타남
   (3) 비속어가 섞인 일상적인 대사가 주로 드러남
   (4) 무대 장치 없이 공간을 자유롭게 설정하는 전통 민속극의 특징이 나타남

12회 실전동형모의고사

● 실전동형문제 정답

p.100

01	② 어법 – 문장	06	③ 비문학 – 주제 및 중심 내용 파악	11	① 어법 – 한글 맞춤법	16	② 어법 – 의미	21	④ 비문학 – 세부 내용 파악
02	④ 어법 – 올바른 문장 표현	07	③ 어법 – 문장	12	① 어법 – 표준 언어 예절	17	② 어법 – 한글 맞춤법	22	④ 비문학 – 세부 내용 파악
03	② 어법 – 국어 순화	08	③ 혼합(문학+어휘) – 인물의 태도, 속담	13	③ 비문학 – 글의 구조 파악	18	③ 어휘 – 한자 성어	23	② 어법 – 표준 발음법
04	② 문학 – 수사법	09	④ 어법 – 단어	14	③ 비문학 – 글의 구조 파악	19	④ 어법 – 단어	24	② 어법 – 단어
05	④ 어법 – 국어의 로마자 표기	10	① 어휘 – 한자어	15	② 어법 – 올바른 문장 표현	20	② 어휘 – 고유어와 한자어의 대응	25	② 비문학 – 논증의 오류

● 취약영역 분석표

영역	어법	비문학	문학	어휘	혼합	총계
맞힌 답의 개수	/ 14	/ 6	/ 1	/ 3	/ 1	/ 25

* 취약영역 분석표를 이용해 1개라도 틀린 문제가 있는 영역은 그 영역의 문제만 골라 해설을 다시 한번 꼼꼼히 학습하세요.

---

01 어법 문장 (문장의 짜임) 난이도 중 ●●○

정답 설명

② ②는 '책을 읽다', '밥을 먹다'라는 두 문장이 연결 어미 '-든지'를 통해 대등하게 이어진 문장이고, ① ③ ④는 안은문장이므로 문장의 짜임이 나머지 셋과 다른 것은 ②이다.

오답 분석

① '그가 길을 잃었음'이 명사절로 안긴 문장이다.
③ '기척도 없이'가 부사절로 안긴 문장이다.
④ '그가 흘리던'이 관형절로 안긴 문장이다.

02 어법 올바른 문장 표현 난이도 중 ●●○

정답 설명

④ 문맥상 발표 내용이 발표자의 해박함을 증명하고 있다는 내용이므로 '방증(傍證)'이 적절하게 사용되었다. 따라서 가장 자연스러운 표현은 ④이다.
・방증(傍證): 사실을 직접 증명할 수 있는 증거가 되지는 않지만, 주변의 상황을 밝힘으로써 간접적으로 증명에 도움을 줌. 또는 그 증거

오답 분석

① 할머니는 댁에 있으시기로(×) → 할머니는 댁에 계시기로(○): 높임의 대상(할머니)을 직접 높여야 하므로 '있다'의 직접 높임 표현인 '계시다'를 사용해야 한다. '있으시다'는 대상의 신체 부분이나 성품, 개인적 소유물 등을 간접적으로 높이는 간접 높임 표현이다.

② 통풍과 햇빛이 잘 들지 않아(×) → 통풍이 되지 않고 햇빛이 잘 들지 않아(○): '통풍'과 호응하는 서술어가 생략되어 있으므로 '통풍'과 호응하는 서술어를 넣어 주어 '통풍이 되지 않고'로 고쳐 써야 한다.

③ 더러워진 오수(×) → 오수/더러워진 물(○): '오수(汚水)'는 '무엇을 씻거나 빨거나 하여 더러워진 물'을 뜻하므로 '더러워진'의 의미가 중복된다. 따라서 '오수' 또는 '더러워진 물'로 고쳐 써야 한다.

03 어법 국어 순화 난이도 중 ●●○

정답 설명

② 마주 부딪치는 사고(×) → 들이받는 사고(○): '추돌(追突)'은 '자동차나 기차 등이 뒤에서 들이받음'을 뜻하므로 '추돌 사고'는 '들이받는 사고'로 풀어 쓰는 것이 적절하다. 따라서 이해하기 쉽게 풀어 쓴 것으로 바르지 않은 것은 ②이다. 참고로, '마주 부딪침'은 '충돌(衝突)'로 쓸 수 있다.
・충돌(衝突): 서로 맞부딪치거나 맞섬

오답 분석

① 날림 먼지 주의 바람(○): '비산(飛散)'은 '날아서 흩어짐'을 뜻하며, '요망(要望)'은 '어떤 희망이나 기대가 꼭 이루어지기를 간절히 바람'을 뜻한다. 따라서 '비산 먼지'는 '날림 먼지'로, '요망'은 '바람'으로 풀어 쓸 수 있다.

③ 진짜와 가짜를 ~ 쉽다(○): '진부(眞否)'는 '참됨과 거짓됨. 또는 진짜와 가짜'를 뜻하며, '용이하다(容易-)'는 '어렵지 않고 매우 쉽다'를 뜻한다. 따라서 '진부'는 '진짜와 가짜로', '용이하다'는 '쉽다'로 풀어 쓸 수 있다.

④ 깜빡이등이 ~ 전진하지 말 것(○): '점멸 표시등(點滅 標示燈)'은 '자동차의 방향 지시등'을 의미하므로 '깜빡이등'으로 풀어 쓸 수 있으며, '엄금(嚴禁)'은 '엄하게 금지함'을 뜻하므로 '하지 말 것'으로 풀어 쓸 수 있다.

04 문학 수사법 　　　　　난이도 중 ●●○

정답 설명
② ㉠은 사랑하는 사람과 이별한 화자가 무기력하게 겨울을 보냈다는 것을 '편히 지냈다'라고 반대로 표현하는 반어법을 사용하여 정서를 극대화 하고 있다. 따라서 ㉠에 사용된 표현 기법에 대한 설명으로 옳은 것은 ②이다.

오답 분석
① 중의법에 대한 설명이다.
③ 역설법에 대한 설명이다.
④ 의인법에 대한 설명이다.

이것도 알면 합격!

문정희, '겨울 일기'의 주제 및 특징
1. 주제: 이별로 인한 슬픔과 고통
2. 특징
   (1) 직유법을 통해 정서를 효과적으로 표현함
   (2) 반어적 표현을 통해 슬픔의 정서를 극대화함
   (3) 낮고 어두운 어조를 통해 시의 분위기를 형성함

05 어법 국어의 로마자 표기 　　　　　난이도 하 ●○○

정답 설명
④ 인왕리 Inwangli(×) → Inwang-ri(○): 행정 구역 단위인 '리'는 'ri'로 적어야 하며 행정 구역 단위 앞에는 붙임표(-)를 넣어야 한다. 따라서 로마자 표기가 바르지 않은 것은 ④이다.

오답 분석
① 울산 Ulsan(○): '울산'의 발음은 [울싼]이며, 된소리되기는 로마자 표기에 반영하지 않으므로 'Ulsan'은 옳은 표기이다.
② 울릉 Ulleung(○): '울릉'의 발음은 [울릉]이며, [ㄹㄹ]은 'll'로 적으므로 'Ulleung'은 옳은 표기이다.
③ 백암 Baegam(○): '백암'의 발음은 [배감]이며, 이때 모음 앞의 'ㄱ'은 'g'로 적으므로 'Baegam'은 옳은 표기이다.

06 비문학 주제 및 중심 내용 파악 　　　　　난이도 중 ●●○

정답 설명
③ 2문단의 끝에서 1~3번째 줄을 통해 '나'의 인생에는 '나'에게 속한 순수한 '진짜'와 다른 것을 베낀 '가짜'가 뒤엉켜 있어 '진짜'와 '가짜'를 구분하는 일이 불가능하다고 주장하고 있음을 알 수 있다. 따라서 글의 중심 내용으로 가장 적절한 것은 ③이다.
[관련 부분] '나'에게 속한 순수한 '진짜'와 다른 것으로부터 가져온 '가짜'는 뒤엉켜 있어, 이를 '진짜' 또는 '가짜'로 구분하는 것은 불가능하다.

오답 분석
① 1문단에서 죽음과 관계없이 배우라는 존재의 본질을 구현한 사례가 나타나기는 하나, 이는 2문단에서 중심 내용을 제시하기 위해 흥미를 이끌기 위한 부분적인 내용이다.
② ④ 제시문에서 확인할 수 없는 내용이다.

07 어법 문장 (피동 표현과 사동 표현) 　　　　　난이도 상 ●●●

정답 설명
③ '닦다'는 피동사와 사동사가 모두 '닦이다'의 형태로 존재하는 용언이므로 답은 ③이다.
- 피동사 '닦이다'의 예: 유리창이 깨끗이 닦이다.
- 사동사 '닦이다'의 예: 아이에게 구두를 닦이다.

오답 분석
① '속다'는 어근 '속-'에 사동 접미사 '-이-'가 결합하여 형성된 '속이다'는 존재하지만 같은 형태의 피동사는 존재하지 않는 용언이다.
② '묶다'는 어근 '묶-'에 피동 접미사 '-이-'가 결합하여 형성된 '묶이다'는 존재하지만 같은 형태의 사동사는 존재하지 않는 용언이다.
④ '굳다'는 어근 '굳-'에 사동 접미사 '-히-'가 결합하여 형성된 '굳히다'는 존재하지만 같은 형태의 피동사는 존재하지 않는 용언이다.

08 문학+어휘 인물의 태도, 속담 　　　　　난이도 중 ●●○

정답 설명
③ 작품의 서술자는 자신의 인식이 잘못되었음은 되돌아보지 않고, 대학까지 나온 '아저씨'가 공부를 잘못한 것이라고 생각하고 있다. 따라서 서술자에 대한 비판적 평가로 가장 적절한 것은 ③이다.
- 매달린 개가 누워 있는 개를 웃는다: 남보다 못한 형편에 있으면서 오히려 남을 비웃음을 비유적으로 이르는 말

오답 분석
① 제 오라를 제가 졌다: 1. 자기가 한 일이 도리어 자기에게 해가 됨을 비유적으로 이르는 말 2. 무슨 못된 짓을 하다가 그 일로 자기 신세를 망치게 됨을 비유적으로 이르는 말
- 오라: 도둑이나 죄인을 묶을 때에 쓰던, 붉고 굵은 줄

12회 실전동형모의고사

② 어리석은 자가 농사일을 한다: 농사일은 괴롭고 고된 일이라 우직한 사람이라야 견뎌 낼 수 있다는 말
④ 뱁새가 황새를 따라가면 다리가 찢어진다: 힘에 겨운 일을 억지로 하면 도리어 해만 입는다는 말

④ 선조∨대에도(O): 이때 '대(代)'는 '지위나 시대가 이어지고 있는 동안'을 의미하는 명사이므로 앞말과 띄어 쓴다.

09 어법 단어 (품사의 구분) 난이도 중 ●●○

정답 설명
② '어렴풋하게'는 형용사 '어렴풋하다'의 어간 '어렴풋하-'에 부사형 전성 어미 '-게'가 붙은 활용형이므로 문장 성분은 부사어이나 품사는 형용사다. 반면에 ① '빼꼼', ③ '쓸데없이', ④ '바야흐로'의 품사는 모두 부사이므로 품사가 다른 것은 ②이다.

10 어휘 한자어 (한자어의 표기) 난이도 상 ●●●

정답 설명
① 밑줄 친 부분의 한자 표기가 바르게 연결된 것은 ① '變化 – 分明 – 使用 – 少數'이다.
- 變化(변화: 변할 변, 될 화): 사물의 성질, 모양, 상태 등이 바뀌어 달라짐
- 分明(분명: 나눌 분, 밝을 명): 틀림없이 확실하게
- 使用(사용: 하여금 사, 쓸 용): 일정한 목적이나 기능에 맞게 씀
- 少數(소수: 적을 소, 셈 수): 적은 수효

오답 분석
- ㉠ 戀(그리워할 련)
- ㉡ 公明(공명: 공평할 공, 밝을 명): 사사로움이나 한쪽으로 치우침이 없이 공정하고 명백함
- ㉢ 私用(사용: 사사 사, 쓸 용) 1. 공공의 물건을 사사로이 씀. 또는 그 물건 2. 개인의 사사로운 소용이나 용건
- ㉣ 小數(소수: 작을 소, 셈 수): 일의 자리보다 작은 자리의 값을 가진 수

11 어법 한글 맞춤법 (띄어쓰기) 난이도 하 ●○○

정답 설명
① 그∨중(×) → 그중(O): '그중'은 '범위가 정해진 여럿 가운데'를 뜻하는 한 단어이므로 붙여 쓴다.

오답 분석
② 못하리만큼(O): '-리만큼'은 '-ㄹ 정도로'의 뜻을 나타내는 연결 어미이므로 '못하다'의 어간 '못하-'에 붙여 쓴다.
③ 미명하에(O): 이때 '-하(下)'는 '그것과 관련된 조건이나 환경'의 뜻을 더하는 접미사이므로 앞말에 붙여 쓴다.

12 어법 표준 언어 예절 난이도 하 ●○○

정답 설명
① '안녕히 돌아가십시오'라고 쓰는 경우, '돌아가다'라는 말이 '죽는다' 또는 '빙 돌아서 간다'라는 뜻으로 이해되어 듣는 사람이 불쾌할 수 있으므로 되도록 지양해야 한다.

오답 분석
② 오랜만에 만나게 된 어른에게 '그동안 별고 없으셨습니까?'라는 인사말을 쓸 수 있다. 참고로, 이때 '별고'는 아주 높여야 할 대상에게는 쓰지 않는 것이 좋다.
③ 퇴근할 때 남아있는 동년배 혹은 아래 직원에게 '수고'라는 말을 쓸 수 있다. 이때 윗사람에게 쓰는 것은 바람직하지 않다.
④ 식사 시간 무렵에 만난 직장 사람에게는 '점심 잡수셨습니까?' 또는 '점심 드셨습니까?'라는 인사말을 쓸 수 있다. 이때 동년배나 아랫사람에게는 '식사하셨어요?', '점심 먹었어요?' 등과 같이 인사할 수 있다.

이것도 알면 합격!

주의해야 할 인사말 예절

(집에서 외출할 때) 갔다 오겠습니다. / 잘 갔다 와.	어감이 좋지 않으므로 쓰지 않는 것이 좋다.
(가족끼리) 어서 오세요.	가정에서 하는 인사로는 어울리지 않는 말이다.
(관공서, 회사 등에서) 어떻게 오셨습니까?	인사 없이 목적을 바로 말할 경우 불친절하고 사무적인 느낌을 줄 수 있다.
(손님이 집에서 떠날 때) 안녕히 돌아가십시오.	'돌아가다'라는 말이 '죽는다' 또는 '빙 돌아서 간다'라는 뜻으로 이해될 수 있다.
(물건을 산 손님에게) 또 오십시오.	인사 없이 말할 경우 불쾌감을 줄 수 있다.
(아주 높여야 할 대상에게) 그동안 별고 없으셨습니까?	'별고'는 아주 높여야 할 대상에게는 쓰지 않는 것이 좋다.
(먼저 퇴근할 때) 먼저 실례하겠습니다.	우리나라의 정서에 맞지 않는 표현이므로 사용하지 않는 것이 좋다.
(먼저 퇴근할 때 윗사람에게) 수고하십시오.	윗사람에게 '수고'라는 표현을 사용하는 것은 부적절하다.

13 비문학 글의 구조 파악 난이도 하 ●○○

정답 설명
③ '그렇다고 해도'를 통해 〈보기〉의 앞에는 이가 빠진 것에 대해 아쉬움을 가지지 않겠다는 내용이 오며, 〈보기〉의 뒤에는 이가 빠진 후의 아쉬움이 드러날 것임을 추론할 수 있다. 따라서 〈보기〉의 문장이 들어가기에 가장 적절한 곳은 ③이다.

14 | 비문학 글의 구조 파악 (접속어의 사용) | 난이도 하 ●○○

정답 설명

③ ㉠의 앞뒤 내용이 서로 상반되고 있으므로, ㉠에는 '그런데', '그러나', '그렇지만' 등이 들어갈 수 있다. 하지만 '그리하여'는 앞의 내용이 뒤의 내용의 원인임을 밝히거나 앞의 내용이 발전하여 뒤의 내용이 전개될 때 쓰는 접속 부사이므로 적절하지 않다.
- ㉠의 앞: 음식을 먹을 때 이가 가장 중요함
- ㉠의 뒤: 이가 빠지고 난 후 음식을 먹을 때 불편함을 겪게 됨

15 | 어법 올바른 문장 표현 | 난이도 중 ●●○

정답 설명

② 등산을 하면 몸도 건강해지고(A) 기분도 상쾌해진다(B)(O): A와 B 두 문장의 주어와 서술어가 각각 적절하게 호응하고 있으므로 우리말 표현으로 가장 옳은 것은 ②이다.

오답 분석

① 계획을 달성할(×) → 계획을 이행할/목표를 달성할(O): 목적어 '계획을'과 '목적한 것을 이루다'를 뜻하는 서술어 '달성하다'가 호응하지 않아 어색한 문장이다. 따라서 서술어를 '실제로 행하다'를 뜻하는 '이행하다'로 고쳐 쓰거나 목적어를 '목표를'로 고쳐 쓰는 것이 자연스럽다.

③ 동기는 친구가 권해서 쓰게 되었다(×) → 동기는 친구가 권해서이다(O): 주어 '동기는'과 서술어 '되었다'가 호응하지 않아 어색한 표현이다. 주어와 호응하도록 서술부를 '권해서이다'로 고쳐 쓰는 것이 자연스럽다.

④ 다행스러운 점은 ~ 확신이 섰다(×) → 다행스러운 점은 ~ 확신이 섰다는 것이다(O): 주어부인 '다행스러운 점은'과 서술부인 '섰다'가 호응하지 않아 어색한 표현이다. 주어부와 호응하도록 서술부를 '섰다는 것이다'로 고쳐 쓰는 것이 자연스럽다.

16 | 어법 의미 (반의 관계) | 난이도 중 ●●○

정답 설명

② 의미 관계가 나머지 셋과 다른 것은 ②이다. '상신'과 '완료'는 특별한 의미 관계를 이루고 있지 않으나, ① ③ ④는 반의 관계를 이룬다.
- 상신(上申): 윗사람이나 관청 등에 일에 대한 의견이나 사정 등을 말이나 글로 보고함
- 완료(完了): 완전히 끝마침

오답 분석

① · 채택(採擇): 작품, 의견, 제도 등을 골라서 다루거나 뽑아 씀
- 제기(除棄): 제쳐 놓음. 또는 빼어 버림

③ · 초두(初頭): 어떤 일이나 기간의 첫머리에 해당하는 부분
- 말미(末尾): 어떤 사물의 맨 끄트머리

④ · 예성(譽聲): 칭찬하는 소리
- 원성(怨聲): 원망하는 소리

17 | 어법 한글 맞춤법 (맞춤법에 맞는 표기) | 난이도 중 ●●○

정답 설명

② 맞춤법에 맞는 문장은 ②이다.
- 단출한(O): '일이나 차림차림이 간편하다'를 뜻하는 '단출하다'가 올바르게 쓰였다. 참고로 '단촐하다'는 '단출하다'의 잘못된 표기이므로 주의해야 한다.
- 바지여요(O): '바지(명사) + 이-(서술격 조사의 어간) + -어요(어미)'가 결합한 것으로, 모음으로 끝나는 말 뒤에서 '이어요'를 '여요'로 줄여 쓸 수 있으므로, '바지여요'는 맞춤법에 맞는 표기이다. 참고로, '이어요'와 '이에요'는 복수 표준어이므로 '이에요'가 줄어든 '바지예요'도 맞는 표기이다.

오답 분석

① · 담궈(×) → 담가(O): '담그다'의 어간 '담그-'에 어미 '-아'가 결합한 것이다. 이때 어간의 끝소리 'ㅡ'가 모음으로 시작하는 어미 앞에서 탈락하므로('ㅡ' 탈락 규칙 활용) '담가'로 적어야 한다.
- 수월치(O): '수월하지'가 줄어든 말이다. 어간의 끝음절 '하'의 'ㅏ'가 줄고 'ㅎ'이 다음 음절의 첫소리 'ㅈ'과 어울려 거센소리 'ㅊ'으로 될 때에는 소리 나는 대로 표기하므로 '수월치'는 맞춤법에 맞게 쓰였다.

③ · 초점(O): 두 음절로 된 한자어의 경우 사이시옷을 쓰지 않는 것이 원칙이므로 '초점(焦點)'은 맞춤법에 맞게 쓰였다.
- 수근댔다(×) → 수군댔다(O): '남이 알아듣지 못하도록 낮은 목소리로 자꾸 가만가만 이야기하다'를 뜻하는 단어는 '수군대다'이다.

④ · 움쩍달싹하지(O): '몸이 극히 조금 움직이다' 또는 '몸을 극히 조금 움직이다'를 뜻하는 '움쩍달싹하다'가 바르게 쓰였다. 참고로, '움쩍달싹하다'는 '옴짝달싹하다'의 유의어이다.
- 드세기로(×) → 드새기로(O): '길을 가다가 집이나 쉴 만한 곳에 들어가 밤을 지내다'를 뜻하는 '드새다'가 쓰여야 한다. '드세다'는 '힘이나 기세가 몹시 강하고 사납다'를 뜻한다.

이것도 알면 합격!

'-에요/-어요'의 쓰임

1. 체언 + '이에요/이어요/예요/여요'
이때 '이에요/이어요'는 서술격 조사의 어간 '이-'와 어미 '-에요/-어요'가 결합한 형태이다.

받침 있는 체언 뒤	'이에요/이어요'를 씀 예 · 책이에요 · 책이어요
받침 없는 체언 뒤	'이에요/이어요'의 줄임말인 '예요/여요'를 쓸 수 있음 예 · 나무예요/나무여요 · 윤성이예요/윤성이여요

2. 용언의 어간 + '-에요/-어요'

용언의 어간 뒤	'아니다'는 용언이므로 '이에요/이어요'가 연결될 수 없다. 예 · 아니에요/아니어요, 아녜요/아녀요(O) · 아니예요/아니여요(×)

18 어휘 한자 성어 | 난이도 중

정답 설명
③ 제시문에서 경계하고자 하는 태도와 유사한 것은 ③이다.
- 功虧一簣(공휴일궤): '산을 쌓아 올리는데 한 삼태기의 흙을 게을리하여 완성을 보지 못한다'라는 뜻으로, 거의 이루어진 일을 중지하여 오랜 노력이 아무 보람도 없게 됨을 비유적으로 이르는 말

오답 분석
① 眼下無人(안하무인): '눈 아래에 사람이 없다'라는 뜻으로, 방자하고 교만하여 다른 사람을 업신여김을 이르는 말
② 蓋世之才(개세지재): 세상을 뒤덮을 만큼 뛰어난 재주. 또는 그 재주를 가진 사람
④ 敎學相長(교학상장): '가르치고 배움으로써 서로 성장한다'라는 뜻으로, 스승과 제자가 가르치고 배우는 과정에서 서로 성장함을 이르는 말

19 어법 단어 (조사의 구분) | 난이도 중

정답 설명
④ ④의 '보다'는 비교의 대상이 되는 체언에 붙어서 앞의 말이 문장에서 부사어로 기능하게 하는 격 조사인 반면, ① ② ③은 체언, 활용 어미 등에 붙어 어떤 특별한 의미를 더해 주는 보조사이다.

오답 분석
① 도(보조사): 이때 '도'는 이미 어떤 것이 포함되고 그 위에 더함의 뜻을 나타내는 보조사이다.
② 요(보조사): 이때 '요'는 종결 어미에 붙어 칭자에게 존대의 뜻을 나타내는 보조사이다.
③ 은(보조사): 이때 '은'은 어떤 대상이 다른 것과 대조됨을 나타내는 보조사이다.

20 어휘 고유어와 한자어의 대응 | 난이도 중

정답 설명
② 밑줄 친 '가깝다'는 문맥상 가난한 사람들 간의 관계가 가까워 '서로의 사이가 다정하고 친하다'라는 의미이므로 '밀접하다'와 의미가 가장 가깝다.
- 밀접(密接)하다: 아주 가깝게 맞닿아 있다. 또는 그런 관계에 있다.

오답 분석
① 근사(近似)하다: 거의 같다.
③ 비근(卑近)하다: 흔히 주위에서 보고 들을 수 있을 만큼 알기 쉽고 실생활에 가깝다.
④ 유사(類似)하다: 서로 비슷하다.

21 비문학 세부 내용 파악 | 난이도 하

정답 설명
④ 3문단 2~3번째 줄을 통해 사이버 언론이 독자들에게 개인별 맞춤 정보를 제공한 것은 알 수 있으나, 정보의 양을 공평하게 제공했는지는 알 수 없다. 따라서 글의 내용을 잘못 이해한 것은 ④이다.
[관련 부분] 독자들에게 개인별 맞춤 정보를 제공하는 등 적극적인 상호 작용을 통해 독자들에게 큰 호응을 얻고 있다.

오답 분석
① 1문단 끝에서 1~4번째 줄을 통해 사이버 언론이 사소한 쟁점까지 다룰 수 있었던 것은 쌍방향적 소통 방식 덕분임을 알 수 있다.
[관련 부분] 사이버 언론은 쌍방향적 소통 방식을 특징으로 하여 ~ 사이버 언론은 소통 방식을 기반으로 평소 다루지 못했던 사소한 쟁점들을 챙김으로써 언론의 역할을 다해 나가고 있다.
② 2문단 3~5번째 줄을 통해 확인할 수 있다.
[관련 부분] 정보 전달의 형식이 '종이 신문'에서 '홈페이지'로 달라졌을 뿐 전달하고자 하는 내용은 그대로여서 독자들은 이에 동요하지 않았다.
③ 3문단 1~2번째 줄을 통해 사이버 언론이 뉴스의 소비자들을 생산자로 전환시켰음을 알 수 있다.
[관련 부분] 사이버 언론은 뉴스의 소비자를 생산자로 전환시키고

22 비문학 세부 내용 파악 | 난이도 하

정답 설명
④ 2문단 끝에서 1~2번째 줄을 통해 정보의 다양화로 인해 분절된 정보를 습득하게 된다는 사실은 확인할 수 있으나, 습득한 징보를 재구성하는 능력이 중요하다는 내용은 확인할 수 없다. 따라서 글의 내용을 잘못 이해한 것은 ④이다.

오답 분석
① 2문단 1~2번째 줄에서 지금은 읽을거리가 너무 많아 어떤 책이 있는지, 무슨 책을 읽어야 하는지 더 알 수 없게 되었다고 하였다. 따라서 ①은 글을 바르게 이해한 내용임을 알 수 있다.
② 1문단 4~6번째 줄에서 바쁘게 수행되는 독서는 정보의 섭렵에 그칠 뿐 딴 세상으로의 여행이 되기는 어렵다고 하였다. 따라서 ②는 글을 바르게 이해한 내용임을 알 수 있다.
③ 2문단 2~5번째 줄에 따르면 인쇄 매체와 전자 매체를 통해 정보가 쏟아지는 환경에서 독서는 표피적일 수밖에 없다고 하였다. 따라서 ③은 글을 바르게 이해한 내용임을 알 수 있다.

23 어법 표준 발음법   난이도 중 ●●○

정답 설명

② 맑군[막꾼](×) → [말꾼](○): 용언의 어간 말음 'ㄺ'은 자음 'ㄱ' 앞에서 [ㄹ]로 발음하므로 발음이 옳지 않은 것은 ②이다.

오답 분석

① 밟게[밥ː께](○): '밟-'은 자음 앞에서 [밥]으로 발음하며, 받침 [ㅂ] 뒤에 연결되는 'ㄱ'은 된소리 [ㄲ]으로 발음하므로 [밥ː께]는 옳은 발음이다.

③ 훑는[훌른](○): 겹받침 'ㄾ'은 자음 앞에서 [ㄹ]로 발음하며 이어지는 'ㄴ'은 [ㄹ] 뒤에서 [ㄹ]로 발음되므로(유음화) [훌른]은 옳은 발음이다.

④ • 넓고[널꼬](○): 겹받침 'ㄼ'은 자음 앞에서 [ㄹ]로 발음하며 어간 받침 'ㄼ' 뒤에 결합되는 어미의 첫소리 'ㄱ'은 된소리 [ㄲ]으로 발음하므로 [널꼬]는 옳은 발음이다.
• 넓은[널븐](○): 겹받침 'ㄼ'이 모음으로 시작되는 어미 '-은'과 결합하는 경우, 뒤엣것만을 뒤 음절 첫소리로 옮겨 발음하므로 [널븐]은 옳은 발음이다.

24 어법 단어 (파생어와 합성어)   난이도 중 ●●○

정답 설명

② 제시문의 괄호 안에 들어갈 말은 '합성어'이다. 따라서 답은 합성어끼리 짝 지어진 ②이다.
• 밀(어근) + 밭(어근)
• 새우(어근) + 젓(어근)
• 나루(어근) + 터(어근)
• 이리(어근) + 저리(어근)

오답 분석

① • 단일어: 바로
• 파생어: 수-(접사) + 꿩(어근)
• 합성어: 파(어근) + 뿌리(어근), 날-(용언의 어간) + 뛰다(용언)

③ • 파생어: 알-(접사) + 거지(어근), 스승(어근) + -님(접사), 경-(접사) + 비행기(어근)
• 합성어: 철(어근) + 들다(용언)

④ • 합성어: 팥(어근) + 빵(어근), 나팔(어근) + 꽃(어근), 구두(어근) + 주걱(어근)
• 파생어: 새-(접사) + 파랗다(용언)

25 비문학 논리적 사고 (논증의 오류)   난이도 중 ●●○

정답 설명

② 제시문에는 타당한 근거 없이 대중의 감정 또는 군중 심리에 호소하거나, 여러 사람이 동의한다는 점을 앞세워 자신의 주장에 동조하도록 하는 '대중(여론)에의 호소' 오류가 나타난다. 이와 같은 유형의 논리적 오류가 있는 것은 ②이다.

• 제시문: 타당한 근거 없이 여론의 찬사를 받았다는 점만을 앞세워 제품의 품질이 좋다고 주장함
• ②: 타당한 근거 없이 지원자 수가 많다는 점만을 앞세워 기업의 사원 복지가 좋을 것이라 추정함

오답 분석

① 상대의 아버지가 기업 임원이라는 상황을 근거로 하여 상대가 해당 기업의 제품만 구매할 것이라고 주장하고 있으므로 '정황에의 호소'에 해당한다.
• 정황에의 호소: 상대방이 처한 상황이나 사정을 근거로 하여 주장을 전개하는 오류

③ '이 기업'이 좋은 기업인 이유에 대해 결론(의견 교환이 활발함)에서 주장한 내용을 다시 근거로 들고 있으므로 '순환 논증의 오류'에 해당한다.
• 순환 논증의 오류: 결론에서 주장한 내용을 다시 근거로 제시하는 오류

④ 대기업의 제품을 이용하지 않는 것은 국가를 사랑하지 않는다고 주장함으로써 반론의 가능성이 있는 요소를 원천적으로 봉쇄하고 있으므로 '원천 봉쇄의 오류'에 해당한다.
• 원천 봉쇄의 오류: 반론의 가능성이 있는 요소를 원천적으로 비난하거나 봉쇄하여, 반론의 제기 자체를 불가능하게 하는 오류

13회 실전동형모의고사

▶ 실전동형문제 정답

p.106

01	④ 비문학 – 독서	06	③ 문학 – 작품의 종합적 감상	11	③ 어법 – 표준 발음법	16	③ 비문학 – 내용 추론	21	② 어법 – 외래어 표기
02	② 혼합(비문학+어휘) – 내용 추론, 문맥에 적절한 어휘	07	④ 문학 – 시어의 의미	12	④ 어법 – 문장	17	③ 어법 – 단어	22	③ 혼합(비문학+어휘) – 내용 추론, 한자 성어
03	④ 어휘 – 속담	08	① 문학 – 작품의 종합적 감상	13	① 어법 – 표준어 사정 원칙	18	② 비문학 – 적용하기	23	① 문학 – 표현상의 특징
04	② 혼합(비문학+어휘) – 내용 추론, 한자어	09	② 비문학 – 내용 추론	14	④ 어법 – 의미	19	③ 비문학 – 세부 내용 파악	24	② 어휘 – 혼동하기 쉬운 어휘
05	② 어법 – 말소리	10	② 어법 – 한글 맞춤법	15	② 비문학 – 화법	20	④ 어법 – 한글 맞춤법	25	③ 문학 – 내용 추리

▶ 취약영역 분석표

영역	어법	비문학	문학	어휘	혼합	총계
맞힌 답의 개수	/ 9	/ 6	/ 5	/ 2	/ 3	/ 25

* 취약영역 분석표를 이용해 1개라도 틀린 문제가 있는 영역은 그 영역의 문제만 골라 해설을 다시 한번 꼼꼼히 학습하세요.

01 비문학 독서   난이도 하 ●○○

정답 설명
④ 모르는 단어나 낯선 개념을 스스로 알아낼 수 있는 것과 읽을 책을 고르는 것 사이에는 직접적인 상관 관계가 없으므로 ④는 참고할 수 있는 질문으로 적절하지 않다.

오답 분석
① 책의 길이가 나에게 적절한지 묻는 질문이므로 책 선정 시 참고하기에 적절하다.
② 나에게 책과 관련한 배경 지식이 있는지를 묻는 질문이므로 책 선정 시 참고하기에 적절하다.
③ 주제의 적합성과 관련된 질문이므로 책 선정 시 참고하기에 적절하다.

이것도 알면 합격!

읽을 책 선정 요소와 선정 기준

선정 요소	선정 기준
책의 길이	책의 길이(분량)는 내 수준에 적절한가?
언어의 친숙성	자연스럽게 읽을 수 있으며, 읽을 때 글의 의미가 잘 통하는가?
글의 구조	책은 어떤 구조로 이루어져 있으며, 한 쪽당 단어의 개수와 문단의 길이가 읽기에 적절한가?
책에 관한 선행 지식	책의 주제, 작가, 삽화 등에 관해 내가 이미 가지고 있는 정보가 있는가?
다룰 만한 텍스트	책의 단어 수준이 나에게 적합한가?
장르에 관한 관심	책의 장르나 글의 유형은 무엇이며 내가 좋아할 만한 글인가?
주제의 적합성	책의 주제가 나에게 편안한 주제이며, 이 주제에 대해 읽을 준비가 되었다고 느끼는가?
연관성	나와 책의 내용이 어떤 연관 관계가 있는가?
높은 흥미	책과 관련된 내용이 나에게 흥미가 있거나 다른 사람이 나에게 추천한 책인가?

02 비문학+어휘 내용 추론, 문맥에 적절한 어휘   난이도 중 ●●○

정답 설명
② 문맥상 들어갈 말로 적절하지 않은 것은 ㉠ '촉구', ㉢ '불구'이다.
- ㉠: 오늘의 위기 상황이 인간 중심주의로 인해 생겨났다는 의미이므로 ㉠은 '어떤 일이나 사물이 생겨남'을 뜻하는 '발생' 혹은 '일이나 사건 등을 끌어 일으킴'을 뜻하는 '야기'로 고쳐 쓰는 것이 적절하다.
  · 촉구: 급하게 재촉하여 요구함
- ㉢: '인간 중심주의'에서는 모든 자연을 수단이나 도구에 지나지 않는 것으로 생각한다는 의미이므로 ㉢에는 '그 수량에 지나지 않은 상태'를 뜻하는 '불과'로 고쳐 쓰는 것이 적절하다.
  · 불구: 얽매여 거리끼지 않음

오답 분석
- ㉡: 인간 중심주의에서는 특별한 정신적, 도덕적인 성품이나 성질을 가진 인간만이 고유한 가치를 지닌다는 의미이므로, '타고난 성품이나 소질'을 의미하는 '자질'이 적절하게 사용되었다.
- ㉣: 오늘의 위기 상황을 극복하기 위해서는 인간 중심주의의 잘못된 점을 밝혀야 한다는 의미이다. 따라서 '현상이나 사물의 옳고 그름을 판단하여 밝히거나 잘못된 점을 지적함'을 의미하는 '비판'이 적절하게 사용되었다.

03 어휘 속담 | 난이도 중 ●●○

정답 설명

④ 〈보기〉의 뜻풀이로 옳은 것은 ④이다.
- 닭 손님으로는 아니 간다: 닭장에 낯선 닭이 들어오면 본래 있던 닭이 달려들어 못살게 굴듯이, 손님을 반가워하지 않는 집에는 가야 좋은 대접을 받지 못함을 비유적으로 이르는 말

04 비문학+어휘 내용 추론, 한자어 | 난이도 상 ●●●

정답 설명

② ㉠, ㉡에 들어갈 단어를 알맞게 고른 것은 ②이다.
- ㉠: 정보의 양이 늘어날수록 내면에는 '나'는 없고 '정보' 자체만 있을 뿐이라는 의미이므로 ㉠에는 '空虛(공허)'가 들어가는 것이 적절하다.
  - 空虛(공허: 빌 공, 빌 허): 아무것도 없이 텅 빔
- ㉡: 문맥상 문화가 파괴되고 있다는 내용이므로 '말살(抹殺)'이 들어가는 것이 적절하다.
  - 抹殺(말살: 지울 말, 죽일 살): 있는 사물을 뭉개어 아주 없애 버림

오답 분석

㉠ 公許(공허: 공평할 공, 허락할 허): 정부에서 특정한 사람에게 특정한 일을 허가함. 또는 그런 허가
㉡ 默殺(묵살: 잠잠할 묵, 죽일 살): 의견이나 제안 등을 듣고도 못 들은 척함

05 어법 말소리 (국어의 음운 체계) | 난이도 하 ●○○

정답 설명

② 목청소리이면서 마찰음인 것은 'ㅎ'이며, 입술이 동그랗게 모였다가 펴진다는 깃은 원순모음 이후에 평순모음이 오는 경우이다. 따라서 제시문을 통해 알 수 있는 '나'의 이름은 ② '홍시'이다.

오답 분석

① 두부: 목청소리이면서 마찰음인 'ㅎ'이 포함되어 있지 않으며, 원순모음이 연속된다.
③ 하늘: 목청소리이면서 마찰음인 'ㅎ'이 포함되어 있지만, 평순모음이 연속된다.
④ 뭉이: 원순모음 이후에 평순모음이 오지만, 목청소리이면서 마찰음인 'ㅎ'이 포함되어 있지 않다.

06 문학 작품의 종합적 감상 (시) | 난이도 중 ●●○

정답 설명

③ 제시된 작품은 조지훈의 '고풍 의상'으로, '-지고', '-도소이다'와 같은 예스러운 표현을 통해 고전적 분위기를 살리고 있으나, 방언은 사용되지 않았으므로 옳지 않은 것은 ③이다.

오답 분석

① '그대는 어느 나라의 고전을 말하는 한 마리 호접(胡蝶)'에서 고풍 의상을 입은 여인을 '호접(호랑나비)'에 빗대어 표현하고 있음을 알 수 있다.
② 화자의 시선이 '호장저고리'에서 '기인 치마', '운혜(雲鞋) 당혜(唐鞋)'로 이동함에 따라 시상이 전개되고 있다.
④ 작품의 마지막 4행은 고풍 의상의 아름다움에 도취된 화자의 모습을 표현한 부분이다.

07 문학 시어의 의미 | 난이도 중 ●●○

정답 설명

④ 제시된 작품에서 '아미(蛾眉)'는 고풍 의상을 입은 여인의 아름다운 눈썹을 이르는 시어인 반면, ① ② ③은 여인이 입은 '고풍 의상'을 의미하는 시어이므로 가장 이질적인 것은 ④이다.
- 아미(蛾眉): '누에나방의 눈썹'이라는 뜻으로, 가늘고 길게 굽어진 아름다운 눈썹을 이르는 말. 미인의 눈썹을 이른다.
- 운혜(雲鞋): 여자들이 신는 마른신의 하나. 앞코에 구름무늬를 놓는다.
- 당혜(唐鞋): 예전에 사용하던 울이 깊고 앞코가 작은 가죽신. 흔히 앞코와 뒤꿈치 부분에 꼬부라진 눈을 붙이고 그 위에 덩굴무늬를 새긴 것으로, 남녀가 다 신었다.

08 문학 작품의 종합적 감상 (고전 소설) | 난이도 중 ●●○

정답 설명

① 천자가 적장 문걸의 머리를 벤 장수 충렬에게 "그대는 뉘신데 죽을 사람을 살리는가?"라고 말하는 것을 통해, 충렬의 능력에 대해 놀라움을 표하고 있다.

오답 분석

② 충렬은 부친 유심과 자신을 길러 준 장인 강희주의 죽음을 몹시 슬퍼하며 천자에게 여쭈고 있으나, 천자가 보는 앞에서 부친 유심이 죽음을 맞이한 것은 아니므로 적절하지 않다.
③ 충렬이 부친 유심과 자신을 길러준 장인 강희주의 죽음을 원통해하는 모습은 드러나 있으나, 이를 통해 천자가 효성이 지극한 충렬의 모습에 흡족해 하고 있는 것은 아니므로 적절하지 않다.
④ 끝에서 1~5번째 줄을 통해 충렬은 정한담과 최일귀를 충신으로 생각하지 않음을 알 수 있으며 이들의 행동을 안타까워하는 부분도 찾을 수 없으므로 적절하지 않다.

09 비문학 내용 추론 | 난이도 중 ●●○

정답 설명

② 괄호 앞의 내용을 통해 하이데거가 생각한 현대는 공허가 지배하는 니힐리즘의 시대이자, 두려움과 긴장 없이 편히 쉴 수 있는 고향을 상실한 시대임을 알 수 있다. 따라서 괄호에 들어갈 문장으로 가장 적절한 것은 ② '공허와 고향상실로 인한 두려움과 긴장이 지배하는 시대'이다.

10 어법 한글 맞춤법 (띄어쓰기) | 난이도 중 ●●○

정답 설명

③ 해내고야만다(×) → 해내고야∨만다(○): 본용언이 3음절 이상의 합성 동사인 경우, 그 뒤에 오는 보조 용언은 띄어 쓴다. '해내고야'는 '하다'와 '내다'가 결합한 합성 동사 '해내다'의 어간 '해내-'에 어미 '-고야'가 결합한 것이므로 보조 동사 '말다'와 띄어 써야 한다.

오답 분석

①②④ 본용언과 보조 용언이 연결될 때, 보조 용언은 띄어 쓰는 것이 원칙이나 붙여 씀도 허용하는 경우이다.
① 끼쳐드려(○): 본용언 '끼치다'와 보조 용언 '드리다'가 연결되었으므로 '끼쳐드려'와 '끼쳐∨드려' 모두 바르다.
② 올성싶으니(○): 본용언 '오다'와 보조 용언 '성싶다'가 연결되었으므로 '올성싶으니'와 '올∨성싶으니' 모두 바르다.
④ 놀랄법한(○): 본용언 '놀라다'와 보조 용언 '법하다'가 연결되었으므로 '놀랄법한'과 '놀랄∨법한' 모두 바르다.

11 어법 표준 발음법 | 난이도 하 ●○○

정답 설명

③ 앉도록[안또록](○): 겹받침 'ㄵ'은 자음 앞에서 [ㄴ]으로 발음하며, 어간 받침 'ㄴ(ㄵ)' 뒤에 결합되는 어미의 첫소리 'ㄷ'은 된소리 [ㄸ]으로 발음한다. 따라서 '앉도록[안또록]'은 옳은 발음이다.

오답 분석

① 두통약[두통약](×) → [두통냑](○): '두통약'은 '두통+약'이 결합된 합성어이다. 합성어에서 앞 단어의 끝이 자음이고 뒤 단어의 첫음절이 모음 'ㅣ'나 반모음 'ㅣ'로 시작하는 경우, 'ㄴ' 소리를 첨가하여 발음하므로 '두통약[두통냑]'으로 발음해야 한다.
② 여덟과[여덜꽈](×) → [여덜과](○): 체언 '여덟'의 겹받침 'ㄼ'은 자음 앞에서 [ㄹ]로 발음하며 이때 이어지는 조사 '과'의 초성 'ㄱ'은 된소리로 발음하지 않는다. 따라서 '여덟과'는 [여덜과]로 발음해야 한다. 참고로 겹받침 'ㄼ'이 어간 받침일 경우에는 이어지는 어미의 첫소리 'ㄱ, ㄷ, ㅅ, ㅈ'를 된소리로 발음한다.
④ 값지다[갑지다](×) → [갑찌다](○): 겹받침 'ㅄ'은 자음 앞에서 [ㅂ]으로 발음하고, 안울림소리 [ㅂ] 뒤에 연결되는 'ㅈ'은 된소리 [ㅉ]으로 발음해야 한다(된소리되기).

12 어법 문장 (문장의 짜임) | 난이도 중 ●●○

정답 설명

④ ④는 이어진문장인 반면, ①②③은 모두 안은문장이므로 답은 ④이다.
· ④: '우리는 산에 오르다'와 '(우리는) 아침 일찍 일어났다'가 의도를 나타내는 연결 어미 '-려고'에 의해 종속적으로 이어진 문장이다.

오답 분석

① '(내가) 그녀를 만난'을 관형절로 안은 문장이다.
② '그가 찾아오기'를 명사절로 안은 문장이다.
③ '발에 땀이 나도록'을 부사절로 안은 문장이다.

13 어법 표준어 사정 원칙 (표준어의 구분) | 난이도 하 ●○○

정답 설명

① 만날(○): '매일같이 계속하여서'를 뜻하는 표준어로, '맨날'과 동의어이다.

오답 분석

② 오이소배기(×) → 오이소박이(○): '박다'의 의미가 살아 있는 경우 '-박이'를 쓴다.
③ 몇일(×) → 며칠(○): 그달의 몇째 되는 날
④ 천정(×) → 천장(○): 반자의 겉면

14 어법 의미 (어휘의 의미 변화) | 난이도 중 ●●○

정답 설명

④ '의미의 이동'에 해당하는 예로, '숨이 가쁘다'가 아닌 '장엄하다, 엄숙하다'에서 '굳세다'로 의미가 변한 단어이다. 어형은 '싁싁ᄒ다'에서 '씩씩ᄒ다'를 거쳐 '씩씩하다'로 변했다. 참고로 ①②③은 모두 '의미의 확대'에 해당하는 예이다.

15 비문학 화법 · 난이도 중 ●●○

정답 설명

② ⓒ는 '추론적 듣기'에 대한 설명이다. 참고로 '추론적 듣기'란 목소리의 강세, 억양 등과 같은 반언어적 표현과 손동작, 표정 등과 같은 비언어적 표현을 단서로 발화에 함축된 의미를 파악하면서 듣는 방법이다.

이것도 알면 합격!

'공감적 듣기'의 개념 및 방법

1. 개념: 상대방의 관점에서 생각이나 감정을 이해하며 듣는 방법
2. 방법

소극적인 들어주기	상대방이 계속 말을 이어나갈 수 있도록 관심을 표현해 주고 격려해 주는 방법
적극적인 들어주기	상대방이 객관적인 관점에서 문제에 접근할 수 있도록 상대방의 말을 요약, 정리해 주고 이를 반영하여 스스로 문제를 해결할 수 있도록 도와주는 방법

16 비문학 내용 추론 · 난이도 중 ●●○

정답 설명

③ 문맥상 ㉠~㉢에 들어갈 말로 적절한 것은 ③ '설정 - 즉 - 구속'이다.

- ㉠ 설정: ㉠이 포함된 문장은 '환경의 조건'이 인간의 사회화 과정에 중요한 역할로 전제되어 있음을 설명한다. 따라서 ㉠에는 '새로 만들어 정해 둠'을 의미하는 '설정(設定)'이 들어가는 것이 적절하다.
- ㉡ 즉: ㉡의 앞에서는 신생아가 사회화 과정에서 자신이 속한 사회의 성인들을 닮아간다는 내용이 나타나고, ㉡의 뒤에서는 인간의 성장, 발달 과정은 타인 및 사회 문화와의 관계를 통해 가능해진다고 설명한다. 이렇듯 ㉡ 앞뒤 내용이 유사하게 연결되므로 ㉡에는 '다시 말하여'를 뜻하는 '즉'이 들어가는 것이 적절하다.
- ㉢ 구속: ㉢이 포함된 문장에서 인간이 자연에서 해방되어 사회화 현상의 전제 조건을 형성했음을 알 수 있다. 따라서 ㉢에는 '행동이나 의사의 자유를 제한하거나 속박함'을 뜻하는 '구속(拘束)'이 들어가는 것이 적절하다.

오답 분석

㉠ 설치(設置): 어떤 일을 하는 데 필요한 기관이나 설비 등을 베풀어 둠
㉢ 영속(永續): 영원히 계속함

17 어법 단어 (단어의 형성) · 난이도 중 ●●○

정답 설명

③ '맨눈'은 '맨-(접두사) + 눈(명사)'이 결합한 파생어이므로 답은 ③이다. 참고로 이때 '맨-'은 '다른 것이 없는'을 뜻하는 접사이며, '맨'이 관형사로 쓰일 때는 '맨 꼭대기'와 같이 '더 할 수 없을 정도나 경지'를 뜻한다.

오답 분석

①②④ 모두 우리말의 일반적인 단어 배열법과 일치하는 통사적 합성어이다.

① 더욱(부사) + 더(부사)
② 그만(부사) + 두다(용언)
④ 약-(용언의 어간) + -아-(연결 어미) + 빠지다(용언)

이것도 알면 합격!

접두사 '맨-'과 관형사 '맨'의 차이

접두사 '맨-'	다른 것이 없는 예 맨눈, 맨다리, 맨땅, 맨발, 맨주먹
관형사 '맨'	더 할 수 없을 정도나 경지에 있음을 나타내는 말 예 맨 처음, 산의 맨 꼭대기, 맨 구석 자리

18 비문학 적용하기 · 난이도 하 ●○○

정답 설명

② 글에서 제시하고 있는 '점검 독서'의 순서로 올바른 것은 'ⓒ - ⓜ - ⓛ - ⓔ - ㉠'이다.

- ⓒ: 1문단에서 점검 독서란 책의 큰 틀을 훑어보는 일이라고 설명하며, 제목과 광고 문구 등을 통해 책을 가늠해 보라고 하였다.
- ⓜ: 2문단 1번째 줄에서는 목차를 꼼꼼하게 읽어야 한다고 강조한다.
- ⓛ: 2문단 4~5번째 줄에서 마지막 2~3페이지를 읽음으로써 결론에 담긴 핵심 내용을 파악해야 한다고 설명한다.
- ⓔ: 2문단 끝에서 2~3번째 줄을 통해 책의 주된 부분일 듯한 장(章) 몇 개를 추려 읽어 본다고 하였다.
- ㉠: 3문단 1~2번째 줄에서 점검 독서를 마친 후 4~5줄 정도의 문장으로 간단히 정리해 본다고 하였다.

19 비문학 세부 내용 파악 · 난이도 중 ●●○

정답 설명

③ 4문단의 내용을 통해 '분석 독서'는 동일한 주제에 대한 여러 사람의 관점을 비교하며 읽는 것이 아닌, 지은이의 의도를 파악하며 글을 철저하게 읽는 것임을 알 수 있다. 따라서 글에 대한 설명으로 옳지 않은 것은 ③이다.

오답 분석

① 6문단 3~5번째 줄을 통해 '쿼터리즘'은 요새 독자들을 일컫는 말로, 읽는 시간이 15분을 넘지 못한다는 뜻임을 알 수 있다.
② 6문단 2~3번째 줄을 통해 지금의 독자들은 애들러의 가르침이 당혹스러울 것임을 알 수 있다.
④ 3문단을 통해 점검 독서가 제대로 이루어졌다면 책의 내용을 자기 표현으로 정리할 수 있음을 알 수 있다.

20 어법 한글 맞춤법 (맞춤법에 맞는 표기) 난이도 중 ●●○

정답 설명

④ 보호자냬서(○): '-냐고 해'가 줄어든 말은 '-냬'로 표기한다.

오답 분석

① 하예(×) → 하얘(○): 어간 '하양-'에 어미 '-아'가 결합한 형태는 '하얘'로 표기한다. 참고로 '하얗다'는 모음으로 시작하는 어미와 결합할 때 어간과 어미가 바뀌는 'ㅎ' 불규칙 용언이다.

② 뵈요(×) → 봬요(○): 어간 '뵈-'에 어미 '-어요'가 결합한 '뵈어요'의 준말은 '봬요'로 표기한다.

③ 넌즈시(×) → 넌지시(○): '드러나지 않게 가만히'를 뜻하는 말은 '넌지시'로 표기한다.

21 어법 외래어 표기 난이도 하 ●○○

정답 설명

② 플래시(○): 'flash[flæʃ]'에서 어말의 [ʃ]은 '시'로 적으므로 올바른 외래어 표기는 ② '플래시'이다.

오답 분석

① 새트(×) → 세트(○): 'set[set]'에서 모음 [e]는 'ㅔ'로 적으므로 '세트'로 표기해야 한다.

③ 바게뜨(×) → 바게트(○): 파열음 표기에는 된소리를 쓰지 않는 것을 원칙으로 하므로 'baguette[bæget]'는 '바게트'로 표기해야 한다.

④ 프로포즈(×) → 프러포즈(○): 'propose[prəpouz]'에서 모음 [ə]는 'ㅓ'로 적으므로 '프러포즈'로 표기해야 한다.

22 비문학+어휘 내용 추론, 한자 성어 난이도 중 ●●○

정답 설명

③ 제시문은 '그'가 실용적이며 합리적인 것을 추구했던 사람이었음을 설명하고 있다. 이때 (가)가 포함된 문장에서 '그'가 가장 꺼렸던 것은 현실에 도움이 되지 않는 것이라고 설명하고 있으므로 문맥상 (가)에 들어갈 한자 성어로 가장 적절한 것은 ③ '空理空論(공리공론)'이다.

- 空理空論(공리공론): 실천이 따르지 않는, 헛된 이론이나 논의

오답 분석

① 賊反荷杖(적반하장): 도둑이 도리어 매를 든다는 뜻으로, 잘못한 사람이 아무 잘못도 없는 사람을 나무람을 이르는 말

② 管鮑之交(관포지교): 관중과 포숙의 사귐이란 뜻으로, 우정이 아주 돈독한 친구 관계를 이르는 말

④ 吳越同舟(오월동주): 서로 적의를 품은 사람들이 한자리에 있게 된 경우나 서로 협력하여야 하는 상황을 비유적으로 이르는 말

23 문학 표현상의 특징 난이도 중 ●●○

정답 설명

① 제시된 부분에서 서술자는 인물의 행동을 묘사하거나 상황을 드러내고 있을 뿐, 작품에 직접적으로 개입하고 있지는 않다.

오답 분석

② '유자여! 더럽다'라는 '범'의 대사는 표면적으로는 똥구덩이에서 나온 '북곽 선생'의 모습을 의미하지만, 이면적으로는 '북곽 선생'의 위선적인 모습을 의미하며 당대 양반의 위선을 풍자하기 위해 사용된 이중적인 표현이다.

③ 도망치다가 똥구덩이에 빠지거나 '범'에게 목숨을 구걸하는 '북곽 선생'의 모습을 우스꽝스럽게 표현함으로써 작품의 재미를 더하고 있다.

④ 작가는 당대 양반 계층에 대한 비판 의식을 의인화된 '범'의 입을 빌려 표현하고 있다.

이것도 알면 합격!

박지원, '호질'

1. 주제: 위선적인 양반들의 삶과 부도덕한 인간 사회에 대한 비판
2. 특징
   (1) 동물을 의인화하는 우의적 수법을 사용
   (2) 인물의 행위를 희화화하여 묘사함
   (3) 실학 사상을 바탕으로 부정적인 인간들의 삶의 모습을 비판함
3. '호질'에서 '범'의 활용 의의
   (1) 당시 유교 사회의 지탄을 받지 않고 우회적인 현실 비판이 가능함
   (2) 작가의 의식을 대변하는 인물인 '범'을 의인화하여 우화적으로 표현함으로써 객관적인 관찰자의 시선으로 양반 계층의 위선적인 속성을 비판함

24 어휘 혼동하기 쉬운 어휘 난이도 중 ●●○

정답 설명

② 밑줄 친 어휘의 쓰임이 옳은 것은 ㄱ, ㄹ이므로 답은 ②이다.
- ㄱ. 문구점을 벌였다(○): '가게를 차리다'를 뜻하는 '벌이다'가 옳게 쓰였다.
- ㄹ. 잔치를 벌였다(○): '일을 계획하여 시작하거나 펼쳐 놓다'를 뜻하는 '벌이다'가 옳게 쓰였다.

오답 분석

ㄴ. 논쟁을 벌렸다(×) → 벌였다(○): '전쟁이나 말다툼 등을 하다'를 뜻할 때는 '벌이다'를 써야 한다.

ㄷ. 책을 벌려(×) → 벌여(○): '여러 가지 물건을 늘어놓다'를 뜻할 때는 '벌이다'를 써야 한다.

25 문학 내용 추리   난이도 중 ●●○

정답 설명

③ 〈보기〉의 화자는 모든 땅이 누군가의 소유이기 때문에 진정한 공지(빈 땅)가 없으며, 원칙적으로 소유자의 허락 없이는 움직여서도 안 된다는 표현을 통해 현대의 도시 공간에 대한 부정적인 시선을 드러낸다. 따라서 〈보기〉의 다음에 나올 내용으로 가장 적절한 것은 ③ '소유욕이 가득 찬 도시 공간에 대한 아쉬움'이다.

이것도 알면 합격!

이상, '조춘점묘(早春點描)-공지(空地)에서'의 주제 및 특징

1. 주제: 문명화된 도회지 공간에 대한 비판적 인식
2. 특징
   (1) 공지에 대한 글쓴이의 태도 변화가 나타남
   (2) 만연한 물질 중심의 삶에 대한 비판이 드러남

14회 실전동형모의고사

● 실전동형문제 정답

p.114

01	② 어법 – 표준 발음법	06	① 어법 – 단어	11	④ 혼합(문학+어휘) – 인물의 태도, 한자 성어	16	④ 비문학 – 글의 구조 파악	21	③ 문학 – 작품의 종합적 감상
02	① 어법 – 한글 맞춤법	07	④ 어법 – 한글 맞춤법	12	① 문학 – 작품의 내용 파악	17	② 어법 – 외래어 표기	22	② 어휘 – 관용 표현
03	④ 어법 – 말소리	08	① 어휘 – 고유어와 한자어의 대응	13	② 비문학 – 세부 내용 파악	18	② 비문학 – 주제 및 중심 내용 파악	23	② 비문학 – 적용하기
04	④ 어법 – 한글 맞춤법	09	① 어법 – 한글 맞춤법	14	① 비문학 – 세부 내용 파악	19	① 문학 – 표현상의 특징과 효과	24	② 문학 – 글의 구조 파악
05	① 어법 – 국어의 로마자 표기	10	③ 비문학 – 작문	15	④ 비문학 – 내용 추론	20	② 비문학 – 세부 내용 파악	25	① 문학 – 주제 및 중심 내용 파악

● 취약영역 분석표

영역	어법	비문학	문학	어휘	혼합	총계
맞힌 답의 개수	/ 9	/ 8	/ 5	/ 2	/ 1	/ 25

* 취약영역 분석표를 이용해 1개라도 틀린 문제가 있는 영역은 그 영역의 문제만 골라 해설을 다시 한번 꼼꼼히 학습하세요.

---

01 어법 표준 발음법 난이도 중 ●●○

정답 설명

② 줄넘기[줄넘끼](×) → [줄럼끼](○): '줄넘기'는 'ㄴ'이 'ㄹ' 뒤에서 [ㄹ]로 발음되는 유음화가 나타나며, 어간 '넘-'의 받침 'ㅁ' 뒤에 결합되는 첫소리 'ㄱ'이 된소리로 발음되므로 [줄럼끼]로 발음해야 한다.

오답 분석

① 핥네[할레](○): 겹받침 'ㄾ'은 어말 또는 자음 앞에서 [ㄹ]로 발음하고, 'ㄴ'이 'ㄹ' 뒤에서 [ㄹ]로 소리나므로 [할레]로 발음한다.

③ ④ 구근류[구근뉴], 횡단로[횡단노](○): '구근류'와 '횡단로'는 'ㄴ'과 'ㄹ'이 결합할 때 [ㄹㄹ]로 발음되지 않고 [ㄴㄴ]으로 발음되는 경우로, 유음화의 예외에 해당한다.

이것도 알면 합격!

'차(次)'의 띄어쓰기

접미사 '-차(次)'	일부 명사 뒤에서 '목적'의 뜻을 더하는 경우에는 접미사이므로 앞말에 붙여 씀 예 연수차, 인사차, 사업차
의존 명사 '차(次)'	다음과 같은 경우는 의존 명사이므로 앞말과 띄어 씀 (1) 주로 한자어 수 뒤에서 '번', '차례'의 뜻을 나타내는 경우 예 제일 차 세계 대전 (2) '-던 차에', '-던 차이다' 구성으로 쓰여 '어떠한 일을 하던 기회나 순간'을 뜻하는 경우 예 이제 막 출발하려던 차이다. (3) 주기나 경과의 해당 시기를 나타내는 경우 예 입사 3년 차, 임신 10주 차

02 어법 한글 맞춤법 (띄어쓰기) 난이도 중 ●●○

정답 설명

① 연수차(○): '-차(次)'는 명사 뒤에 붙어 '목적'의 뜻을 더하는 접미사이므로 앞말에 붙여 적는다.

오답 분석

② 동틀녘(×) → 동틀∨녘(○): '녘'은 '어떤 때의 무렵'을 뜻하는 의존 명사이므로 앞말과 띄어 쓴다. 참고로, '새벽녘', '샐녘', '어슬녘', '저물녘'은 합성어로 인정된 한 단어이므로 붙여 쓴다.

③ 볼∨망정(×) → 볼망정(○): '-ㄹ망정'은 앞 절의 사실을 인정하고 뒤 절에 그와 대립되는 다른 사실을 이어 말할 때 쓰는 연결 어미이므로 붙여 쓴다.

④ 곤드레∨만드레해서(×) → 곤드레만드레해서(○): '곤드레만드레하다'는 한 단어이므로 붙여 쓴다.

03 어법 말소리 (음운의 분류) 난이도 중 ●●○

정답 설명

④ 유성음과 무성음의 분류 기준은 ④ '목청의 울림 여부'에 있다. 목청의 울림이 수반되는 소리를 유성음이라고 하며, 울림이 수반되지 않는 소리를 무성음이라고 한다.

오답 분석

① 입술의 모양은 평순 모음과 원순 모음을 구분하는 기준이다.

② 혀의 높낮이는 고모음, 중모음, 저모음을 구분하는 기준이다.

③ 소리의 세기는 자음을 예사소리, 된소리, 거센소리로 분류하는 기준이다.

04 어법 한글 맞춤법 (맞춤법에 맞는 표기)   난이도 하 ●○○

정답 설명

④ 희한한(○): '매우 드물거나 신기하다'를 뜻하는 형용사는 '희한하다'이다. 이때 '희안하다'와 같이 쓰지 않도록 유의한다.

오답 분석

① 오랫만에(×) → 오랜만에(○): '오랜만'은 '오래간만'의 준말이므로 '오랜만'으로 표기해야 한다.

② 유래없는(×) → 유례없는(○): 문맥상 '같거나 비슷한 예가 없다' 또는 '전례가 없다'를 뜻하는 '유례(類例)없다'를 쓰는 것이 적절하다.
- 유래: 사물이나 일이 생겨남. 또는 그 사물이나 일이 생겨난 바

③ 바래(×) → 바라(○): '바라다'의 어간 '바라-'에 어미 '-아'가 결합한 형태는 '바라'로 표기해야 한다.

05 어법 국어의 로마자 표기   난이도 중 ●●○

정답 설명

① 여의도 Yeoido(×) → Yeouido(○): '여의도'의 표준 발음은 [여의도/여이도]이며, 국어의 로마자 표기에서 'ㅢ'는 'ㅣ'로 소리나더라도 'ui'로 적어야 하므로 '여의도'는 'Yeouido'로 표기해야 한다.

오답 분석

② 의왕시 Uiwang(○): 국어의 로마자 표기에서 '시, 군, 읍'의 행정 구역 단위는 생략할 수 있다.

③ 영암 Yeong-am(○): 발음상 혼동의 우려가 있을 때에는 붙임표(-)를 쓸 수 있으며, 이때 'Yeongam'은 '연감'으로 발음할 우려가 있으므로 붙임표를 써서 표기할 수 있다.

④ 은천동 Euncheon-dong(○): 행정 구역 단위인 '동'은 'dong'으로 적고 그 앞에 붙임표(-)를 쓴다.

06 어법 단어 (품사의 구분)   난이도 중 ●●○

정답 설명

① '허구한'은 형용사 '허구하다'의 어간에 관형사형 어미 '-ㄴ'이 붙은 활용형이므로 품사는 형용사이다. 반면에 ② '허튼', ③ '한다하는', ④ '여러'의 품사는 모두 관형사이므로 답은 ①이다.
- 허구하다: 날, 세월 등이 매우 오래다.

오답 분석

② 허튼: 쓸데없이 헤프거나 막된
③ 한다하는: 수준이나 실력 등이 상당하다고 자처하거나 그렇게 인정받는
④ 여러: 수효가 한둘이 아니고 많은

이것도 알면 합격!

형용사의 관형사형과 관형사의 구분

형용사의 관형사형	활용할 수 있고, 서술성을 지니며 기본형이 존재함 예 · 새로운 옷 (기본형: 새롭다) · 그 사람은 우리와 다른 사람이다. (기본형: 다르다)
관형사	활용할 수 없고, 서술성이 없으며 체언을 수식함 예 · 새 옷을 입다. (기본형: 새) · 다른 사람은 다 가고 나만 남았다. (기본형: 다른)

07 어법 한글 맞춤법 (띄어쓰기)   난이도 중 ●●○

정답 설명

④ ② 이달∨말께(○): '이번 달'을 뜻하는 '이달'은 한 단어이므로 붙여 쓴다. 또한 '말(末)'은 '어떤 기간의 끝이나 말기'를 뜻하는 의존 명사이므로 앞말 '이달'과 띄어 쓰며, 이때 '-께'는 '그때 또는 장소에서 가까운 범위'의 뜻을 더하는 접미사이므로 앞말에 붙여 쓴다. 따라서 띄어쓰기가 옳은 것은 ④이다.

오답 분석

① ⊙ 오늘자(×) → 오늘∨자(○): '자(字)'는 '날짜'를 나타내는 명사이므로 앞말과 띄어 써야 한다.

② ⓒ 천만∨뜻밖에도(×) → 천만뜻밖에도(○): '천만뜻밖'은 '전혀 생각하지 않은 상태'를 뜻하는 한 단어이므로 붙여 써야 한다. 또한 '에'는 앞말이 부사어임을 나타내는 격 조사이며, '도'는 보조사이므로 모두 앞말에 붙여 쓴다.

③ ⓒ 말끝∨마다(×) → 말끝마다(○): '마다'는 '낱낱이 모두'의 뜻을 나타내는 보조사이므로 앞말에 붙여 써야 한다.

08 어휘 고유어와 한자어의 대응   난이도 중 ●●○

정답 설명

① 제시된 문장에서 '고친'은 '고치다'의 활용형으로 '본디의 것을 손질하여 다른 것이 되게 해서'의 의미로 쓰였으므로, '고쳐 만들거나 바꿈'을 뜻하는 ① '개조(改造)'가 문맥적으로 가장 가깝다.

오답 분석

② 개량(改良): 나쁜 점을 보완하여 더 좋게 고침
③ 개편(改編): 1. 책이나 과정 따위를 고쳐 다시 엮음 2. 조직 따위를 고쳐 편성함
④ 개선(改善): 잘못된 것이나 부족한 것, 나쁜 것 따위를 고쳐 더 좋게 만듦

09 어법 한글 맞춤법 (준말) 난이도 하 ●○○

정답 설명
① '무엇'의 준말은 '뭣'이므로 적절하지 않은 것은 ①이다. 참고로 '뭐'는 '무어'의 준말로, 대명사로만 쓰이는 '무엇'과 달리 대명사와 감탄사로 쓰이는 말이다.

오답 분석
② 단어의 끝모음이 줄어들고 자음만 남은 것은 그 앞의 음절에 받침으로 쓸 수 있으므로 '아무튼'은 '암튼'으로 줄여 쓸 수 있다.
③ 부사와 조사가 어울려 줄어드는 경우에는 준 대로 적으므로 부사 '이리'에 조사 '로'가 결합한 '이리로'는 '일로'로 줄여 쓸 수 있다.
④ 체언과 조사가 어울려 줄어드는 경우에는 준 대로 적으므로 대명사 '그것'에 조사 '이'가 결합한 '그것이'는 '그게'로 줄여 쓸 수 있다.

10 비문학 작문 (고쳐쓰기) 난이도 하 ●○○

정답 설명
③ ⓒ의 앞 문장에서는 '평양랭면'의 소고기 국물을 만드는 과정이 나타나고 뒤 문장에서는 '평양랭면'을 담는 그릇을 소개하고 있다. 하지만 ⓒ은 감자농마국수에 대한 내용으로 글의 흐름과 어울리지 않는다. 따라서 답은 ③이다.

11 문학+어휘 인물의 태도, 한자 성어 난이도 상 ●●●

정답 설명
④ 화자의 말을 통해 '낭군'은 '서대주'의 은혜를 입고도 '서대주'를 관청에 허위로 송사하려고 함을 알 수 있다. 따라서 화자가 생각하는 '낭군'의 태도에 부합하는 한자 성어는 ④ '背恩忘德(배은망덕)'이다.
  • 背恩忘德(배은망덕): 남에게 입은 은덕을 저버리고 배신하는 태도가 있음

오답 분석
① 胡蝶之夢(호접지몽): '나비에 관한 꿈'이라는 뜻으로, 인생의 덧없음을 이르는 말
② 如鳥數飛(여조삭비): '새가 날기 위해서 수도 없이 날갯짓을 반복하는 것과 같다'라는 뜻으로, 부단히 배우고 연습해 익히라는 말
③ 緣木求魚(연목구어): '나무에 올라가서 물고기를 구한다'라는 뜻으로, 도저히 불가능한 일을 굳이 하려 함을 비유적으로 이르는 말

12 문학 작품의 내용 파악 난이도 하 ●○○

정답 설명
① '간밤에 낭군과 함께 마음속 깊이 정을 맺던 일을 낭군은 잊지 마십시오'라는 범(처녀)의 말을 통해 김현과 범은 과거에 인연을 맺은 적이 있음을 알 수 있다.

오답 분석
② 김현이 범을 죽인 것이 아니라, 범이 스스로 자신의 목에 칼을 찔러 자결했다.
③ 범이 자신의 발톱에 다친 이들을 치료하는 방법을 알려주는 모습을 통해 사람들을 해친 것이 진심은 아니라는 점을 알 수 있으나, 사람들을 해친 것을 후회하고 있는 모습은 드러나지 않는다.
④ 김현은 범에게 죽은 이들의 넋을 기리기 위해서가 아니라, 범의 은혜에 보답하기 위해 절을 세웠다.

> **이것도 알면 합격!**
>
> 작자 미상, '김현감호'의 주제와 특징
> 1. 주제: 사찰 연기 설화
> 2. 주제: 고귀한 자기희생 정신
> 3. 특징
>   (1) 동물이 인간으로 변신하는 모티프가 나타남
>   (2) 환상성을 기반으로 서사가 진행됨 드러남

13 비문학 세부 내용 파악 난이도 중 ●●○

정답 설명
② 제시문의 3문단 2~4번째 줄을 통해 취재 기자가 판단하기에 중요하지 않은 사건은 기사화되지 못함을 확인할 수 있을 뿐, 대중의 관심을 받지 못한 사건이 기사화되기 어렵다는 내용은 찾을 수 없다. 따라서 제시문의 내용으로 부합하지 않는 것은 ②이다.
  [관련 부분] 취재 기자가 중요한 사건이 아니라는 판단으로 기사화하지 않는다면 그 사건은 '없는 일'이 된다.

오답 분석
① 2문단 4~6번째 줄을 통해 확인할 수 있다.
  [관련 부분] 신문 기사는 모두 객관적이라는 것은 잘못된 고정 관념이다. 왜냐하면 선택과 결정은 가치 판단을 의미하며, 가치 판단은 어쩔 수 없이 주관의 영역이기 때문이다.
③ 4문단 2~4번째 줄을 통해 확인할 수 있다.
  [관련 부분] 신문 지면에 실린 기사는 최소한 취재 기자, 취재부장, 편집 기자, 편집부장, 편집국장의 다섯 사람의 눈과 손을 거쳐 선택받은 사건들이다.
④ 2문단 2~4번째 줄을 통해 확인할 수 있다.
  [관련 부분] 기자는 무수한 삶의 현실 가운데 어느 것을 기사화할지 선택하고 결정한다.

14 비문학 세부 내용 파악   난이도 하 ●○○

정답 설명
① 1문단 2~4번째 줄을 통해, '종교적 독단'은 지구가 도는 것이 아니라 태양이 도는 것이라는 잘못된 사상이 강요된 원인이었음을 알 수 있다. 따라서 글의 내용을 잘못 이해한 것은 ①이다.

오답 분석
② 2문단 1~2번째 줄에서 역사적 사실의 의미가 시대에 따라, 보는 사람의 관점에 따라 변화한다고 설명하고 있으므로 ②는 적절하다.
③ 1문단 1~2번째 줄에서 사상의 자유를 꾸준히 확대되는 방향으로 인간의 역사가 발전해 왔다고 설명하고 있으므로 ③은 적절하다.
④ 2문단 끝에서 3~5번째 줄에서 역사의 의미 변화에 일정한 기준이 없다면 역사의 해석이 '귀에 걸면 귀걸이 코에 걸면 코걸이'가 된다고 설명하고 있으므로 ④는 적절하다.
- 귀에 걸면 귀걸이 코에 걸면 코걸이: 1. 어떤 원칙이 정해져 있는 것이 아니라 둘러대기에 따라 이렇게도 되고 저렇게도 될 수 있음을 비유적으로 이르는 말 2. 어떤 사물은 보는 관점에 따라 이렇게도 될 수 있고 저렇게도 될 수 있음을 비유적으로 이르는 말

15 비문학 내용 추론   난이도 상 ●●●

정답 설명
④ 제시문을 통해 추론할 수 있는 것은 'ㄱ, ㄴ, ㄷ'이다.
- ㄱ: 1문단 2번째 줄과 2문단 끝에서 2~3번째 줄을 통해 X에 속한 장수 노인 100명은 모두 규칙적인 운동을 했음을 알 수 있다. 그리고 X에 속한 조기 사망자들의 경우, 3문단 끝에서 3~6번째 줄에서 규칙적인 운동을 하지 않았던 사람들은 모두 체지방 비율이 정상 범위를 넘었다고 하였으므로, 만약 규칙적인 운동을 하지 않은 사람이 있었다면 그들은 체지방 비율이 정상 범위를 넘어섰어야 한다. 하지만 3문단 끝에서 1~3번째 줄에서 X에 속한 조기 사망자들 중 체지방 비율이 정상 범위를 넘었던 사람은 없었다고 하였으므로 X에 속한 조기 사망자 100명은 모두 규칙적인 운동을 했음을 알 수 있다. 따라서 X에 속한 사람들은 모두 규칙적인 운동을 했을 것이라는 추론은 적절하다.
- ㄴ: 1문단 끝에서 1~2번째 줄과 2문단 끝에서 2~3번째 줄을 통해 X에 속한 장수 노인 100명은 모두 짜거나 기름진 음식을 즐겨 먹지 않았음을 알 수 있으며, 3문단 2~4번째 줄을 통해 X에 속한 사람들 중 짜거나 기름진 음식을 즐겨 먹지 않았던 사람들은 모두 혈중 콜레스테롤 지수가 낮았음을 알 수 있다. 따라서 X에 속한 장수 노인들 중 콜레스테롤 지수가 높은 사람은 없었을 것이라는 추론은 적절하다.
- ㄷ: 1문단 끝에서 1~2번째 줄과 2문단 끝에서 2~3번째 줄을 통해 X에 속한 장수 노인 100명은 모두 짜거나 기름진 음식을 즐겨 먹지 않았음을 알 수 있다. 그리고 X에 속한 조기 사망자들의 경우, 3문단 2~4번째 줄에서 짜거나 기름진 음식을 즐겨 먹지 않았던 사람들은 모두 혈중 콜레스테롤 지수가 낮게 나타났다고 하였으므로, 만약 짜거나 기름진 음식을 즐겨 먹지 않는 사람이 있었다면 그들은 혈중 콜레스테롤 지수가 낮게 나타났어야 한다. 하지만 3문단 4~5번째 줄에서 X에 속한 조기 사망자들은 모두 혈중 콜레스테롤 지수가 높았다고 하였으므로 X에 속한 조기 사망자 100명은 모두 짜거나 기름진 음식을 즐겨 먹었음을 알 수 있다. 한편 3문단 끝에서 1~3번째 줄을 통해 X에 속한 조기 사망자 100명은 체지방 비율이 정상 범위를 넘지 않았음을 알 수 있으나, X에 속한 장수 노인들의 체지방 비율에 대해서는 제시문을 통해 추론할 수 없다. 따라서 X에서 체지방 비율이 정상 범위를 넘어섰거나(장수 노인 0~100명), 짜거나 기름진 음식을 즐겨 먹는 사람(조기 사망자 100명)이 차지하는 비율은 50% 이상일 것이라는 추론은 적절하다.

16 비문학 글의 구조 파악 (문단 배열)   난이도 중 ●●○

정답 설명
④ (가) - (라) - (다) - (나)의 순서가 가장 자연스럽다.

순서	중심 내용	순서 판단의 단서와 근거
(가)	말과 생각의 관계에 대한 두 가지 관점 Ⓐ 쌍둥이와 같은 말과 생각 Ⓑ 큰 그릇인 생각과 작은 그릇인 말	지시어나 접속어로 시작하지 않으면서 글의 주된 논제인 '말과 생각의 관계'에 대해 제시함
(라)	생각을 말로 표현하는 것의 어려움을 예로 들어 Ⓐ의 관점이 틀렸음을 설명함	지시 표현 '이 두 가지 생각': (가)에서 언급한 두 가지 관점을 가리킴
(다)	음악이 말과 일치되는 것은 가사가 있는 노래를 부를 때에 이르러서야 이루어지고, 작곡가가 떠올리는 악상은 말과 관계없는 멜로디임	노래를 흥얼거려 본 경험과 작곡가의 작곡 과정을 예로 들어 (가)에서 설명한 Ⓑ 관점이 적절함을 부연 설명함
(나)	생각의 범위가 말보다 넓고 클지라도 말로 표현해야 생각이 전달되므로 생각은 말의 도움을 받아야 함	접속어 '그러나': (라), (다)와 달리 말이 있어야 생각이 전달될 수 있음을 제시함

17 어법 외래어 표기   난이도 중 ●●○

정답 설명
② damage - 대미지(O): 'damage[dæmidʒ]'에서 모음 [æ]는 '애'로 적으므로 '대미지'로 표기한다.

오답 분석
① suit - 수트(x) → 슈트(O): 'suit[sjuːt]'에서 반모음 [j]는 뒤따르는 모음 [u]와 합쳐 '유'로 적으므로 '슈트'로 표기해야 한다.
③ featuring - 피쳐링(x) → 피처링(O): 'featuring[fiːtʃərɪŋ]'에서 모음 [ə]는 '어'로 적으므로 '피처링'으로 표기해야 한다.
④ cashback - 캐쉬백(x) → 캐시백(O): 'cashback[kæʃbæk]'에서 어말의 [ʃ]는 '시'로 적으므로 '캐시백'으로 표기해야 한다.

14회 실전동형모의고사

18 비문학 주제 및 중심 내용 파악   난이도 하 ●○○

정답 설명

② 제시문은 1문단에서 스피치의 중요성을, 2~3문단에서는 커뮤니케이션 이론이나 화술의 기법만으로는 성공적인 스피치를 할 수 없음을, 4문단에서는 자신과 상대의 특성에 따라 말하기 방법을 다양하게 사용해야 함을 설명하고 있다. 따라서 글의 제목으로 가장 적절한 것은 ② '말하기 기술을 어떻게 활용할 것인가'이다.

오답 분석

① 3문단 끝에서 1~2번째 줄에서 조직의 장은 효과적인 조직 운영을 위해 리더십을 지녀야 함을 말하고 있으나, 이는 스피치 방법의 활용법을 말하기 위해 차용한 소재일 뿐 제시문 전체를 대표하지는 못하므로 '효과적인 조직 운영 방법은 무엇인가'는 제목으로 적절하지 않다.

③ ④ 말하기에서 개성을 드러내는 것이 중요하다는 것과 대인 관계에 도움을 주는 말하기 방법이 무엇인지에 관한 것은 제시문과 관련 없는 내용이므로 글의 제목으로 적절하지 않다.

19 문학 표현상의 특징과 효과   난이도 중 ●●○

정답 설명

① 3연의 '낙엽은'은 행간 걸침이 사용된 부분으로, 2연의 '구겨지다', '몰리다', '훌쩍이다'의 주어임과 동시에 4연의 '마르다'의 주어로 기능하며 시적 긴장을 유지하고 주제를 강화하는 역할을 하고 있다.

오답 분석

② 제시된 작품에 역설적 표현은 사용되지 않았으며, '낙엽'을 의인화하여 상처 받은 화자의 정서를 부각하고 있다.

③ 2연의 '쾅-', 4연의 '부스럭부스럭'과 같이 음성 상징어가 사용되었으나, 이는 화자가 받은 상처를 부각하기 위한 표현일 뿐, 대상을 생동감 있게 표현한 것은 아니다.

④ 1, 2, 4연에서 각각 '~다고 치자', '~앉았을 것이다'와 같은 유사한 문장 구조를 반복하여 운율을 형성하면서, 낙엽이 질 만한 상황을 가정하여 만약 그러한 상황이라 하더라도 낙엽이 진 결정적인 원인은 '네가 한 행동' 때문임을 강조하고 있다. 현실에 대한 비판 의식이 드러난 부분은 확인할 수 없다.

이것도 알면 합격!

오창렬, '가을밤'의 주제와 특징

1. 주제: 단절과 소외에서 느끼는 존재의 아픔
2. 특징
   (1) 대상을 의인화하여 화자의 정서를 드러냄
   (2) 행간 걸침을 통해 긴장감을 부여함

20 비문학 세부 내용 파악   난이도 하 ●○○

정답 설명

② 제시문 2~4번째 줄을 통해 풍수지리 사상이 가옥의 크기를 키우고 복잡한 구성을 갖게 하는 데 영향을 미침을 확인할 수 있을 뿐, 풍수지리 사상이 한옥의 내부 공간 확보를 중요시한다는 내용은 확인할 수 없다. 따라서 글에 대한 이해로 적절하지 않은 것은 ②이다.

오답 분석

① 제시문 6~7번째 줄을 통해 겹공간 구도가 형성되었을 때 마당의 거리는 길어야 몇 미터 정도밖에 되지 않는다는 것을 확인할 수 있다.

③ 제시문 끝에서 1~5번째 줄을 통해 채와 채 사이에 끼인 마당은 외부 공간과 내부 공간의 성격을 동시에 지니며, 이분법적으로 구분하기에 그 성격이 모호하다는 것을 확인할 수 있다.

④ 제시문 1~2번째 줄을 통해 한옥의 기본형 구성으로 'ㅡ'형 구성, 'ㄴ'자형 구성, 'ㅁ'자형 구성이 있음을 알 수 있으며, 2~4번째 줄을 통해 집의 규모가 커지면 기본형들이 조합된 형태의 구성을 갖는 경우가 있음을 확인할 수 있다.

21 문학 작품의 종합적 감상 (소설)   난이도 하 ●○○

정답 설명

③ 제시된 작품에서 P는 일제강점기의 '인텔리(지식인)'이나, 변변한 직업 없이 살아가는 무능한 인물임을 알 수 있다. 서술자는 'P와 같은 인생을 이 세상에 하나도 없이 싹 치운다면 근로하는 사람이 조금은 편해질는지도 모른다'라고 말하며 냉소적인 어조로 P에 대해 비판적으로 평가하고 있으므로 ③의 설명은 적절하지 않다.

오답 분석

① P가 '화가 나는 대로 하면 어린아이가 입고 온 양복도 벗겨 내던지고 싶었으나 꿀꺽 참았다'라고 생각하는 것을 통해 P가 '양복'에 반감을 느끼고 있음을 알 수 있다. 참고로, P가 '양복'에 반감을 느끼는 이유는 '양복'을 이혼한 아내가 처가에서 보냈기 때문이다.

② P가 말한 '레디메이드(ready made) 인생'은 대량으로 생산되었지만 아무에게도 팔리지 못하는 기성품과 같은 실직 인텔리의 삶을 의미하며, 고등 교육을 받았으나 아무 일도 하지 못하는 자신의 인생을 자조하는 표현이므로 적절하다.

④ 주인공 P의 이름은 알파벳 기호인 'P'로 익명화되어 있다. 작가는 이를 통해 당시 넘쳐 나던 고등실업자들을 양산된 제품처럼 표현해 현실을 풍자하고 있으므로 적절하다. 참고로, 채만식의 '레디메이드 인생'에는 P 외에 'M, H'로 명명된 무직 인텔리들의 이름을 찾아볼 수 있다.

> **이것도 알면 합격!**
>
> 채만식, '레디메이드 인생'의 주제와 특징
> 1. 주제: 일제강점기 지식인의 비애와 좌절
> 2. 특징
>   (1) 제목 '레디메이드 인생'에서 주제가 직접적으로 드러남
>   (2) 인텔리 실업자들을 '레디메이드(기성품)'로 표현하여 무능력한 지식인과 사회 구조를 비판함
>   (3) 인물의 이름을 익명화하여 당대 현실을 암시함

22 어휘 관용 표현   난이도 중 ●●○

정답 설명

② '귀에 싹이 나다'는 '같은 말을 여러 번 듣다'를 뜻하므로 문맥상 말수가 적다는 내용과 어울리지 않는다. 따라서 관용어의 사용이 적절하지 않은 것은 ②이다.

오답 분석

① 귀를 재다: 남의 이야기나 의견에 관심을 가지고 주의를 모으다.
③ 귀가 열리다: 세상 물정을 알게 되다.
④ 귀를 주다: 1. 남의 말을 엿듣다. 2. 남에게 살그머니 알려 조심하게 하다.

23 비문학 적용하기   난이도 하 ●○○

정답 설명

② 제시문에서 글쓴이는 자신을 비하하여 유머로 승화하는 능력의 가치를 강조하고 있다. ②는 밥 호프가 자신이 고향에서 유일하게 백미러와 싸웠던 사람이었으며, 항상 경기장에 들려서 올라갔고 들려서 내려왔다고 표현하며 자신의 복싱 실력을 비하하여 희화화하고 있다. 따라서 ②가 글쓴이의 견해에 부합하는 말로 적절하다.

오답 분석

① 자신을 비하하는 모습이 아닌 과시하는 모습을 보이고 있다.
③ 글쓴이의 견해와 관련이 없는 내용이다.
④ 자신이 아닌 타인인 친구를 비하하며 웃음을 이끌어 내고 있다.

24 문학 글의 구조 파악 (문단 배열)   난이도 중 ●●○

정답 설명

② (가) 이후에 이어질 글의 순서를 올바르게 배열한 것은 ② '(나) – (라) – (마) – (다)'이다.

순서	중심 내용	순서 판단의 단서와 근거
(가)	제대로 쓸 수 없지만 버리기는 아까운 '비닐우산'	–
(나)	볼품없지만 사랑받을 만한 덕을 갖추고 있는 '비닐우산'	이 글의 중심 소재인 '비닐우산'의 특징을 제시한 후 이에 대한 자신의 생각을 밝히고 있음
(라)	갑작스럽게 비가 올 때 저렴한 비용을 지불함으로써 비를 피할 수 있게 해주는 '비닐우산'	(나)에서 '비닐우산'이 덕을 갖추고 있다고 설명한 이유를 밝히고 있음
(마)	값이 저렴하기 때문에 '비닐우산'은 잃어버려도 부담이 없음	키워드 '값': (라)에서 제시한 '비닐우산'의 가격을 다시 언급하여 '비닐우산'이 부담없는 물건임을 설명하고 있음
(다)	'베 우산'과 달리 '비닐우산'은 잃어버릴까봐 걱정하지 않아도 됨	• 접속 부사 '그래서': (마)의 내용에 이어 '비닐우산'은 잃어버려도 부담이 되지 않는다는 사실을 한 번 더 강조함 • 키워드 '베 우산': (마)에서 언급된 '베 우산'의 단점을 제시함으로써 '비닐우산'의 장점을 부각시키며 마무리함

25 문학 주제 및 중심 내용 파악   난이도 중 ●●○

정답 설명

① 필자는 '비닐우산'이 겉보기에 볼품없지만 저렴해서 부담이 없다는 나름의 가치를 지니고 있음을 설명하고 있다. 따라서 글의 중심 내용으로 가장 적절한 것은 ①이다.

15회 실전동형모의고사

실전동형문제 정답

p.122

01	② 어법 - 한글 맞춤법	06	① 어법 - 한글 맞춤법	11	④ 비문학 - 글의 구조 파악	16	④ 어법 - 단어	21	① 문학 - 문장의 의미
02	② 혼합(비문학+어휘) - 내용 추론, 한자 성어	07	④ 어휘 - 한자어	12	① 어법 - 표준 발음법	17	② 비문학 - 화법	22	③ 어법 - 국어의 로마자 표기
03	③ 어휘 - 혼동하기 쉬운 어휘	08	④ 문학 - 작품의 종합적 감상	13	① 어휘 - 한자 성어	18	③ 문학 - 작품의 종합적 감상	23	④ 비문학 - 세부 내용 파악
04	④ 어법 - 한글 맞춤법	09	④ 혼합(어법+어휘) - 단어, 혼동하기 쉬운 어휘	14	② 비문학 - 비판적 이해	19	② 문학 - 시어의 의미	24	① 문학 - 수사법
05	③ 문학 - 서술상의 특징	10	③ 비문학 - 세부 내용 파악	15	③ 어휘 - 속담	20	① 비문학 - 글의 전략 파악	25	③ 문학 - 표현상의 특징과 효과

취약영역 분석표

영역	어법	비문학	문학	어휘	혼합	총계
맞힌 답의 개수	/6	/6	/7	/4	/2	/25

*취약영역 분석표를 이용해 1개라도 틀린 문제가 있는 영역은 그 영역의 문제만 골라 해설을 다시 한번 꼼꼼히 학습하세요.

---

01 어법 한글 맞춤법 (맞춤법에 맞는 표기) 난이도 중 ●●○

정답 설명

② 공부를 하든지 잠을 자든지(O): 나열된 동작이나 상태, 대상들 중에서 어느 것이든 선택될 수 있음을 나타내는 연결 어미 '-든지'가 옳게 쓰였다. 참고로, '-던지'는 막연한 의문이 있는 채로 그것을 뒤 절의 사실과 관련시키는 데 쓰는 연결 어미이다.

오답 분석

① 말소(×) → 마소(O): '말+소'가 결합한 합성어로, 합성어에서 앞 단어의 받침이 'ㄹ'인 단어가 다른 단어와 결합할 때 'ㄹ' 소리가 나지 않는 것은 'ㄹ'을 받쳐 적지 않는다. 따라서 '말과 소를 아울러 이르는 말'은 '마소'로 써야 한다.

③ 벼르러(×) → 별러(O): '벼르다'는 '르' 불규칙 활용을 하는 용언이므로 어간 '벼르-'에 연결 어미 '-어'가 결합할 때 어간의 끝음절 '르'가 'ㄹㄹ'로 바뀌므로 '별러'로 써야 한다.

④ 희노애락(×) → 희로애락(O): 한자어에서 본음으로도 나고 속음으로도 나는 것은 각각 그 소리에 따라 적으며, 이때 '喜怒哀樂(희로애락)'의 '怒'는 속음 '로'로 소리나므로 '희로애락'으로 써야 한다.

오답 분석

① 坐不安席(좌불안석): 앉아도 자리가 편하지 않다는 뜻으로, 마음이 불안하거나 걱정스러워서 한군데에 가만히 앉아 있지 못하고 안절부절못하는 모양을 이르는 말

③ 他山之石(타산지석): 다른 산의 나쁜 돌이라도 자신의 산의 옥돌을 가는 데에 쓸 수 있다는 뜻으로, 본이 되지 않은 남의 말이나 행동도 자신의 지식과 인격을 수양하는 데에 도움이 될 수 있음을 비유적으로 이르는 말

④ 公明正大(공명정대): 하는 일이나 태도가 사사로움이나 그릇됨이 없이 아주 정당하고 떳떳함을 이르는 말

이것도 알면 합격!

'세상사의 이치'와 관련된 한자 성어

고진감래 (苦盡甘來)	쓴 것이 다하면 단 것이 온다는 뜻으로, 고생 끝에 즐거움이 옴을 이르는 말
사필귀정 (事必歸正)	모든 일은 반드시 바른길로 돌아감
흥진비래 (興盡悲來)	즐거운 일이 다하면 슬픈 일이 닥쳐온다는 뜻으로, 세상일은 순환되는 것임을 이르는 말
전화위복 (轉禍爲福)	재앙과 근심, 걱정이 바뀌어 오히려 복이 됨

---

02 비문학+어휘 내용 추론, 한자 성어 난이도 중 ●●○

정답 설명

② 빈칸 앞의 단락에서는 민족은 충돌하여 갈라져도 결국은 하나라는 이야기를 하고 있다. 즉, 민족은 흥망을 함께하는 운명 공동체라는 것이다. 따라서 빈칸에 들어갈 한자 성어로는 ② '興亡盛衰(흥망성쇠)'가 가장 적절하다.
  · 興亡盛衰(흥망성쇠): 흥하고 망함과 성하고 쇠함

---

03 어휘 혼동하기 쉬운 어휘 난이도 중 ●●○

정답 설명

③ 사단(×) → 사달(O): 문맥상 '사고나 탈'을 뜻하는 '사달'을 써야 한다. '사단'은 '사건의 단서. 또는 일의 실마리'를 뜻한다.

오답 분석

① 지긋이(○): '나이가 비교적 많아 듬직하게'를 뜻할 때에는 '지긋이'로 써야 한다. 참고로 '지그시'는 '슬며시 힘을 주는 모양'을 뜻하는 말이다.

② 밭떼기(○): '밭에서 나는 작물을 밭에 나 있는 채로 몽땅 사는 일'을 뜻할 때에는 '밭떼기'로 써야 한다. 참고로 '밭뙈기'는 '얼마 안 되는 자그마한 밭'을 뜻하는 말이다.

④ 안갚음(○): '자식이 커서 부모를 봉양하는 일'을 뜻할 때에는 '안갚음'으로 써야 한다. 참고로 '앙갚음'은 '남이 저에게 해를 준 대로 저도 그에게 해를 줌'을 뜻하는 말이다.

04 어법 한글 맞춤법 (띄어쓰기)   난이도 중 ●●○

정답 설명

④ 갈테다(×) → 갈∨테다(○): '테다'는 '예정'이나 '추측', '의지'의 뜻을 나타내는 의존 명사 '터'에 서술격 조사 '이다'가 결합한 '터이다'가 줄어든 형태이므로 용언 '가다'의 활용형 '갈'과 띄어 써야 한다.

오답 분석

① 삼천∨원어치(○): '원'은 화폐 단위를 뜻하는 의존 명사이므로 앞말과 띄어 쓰고, '-어치'는 '그 값에 해당하는 분량'의 뜻을 더하는 접미사이므로 앞말에 붙여 쓴다.

② · 시간당(○): '-당(當)'은 '마다'의 뜻을 더하는 접미사이므로 앞말에 붙여 쓴다.
· 얼마씩(○): '-씩'은 '그 수량이나 크기로 나뉘거나 되풀이됨'의 뜻을 더하는 접미사이므로 앞말에 붙여 쓴다.

③ 온∨집∨안(○): '온'은 '전부의' 또는 '모두의'를 뜻하는 관형사이므로 뒷말과 띄어 쓰며, '안'은 명사이므로 앞말과 띄어 쓴다. 참고로, '집안'이 '가족을 구성원으로 하여 살림을 꾸려 나가는 공동체. 또는 가까운 일가'를 뜻할 때에는 한 단어이므로 '집안'으로 붙여 써야 한다.

05 문학 서술상의 특징   난이도 중 ●●○

정답 설명

③ ⊙의 '너는 미묘한 품질(品質)과 특별한 재치(才致)를 가졌으니, 물중(物中)의 명물(名物)이요, 철중(鐵中)의 쟁쟁(錚錚)이라'에서 알 수 있듯이 미망인 모씨는 바늘의 좋은 품질과 뛰어난 재주를 예찬하고 있다. 그리고 이러한 바늘이 부러진 것에 대해 '아깝다 바늘이여'와 같이 말하며 안타까움과 애도를 표현하고 있다. 따라서 ⊙에 나타난 표현 방식으로 가장 적절한 것은 ③이다.

오답 분석

① '추호(秋毫) 같은 부리는 말하는 듯하고, 뚜렷한 귀는 소리를 듣는 듯한지라'라며 바늘의 앞부분을 뾰족한 부리에, 바늘의 뒷부분을 둥근 귀에 비유하며 바늘의 모양새를 표현하고 있으나, 부러진 바늘의 모습을 비유적으로 표현한 부분은 없다.

② '미망인 모씨'는 '아깝다 바늘이여'에서 바늘을 향한 비통한 심정을 드러내고 있다. 또한 바늘을 '너'라고 지칭해 '너는 미묘한 품질(品質)과 특별한 재치(才致)를 가졌으니'라고 말하며 바늘과 대화하듯이 표현하고 있으나, 바늘과 말을 주고받지는 않는다.

④ ⊙에서 화자는 바늘이 부러진 현실 자체에 안타까움을 느끼고 있을 뿐, 화자의 감정을 바늘에 투영하지 않았으므로 부러진 바늘에 감정을 이입하지는 않았다.

이것도 알면 합격!

유씨 부인, '조침문'의 주제 및 특징

1. 주제
   (1) 표면적 주제: 부러진 바늘에 대한 추도
   (2) 이면적 주제: 죽은 남편에 대한 그리움과 홀로 남겨진 슬픔

2. 특징
   (1) 제문(죽은 사람에 대하여 애도의 뜻을 나타낸 글)의 형식을 통해 바늘을 추모함
   (2) 대표적 여류 수필로, 섬세한 정서와 우리말 표현이 뛰어남
   (3) 바늘에 인격을 부여하여(의인화) 바늘과 대화하듯이 표현함
   (4) 의성어와 의태어의 효과적인 사용으로 감각적 표현이 두드러짐

06 어법 한글 맞춤법 (맞춤법에 맞는 표기)   난이도 중 ●●○

정답 설명

① 연말년시(×) → 연말연시(○): '연말연시'는 한자어 '연말(年末) + 연시(年始)'가 결합한 합성어로, [연말련시]로 발음한다. 이때 한자어 합성어에서는 뒷말의 첫소리가 'ㄴ' 또는 'ㄹ'로 소리 나더라도 두음 법칙에 따라 적어야 한다. 따라서 단어의 표기가 옳지 않은 것은 ①이다.

오답 분석

② 신년도(新年度)(○): '신년도'는 '신년 + -도'가 결합한 말로, 한자음 '년'이 단어 첫머리에 오는 경우가 아니므로 두음 법칙을 적용하지 않는다.

③ 연(年) 1회(○): '연 1회'와 같이 '연(年)'이 다른 체언 앞에서 '한 해'의 의미로 쓰일 때는 명사이므로 두음 법칙을 적용한다. 참고로, '년(年)'이 주로 한자어 수 뒤에서 '몇 년', '삼 년'과 같이 '해를 세는 단위'를 의미하는 의존 명사로 쓰일 때에는 두음 법칙을 적용하지 않는다.

④ 연로(年老)(○): 한자음 '녀, 뇨, 뉴, 니'가 단어 첫머리에 올 때는 두음 법칙에 따라 '여, 요, 유, 이'로 적는다.

07 어휘 한자어 (한자어의 표기) 난이도 상 ●●●

정답 설명

④ ㉣ 測程(헤아릴 측, 한도 정)(×) → 測定(헤아릴 측, 정할 정)(○): 문맥상 '일정한 양을 기준으로 하여 같은 종류의 다른 양의 크기를 잼'을 뜻하는 '측정(測定)'이 쓰이는 것이 적절하다. 참고로 '측정(測程)'은 '차나 배 등이 지나온 거리를 잼'을 뜻한다.

오답 분석

① ㉠ 指標(가리킬 지, 표할 표)(○): 방향이나 목적, 기준 등을 나타내는 표지
② ㉡ 所得(바 소, 얻을 득)(○): 1. 일한 결과로 얻은 정신적·물질적 이익 2. 일정 기간 동안의 근로 사업이나 자산의 운영 등에서 얻는 수입
③ ㉢ 着眼(붙을 착, 눈 안)(○): 어떤 일을 주의하여 봄. 또는 어떤 문제를 해결하기 위한 실마리를 잡음

08 문학 작품의 종합적 감상 (소설) 난이도 중 ●●○

정답 설명

④ 제시된 작품은 어린아이를 서술자로 내세워 어린아이의 시선으로 어른들을 바라보고 있다. 따라서 어린아이의 관점에서는 아저씨와 어머니의 미묘한 내면 심리를 해석하지 못하므로 글에 대한 설명으로 가장 적절한 것은 ④이다.

오답 분석

① 사랑 아저씨가 달걀을 좋아한다는 말을 듣고 달걀을 많이 사는 어머니의 행동과 마지막 어머니의 대사를 통해 아저씨에 대한 애정과 봉건적 윤리 사이에서 갈등하는 어머니의 모습은 볼 수 있으나, 이를 풍자하고 있지는 않다.
② 재혼에 대해 부정적으로 판단하는 당대 봉건적 윤리관에 의한 갈등을 다루고 있지만 이로 인한 부조리를 직접적으로 비판하는 부분은 찾을 수 없다.
③ 제시된 작품의 서술자는 어른들의 일에 대한 인식과 해석이 미성숙하고 무지한 어린아이 옥희이다. 즉 서술자가 신빙성이 없는 화자로 설정되어 있으므로, 독자는 어른들의 행동과 대사를 통해 그들의 내면 심리를 추측해야 한다.

이것도 알면 합격!

주요섭, '사랑손님과 어머니'의 주제와 특징

1. 주제
   (1) 어머니의 애틋한 사랑 이야기
   (2) 인간적 감정과 전통적 윤리 의식 사이에서의 갈등
2. 특징
   (1) 어린아이를 서술자로 설정하여 심리적 거리감을 조절함
   (2) 인물들의 감정을 적절히 숨기는 기법을 사용함

09 어법 + 어휘 단어, 혼동하기 쉬운 어휘 난이도 중 ●●○

정답 설명

④ ㉣ '즐거움'은 형용사의 어간 '즐겁-'에 명사 파생 접미사 '-음'이 붙은 명사로, 서술성을 갖지 않는다. 따라서 답은 ④이다.

오답 분석

① ㉠ '다르다'는 어간의 끝음절 '르'가 모음 어미와 결합할 때 '달라'와 같이 '르르'로 변하는 '르' 불규칙 용언이다.
② ㉡ '비도덕적'의 접사 '비(非)-'는 일부 명사 앞에 붙어 '아님'의 뜻을 더하는 접두사이다.
③ ㉢ '사용함으로서'의 '-으로서'는 지위나 신분 또는 자격을 나타내는 조사이다. ㉢이 포함된 문장의 즐거움은 동물을 도구로 사용하는 지위나 자격으로 인해 얻어지는 것이 아닌 동물을 도구로 사용하기 때문에 얻어지는 것이므로 어떤 일의 이유를 나타내는 조사인 '-으로써'를 사용한 '사용함으로써'가 적절한 표기이다.

이것도 알면 합격!

파생 명사와 용언의 명사형의 차이

파생 명사	• 서술성이 없으며 관형어의 수식을 받음 • 품사가 명사임 • 사전에 등재될 수 있음 • 명사 파생 접미사 '-(으)ㅁ, -이, -기' 등이 붙음 예 새는 새로운 먹이를 찾았다.
용언의 명사형	• 서술성이 있으며 부사어의 수식을 받음 • 품사가 동사 또는 형용사임 • 사전에 등재될 수 없음 • 명사형 전성 어미 '-(으)ㅁ, -기'가 붙음 예 아이가 밥을 잘 먹기를 바란다.

10 비문학 관점과 태도 파악, 세부 내용 파악 난이도 중 ●●○

정답 설명

③ 제시문의 밑줄 친 부분은 오늘날의 독서에 대한 필자의 비판이 드러나는 부분이다. 2문단 2~5번째 줄을 통해 오늘날의 독서가 깊이 있는 성찰로 이어지지 않는다는 것은 알 수 있지만, 그것의 원인이 시간 부족 때문이라는 내용은 제시문에서 찾을 수 없다.

오답 분석

① 2문단 2~3번째 줄을 통해 알 수 있다.
② 2문단 1~2번째 줄을 통해 알 수 있다.
④ 2문단 1~5번째 줄을 통해 알 수 있다.

11 비문학 글의 구조 파악 (문단 배열) 난이도 중 ●●○

정답 설명

④ 글의 연결 순서로 가장 적절한 것은 ④ '(마) - (다) - (나) - (라) - (가)'이다.

순서	중심 내용	순서 판단의 단서와 근거
(마)	'로마'와 '중국'은 비슷하였으나 그 둘의 흥망성쇠는 엇갈림	의문문을 사용하여 '로마와 중국의 엇갈린 역사'라는 화제를 제시함
(다)	'중국'의 대운하 건설로 인해 중국과 유럽의 역사가 달라지게 됨	키워드 '결정적인 차이': (마)에서 언급한 로마와 중국의 엇갈린 흥망성쇠의 이유를 설명함
(나)	'중국'은 6세기부터 13세기까지 대운하 건설을 통해 남북 지역을 서로 통합할 뿐만 아니라 대규모 경제 혁명을 일으킴	(다)에서 언급한 '대운하'를 통해 중국이 이뤄낸 성과를 설명함
(라)	스티븐 솔로몬은 유럽이 통합을 이루지 못하고 오래도록 침체기를 겪은 원인이 '물'이라고 주장함	접속 표현 '이에 비해': (나)의 대운하로 인한 중국의 성공과 반대되는 유럽의 상황을 제시함
(가)	15세기에 대운하로 인한 중국의 통합성이 결국 쇠퇴의 원인이 되었음	(라)의 유럽과 달리 성공하던 중국이 15세기에 '대운하'로 인해 결국 쇠퇴하게 되었음을 제시하여 글을 마무리함

12 어법 표준 발음법 난이도 중 ●●○

정답 설명

① 헛일[허딜](×) → [헌닐](○): '헛일'은 '헛- + 일'이 결합한 파생어로, '헛'의 받침 'ㅅ'이 음절의 끝소리 규칙에 의해 [ㄷ]으로 발음되고, 앞말이 자음으로 끝나고 뒷말이 모음 '이'로 시작하므로 'ㄴ' 음을 첨가하여 발음한다. 이후 받침 [ㄷ]이 첨가된 'ㄴ'의 영향으로 인해 비음 [ㄴ]으로 발음되므로 '헛일'은 [헌닐]로 발음한다.

오답 분석

② 몰이해[몰리해](○): '몰- + 이해'가 결합한 파생어로, 앞말이 자음으로 끝나고 뒷말이 모음 '이'로 시작하므로 'ㄴ' 소리를 첨가한다. 이때 첨가된 'ㄴ'이 앞말의 받침 'ㄹ'의 영향을 받아 유음 [ㄹ]로 발음되므로 '몰이해'는 [몰리해]로 발음한다.

③ 저물녘[저물력](○): '녘'의 받침 'ㅋ'이 음절의 끝소리 규칙으로 인해 [ㄱ]으로 발음되며, 'ㄴ'이 앞말의 받침 'ㄹ'의 영향을 받아 유음 [ㄹ]로 발음되므로 '저물녘'은 [저물력]으로 발음한다.

④ 갈 곳을[갈꼬슬](○): 관형사형 어미 '-ㄹ' 뒤에 연결되는 'ㄱ'은 된소리로 발음하므로 '갈 곳을'은 [갈꼬슬]로 발음한다.

13 어휘 한자 성어 난이도 중 ●●○

정답 설명

① 문맥상 한자 성어의 쓰임이 적절하지 않은 것은 ① '多岐亡羊(다기망양)'이다.
- 多岐亡羊(다기망양): 1. '갈림길이 많아 잃어버린 양을 찾지 못한다'라는 뜻으로, 두루 섭렵하기만 하고 전공하는 바가 없어 끝내 성취하지 못함을 이르는 말 2. 방침이 많아서 도리어 갈 바를 모름

오답 분석

② 切齒腐心(절치부심): 몹시 분하여 이를 갈며 속을 썩임

③ 姑息之計(고식지계): 우선 당장 편한 것만을 택하는 꾀나 방법

④ 見蚊拔劍(견문발검): '모기를 보고 칼을 뺀다'라는 뜻으로, 사소한 일에 크게 성내어 덤빔을 이르는 말

14 비문학 비판적 이해 난이도 중 ●●○

정답 설명

② 필자는 부도덕적인 행위를 한 사람이라도 사이버 공간에서 그 사람에 대한 개인 정보를 유출하는 것은 범죄 행위에 해당하므로 해서는 안 된다고 주장하고 있다. 따라서 필자의 주장에 대한 반론으로는 공공의 이익을 위해서라도 부도덕적인 행위를 한 사람에 대한 정보 공개는 필요하다고 주장하는 ②의 내용이 가장 적절하다.

15 어휘 속담 난이도 중 ●●○

정답 설명

③ 제시된 속담의 의미로 적합한 것은 ③이다.
- 닭 쫓던 개 지붕 쳐다보듯: '개에게 쫓기던 닭이 지붕으로 올라가자 개가 쫓아 올라가지 못하고 지붕만 쳐다본다'라는 뜻으로, 애써 하던 일이 실패로 돌아가거나 남보다 뒤떨어져 어찌할 도리가 없이 됨을 비유적으로 이르는 말

오답 분석

① 가는 날이 장날: '일을 보러 가니 공교롭게 장이 서는 날'이라는 뜻으로, 어떤 일을 하려고 하는데 뜻하지 않은 일을 공교롭게 당함을 비유적으로 이르는 말

② 고양이 목에 방울 달기: 실행하기 어려운 것을 공연히 의논함을 이르는 말

④ 구슬이 서 말이라도 꿰어야 보배: 아무리 훌륭하고 좋은 것이라도 다듬고 정리하여 쓸모 있게 만들어 놓아야 값어치가 있음을 비유적으로 이르는 말

16 어법 단어 (품사의 구분) 난이도 중 ●●○

[정답 설명]

④ '다른'은 체언 '옷'을 수식하는 관형사이지만 ① ② ③은 용언을 수식하는 부사이므로 품사가 다른 하나는 ④이다.
- 다른: 당장 문제 되거나 해당되는 것 이외의

[오답 분석]

① '못'은 용언인 '만나다'를 수식하는 부사이다.
② '높이'는 용언인 '날리다'를 수식하는 부사이다.
③ '그리'는 용언인 '가다'를 수식하는 부사이다.

17 비문학 화법 (말하기 전략) 난이도 하 ●○○

[정답 설명]

② A는 B의 앞선 두 번째 발화에서 언급되었던 사건(빌려 간 바지를 엉망으로 만들었던 것)을 마지막 발화에서 다시 진술하며 '언니 기분이 많이 상했을 거 같아'와 같이 B의 감정에 공감하고 있다. 따라서 제시된 대화에 대한 설명으로 가장 적절한 것은 ②이다.

[오답 분석]

① A는 첫 번째 발화에서 요구에 대한 이유나 배경 등을 밝히지 않고 B에게 옷을 빌려줄 것을 요구하고 있다.
③ B의 발화에서 A의 의견 일부를 수용하거나 절충안을 제시하는 부분은 확인할 수 없다.
④ B는 두 번째 발화에서 A가 빌려 간 바지를 엉망으로 만들었던 과거의 경험을 제시하며 그간의 불만을 토로하고 있을 뿐, 요구를 거절한 것에 대해 미안함을 표현하고 있지 않다.

18 문학 작품의 종합적 감상 (시) 난이도 중 ●●○

[정답 설명]

③ 제시된 작품은 김동명의 '파초'로, 작품의 마지막 연을 통해 조국을 잃은 현실에 대한 극복 의지는 드러내고 있으나, 공간의 대비를 활용한 부분은 드러나지 않는다.

[오답 분석]

① 3연의 '나는 샘물을 길어 네 발등에 붓는다'와 5연의 '너를 위해 종이 되리니'라는 표현을 통해 파초에 대한 화자의 헌신적인 태도와 정성을 확인할 수 있다.
② 화자는 조국을 떠나 온 '파초'를 의인화하여 조국을 잃은 자신의 처지와 동일시하고 있다.
④ 시적 대상인 '파초'에 대한 호칭이 '파초'에서 '너', '우리'로 변화됨으로써 화자와 대상의 심리적, 정서적 거리감이 좁혀지고 있다.

19 문학 시어의 의미 난이도 하 ●○○

[정답 설명]

② 제시된 작품에서 '남국(南國)'은 파초의 고향이자 화자가 그리워 하는 조국을 의미한다. 반면에, ① ③ ④는 모두 '파초'를 의미하므로 시어의 의미가 가장 다른 하나는 ② '남국(南國)'이다.

[오답 분석]

① 조국을 떠나 온 '파초'는 조국을 잃어버린 화자와 동일시되는 대상이다.
③ '너'는 의인화된 '파초'를 부르는 말이다.
④ '정열의 여인'은 열정적인 모습의 '파초'를 의미한다.

> [이것도 알면 합격!]
>
> 김동명, '파초'의 주제 및 특징
> 1. 주제: 잃어버린 조국에 대한 향수와 현실 극복 의지
> 2. 특징
>   (1) 의인화, 감정 이입을 통해 화자의 정서를 드러냄
>   (2) 대상에 대한 호칭의 변화를 통해 대상과의 거리감을 좁힘

20 비문학 글의 전략 파악 난이도 하 ●○○

[정답 설명]

① '북극의 폭염'과 '텍사스의 한파'가 탄소 배출을 고리로 서로 연결되어 있고, '코로나 팬데믹'과 '방글라데시의 사이클론'이 환경 파괴를 고리로 서로 연결되어 있음을 예로 들어 청자에게 지구촌 모든 재난이 서로 연결되어 있다는 논지의 이해를 돕고 있다.

[오답 분석]

② ③ 제시문에서 확인할 수 없는 내용이다.
- 영탄법: 감탄사나 감탄 조사 등을 이용하여 기쁨·슬픔·놀라움과 같은 감정을 강하게 나타내는 수사법
④ UN 대학의 연구소에서 발표한 '연구 보고서'를 인용하고 있으나, 이는 화두를 제시하고 청중의 관심을 유도하기 위함일 뿐, 반대 의견을 차단하기 위함은 아니다.

※ 출처: 대한민국 정책브리핑(www.korea.kr)

21 문학 문장의 의미 난이도 하 ●○○

[정답 설명]

① ㉠에서 어사또(이몽룡)는 '저 계집'이 춘향임을 알고 있지만 짐짓 모르는 척을 하며 춘향의 절개를 시험하고 있다. 따라서 ①의 설명은 옳지 않다.

[오답 분석]

② ㉡에서 '수절(守節)'과 '정절(貞節)'의 동음 반복을 이용한 언어유희를 사용하고 있다.

③ ⓒ에서 '바람'과 '눈'은 춘향의 변하지 않는 절개를 상징하는 '층암절벽(層巖絶壁)'과 '청송녹죽(靑松綠竹)'을 위협하는 대상으로 춘향에게 닥친 시련을 의미한다. '추절(秋節)'은 가을철과 본관 사또(변 학도)의 횡포를 뜻하는 중의적 표현이므로, '추절(秋節)' 역시 춘향에게 닥친 시련을 의미한다.

④ ⓔ '이화 춘풍(李花春風)'은 '오얏(자두)꽃에 부는 봄바람'이라는 뜻이다. 또한 어사또(이몽룡)의 성이 이(李) 씨인 것을 활용한 표현으로 옥에 갇혀 있던 춘향을 구해 낸 이몽룡을 의미하기도 한다.

22 어법 국어의 로마자 표기 | 난이도 하 ●○○

정답 설명

③ 촉석루[촉썽누] Chokseonglu(×) → Chokseongnu(○): '석'의 받침 'ㄱ' 뒤에 이어지는 'ㄹ'이 [ㄴ]으로 발음된 후, 받침 'ㄱ'이 비음 [ㄴ]으로 인해 비음 [ㅇ]으로 발음된다. 자음 동화의 결과는 로마자 표기에 반영하지만 된소리되기의 결과는 반영하므로 '촉석루[촉썽누]'는 'Chokseongnu'로 표기해야 한다.

오답 분석

① 꽃게[꼳께] kkotge(○): 된소리되기는 국어의 로마자 표기에 반영하지 않으나 '꽃'의 [ㄲ]은 된소리되기에 의한 것이 아니므로 'kk'로 표기한다. 또한 모음 'ㅔ'는 [e]로 적으므로 '꽃게[꼳께]'는 'kkotge'로 표기한다.

② 오죽헌[오주컨] Ojukheon(○): 체언에서 'ㄱ' 뒤에 'ㅎ'이 따를 때에는 'ㅎ'을 밝혀 적으므로 '오죽헌[오주컨]'은 'Ojukheon'으로 표기한다.

④ 낙동강[낙똥강] Nakdonggang(○): 자연 지물명은 붙임표(-) 없이 붙여 쓰며 된소리되기는 로마자 표기에 반영하지 않으므로 '낙동강[낙똥강]'은 'Nakdonggang'으로 표기한다.

23 비문학 세부 내용 파악 | 난이도 중 ●●○

정답 설명

④ 1문단 끝에서 5~9번째 줄을 통해 조선 시대에는 인쇄술 발달로 인해 중국에서 들여온 서적이 대량으로 인쇄 및 배포되었음을 알 수 있다. 그러나 서적의 집필이 활발하였다는 내용은 찾을 수 없으므로 ④는 제시문의 내용에 부합하지 않는다.

오답 분석

① 1문단 7~9번째 줄을 통해 15세기 조선 시대에도 목판 인쇄가 남아 있었음을 알 수 있다.

② 1문단 3~7번째 줄을 통해 고려의 금속 활자는 몽골의 침입, 중국으로부터의 서적 수입의 중단이라는 위기 상황에 대처하여 만들어진 것임을 알 수 있다.

③ 1문단 10~12번째 줄을 통해 「유교경전」, 「자치통감」은 조선 시대 국가 기관이었던 교서관에서 간행된 것임을 알 수 있다.

24 문학 수사법 | 난이도 중 ●●○

정답 설명

① 밑줄 친 부분과 ①에는 모두 '은유법'이 쓰였다. 은유법은 원관념과 보조 관념을 'A는 B이다' 또는 'A는 B'의 형태로 연결하는 비유법이다.
· 밑줄 친 부분: 'A는 B이다'의 형태로 '내 침실'을 '부활의 동굴'에 빗대어 표현함
· ①: 'A는 B이다'의 형태로 '당신'을 '별'에 빗대어 표현함

오답 분석

② 직유법, 도치법: '~ 같다'라는 연결어를 통해 '직유법'을 사용하여 지구의 모습을 '우편엽서 한 장', '나뭇잎 한 장'에 비유하고 있다. 그리고 '도치법'을 사용하여 '나뭇잎 한 장 같다'와 '훅 불면 날아가 버릴 것 같은'의 순서를 뒤바꾸어 배치하였다.

③ 역설법, 설의법: '역설법'을 사용하여 '사랑을 '사랑'이라고 하면 벌써 사랑은 아닙니다'와 같이 논리적으로 모순된 진술을 통해 '사랑'에 대한 진리를 드러내고자 하였다. 그리고 '설의법'을 사용하여 문장을 의문 형식으로 표현하여 의미를 강조하였다.

④ 의인법: '흰 점 꽃'이 사람처럼 '웃는다'고 표현하였다.

25 문학 표현상의 특징과 효과 | 난이도 중 ●●○

정답 설명

③ 제시된 작품은 작고 병든 '개야미(불개미)'가 '가람(호랑이)'를 물고 바다를 건넜다는 비현실적인 상황을 제시하여, 황당한 거짓말과 모함이 가득한 세태를 풍자하고 있다. 하지만 작품에서 반어적 표현을 사용한 부분은 확인할 수 없다.

오답 분석

①② 시적 대상인 '개야미(불개미)'의 상태를 과장적이고 점층적으로 제시하여, 참언(讒言)에 대한 경계와 자신의 무고함을 효과적으로 전달하고 있다.
· 참언(讒言): 거짓으로 꾸며서 남을 헐뜯어 윗사람에게 고하여 바침

④ 화자는 '님(임금)'에게 개미에 대한 허황된 말과 마찬가지로 자신에 대한 '온 말(온갖 말)'은 모함이며, 모함에 현혹되지 말 것을 당부하고 있다.

지문 풀이

개미, 불개미, 잔등 부러진 불개미
앞발에 피부병 나고 뒷발에 종기 난 불개미가 광릉 샘 고개를 넘어 들어가 호랑이의 허리를 가로 물어 추켜 들고 북해를 건너갔다는 말이 있습니다. 임이시여.
모든 사람이 온갖 말을 하더라도 임이 짐작하소서.

16회 실전동형모의고사

실전동형문제 정답

p.130

01	② 어휘 – 표기상 틀리기 쉬운 어휘	06	① 어법 – 한글 맞춤법	11	③ 비문학 – 글의 구조 파악	16	④ 어법 – 한글 맞춤법	21	③ 어법 – 한글 맞춤법
02	① 어법 – 한글 맞춤법	07	③ 어법 – 한글 맞춤법	12	① 어휘 – 속담	17	④ 비문학 – 논지 전개 방식	22	④ 비문학 – 내용 추론
03	② 어법 – 단어	08	① 어법 – 의미	13	① 어휘 – 한자어	18	④ 어법 – 문장	23	② 문학 – 작품의 종합적 감상
04	③ 어법 – 단어	09	④ 문학 – 작품의 종합적 감상	14	④ 문학 – 작품의 종합적 감상	19	① 문학 – 서술상의 특징	24	④ 비문학 – 적용하기
05	② 어휘 – 혼동하기 쉬운 어휘	10	④ 비문학 – 세부 내용 파악	15	③ 문학 – 시구의 의미	20	③ 비문학 – 주제 및 중심 내용 파악	25	③ 어법 – 표준 언어 예절

취약영역 분석표

영역	어법	비문학	문학	어휘	혼합	총계
맞힌 답의 개수	/ 10	/ 6	/ 5	/ 4	/ –	/ 25

* 취약영역 분석표를 이용해 1개라도 틀린 문제가 있는 영역은 그 영역의 문제만 골라 해설을 다시 한번 꼼꼼히 학습하세요.

01 어휘 표기상 틀리기 쉬운 어휘   난이도 중 ●●○

정답 설명

② 치루고(x) → 치르고(O): '주어야 할 돈을 내주다'를 뜻하는 동사는 '치르다'이다. '치루다'는 '치르다'의 잘못된 표기이므로 주의해야 한다.

오답 분석

① 잠가서(O): '잠그다'는 어간 '잠그-'에 모음 어미 '-아서'가 결합할 때, 어간의 끝소리 'ㅡ'가 탈락하는 'ㅡ' 탈락 규칙 활용을 하는 용언이므로 '잠가서'로 표기해야 한다. 이때 기본형을 '잠구다'로 혼동하여 '잠궈서'로 표기하지 않도록 주의한다.

③ 으스대다(O): '어울리지 않게 우쭐거리며 뽐내다'를 뜻하는 동사는 '으스대다'이다. '으시대다'로 표기하지 않도록 주의한다.

④ 들입다(O): '세차게 마구'를 뜻하는 부사는 '들입다'이다. '드립다'로 표기하지 않도록 주의한다.

02 어법 한글 맞춤법 (띄어쓰기)   난이도 하 ●○○

정답 설명

① 성격이 정말 못V됐다(x) → 성격이 정말 못됐다(O): 이때 '못되다'는 '성질이나 품행 등이 좋지 않거나 고약하다'를 뜻하는 형용사이므로 붙여 써야 한다.

오답 분석

② 우산을 쓴V채(O): 이때 '채'는 '이미 있는 상태 그대로 있다'를 뜻하는 의존 명사이므로 앞말과 띄어 쓴다.

③ 잘할V수(O): 이때 '잘하다'는 '옳고 바르게 하다'를 뜻하는 동사이므로 붙여 쓰고, '수'는 '어떤 일을 할 만한 능력이나 어떤 일이 일어날 가능성'을 뜻하는 의존 명사이므로 앞말과 띄어 쓴다.

④ 사이일V뿐이다(O): 이때 '뿐'은 '다만 어떠하거나 어찌할 따름'이라는 뜻을 나타내는 의존 명사이므로 앞말과 띄어 쓴다.

03 어법 단어 (단어의 형성)   난이도 하 ●○○

정답 설명

② '여닫다'는 동사 '열다'의 어근 '열-'과 어근 '닫다'가 결합하는 과정에서 'ㄹ'이 탈락한 합성어이며, ① ③ ④는 어근에 접사가 결합한 파생어이다. 따라서 단어의 형성 방법이 다른 것은 ②이다.

오답 분석

① '맨발'은 '다른 것이 없는'의 뜻을 더하는 접두사 '맨-'과 어근 '발'이 결합한 파생어이다.

③ '되살리다'는 '다시'의 뜻을 더하는 접두사 '되-'와 어근 '살리다'가 결합한 파생어이다.

④ '잠꾸러기'는 어근 '잠'에 '그것이 심하거나 많은 사람'의 뜻을 더하는 접미사 '-꾸러기'가 결합한 파생어이다.

04 어법 단어 (접사의 기능)   난이도 중 ●●○

정답 설명

③ '막노동'은 '막-(접두사) + 노동(명사)'이 결합한 말로, 접두사 '막-'은 '닥치는 대로 하는'의 뜻만 더할 뿐 품사를 바꾸는 기능은 없다. 따라서 품사를 바꾸어 주는 접사가 포함되지 않은 것은 ③이다.

오답 분석

① 순수하다: '순수(명사)+-하다(접미사)'가 결합한 말이다. 이때 접미사 '-하다'는 명사 '순수'에 붙어 그 품사를 형용사로 만든다.

② 밝혔다: '밝-(형용사의 어근)+-히-(접미사)+-었-(선어말 어미)+-다(어미)'가 결합한 말이다. 이때 접미사 '-히-'는 형용사 '밝다'의 어근 '밝-'에 붙어 '사동'의 뜻을 더하고, 그 품사를 동사로 만든다.

④ 높이: '높-(형용사의 어근)+-이(접미사)'가 결합한 말이다. 이때 접미사 '-이'는 형용사 '높다'의 어근 '높-'에 붙어 그 품사를 명사로 만든다.

이것도 알면 합격!

기능에 따른 접사의 분류

한정적 접사	어근의 품사를 바꾸지 않고 뜻만 더하는 접사 예 · 맨-+손 (명사 → 명사) · 엿-+듣다 (동사 → 동사)
지배적 접사	어근의 품사를 바꾸는 접사 예 · 크-+-기 (형용사 → 명사) · 공부+-하다 (명사 → 동사) · 가난+-하다 (명사 → 형용사) · 많-+-이 (형용사 → 부사)

---

05 어휘 혼동하기 쉬운 어휘 난이도 하 ●○○

정답 설명

② · 저 송아지는 적당히 살져서(O): '살이 많고 튼실하다'를 뜻하는 '살지다'가 바르게 쓰였다.
· 볼 때마다 살찌는 것 같다(O): '몸에 살이 필요 이상으로 많아지다'를 뜻하는 '살찌다'가 바르게 쓰였다.

오답 분석

① · 우유를 썩였더니(x) → 우유를 썩혔더니(O): '유기물이 부패 세균에 의하여 분해됨으로써 원래의 성질을 잃어 나쁜 냄새가 나고 형체가 뭉개지는 상태가 되게 하다'를 뜻할 때는 '썩히다'를 써야 한다.
· 속 그만 썩히고(x) → 속 그만 썩이고(O): '걱정이나 근심 등으로 마음이 몹시 괴로운 상태가 되게 하다'를 뜻할 때는 '썩이다'를 써야 한다.

③ · 팔이 절여 와서(x) → 팔이 저려 와서(O): '뼈마디나 몸의 일부가 쑥쑥 쑤시듯이 아프다'를 뜻할 때는 '저리다'를 써야 한다.
· 배추를 반나절은 저려야(x) → 배추를 반나절은 절여야(O): '푸성귀나 생선 등에 소금기나 식초, 설탕 등이 배어들다'를 뜻할 때는 '절이다'를 써야 한다.

④ · 나는 옷걸이가 좋아서(x) → 나는 옷거리가 좋아서(O): '옷을 입은 모양새'를 뜻할 때는 '옷거리'를 써야 한다.
· 성한 옷거리가 하나도 없냐?(x) → 성한 옷걸이가 하나도 없냐?(O): '옷을 걸어 두도록 만든 물건'을 뜻할 때는 '옷걸이'를 써야 한다.

---

06 어법 한글 맞춤법 (맞춤법에 맞는 표기) 난이도 하 ●○○

정답 설명

① 얼마에요(x) → 얼마이에요/얼마예요(O): 체언 뒤에 '-에요'가 결합할 때에는 서술격 조사 '이다'의 어간 '이-'가 붙어 '이에요'로 쓰인다. 이때 '이에요'는 받침이 없는 말 뒤에서 '예요'로 줄어들 수 있으므로 '얼마예요'로도 표기할 수 있다. 따라서 어법에 맞지 않는 것은 ①이다.

오답 분석

② 공무원이에요(O): 체언 뒤에 '-에요'가 결합할 때에는 서술격 조사 '이다'의 어간 '이-'가 붙어 '이에요'로 쓰이므로 '공무원이에요'는 어법에 맞는 표기이다. 참고로, '공무원이에요'는 받침이 있는 말 뒤에 '이에요'가 붙은 것이므로 '공무원예요'로 줄어들 수 없다.

③ 아니에요(O): 용언 '아니다'의 어간 '아니-'에 '-에요'가 결합한 것으로 어법에 맞는 표기이다. 참고로 '아니에요'는 '아녜요'로 줄어들 수 있다.

④ 귀염둥이이에요(O): 체언 뒤에 '-에요'가 결합할 때에는 서술격 조사 '이다'의 어간 '이-'가 붙어 '이에요'로 쓰이므로 '귀염둥이이에요'는 어법에 맞는 표기이다. 참고로 '귀염둥이이에요'는 받침이 없는 말 뒤에 '이에요'가 붙은 것이므로 '귀염둥이예요'로 줄어들 수 있다.

---

07 어법 한글 맞춤법 (사이시옷의 표기) 난이도 하 ●○○

정답 설명

③ '두렛일[두렌닐]'은 '두레+일'이 결합한 순우리말 합성어로 ① ② ④와 달리 앞말이 모음으로 끝날 때, 뒷말의 첫소리 모음 앞에서 [ㄴㄴ] 소리가 덧나 사이시옷을 받쳐 적는 경우에 해당한다.

오답 분석

① ② ④는 모두 순우리말 합성어로 앞말이 모음으로 끝날 때, 뒷말의 첫소리 'ㄴ, ㅁ' 앞에서 [ㄴ] 소리가 덧나 사이시옷을 받쳐 적는 경우에 해당한다.
① 냇물[낸:물]: 내+물
② 깻묵[깬묵]: 깨+묵
④ 아랫니[아랜니]: 아래+이

---

08 어법 의미 (다의어의 의미) 난이도 하 ●○○

정답 설명

① '아침에 눈을 뜬 순간'에 사용된 '뜨다'는 '감았던 눈을 벌리다'를 의미하므로 ⑤ '뜨다'을 사용한 예문으로 적절하지 않다. 참고로 ⑤ '뜨다'은 '도배지가 떴다', '사이가 떠 있다' 등과 같은 문맥에 사용된다.

09 문학 작품의 종합적 감상 (현대 시) 난이도 중 ●●○

정답 설명

④ 제시된 작품에서 '세월에 불타고', '낡은 거미집', '검은 그림자'와 같은 표현을 통해 화자가 처한 부정적 현실을 드러낸 것은 맞으나, 인간과 자연을 대비한 것은 아니므로 ④의 감상은 적절하지 않다.

오답 분석

① 불타는 세월과 같은 혹독한 현실 상황에서도 우뚝 남아 서서 타협하지 않는 화자의 모습을 '교목'이라는 자연물로 형상화하고 있다.

② 1연의 '우뚝 남아 서서'에서 상승 이미지를, 3연의 '깊이 거꾸러져'에서 하강 이미지를 제시하여 시상을 전개하고 있음을 알 수 있다.

③ '차라리 ~ 말아라', '아예 ~ 아니라', '차마 ~ 못해라'와 같이 단호하고 강한 저항 의지를 나타내는 부사 및 부정어를 사용한 남성적 어조를 통해 죽음도 불사하는 화자의 결의를 드러내고 있음을 알 수 있다.

[관련 부분]
- 차라리 봄도 꽃 피진 말아라
- 마음은 아예 뉘우침이 아니라
- 차마 바람도 흔들진 못해라

10 비문학 세부 내용 파악 난이도 하 ●○○

정답 설명

④ 4문단 1~4번째 줄을 통해 온돌이 서양의 벽난로에 비해 효율이 좋은 난방 방법이라는 것을 알 수 있지만 구체적으로 얼마만큼의 열을 더 많이 발산할 수 있는지에 대한 내용은 찾을 수 없다. 따라서 답은 ④이다.

오답 분석

① 3문단 끝에서 1~3번째 줄을 통해 구들을 이용한 난방이 건강에 좋은 이유가 손발을 따뜻하게 하고 머리를 차갑게 하는 것을 가능하게 해 주기 때문임을 알 수 있다.

② 2문단에서 한국인들이 온돌을 버리지 않은 이유가 온돌이 무척 좋기 때문임을 알 수 있다. 이를 뒷받침하기 위해 3문단에서는 온돌이 건강에 유익함을, 4문단에서는 온돌이 경제적인 온방법임을 구체적으로 설명하고 있다.

③ 5문단 끝에서 3~5번째 줄을 통해 온돌로 방 전체를 데우는 방식은 고려 중기에 나왔고 조선 초기 이후에 한반도 전역으로 퍼졌음을 알 수 있다.

11 비문학 글의 구조 파악 (문단 배열) 난이도 중 ●●○

정답 설명

③ (다) - (나) - (라) - (가)의 순서가 가장 적절하다.

순서	중심 내용	순서 판단의 단서와 근거
(다)	플라스틱 카드 기술의 대중화	제시문의 중심 화제인 '플라스틱 카드'를 제시함
(나)	플라스틱 카드의 종류: 마그네틱 스트립 카드와 스마트 카드	(다)에서 언급한 플라스틱 카드의 종류를 제시함
(라)	마그네틱 스트립 카드의 특징	(나)에서 제시한 플라스틱 카드의 종류 중 첫 번째인 마그네틱 스트립 카드에 대한 설명이 제시됨
(가)	스마트 카드와 마그네틱 스트립 카드의 공통점과 차이점	(라)에서 제시한 마그네틱 스트립 카드와 비교하여 플라스틱 카드의 종류 중 두 번째인 스마트 카드의 특징을 설명함

12 어휘 속담 난이도 중 ●●○

정답 설명

① '처삼촌 뫼에 벌초하듯'은 '일에 정성을 들이지 않고 마지못해 건성으로 함'을 뜻하므로 뜻풀이가 적절하지 않은 것은 ①이다.

13 어휘 한자어 (한자어의 표기) 난이도 상 ●●●

정답 설명

① 한자어의 표기가 옳은 것은 ① '報道(보도)'이다.
- 報道(보도: 알릴 보, 길 도): 대중 전달 매체를 통해 사람들에게 새로운 소식을 알림. 또는 그 소식

오답 분석

② 如否(여부: 같을 여, 아닐 부)(×) → 與否(여부: 더불 여, 아닐 부)(○): 문맥상 '그러함과 그렇지 않음'을 뜻하는 '與否(여부)'를 써야 한다.

③ 託本(탁본: 부탁할 탁, 근본 본)(×) → 拓本(탁본: 박을 탁, 근본 본)(○): 문맥상 '비석, 기와, 기물 등에 새겨진 글씨나 무늬를 종이에 그대로 떠냄. 또는 그렇게 떠낸 종이'를 뜻하는 '拓本(탁본)'을 써야 한다.

④ 啓發(계발: 열 계, 필 발)(×) → 開發(개발: 열 개, 필 발)(○): 문맥상 '토지나 천연자원 등을 유용하게 만듦'을 뜻하는 '開發(개발)'을 써야 한다.
- 啓發(열 계, 필 발): 슬기나 재능, 사상 등을 일깨워 줌

14 문학 화자의 정서 및 태도   난이도 하 ●○○

정답 설명

④ ㉠은 절망 속에서도 희망이 존재한다는 인식이 삶을 지탱하는 힘이 될 것이라는 깨달음을 드러낸 시구이다. 따라서 ㉠에 드러난 화자의 태도로 가장 적절한 것은 ④ '자각'이다.
- 자각(自覺): 현실을 판단하여 자기의 입장이나 능력 등을 스스로 깨달음

이것도 알면 합격!

나희덕, '땅끝'
1. 주제: 인생의 절망 끝에서 깨달은 희망
2. 특징
   (1) 과거에서 현재로 시상이 전개됨
   (2) '땅끝'이 가진 중의적인 의미를 통해 주제를 형상화함
3. '땅끝'의 중의적인 의미
   (1) 인생의 끝과 절망
   (2) 전라남도 해남에 있는 지역명
   (3) 환상 속의 이상적이고 아름다운 공간

15 문학 시구의 의미   난이도 하 ●○○

정답 설명

③ ㉢의 '희살'은 '희롱하여 훼방을 놓음'을 의미하는 단어로, ㉢은 화자가 고향을 돌아보려 하나 '바람'으로 인해 제대로 볼 수 없는 상황을 표현한 것이다. 따라서 ㉢을 고향을 떠나야만 하는 화자를 향한 위로를 의미하는 것으로 이해하는 것은 적절하지 않다.

오답 분석

① ㉠은 '나 두 야'라는 의도적인 띄어쓰기를 통해 독자로 하여금 시어를 한 글자씩 천천히 낭독하게 함으로써 화자가 고향을 떠나는 것에 대해 망설이고 있음을 강조하고 있으므로 적절하다. 참고로 의도적인 띄어쓰기는 일제 강점기의 현실에서 정든 고향을 떠나려는 화자의 의지를 강조하기도 한다.

② ㉡의 '아늑한 이 항군들'은 화자의 고향을 의미한다. 이에 대해 화자는 '손쉽게야 버릴 거냐'와 같이 설의적으로 표현함으로써, 어쩔 수 없이 고향을 떠나는 화자의 미련을 드러내고 있으므로 적절하다.

④ ㉣의 '앞 대일 언덕'은 고향을 떠나는 화자가 정착해야 할 목적지를 의미한다. 이때 '마련이나 있을 거냐'와 같은 설의적 표현을 통해 화자가 고향을 떠났지만, 목적지조차 마련되어 있지 않은 절망적인 상황에 놓여 있음을 알 수 있으므로 적절하다.

16 어법 한글 맞춤법 (띄어쓰기)   난이도 중 ●●○

정답 설명

④ 띄어쓰기가 바른 것은 ④이다.
- 한마디(○): 이때 '한마디'는 '짧은 말. 또는 간단한 말'을 뜻하는 한 단어이므로 붙여 쓴다.
- 안∨했다(○): 이때 '안'은 뒤의 용언을 부정하는 부사이므로 뒷말과 띄어 쓴다.

오답 분석

① 할∨지(×) → 할지(○): 이때 '지'는 추측에 대한 막연한 의문이 있는 채로 그것을 뒤 절의 사실이나 판단과 관련시키는 데 쓰는 연결 어미 '-ㄹ지'의 일부이므로 붙여 써야 한다.

② 문제시∨되고(×) → 문제시되고(○): '문제시되다'는 한 단어이므로 붙여 써야 한다.

③ 십만∨v원∨밖에(×) → 십만∨원밖에(○): 단위를 나타내는 의존 명사 '원'은 앞말과 띄어 쓰며, '밖에'가 '그것 말고는', '그것 이외에는'을 뜻할 때는 조사이므로 앞말에 붙여 쓴다.

17 비문학 논지 전개 방식   난이도 중 ●●○

정답 설명

④ 2문단 끝에서 1~4번째 줄을 통해 사진의 파인더를 통해 보이는 사각의 테두리가 곧 프레임이라고 생각하기 쉽다는 오해를 제시한 후, 3문단을 통해 파인더와 프레임의 의미를 설명하며 두 대상의 차이점을 밝히고 있다. 따라서 제시문의 논지 전개 방식으로 적절한 것은 ④이다.

오답 분석

① 2문단 1~2번째 줄에서 사진의 프레임을 울타리에 비유했으며 3문단 4~5번째 줄에서 프레임과 파인더를 각각 유리창을 통해 보이는 일정 범위의 세계와 유리창으로 비유하였다. 따라서 제시문에서 비유를 사용함은 확인할 수 있으나 이를 통해 대상의 장점을 부각하고 있는 부분은 확인할 수 없다. 또한 유추가 쓰인 부분은 제시문에서 확인할 수 없다.

② ③ 제시문에서 찾을 수 없다.

18 어법 문장 (높임 표현) | 난이도 중 ●●○

정답 설명
④ '닮아라'는 상대 높임법 중 '아주 낮춤(해라체)'에 해당하나, ① ② ③은 모두 '두루 낮춤(해체)'에 해당하므로 높임법의 등급이 다른 것은 ④이다.

이것도 알면 합격!

상대 높임법의 종류

1. 격식체: 의례적 용법으로 심리적 거리감을 나타냄

소극적인 들어주기	상대방이 계속 말을 이어나갈 수 있도록 관심을 표현해 주고 격려해 주는 방법
적극적인 들어주기	상대방이 객관적인 관점에서 문제에 접근할 수 있도록 상대방의 말을 요약, 정리해 주고 이를 반영하여 스스로 문제를 해결할 수 있도록 도와주는 방법

구분	평서법	의문법	명령법	청유법	감탄법
하십시오체 (아주 높임)	• 갑니다 • 가십니다	• 갑니까? • 가 십 니 까?	가십시오	가십시다	–
하오체 (예사 높임)	가오	가오?	• 가오 • 가구려	갑시다	가는구려
하게체 (예사 낮춤)	• 가네 • 감세	• 가는가? • 가나?	가게	가세	가는구먼
해라체 (아주 낮춤)	간다	• 가냐? • 가니?	• 가(거)라 • 가렴 • 가려무나	가자	가는구나

2. 비격식체: 사적인 자리에서 쓰며 편하고 친숙한 느낌을 줌

구분	평서법	의문법	명령법	청유법	감탄법
해요체 (두루 높임)	가요	가요?	가(세/셔)요	가(세/셔)요	가(세/셔)요
해체(반말) (두루 낮춤)	• 가 • 가지	• 가? • 가지?	• 가 • 가지	• 가 • 가지	• 가 • 가지

19 문학 서술상의 특징 | 난이도 하 ●○○

정답 설명
① 평강 공주는 온달의 어머니를 설득하기 위해 '한 말의 곡식도 찧어서 나눠 먹을 수 있고, 한 자의 베라도 옷을 지어 같이 입을 수 있다'라는 옛말을 인용하고 있다. 따라서 인물의 말하기 방식에 대한 설명으로 옳은 것은 ①이다.

오답 분석
② 평강 공주는 옛말을 인용하여 자신의 주장에 대한 정당성을 뒷받침하였으나, 권위를 앞세우고 있지는 않다.
③ 온달의 어머니는 온달과 평강 공주가 혼인할 수 없는 이유로 아들의 신분이 미천하기 때문이라고 하였으나, 이는 노모가 자신의 목적을 이루기 위함이 아니라 사리 분별이 분명한 성품이기 때문이다.
④ 온달의 어머니는 신분 차이와 가난한 형편을 근거로 들어 온달이 공주에게 적합한 베필이 아니라는 점을 분명하게 밝히고 있으므로, 의사를 간접적으로 돌려 말하고 있다는 설명은 적절하지 않다.

20 비문학 주제 및 중심 내용 파악 | 난이도 중 ●●○

정답 설명
③ 제시문은 1문단에서 전자적인 것과 내면적인 것은 조화를 이룰 수 없다는 내용으로 글의 첫머리를 시작하였고 2문단에서는 전자 문화 속에서 독서 방식의 변화가 우리 삶에 어떤 변화를 초래할지 주목해야 함을 강조하였다. 이를 종합하여 3문단에서 전자 문화와 문자 문화는 양립할 수 없으며 매체의 변화가 곧 삶과 문화의 바탕을 근본적으로 바꾸게 된다는 것을 주장하고 있다. 따라서 이글의 중심 내용으로 가장 적합한 것은 ③이다.

21 어법 한글 맞춤법 (맞춤법에 맞는 표기) | 난이도 중 ●●○

정답 설명
③ 알음(O): 문맥상 '사람끼리 서로 아는 일'을 뜻하는 '알음'이 올바르게 쓰인 문장이다. 참고로, '아는 일'을 뜻할 때에는 '앎'을 써야 한다.

오답 분석
① 틀려(×) → 달라(O): '비교가 되는 두 대상이 서로 같지 않다'를 뜻할 때는 '다르다'를 써야 한다. '틀리다'는 '셈이나 사실 등이 그르게 되거나 어긋나다'를 뜻한다.
② 웬지(×) → 왠지(O): '왜 그런지 모르게. 또는 뚜렷한 이유도 없이'를 뜻할 때는 '왜인지'의 줄임말인 '왠지'를 써야 한다. 참고로, '웬지'는 잘못된 표기이며 '웬'은 '어찌 된', '어떠한'을 뜻하는 관형사이다.
④ 부딪혔다(×) → 부딪쳤다(O): '눈길이나 시선이 마주치다'를 뜻할 때는 '부딪치다'를 써야 한다. '부딪히다'는 '부딪다'의 피동형으로, '무엇과 무엇이 힘 있게 마주 닿게 되거나 마주 대게 되다. 또는 닿게 되거나 대게 되다' 또는 '예상치 못한 일이나 상황 등에 직면하게 되다'를 뜻한다.

22 비문학 내용 추론 | 난이도 하 ●○○

정답 설명
④ 제시문에서 필자는 하늘은 재주 있는 사람을 내보낼 때 신분 차별을 하지 않는데, 우리나라에서는 인재를 등용할 때 능력대로 등용하지 않으면서 세상에 인재가 없다고 한탄한다며 이는 잘못이라고 하였다. 따라서 <보기> 뒤에 이어질 내용으로 가장 적절한 것은 하늘이 낸 인재를 인간이 버린다면 이는 하늘의 뜻을 거스르는 것이라는 내용인 ④이다.

오답 분석

① 끝에서 4~5번째 줄에서 적서 차별 때문에 서자 출신이 과거에 응시조차 하지 못하고 있다고 하였다. 그러나 적서 차별을 철폐하기 위해 과거 시험을 없애자고 하는 것은 논리적 비약이므로 〈보기〉 뒤에 이어질 내용으로 적절하지 않다.

② 끝에서 6~9번째 줄에서 인재를 등용할 때 평등한 조건에서 능력을 가려 능력대로 등용하지 않고 가문에 따라 등용하고 있음을 지적하였다. 이로 미루어 보아 '평등한 조건'은 신분이 등용 여부에 영향을 주지 않는 상태임을 추론할 수 있으므로 인재를 등용할 때 신분과 능력 모두를 살펴야 한다는 것은 〈보기〉 뒤에 이어질 내용으로 적절하지 않다.

③ 6~8번째 줄에서 필자는 하늘이 재주 있는 사람을 내보낼 때 신분 차별을 하지 않는다고 하였고, 끝에서 1~5번째 줄에서 신분을 차별하면서 인재를 등용하면서 인재가 없다고 한탄하는 이들을 비판하고 있을 뿐, 이를 통해 하늘의 뜻을 따르기 위해 유능한 인재를 양성해야 함은 추론할 수 없으므로 〈보기〉 뒤에 이어질 내용으로 적절하지 않다.

23 문학 작품의 종합적 감상 (시)   난이도 하 ●○○

정답 설명

② 제시된 작품에 영탄법은 나타나지 않으며, 초장과 중장에서 설의법을 사용하여 고려 왕조에 대한 충절을 강조하고 있다.

오답 분석

① '뒤(대나무)'는 눈 속에서도 푸르름을 잃지 않는 대상으로, 개국 공신들의 회유에도 고려 왕조를 배반하지 않은 화자 자신과 동일시되는 존재이다. 종장에서 화자는 한겨울 추위를 이겨 내는 '뒤'를 칭송하며, 자신의 지조에 대한 자부심과 의지를 드러내고 있다.

③ 흰색(눈)과 푸른색(뒤)의 색채 대비가 나타나며, 이를 통해 '뒤'가 상징하는 지조와 절개를 강조하였다.

④ '눈'은 '뒤'를 휘어지게 만드는 존재로, 화자에게 조선 개국 동참을 강요하는 무리의 압력과 회유를 의미한다.

지문 풀이

> 눈 맞아 휘어진 대나무를 누가 굽었다고 했던가?
> 굽힐 절개라면 눈 속에서도 푸를 것인가?
> 아마도 한겨울의 추위를 이기는 높은 절개는 너뿐인가 하노라.
> – 원천석

24 비문학 적용하기   난이도 중 ●●○

정답 설명

④ 카를 융은 2문단에서 인간의 심리적 유형 중 '판단 기능 유형'은 외부 환경을 판단할 때 이성과 규준을 바탕으로 판단하는 것이며, 사고와 감각으로 세분화된다고 주장한다. 교통사고가 났을 때 감정이나 직관으로 상황을 인식하는 것이 아닌 손실이나 후처리 방안을 생각하는 것은 '판단 기능'에 의해 이성적으로 상황을 판단하는 것이므로 카를 융의 주장에 부합하는 사례로 적절한 것은 ④이다.

오답 분석

① 1문단 5~6번째 줄에서 카를 융은 외부의 기준에 따라 행동을 결정하는 것은 외향적 태도라고 주장하였으므로 유명한 평론가(외부의 기준)에 따라 영화의 평점을 매기는 것은 내향적 태도가 아닌 외향적 태도에 속한다.

② 1문단 끝에서 1~3번째 줄에서 카를 융은 성향은 선천적으로 타고난 것이므로 바꾸거나 선택할 수 없다고 주장하였으므로 내향적 성향의 사람이 외향적 성향으로 스스로 바꾸는 것은 불가능함을 알 수 있다.

③ 1문단 끝에서 1~3번째 줄에서 카를 융은 사람의 성향은 태어나면서 정해진다고 주장했을 뿐 환경에 의해 성향이 바뀐다고 하지 않았으므로 주장에 부합하는 사례로 적절하지 않다.

25 어법 표준 언어 예절 (호칭어와 지칭어)   난이도 중 ●●○

정답 설명

③ '자친(慈親)'은 살아 계신 자기 어머니를 남에게 높여 이르는 말이다. 참고로, 살아 계신 남의 어머니를 높여 이르는 말로는 '대부인(大夫人), 자당(慈堂), 훤당(萱堂)' 등이 있다.

오답 분석

① 동서(同壻): '처형(아내의 언니)이나 처제(아내의 여동생)의 남편을 이르는 말'인 '동서(同壻)'가 올바르게 쓰였다. 참고로, '동서(同壻)'는 '시아주버니의 아내' 또는 '시동생의 아내'를 이르는 말로도 쓰인다.

② 매형(妹兄): 손위 누이의 남편을 이르거나 부르는 말

④ 춘부장(椿府丈): 살아 계신 남의 아버지를 높여 이르는 말

MEMO

해커스군무원 army.Hackers.com

군무원 학원 · 군무원 인강 · 군무원 국어 무료 특강 ·
필수 어휘 암기장 · 해커스 매일국어 어플

해커스공무원 gosi.Hackers.com

모바일 자동 채점 및 성적 분석 서비스

한국사능력검정시험 1위* 해커스!
해커스 한국사능력검정시험 교재 시리즈

*주간동아 선정 2022 올해의 교육 브랜드 파워 온·오프라인 한국사능력검정시험 부문 1위

빈출 개념과 기출 분석으로
기초부터 문제 해결력까지
꽉 잡는 기본서

해커스 한국사능력검정시험
심화 [1·2·3급]

스토리와 마인드맵으로 개념잡고!
기출문제로 점수잡고!

해커스 한국사능력검정시험
2주 합격 **심화 [1·2·3급]** **기본 [4·5·6급]**

시대별/회차별 기출문제로
한 번에 합격 달성!

해커스 한국사능력검정시험
시대별/회차별 기출문제집 **심화 [1·2·3급]**

개념 정리부터 실전까지!
한권완성 기출문제집

해커스 한국사능력검정시험
한권완성 기출 500제 **기본 [4·5·6급]**

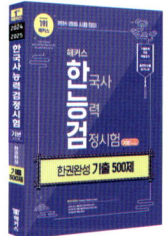

빈출 개념과 기출 선택지로
빠르게 합격 달성!

해커스 한국사능력검정시험
초단기 5일 합격 **심화 [1·2·3급]**
기선제압 막판 3일 합격 **심화 [1·2·3급]**

해커스군무원 **합격생**이 말하는
군무원 단기합격 비법!

해커스군무원과 함께라면
다음 합격의 주인공은 바로 여러분입니다.

**단기 집중하여
5개월 만에 행정직 합격!**

이*주 합격생

군무원 국어는 문법이 중요!

군무원에는 국어 문법 문제가 가장 비율도 높고 어렵다고 소문이 나있습니다. 그래서 저도 **신민숙 선생님의 커리를 따라** 수강하며 어법에 대한 감을 익혔습니다. 기본기를 잘 잡아야 다른 응용 문제도 잘 풀 수 있다고 생각하기 때문에 **기본을 탄탄히 하려고 노력했습니다.**

**직장 병행하며
6개월 만에 군수직 합격!**

정*연 합격생

경영학은 이해가 필수!

이인호 교수님 강의는 제로 베이스를 가정하고 강의를 시행하기 때문에 **초시생도 쉽게 이해할 수 있다는 장점**이 있습니다. 교수님이 강의를 진행하면서 판서해주시는 부분을 모아 **저만의 단권화 책을 만들었습니다.** 그리고 시험 일주일 전부터 시험 당일 아침까지 그 부분만 봤습니다!

**제로베이스로
6개월 단기 합격!**

김*영 합격생

행정학 고득점 비법은 반복과 반복!

저는 **송상호 선생님의 강의**를 수강하였습니다.
기본커리를 한 번 타고 심화커리를 통해 한 번 더 반복했습니다.
15개년 기출문제집을 6일치로 나누어 1회독 분량을 만들었고 **무한 반복을 하였습니다.** 그래도 이해가 안되는 부분들은 강의를 통해 다시 한 번 반복하였습니다.

해커스군무원 **army.Hackers.com**

더 많은 합격수기가 궁금하다면? ▶